Der Club 100 JAHRE FUSSBALL

Der Club 100 JAHRE FUSSBALL

Christoph Bausenwein · Harald Kaiser · Herbert Liedel · Bernd Siegler

Verlag W. Tümmels

Danksagung

Für ihre freundliche Unterstützung danken wir: Fam. Carolin, Roland Fengler, Jürgen Hösl, Hannelore Liedel, Alfred Mirsberger, Heiner Müller, Matthias Murko, Fam. Pöschl, Edi Schaffer, Fam. Schmidtpeter, Gustav Schober, Andreas Weiß, Else Wenauer sowie der Stiftung Deutsche Kinemathek Berlin und dem Centrum Industriekultur Nürnberg. Dort ist vom 4. Mai 2000 bis zum 30. Dezember 2000 die Ausstellung „100 Jahre Club" zu sehen.

Impressum:
© 1999, Verlag W. Tümmels, Nürnberg
Alle Rechte vorbehalten
Autoren: Christoph Bausenwein, Harald Kaiser, Herbert Liedel, Bernd Siegler
Umschlaggestaltung: Büro für Gestaltung, Udo Bernstein, Nürnberg
Reproherstellung: DÖSS Prepress Studios, Nürnberg
Gesamtherstellung: W. Tümmels Buchdruckerei und Verlag GmbH
ISBN 3-921590-70-1
Printed in Germany

Fotonachweis:
1. FCN-Archiv (183), Herbert Liedel (118), Kurt Schmidtpeter/1. FCN-Archiv (72), Privat (42), Herbert Liedel/*Kicker-Sportmagazin* (31), Archiv *Kicker-Sportmagazin* (28), Kurt Schmidtpeter (10), Horst Müller (3), Schirner (3), Bischof & Broel (2), Sven Simon (2), Werek (2), dpa (1), Reinhold Eckert (1), Horst Eißner (1), Hartung (1), Mehrens (1), Pfeil (1), Hendrik Schuur (1), Stiftung Deutsche Kinemathek (1), Günther Wittmann (1)

Inhalt

Grußworte 6

Stimmen zum Club 8

Vorwort 20

Die Chronik der 100 Jahre 22

Meisterschaften und Pokale 40

Tränen und Triumphe 72

Große Spiele, große Gegner 90

Club und Nationalmannschaft 102

Die Stadien 112

Die Präsidenten 117

Die Trainer 124

Die Club-Fans 134

100 Jahre - 100 Mannschaften 140

100 Spieler im Porträt 152

Anekdoten und Vermischtes 194

Statistik 200

Nürnberger Fußball-Lexikon 206

Finale um die Deutsche Meisterschaft 1961
1. FCN – Borussia Dortmund (3:0)

Grußworte

Egidius Braun (Präsident des Deutschen Fußballbundes)

Ohne Zweifel gehört der 1. FC Nürnberg zu jenen Vereinen, die den deutschen Fußball im zurückliegenden Jahrhundert entscheidend geprägt haben. Der „Club" ist ein Markenzeichen für Erfolg, aber auch für hohe Spielkultur. Männer wie Heiner Stuhlfauth oder Hans Kalb haben diesen Ruhm gegründet, den in den 50er Jahren so bekannte Spieler wie Heinz Strehl, Ferdinand Wenauer oder Roland Wabra mehrten.

Die Tradition ist für manch nachfolgende Spieler-Generation freilich nicht nur Verpflichtung, sondern auch eine Last geworden, die nicht zu tragen war. Einige Male hat der 1. FCN sportli-

Ludwig Scholz, Oberbürgermeister der Stadt Nürnberg

„Es gibt Klubs zu Tausenden, aber nur einen, bei dem hier in Deutschland alles gesagt ist, wenn man Club sagt."

Dieser Aussage des bekannten Sportschriftstellers Hans Blickensdörfer kann ich in vollem Umfang zustimmen. Im Jahr 2000 feiert der 1. FCN seinen 100. Geburtstag. Der Club hat in den 100 Jahren seines Bestehens Geschichte und Geschichten geschrieben. Er hat großartige Spieler, die auch international eine herausragende Rolle spielten, hervorgebracht. Es gab Zeiten, da bestand die Nationalmannschaft vor allem aus Spielern des 1. FCN. Noch heute sind Namen wie Heiner Stuhlfauth, Hans Kalb

Michael A. Roth, Präsident des 1. FC Nürnberg

Der Blick zurück zeigt, dass der Club in den ersten siebzig Jahren seiner Vereinsgeschichte den deutschen Fußball wesentlich mitgeprägt hat. 9 Meisterschaften, 3 Pokalsiege und zahlreiche Nationalspieler belegen eindrucksvoll, wie bestimmend der 1. FC Nürnberg während dieser Zeit in der deutschen Fußballlandschaft war.

Seitdem hat der Club Höhen und Tiefen erlebt. Zwischen Deutscher Meisterschaft und Regionalliga konnten und durften die „Cluberer" alles miterleben, was der Fußball in seiner ganzen Bandbreite zu bieten hat. So ist insbesondere die Berg- und Talfahrt der letzten vier

Grußworte

che Abstiege hinnehmen müssen, den bittersten wohl im Sommer 1999, als der Klassenerhalt eigentlich schon gesichert war. Leider nur eigentlich...

Dass der „Club" und mit ihm seine große Anhänger-Schar in ein Tal der Tränen stürzte, kann ich sehr gut nachvollziehen. Glücklicherweise aber geht es im Sport, wie oft bewiesen, auch schnell wieder aufwärts. Deswegen glaube ich an eine schnelle Bundesliga-Rückkehr. Allein schon deshalb, weil der 1. FC Nürnberg mit seinem Umfeld, mit den fränkischen Fans, mit dem wunderschönen Stadion ganz einfach in die höchste deutsche Spielklasse gehört.

Beachtung verdienen aber nicht nur die Resultate der Profis. Erwähnen möchte ich gerade im Jubiläumsjahr die hervorragende Arbeit im Amateur- und Jugend-Bereich. Ich behaupte: Unsere Vereine, im DFB sind es mittlerweile fast 27.000, organisieren nicht nur Training und Spiel, sondern leisten hervorragende Sozialarbeit, für die eigentlich der Staat verantwortlich ist. Gerade in einer Mannschaftssportart werden Werte vermittelt, die über das 1:0 hinausgehen. Insofern ist der Fußball eine Schule für's Leben. Es gibt kaum eine bessere Möglichkeit, die Jugend präventiv gegen Drogen-Konsum und andere Gefahren zu schützen als durch ein aktives Vereinsleben.

Ich danke allen, die in diesem Jahrhundert einen Beitrag geleistet haben, den 1. FC Nürnberg zu einer der besten Adressen des deutschen Fußballs zu machen. Ich denke an die Verantwortlichen in der Führungsetage, aber genauso an die vielen ehrenamtlichen Frauen und Männer, die im Verborgenen wirken, denen der „Club" eine Herzensangelegenheit ist. Sehr herzlich gratuliere ich zum 100-jährigen Bestehen und wünsche eine gute Zukunft im zweiten Jahrhundert.

---

oder Max Morlock nicht nur bei der älteren Bevölkerung bekannt. Mit neun deutschen Meisterschaften ist der Club immer noch einer der erfolgreichsten Vereine Deutschlands. Die Fußballer des 1. FCN haben – und das sage ich mit besonderem Stolz – für unsere Stadt Geschichte geschrieben.

Die große Epoche des 1. FCN begann auf der Deutschherrnwiese. Über die Ziegelgasse und die Maiachstraße fand er seine Heimat auf der vereinseigenen Sportanlage in Zerzabelshof. Der „Zabo" war über Jahrzehnte nicht nur in Deutschland ein Begriff. Heute trägt der Club seine Punktspiele im Franken-Stadion aus,

eines der schönsten Stadien Deutschlands. Das vereinseigene Sportgelände erfüllt alle Erwartungen und die Anhängerschaft des 1. FCN aus der Stadt und ganz Nordbayern steht zu und hinter ihrem Club, das ist vielleicht die wichtigste Voraussetzung für eine erfolgreiche Zukunft. Den Namen, den sich der 1. FCN bis heute gemacht hat und die Erfolge, die er errungen hat, kommen nicht von ungefähr. Sie sind bis aufs Engste verbunden mit den Frauen und Männern im Verein, die sich mit ganzer Kraft für die Sache des Sports und die Belange des Club eingesetzt haben. Wir alle wissen, dass unsere Gesellschaft um vieles ärmer wäre, gäbe es nicht Vereine wie den 1. FCN,

der in der Stadt eine Institution und für die Stadt ein Imageträger ist. Daher soll und muss das Engagement derer, die im Vorstand des Vereins tätig sind, sich um die Mannschaft und die Jugendlichen kümmern oder Veranstaltungen arrangieren, den Dank der Allgemeinheit finden. Ich appelliere an Sie, Ihre Treue zum Verein, Ihre Arbeit für den Verein und Ihre Verbundenheit mit dem Verein über das Jubiläumsjahr hinaus beizubehalten.

Zum 100. Geburtstag wünsche ich alles Gute und verbinde dies mit der Hoffnung auf viele weitere gute und erfolgreiche Jahre im zweiten Jahrhundert des Bestehens.

Jahre mit den Stationen Regionalliga, sofortigem Durchmarsch hinauf zur 1. Bundesliga und dem unglückseligen Abstieg im Sommer 1999 noch in frischer Erinnerung.

Seit fast 25 Jahren begleite ich nun den Verein – davon viele Jahre als Präsident. Hierbei durfte ich manch bittere Niederlage, aber auch sehr viel Freudenstunden miterleben.

Eigentlich müsste unsere Mannschaft an der Spitze des deutschen Fußballs mitspielen. Man denke nur an die zahlreiche und äußerst treue Anhängerschaft, die hervorragenden Trainingsbedingungen auf unserem vereinseigenen Valznerweihergelände, das wunderschöne Frankenstadion und das große Interesse des gesamten nordbayerischen Raumes am Sportgeschehen unseres Clubs. Ich glaube, das jetzt größte Jubiläumsgeschenk für alle Beteiligten – die Mannschaft, das Trainergespann, die Führungsgremien des Vereins, die Fans und unsere zahlreichen Anhänger nah und fern – wäre, dass der 1. FC Nürnberg endlich wieder dorthin gelangt, wo er aufgrund seiner vielen Erfolge eigentlich hingehört: In die Spitzengruppe des deutschen Fußballs.

Bis dahin ist es sicherlich noch ein harter Weg. Der Verein hat aber in der Vergangenheit

mehrfach bewiesen, dass er zu großen Leistungen fähig ist. Gerade das gibt uns Mut für die Zukunft.

So lassen Sie uns gemeinsam das 100-jährige Jubiläum des Vereins im Rückblick auf seine Tradition feiern und mit Blick nach vorne neue sportliche Ziele anstreben, um wieder an die glorreiche Vergangenheit anknüpfen zu können.

Stimmen zum Club

„Unsereiner hat auch zu anderen Göttern bewundernd aufgeschaut, so wie beim Club war es nie. Das gab's nur einmal." *(Richard Kirn, Pionier des Sportjournalismus)*

„Das Wort ‚Legende' gehört zum 1. FC Nürnberg wie das Amen in die Kirche." *(Hans Bauer, Sportpfarrer)*

„Es soll nicht nur heißen: 1. FC Nürnberg, sondern auch FC Nürnberg Erster." *(Bayerns Ministerpräsident Alfons Goppel bei der Meisterschaftsfeier 1968)*

„Menschen kommen, Menschen gehen, Methoden wechseln, die Idee ‚der Club' bleibt." *(Dr. Hans Pelzner, Cluberer)*

„Der 1. FCN ist kein Vereinsname. Das ist ein Warenzeichen für Qualität." *(Dr. Friedebert Becker im Kicker, 1957)*

Stimmen zum Club

„Wir spielen kein System. Wir spielen Fußball. Das ist unsere ganze Zauberformel." *(Seppl Schmitt, Betreuer der Meistermannschaft 1948)*

„Der Club ist aufgrund seiner Tradition ein Juwel, das man aus dem Schrank holen und putzen muß." *(Arie Haan, Club-Trainer 1990/91)*

„Jetzt heißt es, Pickelhaube auf, Kopf einziehen und durch." *(Hermann Gerland, Club-Trainer 1995/96)*

„Der Club hat Spieler eingekauft, die hätte ich nicht einmal zum Kilopreis am Schlachthof abgeholt." *(Max Merkel 1989)*

„Was heißt Taktik! Unser Club hatte in seinen größten Tagen nicht einmal einen Trainer." *(Carl Riegel, Meisterspieler der 20er Jahre)*

„Ruhmreich ist dieser Verein für Leibesübungen immer in den Zeiten gewesen, an die man sich nicht mehr genau erinnern hat können. Also ungefähr immer vor zwanzig Jahren." *(Klaus Schamberger, Abendzeitung)*

„Der Club ist etwas Geheimnisvolles, so wie der Schatz im Silbersee. Ich fürchte mich vor nichts." *(Club-Präsident Michael A. Roth, Mai 1995)*

„Der ‚Zabo' war eine Weltmarke." *(Hanns Schödel, Nürnberger Sportjournalist)*

„Clubfan war ich schon, als ich noch die Bayern trainierte." *(Zlatko „Tschik" Cajkovski, Clubtrainer 1971-73)*

„Der Club-Dress verpflichtet!" *(Hans „Bumbes" Schmidt, Meisterspieler und Clubtrainer)*

Der Club wird 100 und Nürnberg 950 Jahre – ein Feuerwerk

Felsenstein

Hofman

Der I. Fußball...

Prag

Heinz

Das älteste Foto mit den Unterschriften der Cluberer der ersten Stunde, das die Club-Kicker am 24. November 1900 auf der Deutschherrnwiese in Aktion zeigt.

Nürnberg 24. XI. 00

*Einer von vielen Triumphen:
Der Pokalsieg 1962
(v. L.: Strehl, Flachenecker, Wenauer, Reisch,
Haseneder, Dachlauer)*

Euphorische Stimmung im Frankenstadion

Fluchtlichtspiel im Frankenstadion

Der Club – Hundert Jahre Fußball

Als der 1. FC Nürnberg am 4. Mai 1900 aus der Taufe gehoben wurde, hatten die Gründerväter vom „richtigen" Fußball noch kaum eine Ahnung. Sie rannten einem eiförmigen Rugby-Ball hinterher, im Sommer betrieben sie Leichtathletik. Später wurden im Verein noch eine ganze Reihe anderer Sportarten betrieben. Zunächst entstand eine eigene Leichtathletikabteilung (1904), noch vor dem 1. Weltkrieg kamen dann Hockey, Schwimmen und Ski hinzu, Mitte der 20er Jahre Boxen, Tennis und Handball, 1937 schließlich wurde die Rollsport-Abteilung gegründet. In all diesen Sparten wurden viele Meisterschaften und Pokale errungen, der Name „Club" jedoch ist untrennbar mit dem Fußball verbunden. „Es gibt Klubs zu tausenden, aber nur einen, bei dem bei uns in Deutschland alles gesagt ist, wenn man Club sagt" schrieb der Sportschriftsteller Hans Blickensdörfer. In diesem Sinne soll auf den folgenden Seiten der 1. FC, der Fußball-Club, gefeiert werden.

Seit hundert Jahren gibt es organisierten Fußball in Deutschland – auch der Deutsche Fußballbund feiert im Jahr 2000 sein Jubiläum -, und in diesen hundert Jahren haben die Klassemannschaften des 1. FC Nürnberg einen beträchtlichen Teil zur Popularität der „schönsten Nebensache der Welt" beigetragen. Es sind hundert Jahre, vollgepackt mit Titeln und Triumphen, mit unvergesslichen Spielen und sagenhaften Toren, mit klangvollen Namen wie Stuhlfauth, Kalb, Morlock, Strehl, Brungs und Köpke. Natürlich hatte der Club auch schwächere Jahre mit schmachvollen Niederlagen, mit Blamagen, die man lieber vergisst und mit Spielern, an die man sich nicht mehr erinnern kann. Trotzdem blieb er bis heute in den Herzen seiner zahllosen Fans das Höchste – eben der Club.

Als der 1. FCN seine großen, seine ganz großen Zeiten hatte, sangen die Fans ein Lied, das mit folgendem Vers beginnt:
„Die rotweiße Fahne weht stolz vom Mast
es flattern die Wimpel im Wind,
sie künden geschäftig und ohne Rast,
dass Meister wir wieder sind."
Rein historisch gesehen sind die Vereinsfarben des Club die Farben rot-weiß, aber alle seine Erfolge – neun Meisterschaften und drei Pokalsiege – hat er zwischen 1920 und 1968 in den berühmten weinroten Trikots, mit schwarzen Hosen und schwarzen Stutzen errungen. Und auch heute noch – „forever FCN" – schwingen die Fans schwarzrote Fahnen und Schals, ganz gleich, in welchem Trikot die Spieler einlaufen.

Früher spielten die Nürnberger Kinder im Stadtgraben ihre Liga aus. In Zeiten eines Stuhlfauth, Kalb und Morlock war es keine Frage, dass ihre Helden nur Cluberer sein konnten. Heute, da sich die Zeiten geändert haben und die Bayern im Fußball den Ton angeben, gibt es selbst in Nürnberg Kinder, die im Dress der Münchner herumlaufen. Betrachtet man freilich die gesamte Geschichte der letzten hundert Jahre, dann zeigt sich, dass der Club in vielen Hinsichten immer noch unerreicht ist. Mit seiner vierten Meisterschaft im Jahr 1925 überholte der 1. FCN den VfB Leipzig, der drei Meisterschaften errungen hat, und wurde alleiniger Rekordmeister. Zwischenzeitlich hatte Schalke 04 aufgeholt, aber bis 1987 gab es keinen Verein, der mehr Meisterschaften errungen hat als der Club. 1968, als der Club seine neunte Meisterschaft einfuhr, hatte der heutige Rekordmeister Bayern München gerade mal einen Titel auf seinem Konto! Doch trotz der 15 Bayern-Titel hat der Club noch einen Rekord inne, den selbst die Bayern so schnell nicht erreichen werden: Von 1925 bis 1987, also 62 Jahre lang, war er Rekordmeister – bis die Bayern das schaffen, müssen sie noch bis zum Jahr 2049 warten!

Überhaupt – Rekorde! Der Club hat einige aufgestellt, die bis in alle Ewigkeit Bestand haben dürften. 739:381 Punkte und 1348:754 Tore in der „ewigen" Tabelle der Oberliga Süd – Rekord! Fünf DM-Endspiele ohne Gegentreffer – Rekord! 104 Pflichtspiele in Folge ohne Niederlage – Rekord!

Leider hält der Club auch noch einige andere Rekorde. Kein einziger Auswärtspunkt in der Saison 1983/84 – das ist Bundesliga-Rekord. Dass der Club zwischen 1994 und 1996, sportlich gesehen, gleich dreimal hintereinander auf einem Abstiegsrang endete – auch das ist Rekord. Und mit dem fünften Abstieg 1999 hält der Club auch in dieser Hinsicht einen Rekord. Am Ende seines Radioberichtes stellte Reporter Günther Koch fest: „Liebe Cluberer, das musste nicht sein!" Nein, das mußte wirklich nicht sein. Denn dieser Abstieg war so knapp, dass schon wieder ein Rekord fällig war: Buchstäblich in letzter Minute stürzte der Club vom 12. auf den 17. Tabellenplatz – das gab es noch nie! Nur wegen vier weniger geschossener Tore – aber mit exakt der gleichen Tordifferenz wie die punktgleichen Frankfurter – musste er absteigen: Auch so einen knappen Ausgang hat die Bundesliga noch nie gesehen.

Hundert Jahre Club – das ist viel Geschichte mit Geschichten, ein toller Stoff voller Dramatik, Jubel, Tränen und Kuriositäten. Während der zurückliegenden hundert Jahre mussten die vielen Clubfans mit ihrem Verein nicht nur den Jubel, sondern bei schmerzlichen Niederlagen, tragischen Abstiegen und den zahlreichen Skandalen auch das Leid teilen. Doch egal, wie der Club gerade steht: Das Hundertjährige Jubiläum ist für alle Fans und Freunde des großen Traditionsvereins allemal ein Grund, zu feiern und ein bisschen in der Vergangenheit zu blättern. „Tradition ist etwas, was man nicht kaufen kann" stand 1999 auf einem Transparent im Frankenstadion. Es gibt also genug Grund, auf den 1. FCN stolz zu sein und guten Mutes den Blick in die Zukunft zu richten – ganz im Sinne des alten Clubliedes:

„Sie jubeln's hinaus von Turm und Haus: Der Club voraus! Hipp-Hipp-Hurrah!"

Sutor in Aktion (Club – Wacker München 3:0, 1923)

Nun schon hundert Jahre lang ein gewohntes Bild: Der Anmarsch der Fans zu „ihrem" 1. FCN. Das Foto zeigt Zerzabelshof vor einem Clubspiel in den 20er Jahren

100 JAHRE

1900
Mitte der 1890er Jahre hatten einige Nürnberger Schüler auf der Deutschherrnwiese erstmals in Nürnberg ein rugbyähnliches Fußballspiel betrieben, hatten es dann aber – der Zulauf war nicht besonders groß – wieder aufgegeben. Im Frühjahr 1900 schließlich verschickt Christoph Heinz an seine ehemaligen Mitspieler aus Schulzeiten einen Aufruf zu einer Versammlung „zwecks Wiederaufnahme des Fußballspiels". Insgesamt 18 junge Leute finden sich am 4. Mai 1900 im Wirtshaus „Zur Burenhütte" unweit der Deutschherrnwiese ein und gründen einen neuen Verein. Sie taufen ihn auf den Namen "1. Fußballclub Nürnberg". Im Sommer spielt man zunächst vereinsintern in Parteien von 6–7 Mann nach Rugby-Regeln („rot" gegen „blau"). Im Oktober wird der junge Klub von einer Mannschaft, die sich aus Angestellten der Schuckertschen Elektrizitätswerke zusammensetzt, zu einem Match nach „Associations-Regeln" – so nannte man den „richtigen" Fußball damals – herausgefordert. Nach einem Kicker-Schnellkursus treten die Rugbyspieler des 1. FCN an – und gewinnen mit 1:0.

1901
Zu Beginn des neuen Jahres spielt man immer noch nach Rugby-Regeln. Da man mangels Spielern kein reguläres Rugby-Match durchführen kann – dazu bräuchte man zwei Mannschaften à 15 Spieler -, beschließt die 1. Generalversammlung im April, ein Inserat im „Fränkischen Kurier" aufzugeben: Als niemand auf die Anzeige reagiert und sich zudem nach Anfrage bei verschiedenen Vereinen ergibt, dass in Bayern kein Gegner zu finden ist, gibt man im Laufe des Sommers das Rugby zugunsten des Associationsspiels auf und vereinbart für den September ein Wettspiel mit dem räumlich am nächsten gelegenen Fußballklub: dem 1. FC Bamberg. Bis dahin übt man kräftig Ballzuspielen und Schießen aufs Tor. Am 29. September schließlich kommt es zum ersten offiziellen Match. Die Bamberger Zeitung berichtet über das Spiel FC Bamberg – 1. FC Nürnberg: „Ein sehr zahlreiches Publikum hatte sich eingefunden, welches die gegenseitigen Parthieen mit großer Theilnahme verfolgte. In anstrengendem, fast 2 Stunden dauernden Ballstoßen maßen die beiden Gegner ihre Kräfte, wobei die Nürnberger, denen es gelang, den Ball zweimal durch das Ziel zu bringen, als Sieger hervorgingen." Das vereinbarte Rückspiel findet am 20. Oktober in Nürnberg statt und wird von den Gastgebern mit 5:1 gewonnen. Im November nehmen die Nürnberger die Herausforderung des FC Bayern München zu einem Kampf um eine inoffizielle „Bayerische Meisterschaft" an. Die Bayern kommen und schlagen den Club vor zahlreichen Zuschauern mit 6:0. Kurze Zeit nach diesem Spiel tritt der 1. FCN dem Verband Süddeutscher Fußballvereine bei.

1902
Unter der Führung des Spielführers Fritz Servas wird den ganzen Winter über mit neuen Spielern eifrig auf dem Spielplatz unterhalb der Deutschherrnwiese geübt. Im Frühjahr fordert man mutig den 1. Münchener FC zu einem Wettspiel heraus – und gewinnt mit 3:2. Dann steht das Rückspiel gegen die Bayern an. Man vertraut auf die Fortschritte, die man gemacht hat und stärkt sich zusätzlich vor dem Spiel mit Kolapastillen – doch umsonst. Der Club verliert deutlich mit 1:8. Den Sommer über wird der Spielplatz ausgebaut: man richtet feste Tore ein und erbaut eine Barriere rings ums Spielfeld. Zum Oktoberfest fährt man nach München und gewinnt dort das Rückspiel gegen den 1. FC mit 7:1.

1903
Woche für Woche finden sich immer mehr interessierte Jugendliche auf der Deutschherrnwiese ein, unter ihnen der spätere Nationalspieler Ludwig Philipp. Im März kommt es zum ersten Spiel gegen einen lokalen Gegner, den TV 1846. Der Club gewinnt das Match, bei dem erstmals Tornetze eingesetzt werden, mit 3:1. Wenig später gibt es gegen die Fußballer des TV 1860 Fürth, der Keimzelle der späteren SpVgg Fürth, einen 15:0 Kantersieg. Im August kommt die Münchner Bavaria nach Nürnberg und behält mit 2:1 die Oberhand. Anläßlich dieses Spiels werden erstmals Programme verkauft, die dem 1. FCN nach Abzug aller Unkosten ca. 15 Mark Gewinn bringen.

1904
Im Frühjahr schließen sich die Fußballvereine von Nürnberg und Fürth zu einem örtlichen Verband zusammen. In Nürnberg/Fürth schlägt der Club jeden Gegner, nur gegen die Münchner Vereine stellt sich kein Erfolg ein: Zu Ostern setzt es wieder eine Niederlage gegen die Bayern, die diesmal allerdings mit 0:1 bereits glimpflicher ausfällt. Im Sommer widmet man sich der Leichtathletik, bevor dann im September die ersten Spiele im Süddeutschen Fußballverband stattfinden. Gegen den FC Bavaria gelingt ein 2:1-Sieg, aber gegen den MTV (1:5) und die Bayern (1:2) verläßt man wieder als Verlierer den Platz. Immerhin: Das Spiel gegen die Bayern wollen 4000 Zuschauer sehen.

1905
Weil man der Ansicht ist, dass die Deutschherrnwiese den gestiegenen Ansprüchen nicht mehr genügt, müht man sich im Winter ab, einen Platz in der Nähe des späteren Zabo vorzubereiten. Als sich der Platz bei einsetzendem Tauwetter in einen Sumpf verwandelt, kehrt man notgedrungen wieder auf die Deutschherrnwiese zurück. Das Frühjahr bringt siegreiche Spiele gegen die lokalen Konkurrenten, im Sommer wird man auf der Suche nach einem geeigneten Sportgelände endlich fündig und pachtet einen Spielplatz an der Ziegelgasse. Die Einweihung findet am 21. September mit einem leichtathletischen Sportfest statt. Im Herbst wird vom Verband Süddeutscher Fußballvereine der Gau Nordbayern eingerichtet, dem zunächst außer dem 1. FCN der FC Franken, 1. FC Bamberg, FV Würzburg und SpVgg Fürth angehören. Das erste offizielle Spiel gegen die SpVgg gewinnt der Club mit 5:0, wobei es fast zu Tätlichkeiten kommt.

1906
Den Auftakt des Jahres bildet im Januar ein Match gegen den starken FC Hanau 93. Im Kombinationswirbel der Hessen geht der Club mit 2:8 unter. Das Spiel wollen 1000 Zuschauer sehen, die je 20 Pfennig Eintritt zahlen und damit die entstandenen Unkosten gerade decken. Anschließend geben wieder einmal die Münchner Vereine ihre Visitenkarte in Nürnberg ab. Das erste Spiel, gegen den MTV, wird zwar nochmals mit 1:3 verloren, dann aber gelingt gegen die Bayern der erste Sieg: 4:3! Derart ermutigt, wagt es die Club-Vorstandschaft, das große Vorbild Britannia Berlin nach Nürnberg einzuladen. Und der Mut wird belohnt! Mit 7:0 Toren entzaubert der junge Clubsturm am 16. April die Berliner. Nach diesem Triumph will es der junge Club nun ganz genau wissen und fährt nach Prag, um sich mit der berühmten Mannschaft Slavia zu messen. Am 5. Mai geht es los, der junge Clubstürmer Theo Haggenmiller schwänzt die letzte Schulstunde, um noch den Zug zu erreichen. Tags darauf gibt es für die Nürnberger Expedition ein böses Erwachen: Mit 2:12 muss der Club die höchste Niederlage seiner Vereinsgeschichte einstecken!

1900-1913

1907
Am 20. Januar kommt es zum Entscheidungsspiel um die Bayerische Meisterschaft gegen den MTV München. Der Club liegt zur Halbzeit mit 0:2 zurück, nach Wiederanpfiff zieht der MTV auf 3:0 davon. Aus einem Zeitungsbericht: „Die Einheimischen, beinahe dem Gespött des Publikums preisgegeben, rafften sich auf und nun erkannte man die ‚alte' Nürnberger Mannschaft, welcher es innerhalb 20 Minuten gelang, gleichzuziehen." Der Club gewinnt schließlich mit 5:4, aber das Spiel muss aufgrund eines Münchner Protests – angeblich hat der Ball bei einem Tor die Linie nicht vollständig überschritten – wiederholt werden. Der Club gewinnt, angeführt von den Klassestürmern Haggenmiller, Steinmetz und Philipp, auch das zweite Treffen (4:3) und hat damit erstmals den Titel eines Bayerischen Meisters (Ostkreismeister) errungen. In den Wettkämpfen um die Süddeutsche Meisterschaft, die zwischen den Meistern der Kreise Ost (Bayern), Süd (Baden-Württemberg) und Nord (Hessen) ausgetragen wird, erhält der 1. FCN zunächst ein Freilos. Im Finale trifft er auf den Freiburger FC. Das Hinspiel am 28. April in Nürnberg endet 1:1, das Rückspiel gewinnen die Freiburger mit 3:1. Ein kleiner Trost für den Club ist, dass nur der spätere Deutsche Meister in der Lage war, ihn zu bezwingen. In der Gaumeisterschaft der im Herbst 1907 beginnenden neuen Runde, zu der nun auch Vereine wie FC Wacker, FC Concordia und FC Noris antreten, hat der Club nach wie vor keine Gegner. Das 4:4 gegen den FC Noris ist der einzige Punktverlust der Saison.

1908
In den Spielen um die Ostkreismeisterschaft werden im Frühjahr die Münchner Bayern mit 5:3 und 2:1 sowie der Augsburger MTV mit 9:5 und 4:2 ausgeschaltet. Der 1. FCN ist zum zweiten Mal Bayerischer Meister! In den Spielen um die Süddeutsche Meisterschaft scheitert der Club an den Stuttgarter Kickers. Mitte des Sommers wird der alte Sportplatz abgebrochen und man beginnt mit Aufbauarbeiten auf dem neuen Platz in Schweinau. Am 27. September wird er mit einem Spiel gegen Wacker München eröffnet. Der Club fegt die mit dem Super-Keeper Pekarna angetretenen Münchner mit 11:3 vom Platz. Mehrere tausend Zuschauer, die sich auf dem angehäuften Erdwall und der Holztribüne tummeln, sind begeistert. 14 Tage später holt den Club dann wieder die internationale Realität ein: 0:6 lautet das Ergebnis in Prag gegen den spielstarken DFC. Im Dezember geschieht beinah noch Schlimmeres, als die SpVgg Fürth ihr erstes Unentschieden (3:3) heraushholt.

1909
In den Frühjahrsspielen um die Ostkreismeisterschaft gibt es ein 3:4 und 3:0 gegen den MTV München. Das Entscheidungsspiel in Augsburg gewinnt der 1. FCN mit 5:1 und wird damit zum dritten Mal in Folge Bayerischer Meister. In der Runde um die Süddeutsche Meisterschaft warten der 1. FC Kaiserslautern (9:2, 3:1), Hanau 93 (5:3, 1:4) und der FC Phönix Karlsruhe (2:1, 3:4). Beim letzten Spiel gegen Phönix – beide Mannschaften waren vorher punktgleich – führt der Club bei Halbzeit mit 3:1, aber Phönix gelingen mit unbändigem Kampfgeist noch 3 Tore. Obwohl sie die Süddeutsche Meisterschaft nur äußerst knapp erringen, sichern sich die Karlsruher anschließend ganz souverän die Deutsche Meisterschaft. Der Auftritt Sunderlands am 1. Juni, das erste Gastspiel einer englischen Spitzenmannschaft in Nürnberg, ist die große Sensation des Jahres. Der Kommentar in der Vereinszeitung: „Sie spielten mit uns, wie sie wollten, und das Endergebnis von 8:3 besagt eigentlich nur wenig. Unsere blutjungen Spieler fielen gegen die durchgebildeten und wohlgeübten, massigen Gestalten der Sunderländer schon äußerlich ab; aber diese waren nicht nur stark an Körper, sondern auch außerordentlich schnell. Dabei besaßen sie eine unerhörte Balltechnik und gegen ihr Zusammenspiel waren wir machtlos. Sie hätten ebensogut ein Dutzend Tore erzielen können." Unerschütterliche Erkenntnis nach dem Spiel: Der Club ist noch ein ganzes Stück von der Fußball-Vollkommenheit entfernt.

1910
Das 3:3 gegen die Karslruher Alemannia am 2. Januar sieht die Stammkräfte Steinmetz, Grün und Philipp zum 100. Mal im Club-Trikot. In den Spielen um die Ostkreismeisterschaft behalten diesmal die Münchner Bayern die Oberhand. Während in den Freundschaftsspielen des Frühjahrs einige Siege herausspringen, sorgt ein anderes Ereignis für Aufsehen: mit Ludwig Philipp kommt der erste Clubspieler zu Länderspiel-Ehren (gegen die Schweiz und Holland). Die Verbandsspiele des Herbstes werden erstmals im Ligasystem ausgetragen. Lediglich sechs Verlustpunkte müssen hingenommen werden (bei 30 Pluspunkten!), aber die beiden Niederlagen gegen die Münchner Bayern sowie die erste Niederlage in einem beinharten Derby gegen die SpVgg Fürth am 20. November (1:2) sorgen dafür, dass der Club am Ende nur auf Platz 2 landet.

1911
Am 12. März gibt der Schweizer Gustav Bark als Mittelläufer sein Debüt im Club-Trikot (1:3 gegen Union Stuttgart). In einem Spiel gegen den Wiener AC hat der ansonsten nicht immer überzeugende Club-Keeper Martin einen Glanztag. Der 1. FCN gewinnt mit 1:0. Angestachelt durch die Niederlage des letzten Jahres kommt es im Herbst erstmals zu einem „Derbyfieber": 6000 Zuschauer wollen das Spiel gegen die SpVgg Fürth sehen (1:1), auf der Anlage des 1. FCN finden aber nur 4000 Platz. Den Verantwortlichen beim Club wird klar, dass man sich schon bald ein eigenes, großzügiges Sportgelände wird zulegen müssen. Um den Plänen eine sicherere Grundlage zu geben, vereinigt sich der 1. FCN mit dem FC Franken Nürnberg. Im November, während der Spiele um die Kreismeisterschaft, spielt Heiner Träg erstmals für den Club.

1912
Im Januar verliert der Club erstmals gegen einen Lokalrivalen: 0:1 heißt es gegen den VfB Nürnberg. Und es setzt weitere Niederlagen, die so ungewohnt sind wie der Anblick der exotischen Tiere im neu eröffneten Tiergarten. In der Liga verläßt der 1. FCN insgesamt sechs Mal als Verlierer den Platz, so dass er am Ende lediglich den Rang 4 belegt. In einer Reihe von Freundschaftsspielen, die man anstelle der entfallenden Endspielrunde ansetzt, bleibt der Club siegreich, nur gegen die englischen Profis der Queens Park Rangers gibt es eine deftige 1:5-Niederlage.

1913
Am Ende der Ligarunde landet der Club erneut hinter der SpVgg Fürth und dem FC Bayern München. Am 24. August wird der neue, nach damaligen Verhältnissen vorbildliche „Zabo", der 8.000 Zuschauern Raum bietet, dem Publikum übergeben. Zum Eröffnungsspiel erscheint der norddeutsche Meister Eintracht Braunschweig, der dem Club in einem erstklassigen Spiel mit 5:3 das Nachsehen gibt. Am 21. September gibt es eine weitere Niederlage, 0:1 gegen den spielstarken FC Pfeil Nürnberg. Am Ende der Ligaspiele liegt der 1. FCN abermals hinter der SpVgg Fürth – punktgleich mit dem FC Pfeil Nürnberg. In der Vereinschronik wird in der Ursachenforschung für das schlechte Abschneiden vor allem das Fehlen der bisherigen Stammspieler Bark, Steinmetz, Haggenmiller und Steinlein beklagt.

100 JAHRE

1914 Im traditionellen Neujahrsspiel unterliegt der Budapester AC mit 1:2 im Zabo. Danach gelingen einige überzeugende Erfolge in Freundschaftsspielen, bevor am 1. Mai die Tottenham Hotspurs ihre Visitenkarte abliefern. Die Engländer seien zwar stark überlegen gewesen, so die Club-Chronik zum erstaunlichen 1:1-Ergebnis, „aber sie trafen auf einen fast unüberwindlichen Damm in unserer Verteidigung und fanden namentlich in der glänzenden Abwehrarbeit unseres Torwächters Weschenfelder ein schier unüberwindliches Hindernis." Am 19. Juli gibt es das letzte Verbandsspiel vor Kriegsausbruch: Der FC Pfeil wird mit 2:0 geschlagen. Die Runde wird nicht zu Ende gespielt, 14 Tage später ist der größte Teil der Clubmitglieder zum Militärdienst eingezogen. Im Herbst können noch 12 Treffen gegen ortsansässige Vereine ausgetragen werden, von denen der Club zehn gewinnt. Die späteren Meisterspieler Riegel, Böß und Kugler bestehen ihre ersten Bewährungsproben im Clubtrikot.

1915 Anfang des Jahres muss Gustav Bark wegen einer Wehrübung vorübergehend zurück in die Schweiz. Von den übrigen Stammspielern bleibt allein der junge Riegel. Bis Herbstbeginn werden dennoch gegen Gegner aus dem Kreis Nürnberg/Fürth 23 Spiele bestritten, von denen 18 gewonnen werden. Für das Spieljahr 1915/16 ist es dem Verband gelungen, bereits wieder ein einigermaßen geordnetes Programm auf die Beine zu stellen. Um genügend Treffen zustandezubringen, werden alle Klassenunterschiede aufgehoben: Alle nordbayerischen Vereine treten in einer Liga gegeneinander an. Anstelle einer Süddeutschen Meisterschaft wird unter den Vereinen des süddeutschen Verbands der „Eiserne Fußball" als Wettbewerb ausgeschrieben.

1916 Der Club wird Meister von Nordbayern und schlägt am 25. Juni in Ingolstadt im Entscheidungsspiel um die Bayerische Meisterschaft 1860 München mit 4:0. Die Aufstellung der Notmannschaft: Ludwig – Bark, Danninger – Köpplinger, Kugler, Bachmeyer – Emilius, Lüscher, Riegel, Träg, Kummeth. Nach Siegen über den Hanauer FC 93 (7:1, 4:1) gewinnt die Notelf am 30. Juli auch das Endspiel um den „Eisernen Fußball" in Stuttgart gegen Pfalz Ludwigshafen (4:1). Damit ist der bis dahin größte Erfolg in der Vereinsgeschichte unter Dach und Fach gebracht. Am 15. Oktober gibt Heiner Stuhlfauth in einem Spiel gegen den Ballspielklub Nürnberg sein Debüt. Es endet mit 21:0.

1917 In der Frühjahrspielzeit gelingen dem 1. FCN in 23 Spielen – Gegner waren auch wieder Münchner Mannschaften – 21 Siege. Im Sommer kommt es zu einer bedrohlichen Krise, als kaum einer der Stammspieler noch zur Verfügung steht. Eine stark geschwächte Mannschaft muss zwei schmerzliche Niederlagen gegen die SpVgg Fürth hinnehmen (0:2, 0:4). In einer außerordentlichen Mitgliederversammlung wird ein neuer Vorstand gewählt, dem es auch sofort gelingt, das drohende Auseinanderfallen des Vereins zu verhindern. Im Herbst des Jahres stehen dem Verein als Spieler der 1. Mannschaft zur Verfügung: Stuhlfauth, Bark, Ebersberger, Grünerwald, Bachmeyer, Walbinger, Reiß, Kummeth, Riemer, Luitpold Popp, Michael Popp, Philipp, Träg, Lechner, Knoll. Diese Spieler sichern sich den 1. Platz in der Verbandsrunde und dürfen sich dabei auch über zwei Siege über die SpVgg Fürth freuen (3:1 und 5:0).

1918 In drei Spielen gegen die Münchner Bayern gewinnt der 1. FCN erneut den Bayerischen Meistertitel (3:4, 1:0, 3:0). Mit vier Siegen gegen den Sportklub Stuttgart und Amicitia Frankfurt (23:6 Tore) sichert er sich im August des Jahres auch die Süddeutsche Meisterschaft. In den Freundschaftsspielen des Herbstes erringt die junge Clubmannschaft, in der bereits nicht weniger als sechs spätere Meisterspieler stehen, einige überragende Siege, u.a. gegen die einstige Klassemannschaft Viktoria Berlin (10:0) sowie gegen den mehrfachen Meister VfB Leipzig (6:0). Aus dem Krieg, der am 11. November endet, kehren vier Spieler der 1. Mannschaft nicht mehr zurück: Torhüter Weschenfelder sowie Aldebert, Gräbner und Meidenbauer. Nicht nur beim 1. FCN, sondern in ganz Deutschland zeichnet sich nach dem Untergang des Kaiserreiches ein großer Aufschwung für den Fußball ab. „Diese Generation kam aus den Schützengräben des ersten Weltkrieges, zog die Uniform aus und war arbeitslos", schreibt der spätere Meisterspieler Seppl Schmitt. „Die Jugend floh die ewigen häuslichen Sorgen und fand eine zweite Heimat in den Sportvereinen."

1919 Im Frühjahr, als in Nürnberg der Versuch linker Revolutionäre, eine Räterepublik nach Münchner Vorbild zu installieren, am blutigen Einsatz von Reichs- und Einwohnerwehr scheitert (27 Tote), entscheidet der 1. FCN die Gaumeisterschaft ohne Punktverlust für sich. Da die Ostkreismeisterschaft und die Süddeutsche Meisterschaft nicht ausgetragen werden, kommt es zu einer Reihe von Freundschaftsspielen. Allein acht Mal heißt der Gegner SpVgg Fürth (0:1, 2:1, 2:1, 3:0, 4:3, 2:0, 4:1, 1:1). Als der schwedische Fußballverband im Frühjahr 1919 dem DFB vorschlägt, die beste deutsche Mannschaft für eine Gastspielreise nach Schweden zu schicken, fällt die Wahl auf den amtierenden Meister, den Club. Es ist ein recht abgerissener Haufen, der im Mai 1919 die Reise nach Schweden antritt. Die ausgemergelten, schlecht gekleideten Fußballer kommen einem schwedischen Beobachter vor wie „die deutschen Bolschewiken". Trotz solch mangelhaften Outfits kann der Club in Schweden durchaus imponieren. In fünf Spielen gibt es nur eine Niederlage. Beim ersten Spiel gegen Djurgardens J.F., das man mit 3:0 für sich entscheidet, spricht das „Svenska Dagbladet" gar von einer „Sensation". Weit sensationeller aber ist noch, was die Nürnberger „Bolschewiken" nur wenig später mit ihren Trikots machen. Weil es in dieser Zeit des Mangels zu aufwendig und teuer ist, die traditionellen rot-weißen Trikots nach jedem Spiel mit viel Waschpulver aufzufrischen, „erfinden" die praktisch veranlagten Franken ein Trikot, das kontinuierlich dunkler wird. Indem man so aus der Not der Nachkriegszeit eine Tugend macht, verschafft man dem Club das legendäre „weinrote" Trikot. Am 22. Juli ereilt den 1. FCN im heimischen „Zabo" die folgenreichste Niederlage seiner Vereinsgeschichte. Das 0:3 gegen den MTK Budapest, der damals die wohl stärkste Mannschaft Kontinentaleuropas stellen kann, beschreibt eine Nürnberger Tageszeitung als „ein Ereignis, dessen Zauber noch lange nachwirken wird". Die Ungarn spielen, so der Alt-Cluberer Hans Hofmann „einen Czardas ins Fußballerische übertragen". Und der „Primgeiger" ist der Mittelstürmer Alfred Schaffer. Nach Ablauf der MTK-Tournee verstärken der geniale Schaffer sowie Linksaußen Peter Szabo die Reihen des 1. FCN. Erste Wirkungen der Übungseinheiten mit dem „Fußballkönig" Schaffer zeigen sich bereits in der Süddeutschen Pokalrunde. Der Club gelangt souverän ins Endspiel, wo er sich am 14. September auch gegen den SC Stuttgart mühelos durchsetzt (5:2).

1914-1925

1920
Während mit der Wahl des Demokraten Hermann Luppe zum Oberbürgermeister eine zwölfjährige Ära des sozialen Fortschritts eingeleitet und mit der Gründung der Firma Haeberlein & Metzger die Grundlage für den Verkaufserfolg der Nürnberger Lebkuchen geschaffen wird, tun in diesem Jahr auch die Fußballer vom Zabo alles, um den Namen Nürnberg bekannt zu machen. Der Club beendet zunächst die Kreisspiele als überlegener Sieger mit 115:6 Toren und 36:0 Punkten, dann bleibt er auch in den sechs Spielen um die Süddeutsche Meisterschaft ungeschlagen. Am 9. Mai wird der 1. FCN mit einem 3:0 im Endspiel gegen Pfalz Ludwigshafen Süddeutscher Meister. In diesen Spielen wird erstmals der junge Hans Kalb aufgeboten. Ebenfalls dabei: der langjährige Verteidiger Dr. Jean Steinlein, der erst jetzt aus amerikanischer Gefangenschaft zurückgekehrt ist. In der Endrunde setzt sich der Club souverän durch und trifft im Endspiel um die Deutsche Meisterschaft auf den Titelverteidiger von 1914, die SpVgg Fürth (1915–1919 wurden keine Meisterschaften ausgetragen). Der Club gewinnt am 13. Juni vor 25.000 Zuschauern in Frankfurt mit 2:0 und erringt seine erste Deutsche Meisterschaft. Den vielen Wünschen um ein Gastspiel genügt der frischgebackene Meisterclub dadurch, dass er Ende Juli zu einer Rundreise durch Deutschland antritt. Innerhalb von 13 Tagen werden 3000 Bahnkilometer zurückgelegt und sieben Spiele siegreich absolviert.

1921
Als souveräner nordbayerischer Meister (nur ein Unentschieden gegen die SpVgg Fürth) setzt sich der 1. FCN auch in den Spielen um die Süddeutsche Meisterschaft problemlos durch. Nach müheloser Qualifikation sichert sich der Club am 12. Juni in Düsseldorf mit einem 5:0 gegen Vorwärts Berlin seinen zweiten Meistertitel. Die Rückkehr der Meisterspieler nach Nürnberg schildert ein Journalist mit den Worten: „Kein Fürst und kein Kaiser hatten jemals einen Empfang, der von einer größeren Begeisterung getragen war, als der Empfang der Nürnberger Fußballmannschaft von der heimischen Bevölkerung."

1922
In der für die Spielzeit wegen der anwachsenden Zahl von Vereinen zweigeteilten Kreisliga Nordbayern gewinnt der Club souverän seine Gruppe, verliert allerdings die Entscheidungstreffen gegen den Meister der anderen Gruppe, die SpVgg Fürth, mit 2:3 und 1:2. Mit der Niederlage im Fürther Ronhof endet die große Siegesserie des 1. FCN: Vom 1. Juli 1918 (1:2 gegen die SpVgg Fürth) bis zum 12. Februar 1922 (2:3 gegen die SpVgg Fürth) ist der 1. FCN in insgesamt 104 Verbandsspielen ungeschlagen geblieben! Torverhältnis: 480:47. Der 1. FCN darf nun zwar nicht mehr an den Entscheidungsspielen um die Süddeutsche Meisterschaft teilnehmen, bleibt aber, als Titelverteidiger des Vorjahres, für die Endrunde um die Deutsche Meisterschaft qualifiziert. Im März bricht der von Pflichtspielen befreite Club zu einer Gastspielreise nach Spanien auf. Nach seiner Rückkehr trifft er im ersten Endrunden-Match am 21. Mai in Halle auf den Mitteldeutschen Meister SpVgg Leipzig und gewinnt problemlos mit 3:0. Acht Tage später, in einem Freundschaftsspiel gegen Eintracht Frankfurt, verletzen sich Sutor und Kalb (Beinbruch) so stark, dass sie im weiteren Verlauf der Endrunde nicht mehr eingreifen können. Mit den Ersatzspielern Reitzenstein und Meier gelingt am 4. Juni im Fürther Ronhof lediglich ein mühevolles 1:1 gegen den Meister von Brandenburg, Norden-Nordwest Berlin. Anschließend kommt es zu den bekannten „endlosen" Endspielen gegen den Hamburger SV (2:2 und 1:1), so dass es in diesem Jahr keinen Meister gibt. Erfreulicheres bringen die Freundschaftsspiele gegen ausländische Mannschaften: Am 27. August gelingt ein erster Sieg gegen den böhmischen Rivalen Sparta Prag (3:2). Das Rückspiel am 1. Oktober in Prag entscheidet der Club mit 3:0 für sich. Spätestens seit diesem Sieg gilt der 1. FCN als eine der stärksten Mannschaften auf dem Kontinent. Ebenfalls im Oktober betrübt ein anderes Ereignis die Nürnberger: Die Fahrkartenschalter der 1835 eröffneten Ludwigseisenbahn müssen schließen, da die Inflation eine vernünftige Bewirtschaftung unmöglich macht.

1923
Die Verbandsspiele im Herbst des Vorjahres waren trotz der Triumphe gegen Sparta nicht gut verlaufen. Der Club verlor zweimal gegen die SpVgg Fürth. Die Fürther erringen die Ostkreismeisterschaft und sichern sich auch die Süddeutsche Meisterschaft. Noch im Januar startet der von Pflichtspielen „befreite" Club zu seiner zweiten Spanienreise. Er tut das eigentlich auch nicht ungern: Der Verein braucht Geld, und das gibt es in Deutschland zu dieser Zeit kaum mehr zu verdienen. Die zweite Spanienreise hat, wie in der Vereinszeitung später festgehalten wird, „ein glänzendes finanzielles Ergebnis" und gibt „dem Club in den Zeiten der fortschreitenden Inflation einen sicheren Rückhalt." Im Juni, als die Zahl der Arbeitslosen in Deutschland auf 5 Millionen angewachsen ist und an die Bedürftigsten bereits Brot verteilt wird, ist das Fußballspielen nahezu unbezahlbar geworden. Ein guter Fußball kostet 200.000 Mark, Ende Juli muss die Vereinszeitung aus Kostengründen eingestellt werden, für Tribünenkarten der Clubspiele wird bald schon ein Zuschlag von 10.000 DM gefordert.

1924
Nachdem sich der 1. FCN den 1. Platz in der Bayernliga gesichert hat, bleibt er auch in der Süddeutschen Meisterschaft siegreich. Zum vierten Mal geht der Club in die Endrunde um die Deutsche Meisterschaft. Im Finale am 9. Juni schlägt der Club schließlich den alten Rivalen HSV vor 30.000 Zuschauern im Grunewaldstadion zu Berlin mit 2:0. Zwischen den Finalspielen, am 14. Mai, kommt es zu einem Treffen gegen die legendären Bolton Wanderers. Obwohl es mit 0:4 verlorengeht, „kämpften die Unsern", so die Chronik, „so meisterhaft, dass alle anderen Treffen in Bezug auf kunstvolle Leistungen weit in den Schatten gestellt wurden". Im Juni des Jahres verabschiedet sich der langjährige Spielführer Gustav Bark, der in seine Schweizer Heimat zurückkehrt.

1925
Das Jahr beginnt mit Niederlagen gegen die „Übermannschaft" MTK Budapest (2:4) und gegen Slavia Prag (0:1). In der Runde um die Süddeutsche Meisterschaft erreicht der Club hinter dem VfR Mannheim lediglich den 2. Platz, ist aber, als Titelverteidiger, für die Endrunde um die Deutsche Meisterschaft dennoch qualifiziert. Der Club gewinnt nach einem schwachen Spiel gegen den FSV Frankfurt (1:0 durch ein Wieder-Tor in der Verlängerung) seinen vierten Titel und überflügelt damit den VfB Leipzig. Im Herbst verliert der frischgebackene Rekordmeister gegen einen Verein aus der Noris: Der vom Ex-Cluberer Carl Maximilian Stark gerade erst als Nachfolgeverein des Nürnberger FV gegründete ASN („Die Assen") zeigt dem Club, dass die Trauben für ihn fortan höher hängen könnten. Beim Club gibt man sich nach dem 2:4 souverän: „Die Großstadt Nürnberg verträgt auch einen zweiten Sportverein von der Größe des 1. FCN und wir selbst die Konkurrenz einer gleichstarken Fußballmannschaft."

100 JAHRE

1926 Angeführt von dem Starspieler Pöttinger wird Bayern München Bayerischer Meister – mit zwei Punkten Vorsprung vor dem 1. FCN. Während Fürth im Süddeutschen Pokalwettbewerb triumphiert und sich für die Endrunde um die Deutsche Meisterschaft qualifiziert, muss der Club diesmal zuschauen. Beim Endspiel, das die SpVgg mit 4:1 gegen Hertha BSC gewinnt, sind die Clubspieler als Fans dabei: Heiner Träg schwingt in der Ehrenloge vor Freude mit dem Korbsessel. Um die offensichtlich müde gewordene Mannschaft wieder aufzupäppeln, wird der Engländer Spiksley, der bereits vor dem Krieg vorübergehend im Zabo wirkte, als Trainer verpflichtet. Tatsächlich startet der Club verheißungsvoll in die Verbandsspiele des Herbstes. Und in Hamburg gibt es eine Sensation: mit 1:9 gehen die Hansestädter im Nürnberger Flachpasswirbel unter!

1927 Der Club beendet die Verbandsspielrunde auf dem 1. Platz (33:3 Punkte, 64:17 Tore) und wird damit wieder einmal Bayerischer Meister. In der süddeutschen Runde lockt das Spiel gegen Fürth am 13. März (3:0) die Rekordzahl von 27.000 Zuschauern in den Zabo. Als Meister bereits feststehend, lässt der Club beim Rückspiel am 10. April im Ronhof die Zügel schleifen – 0:5 lautet das deprimierende Ergebnis! Am 26. Mai, die Endrunde um die Deutsche Meisterschaft läuft bereits, gibt der FC Burnley ein Gastspiel im Zabo. Der Club, in dessen Reihen insbesondere Bumbes Schmidt und Hochgesang groß aufspielen, gewinnt sensationell mit 4:2. Zum Endspiel gegen Hertha BSC, das am 12. Juni im Berliner Grunewaldstadion ausgetragen wird, tritt der Club ohne Riegel und Sutor an. Das Spiel endet mit einem souveränen 2:0-Sieg der Mannschaft in Weinrot, in der Winter, Köpplinger, Reinmann und Schmitt ihren ersten Titel gewinnen. Untrügliches Zeichen des Nürnberger Selbstvertrauens: Als abends der Sonderzug der Nürnberger Fans Berlin verlässt, kleben bereits große Plakate an den Fenstern, die zur Siegesfeier aus Anlass der 5. Meisterschaft ins Apollo-Theater einladen. Heiner Träg, der im Endspiel einen Platzverweis erhalten hat, beendet seine Karriere.

1928 Mit drei Unentschieden und einer Niederlage belegt der 1. FCN in der Bayernliga den 1. Platz. In der Runde um die Süddeutsche Meisterschaft ereilen den Club dann allerdings drei Niederlagen, so dass er im Wettbewerb um die Deutsche Meisterschaft diesmal nicht mitmischen kann. Statt um Meisterehren zu kämpfen, unternehmen die Meisterspieler in Weinrot ausgedehnte Privatspielreisen. Zunächst schlagen sie in Paris eine Stadtauswahl mit 4:1, danach besiegen sie die Mannschaft von Red Star Olympique unter dem Beifall des französischen Publikums mit 3:2. Zeuge des Spiels ist auch der Nürnberger Oberbürgermeister Hermann Luppe, der hernach dem wieder einmal überragenden Stuhlfauth gratuliert: „Was sie mit ihrer Mannschaft für uns und den deutschen Sport geleistet haben, bringen keine zehn Diplomaten fertig!" Während der Osterfeiertage gibt es triumphale Auftritte in Schlesien, Mitte Mai gelingt im heimischen Zabo ein vielbeachteter 3:2-Erfolg gegen Westham United. Wenig rühmlich ist dann der 3. Juni: Die Deutsche Nationalmannschaft verliert bei den Olympischen Spielen in Amsterdam gegen Uruguay mit 1:4. Club-Mittelläufer Hans Kalb wird vom Platz gestellt und beendet seine Länderspielkarriere. Ein Trost nicht nur für Kalb: Am 26. Dezember schlägt der Club im Entscheidungsspiel um die Gruppenmeisterschaft die SpVgg Fürth mit 4:3 und ist damit in Nordbayern wieder die Nr. 1.

1929 Zu Beginn des Jahres gibt es im Zabo ein aufsehenerregendes Spiel Süddeutschland-Niederösterreich. Die Nürnberg/Fürther Kombination schlägt die Österreicher, in der etliche Spieler der späteren „Wunderelf" mitwirken, mit 5:0. In der Runde um die Süddeutsche Meisterschaft sichert sich der 1. FCN souverän den Titel (25:3 Punkte, 52:7 Tore). Als es um die Deutsche Meisterschaft geht, schaltet er Holstein Kiel (6:1) und Tennis Borussia Berlin (3:1) aus, dann aber ist im Halbfinale Hertha BSC Endstation. Der harte Kampf, der am 7. Juli vor 50.000 Zuschauern im Berliner Poststadion stattfindet, steht auch nach 120 Minuten noch 0:0. Das Wiederholungsspiel, das zwei Wochen später in Düsseldorf ausgetragen wird, entscheidet die Hertha mit 3:2 für sich. Club-Chronist Hans Hofmann kommentiert: „Mit demselben Ergebnis unterlag sie aber im Endspiel in Nürnberg gegen die SpVgg Fürth, uns zum schwachen Trost verhelfend, dass der Meistertitel in Nürnberg-Fürth verblieb." Im Dezember dann große Genugtuung: Endlich gibt es den ersten Sieg über den ehemaligen Lehrmeister, den MTK (Hungaria) Budapest (2:1).

1930 Als zweiter der Nordbayerischen Meisterschaft hinter der SpVgg Fürth spielt der Club um die Deutsche Meisterschaft mit. Doch Mitte Juni setzt es in Leipzig eine deutliche 3:6-Schlappe im Vorschlussrundenspiel gegen Hertha BSC. Hans Kalb, angetreten mit einem halben Zentner Übergewicht, wird zum Sinnbild einer desolaten Club-Elf. „Ich fürchte, dass den sieben fetten Jahren sieben magere folgen werden", kommentiert der *Kicker*. Der Club holt nun nach langen Diskussionen einen Trainer: Jenö Konrad, der lange für MTK-Budapest und später bei den Amateuren (Austria) Wien als Mittelläufer brillierte. Er soll den nötigen Umbruch in der Mannschaft vollziehen, doch zunächst halten die schwankenden Leistungen an. Im Zabo hat man noch andere Sorgen: Der Club steht kurz vor der Pleite. Die Zuschauerzahlen sinken und der Anteil der Erwerbslosen, die ermäßigte Eintrittspreise bezahlen, beträgt manchmal 40 Prozent. Außerdem hat der Bau des Vereinsschwimmbades ein tiefes Loch in die Vereinskasse gerissen. Sogar der Gerichtsvollzieher kommt ab und zu ins Haus. Angesichts der prekären Situation nimmt der Vereinsvorstand davon Abstand, das 30-jährige Jubiläum zu feiern.

1931 Das Jahr beginnt gut: An Neujahr besiegt der Club in einem Freundschaftsspiel den VfB Stuttgart in dessen Stadion mit 3:1. Ein überragendes 5:1 gegen 1860 München lässt im Zabo Träume von neuen Meister-Ehren wachsen. Doch es reicht nicht. Aber die Konturen einer neuen Mannschaft zeichnen sich schon ab: Köhl im Tor, Popp und Munkert in der Verteidigung, Oehm an der Seite von Kalb in der Läuferreihe, der ab und zu von Billmann vertreten wird, und Friedel und Kund neben Seppl Schmitt im Sturm. Am 27. Mai dann der große Triumph: Der mit all seinen Stars angetretene WAC (Wiener Athletik Sportclub) Wien wird im Zabo mit 2:1 besiegt, seit langem mal wieder ein deutscher Sieg gegen ein österreichisches Team. Einen Monat später schlägt der Club im 100. Derby die SpVgg Fürth im Ronhof mit 2:1 durch Tore von Friedel und Kalb, doch die neue Fußball-Herrlichkeit lässt noch immer auf sich warten: Die Fürther werden in dieser Saison weit vor dem Club Bezirksmeister. Mit dem Club geht es dank Trainer Konrad bergauf: Der mitteldeutsche Meister, der Dresdner SC, wird mit einer 8:0-Packung nach Hause geschickt. Im Zabo ist man völlig aus dem Häuschen, als man eine Woche später, am 9. August, auch noch den Angstgegner Hertha BSC mit 6:1 besiegt. Die Erfolgsserie hält in den folgenden Verbandsspielen um die Nordbayerische Meisterschaft an.

1926-1937

1932

Mit dem pfeilschnellen Karl Gußner im Sturm setzt der Club seinen Siegeszug fort. Ein unglückliches 0:1 gegen Bayern München auf einem unbespielbaren, morastigen Boden – „Rund ums Moorbad" titelt ein Rundfunk-Journalist seine Reportage – kostet den Club jedoch knapp die Nordbayerische Meisterschaft. Trotzdem gelangt man in die Vorrunde zur Deutschen Meisterschaft. Nach klaren Siegen über Borussia Fulda (5:2) und Holstein Kiel (4:0) verliert man überraschend mit 0:2 gegen den späteren Meister Bayern München. Diese unglückliche Niederlage Anfang August nimmt das antisemitische Hetzblatt *Stürmer* zum Anlaß, gegen den jüdischen Trainer Konrad zu hetzen. „Der 1. FCN geht am Juden zugrunde." Konrad überlegt nicht lange. Wenige Wochen zuvor haben die Nazis bei den Reichstagswahlen schon 13 Millionen Stimmen eingeheimst. In weiser Voraussicht packt der Trainer seine Koffer und verlässt mit Frau und Tochter fluchtartig Nürnberg Richtung Wien. „Jud Konrad ist abgedampft" vermeldet der *Stürmer* in seiner nächsten Ausgabe. Für Konrad beginnt eine lange Odyssee, die erst im Mai 1940 in New York enden sollte. Toni Kugler, der Meisterspieler der 20er Jahre, übernimmt Konrads Amt und erntet die Früchte seiner Arbeit: Ungeschlagen wird der Club Verbandsmeister (17 Siege, 1 Unentschieden). Doch bei den Spielen um die Süddeutsche Meisterschaft zeigt man alte Schwächen. Besonders ein 2:4 gegen Fürth im eigenen Stadion wiegt schwer. Kalb hängt endgültig seine Fußballschuhe an den Nagel.

1933

Nürnberg wird Stadt der Reichsparteitage. Der Sportverein Nürnberg-Ost, der 1932 deutscher Meister des Arbeiterfußballs wurde, wird verboten. Im Juli werden alle Vereine gleichgeschaltet. Drei Monate zuvor hat der Club seine „Stellung zur Judenfrage" geklärt. Alle jüdischen Mitglieder werden gestrichen. Die Vereinsführung liefert von nun an Ergebenheitsadressen an die Nationalsozialisten. Als erster deutscher Verein gründet man eine Geländesportabteilung zur Wehrertüchtigung der deutschen Jugend. Der deutsche Fußball wird umorganisiert. Der Club spielt jetzt im Gau Bayern. Billmann wirbelt als Mittelläufer und rechts zeigt Muckl Eiberger seine Kabinettstückchen. Interimstrainer Kugler wird von Alfred „Spezi" Schaffer abgelöst, der die Mannschaft spielerisch auf Vordermann bringt. Sie liefert sich in der Gauliga ein Kopf-an-Kopf-Rennen mit 1860 München.

1934

Der Club hat die finanzielle Krise endgültig überwunden. Nach sieben Jahren steht er wieder einmal in einem DM-Endspiel, nachdem er mit einem Punkt Vorsprung vor 1860 München Gaumeister geworden ist. Im Kampf um den Einzug ins Finale schaltet man noch Wacker Halle, Borussia Fulda, den Dresdner SC und Victoria Berlin aus. Denkbar knapp aber unterliegt der Club, der bis dahin noch nie einem Finale bezwungen worden ist, dann am 24. Juni Schalke 04 im Endspiel im Berliner Poststadion. In der 87. Minute heißt es noch 1:0 für den Club, beim Schlußpfiff jedoch 2:1 für die Gelsenkirchener, die sich damit ihre erste Meisterschaft sichern. Fünf weitere werden bis 1942 folgen. Nach der knappen Niederlage im Finale hängt Luitpold Popp nach 18 Jahren in der ersten Mannschaft seine Fußballstiefel an den Nagel. Auch Hornauer, Reinmann und Weiß beenden ihre Karriere, Kund zieht nach Dresden. Drei Tage nach dem Finale versöhnt der Club seine Anhänger durch einen 3:2-Erfolg über den spanischen Meister FC Madrid. In der laufenden Gaumeisterschaft tut sich die neuformierte Elf sehr schwer, aber ein 5:1-Sieg in einem Privatspiel gegen den FC Madrid in Spanien am 1. Weihnachtsfeiertag verhilft zu einem versöhnlichen Jahresabschluss.

1935

Langsam kommt die Mannschaft auf Touren. Carolin, Billmann, Spieß und die beiden Uebeleins harmonieren mit den alten Spielern, können aber trotzdem nicht verhindern, dass die SpVgg im Februar als Bayerischer Meister feststeht. Immerhin reicht es für den Club, an dessen Spitze als Vereinsführer Ludwig Franz dem Nürnberger Rechtsanwalt Karl Müller Platz macht, zum zweiten Platz. Auch mit den Mitgliederzahlen geht es wieder aufwärts, der Verein zählt jetzt knapp 2.000. Unter Müller wird die Vereinssatzung geändert, so dass nur noch Arier Mitglied sein dürfen. Müller setzt auch durch, dass die Mannschaft nach dem Spiel ein „dreifaches "Sieg-Heil" auf die deutsche Sportkameradschaft" ausbringen soll. Überlegen zieht der Club ins Finale um den erstmals ausgespielten „Tschammer-Pokal" ein. Mit einem 2:0-Sieg über Schalke 04 am 8. Dezember in Düsseldorf wird er der erste deutsche Pokalsieger. Der Jubel in Nürnberg beim Empfang der Mannschaft ist grenzenlos.

1936

Ungeschlagen wird der 1. FCN bayerischer Gaumeister. In 18 Spielen kassiert Torwart Köhl nur 12 Treffer. Ebenfalls ungeschlagen übersteht man die Gruppenspiele zur Deutschen Meisterschaft. Im Halbfinale schaltet man in einem vorweggenommenen Endspiel den großen Rivalen Schalke 04 aus. Mit seinen zwei Treffern zum 2:0-Sieg in der „Adolf-Hitler-Kampfbahn" in Stuttgart avanciert Schorsch Friedel endgültig zum Schalke-Schreck. Im Finale, im Berliner Poststadion gegen Fortuna Düsseldorf, muss der von Hans Kalb betreute Club in einer wahren Hitzeschlacht in die Verlängerung. 25 Sekunden vor deren Ende erlöst Gußner die mitgereisten Club-Fans: Der Club ist zum sechsten Male Deutscher Meister. Der Empfang in Nürnberg übersteigt alles bis dahin Dagewesene. Tausende versammeln sich auf den mit Hakenkreuz-Fahnen beflaggten Straßen. Im Saal des Kulturvereins feiert „Frankenführer" Julius Streicher den Erfolg als Sieg des Nationalsozialismus und auch beim NSDAP-Reichsparteitag im August ist der Club die Attraktion. Er besiegt Schalke 04, dem ebenfalls von den Nationalsozialisten heißgeliebten Verein, mit 5:3. Danach übernimmt mit Gyuri Orth der vierte Ungar das Traineramt beim Club. Dem einstigen Weltklasseläufer des MTK Budapest gelingt es, die meisterliche Form zu konservieren. Seit Dezember muss jeder aktive Spieler an „völkischen Aussprachen" teilnehmen.

1937

Ein Sieg gegen Hertha BSC an Neujahr läutet das Jahr ein. Wie im Vorjahr holt sich der Club den Gaumeister-Titel und zieht erneut in die Gruppenspiele zur Deutschen Meisterschaft ein. Dort bleiben Waldhof Mannheim, der VfR Köln und auch Vorjahresfinalist Fortuna Düsseldorf ohne jede Chance. Ein knapper Sieg im Halbfinale gegen den HSV ebnet den Weg ins Finale. Wieder heißt der Gegner Schalke 04. Doch dieses Mal sind die Gelsenkirchener den Nürnbergern in allen Belangen überlegen. Der berühmte Schalker Kreisel, den Fritz Szepan und Ernst Kuzorra zelebrieren, macht die behäbigen Cluberer ganz schwindlig. Am Ende heißt es 2:0 für Schalke, die im gleichen Jahr auch noch Pokalsieger werden. Obwohl Seppl Schmitt, Carolin und Eiberger längere Zeit ausfallen, geht der Club in der Gauliga als souveräner Tabellenführer ins neue Jahr.

100 JAHRE

1938 Wieder einmal wird der Club mit großem Vorsprung bayerischer Gaumeister. Doch das Verletzungspech wirft die Mannschaft immer wieder zurück. Nicht weniger als 30 Spieler müssen im Laufe der Saison eingesetzt werden. In den Gruppenspielen ist für den Club Endstation. Er verliert seine beiden Spiele gegen den späteren Deutschen Meister Hannover 96. Die alte Weisheit „Wer den Club schlägt wird Meister" bewahrheitet sich auch dieses Mal. Schlechter Start in die neue Saison: Carolin und Köhl fallen nach einem Meniskusriss lange aus und Rapid Wien wirft den Club aus dem Pokalwettbewerb. Neue Talente wie Sold und Kennemann drängen in die Mannschaft, ein Umbau steht an.

1939 Mit der Neuformierung der Mannschaft ist Orth überfordert. Am Ende rangiert der Club in der bayerischen Gauliga nur auf Rang sechs. Zum ersten Mal in seiner Geschichte weist er ein negatives Torverhältnis (28:33) auf. Orth wirft das Handtuch. Alwin (Alv) Riemke kommt – und mit ihm der Erfolg. Schon in den ersten Privatspielen (1:0 gegen Bologna und 3:0 gegen den AS Roma) zeichnet sich dies ab. Am 1. September beginnt Deutschland den 2. Weltkrieg. „Eines ist nur wichtig, dass Deutschland siegt", schreibt Schriftleiter Schwarz in der Vereinszeitung. Alle bis dahin ausgetragenen Gauliga-Spiele werden für ungültig erklärt. Stattdessen organisiert der Club eine Nürnberg-Fürther-Städtemeisterschaft, die er auch gewinnt. Alfred „Pipo" Pfänder und der aus Saarbrücken gekommene Wilhelm „Bubi" Sold begeistern die Zuschauer. Die Club-Mitglieder lesen in der Vereinszeitung die „Feldpostbriefe" der an die Front beorderten Spieler. Im Pokalwettbewerb trumpft die Club-Rumpfelf auf und schaltet BC Hartha sowie Fortuna Düsseldorf aus.

1940 Zum traditionellen Neujahrsspiel ist im Zabo die Sparta aus Prag zu Gast (1:1). Nach dem 3:1-Erfolg über Fortuna Düsseldorf ist der Club unter den letzten Vier im Tschammer-Pokal 1939, der aufgrund des laufenden Krieges verspätet ausgespielt wird. Mit seinem Tor zum 1:0-Sieg in Wien über den Pokalverteidiger Rapid Wien ebnet Willi Kund den Weg ins Finale. Mittlerweile ist auch die Gaumeisterschaft perfekt. Eine Woche bevor das Finale in Berlin gegen Waldhof Mannheim steigt, lässt sich die Vereinsführung des Club am 20. April, dem Geburtstag des „Führers", bei der „Metallspende des deutschen Volkes" nicht lumpen. 140 Pokale, Becher und Medaillen wandern, publikumswirksam abgeholt von 100 „Pimpfen", in die Schmelzöfen, um daraus Waffen für den Krieg zu schmieden. Kund und Eiberger holen mit ihren beiden Treffern den Tschammer-Pokal zum zweiten Mal in die Noris. In Anbetracht des Krieges verzichtet man in Nürnberg auf eine große Siegesfeier. Dafür feiern 25.000 im Zabo das 40-jährige Vereinsjubiläum, auch wenn Schalke 04 dem Club dabei eine Lektion (1:4) erteilt. In den Gruppenspielen um die Deutsche Meisterschaft hilft dann auch ein 8:0 gegen die Offenbacher Kickers nichts. Die Niederlage im Hinspiel und eine 0:2-Schlappe gegen die Stuttgarter Kickers bedeuten das Aus. Dafür läuft es im Tschammer-Pokal besser. Kennemann spielt einen erstklassigen Mittelläufer, und der Club zieht u.a. über Sturm Graz und Fortuna Düsseldorf erneut ins Finale ein. Gegner ist der Dresdner SC, der am 1. Dezember im Berliner Olympia-Stadion knapp mit 2:1 nach Verlängerung die Oberhand behält.

1941 Die Ergebnisse der Fußballspiele werden immer beliebiger, je nachdem, welche Spieler gerade an der Front oder auf Heimaturlaub sind. Mit seiner zusammengewürfelten Mannschaft verfehlt der Club als zweiter der „Bayerischen Bereichsklasse" hinter 1860 die Berechtigung zu den Gruppenspielen. Im Mai 1941 müssen nach einer entsprechenden Verfügung der Nazi-Regierung alle Sonntags-, Rundfunk-, Werk- und Vereinszeitungen ihr Erscheinen einstellen. Das gilt auch für den 1. FCN. Derweil geht es im Tschammerpokal u.a. über Eintracht-Franken Nürnberg (3:1) und die Reichsbahn-SG Weiden (4:1) in die Schlußrunde. Ein 1:4 gegen die Stuttgarter Kickers im Achtelfinale ist im August jedoch Endstation. Nach der Einberufung von Alv Riemke übernimmt im Herbst Bumbes Schmidt, ein NSDAP-Parteimitglied, das Training. Dank seiner geschickten Verhandlungen mit den jeweiligen Kompanieführern hält er eine einigermaßen spielfähige Mannschaft zusammen. Unter Bumbes Schmidt macht Max Morlock am 30. November gegen Wacker München sein Debüt und hat in der Folge einen Stammplatz sicher.

1942 Seit März erscheinen als Fortsetzung der Vereinszeitung regelmäßig die Feldpostbriefe. Schorsch Friedel berichtet aus der „Gluthitze Afrikas", in der er „schwer das Bier vermisst". Der Verein vermeldet stolz die Einberufung weiterer „Sportkameraden". Im Juli sind es schon so wenige Spieler, dass der Club zu neunt die Fahrt nach München antreten muss. Der Spielbetrieb wird immer unübersichtlicher, zumal die besetzten Gebiete wie der „Gau Wartheland" oder das „Generalgouvernement" (Polen) ebenfalls um Meisterschaft und Pokal mitspielen. Dort ereilt den Club schon in der 3. Runde im Juni gegen SpVgg Fürth (1:2) das Aus. Auch den Titel des alleinigen Rekordmeisters ist man los, Schalke holt seinen sechsten Meistertitel mit einem 2:0 gegen Vienna Wien und zieht mit dem Club gleich. Im Herbst macht sich die fehlende bayerische Konkurrenz auch finanziell bemerkbar. Um angesichts des voranschreitenden Krieges Reisekosten zu sparen, hatte man den Gau Bayern in Nord und Süd aufgeteilt. Nun fehlen die Zuschauereinnahmen aus den Begegnungen mit attraktiven Mannschaften. Im November gewinnt die Frontsoldatenelf „Burgstern Noris", bei der auch die Cluberer Abel und Uttla Uebelein sowie Edi Schaffer spielen, gegen die junge Club-Elf mit Herbolsheimer, Morlock, Pfänder und Eiberger 3:1.

1943 Der Krieg weitet sich aus. Nach der vernichtenden Niederlage in Stalingrad wird der „totale Krieg" ausgerufen, die Luftangriffe der Alliierten nehmen zu. Souverän holt sich der Club die nordbayerische Gaumeisterschaft mit 40:0 Punkten und 125:17 Toren. 54 der 125 Tore erzielt Max Morlock. Als der Club Anfang Mai in der DM-Vorrunde zu Hause gegen den VfR Mannheim antritt, liegen schon Teile der Altstadt in Schutt und Asche. Nach einem 1:3 ist der Traum vom siebten Titel schon ausgeträumt. Dafür wirft man aber die SpVgg Fürth mit einem 7:0 im hohen Bogen aus dem Tschammer-Pokal. Es folgt nach einer dreieinhalbtägigen Anreise ein 5:1 beim MSV Brünn, bevor im Oktober im Viertelfinale eine 2:3-Niederlage gegen den späteren Pokalsieger First Vienna FC das Aus bedeutet. Der Club spielt ohne Köhl im Tor, der eine Woche zuvor wieder an die Front beordert wurde. Im November 1943 wird das große Talent „Pipo" Pfänder in Stalingrad vermisst. In den Feldpostbriefen überwiegen Durchhalteparolen: „Nach dem Siege wollen wir unser Kleinod Zabo schöner und stolzer wieder aufbauen." Das letzte große Spiel im Zabo verliert der Club gegen den amtierenden Meister, den Dresdner SC, glatt mit 0:3.

1938-1950

1944
Am 15. Januar ein schwerer Schlag für den Club. Köhl stirbt an den Folgen einer schweren Kriegsverletzung. Von Spiel zu Spiel muss immer mehr improvisiert werden, oft helfen die Alten Herren aus. Mal heißt es 12:1 gegen den Tabellenführer FC Bamberg, dann wieder 0:6 gegen Bayern München. Trotzdem holt der Club mit 28:8 Punkten die Gaumeisterschaft, wobei die Reisen zu den Auswärtsspielen immer abenteuerlicher werden. In den Spielen um die Meisterschaft scheitert man im Halbfinale mit 1:3 an Vorjahresmeister Dresdner SC, der noch fast die komplette Mannschaft, darunter sieben Nationalspieler, beisammen hat. Der DSC wird mit einem klaren 4:0 in einem gespenstischen Finale im Berliner Olympiastadion gegen den Luftwaffen-Sportverein Hamburg erneut Deutscher Meister. Trotz der zunehmenden Bombenangriffe wird weiter Fußball gespielt. Doch am 1. August werden alle überregionalen Meisterschaften und Sportveranstaltungen „im Zuge der weiteren Anpassung des deutschen Sports an die Erfordernisse der totalen Kriegsführung", so die Anordnung, abgebrochen. So wird auch der Tschammer-Pokal nicht mehr ausgespielt.

1945
Am 2. Januar fliegen die Alliierten die bislang schwersten Luftangriffe auf Nürnberg. In dieser einen Nacht werden rund 100.000 Menschen obdachlos, die Feuerwehr braucht acht Tage, bis alle Brandherde unter Kontrolle sind. Obwohl die Luftangriffe fortgesetzt werden, finden weiter Fußballspiele statt. Das letzte Derby vor Kriegsende gegen die SpVgg Fürth, das 149., steigt am 2. Februar. Der Club gewinnt mit 2:1. Am 20. April zelebrieren die Amerikaner eine Siegesparade auf dem Hauptmarkt, dem ehemaligen Adolf-Hitler-Platz. Auch der Zabo ist zerstört. Die Tribüne ist abgebrannt, im Rasen sind Bombenkrater. Nach einem kurzzeitigen Fußballverbot trägt der Club seine Heimspiele im Fürther Ronhof aus. Dort findet am 17. September das erste Nachkriegsderby statt, das der Club mit 3:2 für sich entscheidet. Der Club wird wieder von Alv Riemke trainiert, Bumbes Schmidt muss gehen, weil er NSDAP-Mitglied war.

1946
Während in der am 4. November 1945 gestarteten Oberliga Süd der Club an die Spitze stürmt und die Tabellenführung lange nicht mehr abgibt, wird die Lebensmittelknappheit im ganzen Land immer größer. Nach einem bösen Schnitzer zu Hause, also im Ronhof, gegen die Stuttgarter Kickers (0:5) schließt Schwaben Augsburg zum Club auf. Beim Spiel beider Mannschaften Anfang Mai platzt der Ronhof aus allen Nähten. Die Polizei muss die Massen zurückdrängen. Nach dem 3:1-Sieg des Club läuft alles auf ein Endspiel zwischen dem 1. FCN und dem VfB Stuttgart hinaus. Einen Tag nach der Stadtratswahl (die SPD erhält 45,8 %, die CSU 35,6 %) steigt das 151. Derby im Ronhof und 25.000 drängen sich auf den Stufen. Mit 5:3 behält der Club die Oberhand. Am 30. Spieltag dann, im direkten Vergleich mit dem VfB Stuttgart, zieht der Club den Kürzeren. Schon in der 3. Minute fliegt Mittelstürmer Pöschl nach einem Foul vom Platz, der Club verliert knapp mit 0:1. Die Nürnberger fühlen sich verschaukelt, legen Protest ein, doch es nützt nichts: Der VfB Stuttgart wird der erste Meister der Oberliga Süd. In der neuen Saison legen Pöschl, Morlock, Lindner und Co. von Anfang an los und überrollen ihre Oberliga-Gegner.

1947
Die gute Stimmung in der Mannschaft, es spielen nur Nürnberger, schlägt sich auf die Spielweise nieder. Locker und erfrischend offensiv eilt der Club von Sieg zu Sieg. Sein Markenzeichen ist eine Überfalltaktik: Teilweise mit sieben Stürmern erzwingt man die Entscheidung binnen weniger Minuten. Fünf Spieltage vor Saisonschluss steht der 1. FCN als Meister fest. Getrübt wird die Freude nur durch den Tod von Torhüter Schorsch Lindner. Der erstklassige Keeper stirbt mit 26 Jahren an einer TBC-Erkrankung. Am Saisonende hat der Club alle Heimspiele gewonnen. Die Torefabrik aus Pöschl, Morlock, Herbolsheimer, Übelein II und Gebhardt hat 108 Tore auf ihrem Konto. Pöschl holt sich mit 38 Treffern in 38 Spielen die Torjägerkrone. Der Club hätte das Zeug zum Deutschen Meister, sind sich die Experten einig. Doch die Vereinsführung lehnt Endrundenspiele ohne die Beteiligung ostdeutscher Vereine ab. Stattdessen begibt sich der Club auf Privatspielreise in den Westen (Schalke 04) und in den Norden (FC St. Pauli). Im Tor steht schon Edi Schaffer. Der im böhmischen Dux geborene ist der einzige „Zugereiste" in der Mannschaft. Als die neue Saison beginnt, verschärft eine außerordentliche Dürre die Ernährungslage. Der Club tingelt für sog. „Fress- oder Kalorienspiele" über das Land. Antrittsprämie sind mal ein Korb Kirschen oder ein Spanferkel, mal eine Rolle Maschendraht oder ein Ballen Stoff.

1948
Im Januar steht der Club in der Oberliga Süd knapp vor Bayern München und den Stuttgarter Kickers als Herbstmeister fest. „Wir spielen kein System, wir spielen Fußball, das ist unsere Zauberformel", kommentiert der neue Trainer Seppl Schmitt den Nürnberger Siegeszug. Während der FCN an der Spitze bleibt, steigen die Fürther ab. Anfang Juni, als die USA im Zuge des Marshall-Planes 1,1 Milliarden Dollar für den deutschen Wiederaufbau bewilligen, steht der Club bereits vorzeitig als Meister fest. Die Währungsreform im Juni senkt die Schulden des Vereins über Nacht von einer halben Million Reichsmark auf nurmehr 50.000 DM. Kurz nach der Einführung der DM finden die Vorrundenspiele zur Deutschen Meisterschaft statt. Mit einem knappen 3:2 über den FC St. Pauli zieht der 1. FCN ins Finale ein. Am 8. August wird im Müngersdorfer Stadion in Köln der 1. FC Kaiserslautern entzaubert. Hunderttausende empfangen am Nürnberger Hauptbahnhof die Meisterelf. Selbst der amerikanische Stadtkommandant gratuliert. Wenig später geben die Amerikaner den Zabo und das Clubhaus frei. Für Jubel ist zu Beginn der neuen Saison noch Anlass, doch dann geht es rapide bergab. Viele Leistungsträger wie Kennemann oder Abel Übelein haben ihren Zenit überschritten, andere wie Schaffer, Bergner oder Herbolsheimer fallen verletzungsbedingt lange aus. Nach einer Niederlagenserie schwebt der Club im Dezember sogar in Abstiegsgefahr.

1949
Die Vereinsführung versucht mit einem Trainerwechsel den Niedergang zu stoppen. Lori Polster kommt für Seppl Schmitt, doch der Club verliert weiter, außer es geht gegen starke Gegner. So wird der unangefochtene Tabellenführer und spätere Meister der Oberliga Süd, Kickers Offenbach, in Nürnberg vor 40.000 Zuschauern mit 8:1 an die Wand gespielt. Doch das bleiben Ausnahmen, zumal Pöschl mitten in der Saison zu Grashoppers Zürich geht. Der erste deutsche Fußballer der Nachkriegszeit ist damit ins Ausland gewechselt. Er hinterlässt im Sturm eine große Lücke. Der Club beendet die Saison auf dem elften Rang, so schlecht wie noch nie zuvor. „1949/1950 – Quo vadis?", fragt sich besorgt die Vereinszeitung, wo doch im nächsten Jahr das 50-jährige Vereinsjubiläum ansteht. Während Aufsteiger SpVgg Fürth die Oberliga aufrollt und zum Jahresende an der Tabellenspitze steht, findet sich der Club zur Halbzeit der Runde als Drittletzter auf einem Abstiegsrang wieder.

1950
Bumbes Schmidt soll es nun richten. Er hat den VfR Mannheim zur Deutschen Meisterschaft geführt und soll den Club im Jubiläumsjahr wieder auf Vordermann bringen. Doch Wunder kann Bumbes auch nicht vollbringen. Immerhin klettert der Club in der Oberliga-Tabelle noch auf den 8. Platz hinauf. Oberliga-Meister wird der Lokalrivale aus Fürth mit fünf Punkten Vorsprung vor dem VfB Stuttgart. Bumbes verjüngt die Mannschaft. Kennemann und Abel Übelein beenden ihre Karrieren, Adi Knoll geht nach Fürth, Zapf Gebhardt zum FC St. Pauli und Übelein II zur SpVgg Weiden. Mit Schaffer im Tor, Bergner, Baumann und Ucko in der Läuferreihe und Kallenborn, Herbolsheimer, Winterstein und Morlock im Sturm geht es wieder aufwärts.

100 JAHRE

1951 Der Club wird nicht zuletzt dank Morlock, der mit 28 Treffern Torschützenkönig wird, Oberliga-Meister, zwei Punkte vor Fürth. In der Endrunde zur Deutschen Meisterschaft hat er dann Pech. Ein sensationeller 8:2-Sieg von Preußen Münster bei Tennis Borussia Berlin bringt ihn haarscharf um die Finalteilnahme. Münsters Torquotient (Division von erzielten Treffern durch Gegentore) beträgt 1,375 und ist damit um knapp sieben Hundertstel besser als der vom Club (1,308). In Nürnberg fühlt man sich verschaukelt, schließlich hatte TeBe Berlin zur Halbzeit noch mit 2:1 geführt. Bis zur 72. Minute steht es noch 2:2, in den letzten 18 Minuten kassiert TeBe noch sechs Tore. Der DFB lehnt den Protest des 1.FCN ab. Meister wird der 1.FC Kaiserslautern. Für Bumbes, der über Nacht beim Club gekündigt hat, kommt Alv Riemke. In der neuen Saison knüpft der Club nahtlos an die Leistungen des Vorjahres an. Der eingespielte Sturm schießt Tor um Tor, hinten halten Schaffer, Mirsberger und Vetter dicht. An Weihnachten fliegt der Club in wärmere Gefilde, nach Spanien. Dort spielt er sich in die Herzen der Einheimischen. Zunächst schlägt er den spanischen Herbstmeister Atletico Bilbao am 23. Dezember mit 4:2 und dann hat am Tag darauf auch noch der amtierende Landesmeister, der große FC Barcelona, im eigenen Stadion mit 0:2 das Nachsehen. Eine absolute Sensation, denn seit Kriegsende hat Barcelona zu Hause noch kein Spiel gegen eine ausländische Mannschaft verloren. Am zweiten Weihnachtsfeiertag wird die siegreiche Elf bei ihrer Ankunft auf dem Fürther Flughafen empfangen, als wäre sie gerade Deutscher Meister geworden.

1952 Der Club bleibt in der Oberliga zu Hause bis zum Schluss ungeschlagen, Morlock muss sich diesmal mit 26 Treffern die Torjägerkrone mit dem Offenbacher Helmut Preisendörfer teilen. Im letzten Spiel holt sich der VfB Stuttgart mit einem 2:0-Heimerfolg über den Club die Oberliga-Meisterschaft. Doch auch als Zweiter erreicht der Club die Gruppenspiele um die Deutsche Meisterschaft. Gegner sind Schalke 04, der HSV und der 1. FC Saarbrücken. Erneut bleibt dem Club das Pech treu. Im letzten Gruppenspiel gegen den 1. FC Saarbrücken hätte ein Unentschieden zum Einzug ins Finale gereicht. Zur Halbzeit führt der Club im Ludwigshafener Südwest-Stadion 1:0, am Ende heißt es 1:3 und wieder stehen die Nürnberger mit leeren Händen da. Meister wird der VfB Stuttgart. An dem zweimaligen unglücklichen Scheitern hat die Mannschaft schwer zu knabbern. Toni Kugler, der Verteidiger aus der Meisterelf der 20er Jahre, löst Alv Riemke ab und hat alle Hände zu tun, die Spieler moralisch aufzurichten. Der Saisonauftakt geht mit einer 2:5-Heimniederlage gegen die Stuttgarter Kickers in die Hose – der Rundfunk hatte zum ersten Mal bundesweit aus dem Stadion berichtet. Auch die nächsten Spiele gehen verloren und im Oktober hat der Club sogar die rote Laterne.

1953 Während man zu Hause oft verliert, fegt man auswärts den KSC (7:1), die Offenbacher Kickers (6:3) und Ulm 46 mit 6:0 vom Platz. Letzteren Sieg hat der Club einem Trick zu verdanken: Auf glitschigem Boden hat man die sonst mit Lederriemen umwickelten Metallstollen freigelegt und dies mit Kaugummi getarnt. Nach weniger Schritten ist der Kaugummi ab und die Spieler haben festen Halt. Am Ende belegt der Club mit 29:31 Punkten den achten Platz. Am Sturm, der 67 Treffer erzielte, lag es nicht, aber die Abwehr (61 Gegentore) war löchrig wie ein Schweizer Käse. Um vom tristen Oberliga-Alltag auf andere Gedanken zu kommen, nimmt der 1. FCN die Einladung des Deutsch-Amerikanischen Fußball-Bundes an. Am 4. Mai fliegt die Mannschaft in die USA. Nur gegen den FC Liverpool setzt es dort eine knappe 3:4-Niederlage. Die Spieler sind begeistert vom American Way of Life und kommen aus dem Staunen nicht mehr heraus. Ein Vorgeschmack auf das Wirtschaftswunder, das sich nun auch zu Hause anbahnt.

1954 Der Club liegt gut im Rennen. Horst Schade, der für die Fürther in 129 Oberliga-Spielen 104 Tore schoss, hat die Fronten gewechselt. Mit 71 Treffern erzielt der Club-Sturm die meisten Tore im Süden (Schade 22, Morlock 18), doch am Ende reicht es nur zum vierten Platz hinter dem VfB Stuttgart, Eintracht Frankfurt und Kickers Offenbach. Erzürnt reagiert man beim FCN über das Vorpreschen des Westdeutschen Fußball-Verbandes, der eine Bundesliga mit Profispielern einführen will. „Zur Struktur unserer Vereine passt das Profitum aber so wenig wie zum Journalismus das Pferdestehlen", schimpft man im Club-Vorstand. Am 17. Juni beginnt in Bern die Fußballweltmeisterschaft. Max Morlock ist zur rechten Zeit in Höchstform. Mit zwölf Toren ist er bei den Qualifikations- und Endrundenspielen der erfolgreichste deutsche Stürmer. Und auch im Finale am 4. Juli erzielt Morlock den Anschlusstreffer zum 1:2. Die deutsche Elf ist wieder im Spiel und gewinnt schließlich mit 3:2.

1955 Mit dem neuen Trainer Bimbo Binder zieht beim Club Wiener Kaffeehaus-Atmosphäre ein. Angesichts einer Serie von zum Teil empfindlichen Schlappen – Schaffer, Winterstein und Morlock sind lange verletzt – weht jedoch ein rauher Wind im Stadion. Bei der 2:3-Heimniederlage gegen Schwaben Augsburg hageln Eisbrocken und andere Wurfgeschosse auf die Verlierer nieder. Nach einer 0:6-Pleite beim VfB Stuttgart wird im Zabo „Alarmstufe 1" ausgelöst. Erst im März ist Morlock von seiner Gelbsucht genesen und kann ins Geschehen eingreifen, doch es ist zu spät. Der Club belegt am Ende Rang neun. Versöhnlich nur der letzte Spieltag: Ein 6:1 über den FC Bayern besiegelt den Abstieg der Münchner. „Wir werden das gewohnte Bayernspiel vermissen", klagt die Vereinszeitung. Doch die Nürnberger Zuschauer vermissen in der neuen Oberliga-Saison auch einen schlagkräftigen Nürnberger Sturm. Meist weht im gegnerischen Strafraum nur ein laues Lüftchen. Finanziell sieht es nicht rosig aus. Wie alle Vereine hat auch der Club mit dem Phänomen zu kämpfen, dass nach dem WM-Triumph die Zuschauerzahlen sinken. „Stellt Kerle auf den Rasen, die Torbalken zu Spreißelholz zusammenschießen, dann rennen die Massen wieder auf den Sportplatz", rät die *Nürnberger Zeitung*. „Woher nehmen und nicht stehlen", antwortet ratlos die Vereinszeitung.

1956 Auch im neuen Jahr treffen die Nürnberger Stürmer schlecht, zudem sind Morlock, Baumann und Zeitler lange verletzt. Am Ende stehen nur 42 Tore auf der Habenseite, absoluter Minusrekord im gesamten Oberliga-Dasein des Club. Kein Wunder, dass nicht mehr als der siebte Platz drin ist. Um langfristig das Blatt zum Positiven zu wenden, intensiviert Bimbo Binder die Jugendarbeit. Unter Jugendleiter Andreas Weiß und dem späteren Jugendtrainer Fritz Kreißel grasen Club-Späher alle Vereine in der Region ab. Viele Talente finden dadurch den Weg zum 1. FCN, darunter die späteren Meisterspieler Flachenecker, Haseneder, Hilpert, Leupold, Reisch, Strehl, Volkert und Wild. In der neuen Oberliga-Saison geht die Flaute der 1. Mannschaft zu Ende, obwohl Bergner, Herbolsheimer und Schade dem Club den Rücken kehrten. Dafür wirbelt Max Schmid am rechten Flügel und schießt Tor um Tor. Nur die SpVgg Fürth verdirbt dem Club die Stimmung. Im 175. Derby geht der Club im heimischen Stadion vor 27.000 Zuschauern mit 2:7 unter.

1951-1962

1957
Nach einigen weiteren Niederlagen stellt Binder Zenger statt Glomb in die Sturmmitte. Eine Maßnahme mit durchschlagendem Erfolg. Schon Anfang Mai, zwei Spieltage vor Saisonende, steht der Club als Süd-Meister fest. „Der 1.FCN ist kein Vereinsname. Das ist ein Warenzeichen für Qualität", schwärmt Friedebert Becker im *Kicker*. In der Endrunde zur Deutschen Meisterschaft scheitert der Club mit zwei Unentschieden gegen den 1. FC Saarbrücken und den Duisburger SpV sowie einer Niederlage gegen den HSV. Beim DFB und den Vereinen wird weiterhin die Bundesliga-Einführung heftig diskutiert. In Nürnberg ist man noch immer strikt dagegen. Solange nicht jeder beteiligte Verein „einen oder zwei Hubschrauber" besitze, um die großen Entfernungen zu bewältigen, sei eine Bundesliga „nicht wünschenswert", lautet die offizielle Stellungnahme. In der neuen Saison spielt die erste Mannschaft von Anfang an oben mit. Am 11. August geht im Spiel beim SSV Reutlingen ein neuer Stern am Nürnberger Torwart-Himmel auf: Roland Wabra. Dank seiner Paraden gewinnt der Club 5:2.

1958
Die Verletzungen von Morlock, Zenger und Schmid sind endlich auskuriert. Mit einer wieder kompletten Mannschaft geht es für den 1. FCN nach oben. Glomb (14), Morlock (14) und Heiner Müller (13) schießen mehr als die Hälfte der insgesamt 74 Tore. Das reicht für den zweiten Platz hinter dem Karlsruher SC und für den erneuten Einzug in die DM-Endrunde. Dort kommt beim 4:3 gegen den 1. FC Köln erstmals Strehl zum Einsatz und zeigt als Rechtsaußen seine Qualitäten. Glombs Hattrick gegen die Geißböcke nutzt jedoch nichts, denn nach einem Unentschieden gegen den FK Pirmasens verliert man wieder gegen den HSV (1:3). Die Norddeutschen haben jedoch im Finale gegen Schalke 04 keine Chance und die Gelsenkirchener schließen zum Club auf. Beide Altmeister haben jetzt sieben Titel. In der Oberliga debütiert mit Nandl Wenauer ein Mittelläufer, der es bis in die Nationalmannschaft bringen wird.

1959
Mit 80 Toren erzielen die Nürnberger zwar die meisten Treffer der gesamten Oberliga Süd, doch es reicht am Ende nur zum undankbaren dritten Platz hinter Frankfurt und Offenbach. Diese beiden Mannschaften machen die Meisterschaft unter sich aus: Frankfurt gewinnt. Beim Club stehen Veränderungen an, denn die treffsicheren Glomb und Schmid wechseln zum SV Wiesbaden. Binder stellt Strehl in die Sturmmitte, wo er sich am wohlsten fühlt. Mit 30 Treffern wird der 20-Jährige auf Anhieb Torschützenkönig des Südens. Derbfuß und Hilpert bilden die neue Verteidigung, Tasso Wild (19) und Gustl Flachenecker (19) unterstützen die Offensive. Schon nach wenigen Spieltagen erobert der Club die Tabellenspitze. Als dann aber Morlock fünf Monate pausieren muss, kommt die Mannschaft aus dem Tritt und gewinnt bis zum Jahresende kein Spiel mehr. Dafür kann der Club-Kassier zufrieden sein. Er bilanziert für das Jahr 1959 Gesamteinnahmen von 712.655 Mark. Nach Abzug aller Ausgaben erwirtschaftet der Club einen Gewinn von 21.000 Mark und gehört damit zu den reichen Vereinen der Oberliga Süd.

1960
Endlich ist die Ursache von Morlocks Beschwerden gefunden: ein Senkfuß. Mit entsprechenden Einlagen im Schuh ist Morlock wieder ganz der Alte. Doch der Endspurt kann die schwarze Serie zu Beginn nicht mehr ausgleichen, der Club beendet die Spielzeit auf dem sechsten Platz. Bayern München landet einen Platz vor dem Club, obwohl dem Verein vier Punkte abgezogen wurden, weil er seine Spieler in der Saison 57/58 mit mehr als den erlaubten 320 Mark im Monat bezahlt haben soll. Im Juni sorgt der Wechsel Gettingers von Fürth nach Nürnberg für Ärger. „Es scheint für die Cluberer ungefährlicher, mit bloßen Händen in ein Kreuzotternest zu greifen, als sich um einen Fürther Spieler zu bemühen", schreibt die Vereinszeitung. Beide Vereine schließen einen Nichtangriffspakt ab. Kurz zuvor hat sich der Club die Dienste von Trainer Herbert Widmayer gesichert. Binder hatte ein Angebot vom PSV Eindhoven angenommen. Widmayer holt aus der Club-Jugend Reisch (19), Haseneder (19) und später noch Ferschl und Leupold in die erste Mannschaft. Die „jungen Wilden", angeführt von Senior Morlock (36), sorgen gleich zu Beginn der neuen Saison mit unbekümmertem Offensiv-Fußball für Furore. Mit einem 8:0-Kantersieg gegen Bayern Hof erobert der Club am dritten Spieltag die Tabellenführung.

1961
Nach über 300 Spielen in der 1. Mannschaft zieht Waldemar Schweinberger das weinrote Trikot aus. Der Club stürmt weiter von Sieg zu Sieg. Im Schnitt schießen die Nürnberger 3,2 Tore pro Spiel. Vor allem Strehl (22 Treffer), Flachenecker (16) und Wild (15) wirbeln die gegnerischen Abwehrreihen gehörig durcheinander. 23 Siege bei fünf Niederlagen und zwei Unentschieden und 96:30 Tore bedeuten am Ende einen Vorsprung von sieben Punkten vor dem Zweiten, der Eintracht aus Frankfurt. In der DM-Endrunde beißen sich Hertha BSC, der 1. FC Köln und Werder Bremen die Zähne am Club aus. Ungeschlagen wird er Gruppenerster und lässt auch im Finale den Routiniers von Borussia Dortmund keine Chance (3:0). Mit acht Spielern aus der eigenen Jugend und einem Durchschnittsalter von knapp 24 Jahren holen die „jungen Wilden" die Meisterschale. Der Senior, Max Morlock, bekommt eine besondere Auszeichnung: Die Sportjournalisten küren ihn zum „Fußballer des Jahres 1961". In der neuen Saison setzt der Club den Meisterschaftselan fort und auch im Europapokal werden die ersten beiden Runden gegen Drumcondra Dublin und Fenerbahce Istanbul mühelos überstanden.

1962
Das anstehende Viertelfinale gegen Benfica Lissabon elektrisiert die Massen. Am 1. Februar ist es soweit. Dank Flachenecker, der zwei Tore selbst schießt und das dritte vorbereitet, gewinnt der Club sensationell mit 3:1. Im Rückspiel drei Wochen später geht der Club ohne seinen verletzten Stammtorwart Wabra mit 0:6 unter. International ausgeschieden, hält man sich nun an seinen Oberliga-Gegnern schadlos. Dank des besseren Torverhältnisses gegenüber der punktgleichen Frankfurter Eintracht werden die Nürnberger erneut Südmeister und sie schaffen es auch ins Finale. Doch dieses Mal ist der Gegner schier übermächtig. Der mit Nationalspielern gespickte 1. FC Köln gewinnt am 12. Mai mit 4:0. Trotzdem wird die Club-Elf beim Empfang in Nürnberg so gefeiert, als wäre sie gerade Meister geworden. Morlock hängt – vorerst – seine Fußballstiefel an den Nagel. Knapp vier Monate später holt der Club mit einem 2:1 nach Verlängerung gegen Fortuna Düsseldorf den Pokal. Tasso Wild erzielt den Siegtreffer in der 93. Minute. Einen Monat zuvor hatte auch die 1. FCN-Führung zähneknirschend die Einführung einer Bundesliga mit Lizenzspielern, die monatlich inklusive Prämien nicht mehr als 1.200 Mark verdienen durften, akzeptiert. In der alten Oberliga läuft es anfangs noch nicht so rund, dafür meistern die Cluberer im Europapokal der Pokalsieger die erste Runde gegen AS St.Etienne.

100 JAHRE

1963 Max Morlock hat inzwischen einen Vertrag, wonach er nicht mehr am Training teilnehmen muss, aber spielen soll, wenn Not am Mann ist. Mitte März ist es schon soweit. Beim Europapokalspiel gegen SK Odense (6:0) schnürt Morlock wieder die Fußballstiefel. In der Oberliga gelingt es schließlich, den FC Bayern vom zweiten Platz zu verdrängen. Der berechtigt nicht nur zur Teilnahme an der DM-Endrunde, sondern stößt auch den Bayern das Tor zur Bundesliga zu. Der kleine „Hasi" Haseneder wird zusammen mit Rudi Brunnenmeier von 1860 München mit jeweils 24 Toren Torschützenkönig des Südens. In der Ewigen Tabelle der Oberliga-Süd von 1945 bis 1963 ist der Club souveräner Spitzenreiter mit 739:381 Punkten und 1348:754 Toren. 286 dieser 1348 Tore schoss Max Morlock, der als einziger Spieler alle 18 Oberliga-Jahre durchgespielt hat. Und der 1. FCN ist auch Zuschauerkrösus: 4,83 Mio. Zuschauer strömten zu den Oberliga-Heimspielen des Club. Doch alle Rekorde nutzen dem Club in der DM-Endrunde nichts. Ein 2:6-Debakel in Köln gegen den 1. FC zerstört die Träume vom erneuten Einzug ins DM-Finale. Im Europapokal gewinnt der Club auch in Odense (1:0) und steht damit im Halbfinale gegen Atletico Madrid. Ein hart erkämpfter 2:1-Sieg am 10. April im Städtischen Stadion macht Hoffnung auf das Finale. Im Rückspiel im Bernabeu-Stadion hat jedoch der stark auftrumpfende Club wenig Glück. 0:2 heißt es am Ende vor 117.000 Zuschauern. Am 24. August startet die Bundesliga mit fünf Südvereinen: Club, 1860 München, Frankfurt, KSC und VfB sind dabei, erfolgreiche Oberliga-Vereine wie Bayern München und Kickers Offenbach müssen erstmal zugucken. Ausgerechnet der 1. FCN, der sich so lange gegen die Einführung der neuen Liga gesträubt hatte, stellt dann als erster Verein einen Antrag auf Höherbezahlung „besonders wertvoller Spieler". Die neue Epoche beginnt zunächst sehr vielversprechend: dem Club gelingen 5:1 Punkte gegen Hertha BSC, Bremen und Frankfurt. Dann aber verliert man Spiel um Spiel. Der Schuldige ist schnell gefunden: Herbert Widmayer. Nach einer regelrechten Hexenjagd – es gibt anonyme Anrufe und Briefe, ja sogar Morddrohungen – wird der Trainer am 30. Oktober als erster Fußball-Lehrer der Bundesliga überhaupt entlassen. Sein Nachfolger wird der Ungar Jenö Csaknady, der im Jahr zuvor mit AEK Athen griechischer Meister geworden war.

1964 Trotz seiner vielkritisierten Trainingsmethoden – der Theoretiker Csaknady predigt die Philosophie des „Betonfußballs" – befreit sich der Club aus der Abstiegszone und beendet die erste Bundesliga-Saison auf einem versöhnlichen 9. Platz (29:31 Punkte). Heinz Strehl landet mit 16 Treffern auf Rang sechs der Torjägerliste. Nachdem auf der Jahreshauptversammlung Walter Luther den heftig angegriffenen Präsidenten Karl Müller verdrängt hat und Csaknady erklärt, dem Club den Rücken kehren zu wollen, werden die Karten für die nächste Saison neu gemischt. Neuer Trainer wird der ehemalige Clubspieler Gunter „Bello" Baumann.

1965 Zum Ende der Saison 1964/65 hat sich der Club in der Bundesliga etabliert. 32:28 Punkte bedeuten in der Endabrechnung den 6. Platz. Zuhause hat sich der FCN als eine Macht erwiesen, nur auswärts (10:20 Punkte) kam er, trotz eben fertiggestellter Autobahnverbindungen (die Strecke Nürnberg-Frankfurt wurde 1964 eröffnet), nicht so richtig in Fahrt. Im Sommer schmeißt „Bello" Baumann die Brocken nach nur einem Jahr wieder hin, als ihm Präsident Luther seine Kompetenzen beschneiden will. Viele Club-Anhänger reiben sich zwar verwundert die Augen, aber tatsächlich wird nun der ungeliebte Vorgänger Baumanns auch sein Nachfolger: Jenö Csaknady. Unglaublich, oder, um mit Herbert Hisel, dem großen Nürnberger Plattenstar der 60er Jahre zu sprechen: „Fei wärgli".

1966 Der Club bringt eine durchwachsene Saison hinter sich, die er erneut auf dem 6. Tabellenplatz abschließt (39:29). Wiederum verhindert vor allem eine schwache Leistung auf fremden Plätzen eine bessere Plazierung (14:20 Punkte). Dennoch tönt der ungarische Trainer beim Trainingsauftakt im Sommer: „Ich bin überzeugt, dass wir heuer unter den Großen mitmischen werden." Tatsächlich startet der Club mit Elan in die neue Runde: Nach dem 8. Spieltag steht er auf Rang drei. Als dann aber Torjäger Franz Brungs vorübergehend seine Treffsicherheit einbüßt, geht es schnell bergab. Am 5. November wollen gerade noch 10.000 Zuschauer ein mattes 1:1 gegen Rot-Weiß Essen sehen. Mehr los als auf dem Rasen des Stadions ist an diesem Tag in der Breiten Gasse, wo die Brüder Gerhard und Hans Rudolf Wöhrl, gerade mal 22 und 19 Jahre alt, ihren „Carnaby Shop" eröffnen. Der Kicker kritisiert mit harten Worten das erschlaffte Spiel des Club: „Von Technik, Spielwitz und Spielanlage nichts mehr zu sehen." Zwei Tage später wird Jenö Csaknady entlassen und durch seinen Landsmann Jenö Vincze, dem Trainer der Amateurmannschaft, ersetzt. Doch der Mannschaft gelingt unter Vincze kein einziger Sieg, nach dem letzten Spiel der Vorrunde trennt den Club nur ein einziger Punkt vom Tabellenende.

1967 Am 2. Januar steht die Lösung aller Club-Probleme auf dem Trainingsplatz: Max Merkel, der Meistertrainer der Münchner Löwen, der von Präsident Walter Luther kurz vor Jahresende für die damals horrende Monatsgage von DM 11.000 verpflichtet worden war. Beim ersten Spiel unter Merkels Regie gibt es ein Unentschieden, dann aber setzt es erneut deftige Niederlagen. Erst nach dem 13. Spieltag – 1:0 gegen den HSV, in allerletzter Sekunde per Brungs-Kopfball sichergestellt – platzt endlich der Knoten. Vor allem auswärts zeigen sich die Merkel-Schüler nun als eine Macht, Abstieg ist kein Thema mehr, am Ende reicht es sogar noch zum zehnten Rang. Im Sommer, als die Studentenunruhen bundesweit für Schlagzeilen sorgen, verschickt Merkel eine Reihe blauer Briefe. Unter anderem müssen Heiner Müller, Reisch und Flachenecker aus der 61er Meistermannschaft gehen, als Neue kommen Zvezdan Cebinac und Gustl Starek. In der Stammformation Wabra – Leupold, Popp – Ludwig Müller, Wenauer, Ferschl – Cebinac, Strehl, Brungs, Heinz Müller, Volkert (während der gesamten Saison kommen darüber hinaus nur Torwart Toth, Hilpert, Schöll und Starek zum Einsatz) legt der „neue" Club gleich wie der Teufel los. Am dritten Spieltag erklimmt er erstmals die Tabellenspitze, zwölf Spieltage lang bleibt er ohne Niederlage. Am 2. Dezember, als die Bayern ihre Visitenkarte in Nürnberg abgeben, steht er immer noch mit drei Punkten Vorsprung an der Spitze. An diesem Tag liefert der Club, jeder weiß es, eines seiner größten Spiele. „Das war das Meisterstück", titelt der Kicker nach dem 7:3-Sieg, zu dem allein Brungs fünf Tore beisteuert.

1963-1973

1968

Das Jahr, nach dem eine ganze Generation benannt werden wird, wird auch für den Club zu einem der denkwürdigsten seiner Geschichte. Die Politik ist in diesem Jahr in Nürnberg allgegenwärtig – beim Parteitag der SPD in der Meistersingerhalle demonstrieren die „68er" vor dem Tagungsgebäude gegen die Notstandsgesetze – aber nach dem 18. Mai, dem vorletzten Spieltag, gibt es für jeden richtigen Nürnberger nur ein Thema: Brungs und Strehl, zusammen für 43 der insgesamt 71 Treffer dieser Saison verantwortlich, köpfen den Club zu einem 2:0-Erfolg bei den Bayern – und damit zur Meisterschaft! Als dann am letzten Spieltag im Städtischen Stadion, nach dem abschließenden 2:1-Sieg gegen Borussia Dortmund, Heinz Strehl vom DFB-Präsidenten Dr. Gößmann die Meisterschale entgegennimmt, wird das Stadion zum Tollhaus. Auch in der neuen Saison „wollen wir wieder", so verkündet Max Merkel, „vorne mitspielen". „Wir" – das heißt, ein Club ohne zehn altgediente Akteure, darunter Ferschl, Starek und Brungs, aber mit dreizehn neuen Spielern, darunter der später heftig kritisierte Torwart Rynio sowie die erfahrenen Bundesligaspieler Zaczyk (104 Einsätze für den KSC) und Küppers (120 Einsätze für 1860). Doch statt des versprochenen „Sonntagstisches" (Merkel) präsentiert der Club seinen Zuschauern nur allzu schmale Kost. Nach Ende der Vorrunde rangiert der amtierende Meister nach lediglich vier Siegen auf einem Abstiegsplatz.

1969

In diesem Jahr wird mit dem größten Polizeiaufgebot, das Nürnberg bis dahin gesehen hat, ein Wahlkampfauftritt der NPD am Egidienberg verhindert. Was aber weder Max Merkel, seine Nachfolger Robert Körner und Kuno Klötzer sowie das als moralische Stütze aufgebotene große Idol Max Morlock verhindern können: den tiefen Sturz des Club ins Nichts. Beim bis dahin dramatischsten Abstiegskampf aller Zeiten – am Ende trennen den Zweiten, Alemannia Aachen, vom Letzten, Kickers Offenbach, ganze zehn Punkte – gibt es für den Club bis zuletzt Hoffnung. Doch das 0:3 im letzten Saisonspiel beim 1. FC Köln bedeutet das Aus. Hemmungslos heulend verlassen viele Clubspieler das Müngersdorfer Stadion. 29:32 Punkte hat der Club auf dem Konto. Nur ein einziger Sieg mehr – und der Club hätte das rettende Ufer erreicht. Mit Kuno Klötzer auf der Trainerbank und etlichen Meisterspielern auf dem Platz – Leupold, Heinz Müller, Popp, Wenauer und Strehl halten ihrem Club die Treue – startet der Club das „Projekt sofortiger Wiederaufstieg". Und tatsächlich ist man am Ende der Vorrunde im Soll: Der Club belegt, punktgleich mit dem Tabellenführer Kickers Offenbach, den 2. Rang.

1970

Bis zum 15. Mai, als es beim VfR Mannheim eine unerwartete 0:3-Niederlage setzt, läuft beim Club alles nach Programm. Der Patzer am vorletzten Spieltag aber genügt, dass der KSC am 1. FCN vorbeizieht. Da die Badener sich auch am letzten Spieltag keine Blöße mehr geben, bleibt dem Club als Tabellendritten der Regionalliga Süd der Zugang zur Aufstiegsrunde verwehrt. Mit dem jungen Trainer Barthel Thomas nimmt man im Sommer das Ziel 1. Liga erneut in Angriff. Gleich zu Saisonbeginn gelingt eine kleine Sensation: Am 5. August wird der FC Bayern München vor 60.000 Zuschauern mit 2:1 aus dem Pokalwettbewerb befördert. Nach dem temperamentvollen Auftritt des Club schreibt der Kicker begeistert: „Diese Elf hat Zukunft." Tatsächlich verläuft auch die Punkterunde erfolgreich. Zur Halbzeit ziert der 1. FCN mit 30:6 Punkten unangefochten die Tabellenspitze.

1971

Der Club setzt die Siegesserie des Vorjahres fort, nicht weniger als 27 Spiele hintereinander bleibt er ungeschlagen. Erst am 10. April, beim 1:2 gegen Bayern Hof, gibt es die zweite Niederlage. Als souveräner Südmeister (55:17 Punkte bedeuten zehn Punkte Vorsprung vor dem Zweiten, dem KSC) zieht man in die Aufstiegsrunde. Doch plötzlich patzt die bis dahin so überzeugend auftrumpfende Mannschaft. 0:1 heißt es nach einer desolaten Vorstellung bei Borussia Neunkirchen. Beim Spiel gegen Fortuna Düsseldorf am 30. Mai wollen 75.000 Zuschauer – bis heute Rekord in Nürnberg – ihren FCN in die Bundesliga schreien. Doch umsonst. Der Club verliert mit 0:2. Das anschließende 2:3 bei Wacker 04 Berlin bedeutet dann das endgültige Aus für alle Aufstiegsträume. Nach diesem vermurksten Saisonausklang beschließt man im Vorstand einen Neubeginn. Aber nichts wird besser. Der neue Trainer „Boba" Mihailovic verlässt noch in der Vorbereitungszeit den Valznerweiher, unter seinem Nachfolger spielt sich die verunsicherte Mannschaft in Richtung Tabellenende. Am 19. Oktober tritt der für die Langner-Verpflichtung verantwortliche Obmann Franz Schäfer tritt zurück, am 3. Dezember gibt der neue Präsident Hans Ehrt dem Trainer den Laufpass. Als neuer Hoffnungsträger wird „Tschik" Cajkovski, der Erfolgstrainer der Münchner Bayern, präsentiert.

1972

„U" und „H" werden die großen Buchstaben des Jahres. Die erste U-Bahn-Strecke zwischen Langwasser und Bauernfeindstraße wird eröffnet und mit dem Anschluß an den Rhein-Main-Donau-Kanal wird die Frankenmetropole sogar zur Hafenstadt. „U" und „H" stehen aber nicht nur für U-Bahn und Hafen, sondern auch für „unterklassig" und „hoffnungslos". „Tschik" Cajkovski rettet den Club zwar vor dem drohenden Abstieg (9. Platz), aber der lustige Trainer, der am Rande des Platzes für viel Unterhaltung zu sorgen weiß, vermag dem Clubspiel auch nicht entscheidend auf die Sprünge zu verhelfen. Zwar verläuft die Hinrunde der neuen Spielzeit weit erfreulicher als die der letzten Saison, doch wirklich Bemerkenswertes gibt es nicht zu vermelden.

1973

Am 20. Januar endet das 209. Derby zwischen der SpVgg Fürth und dem 1. FCN wenig ruhmreich. Beim Stand von 4:2 wird das Spiel im Ronhof in der 63. Minute von Schiedsrichter Riegg abgebrochen, als eine Signalrakete aus einem Fanblock auf den Platz fliegt. Da das Sportgericht Anhänger des Club für den Abbruch verantwortlich macht, wird das Spiel 2:0 für Fürth gewertet. Der Club beendet die Saison auf dem 5. Platz. Zum Start der neuen Runde versucht sich dann wieder einmal eine neue Führung an der Aufgabe „Aufstieg". Auf der Trainerbank sitzt Hans Tilkowski, Torhüter des Vizeweltmeisters von 1966, ihm zur Seite steht als neuer Obmann der Ex-Goalgetter Franz Brungs. Die spielstarke Mannschaft – Sturz, Rüsing, Hannakampf und Schabacker in der Defensive, Geinzer, Nüssing und Petrovic im Mittelfeld, Majkowski, Geyer, Bittlmayer und Sepp Brunner im Sturm – startet erfolgreich in eine Saison., in deren Verlauf auch die Stadt ihrem Club unter die Arme greift: Im Dezember kauft sie für über 1 Mio. DM den wertlosen Viatisstreifen auf dem Gelände des 1. FCN und ermöglicht so, wenigstens vorübergehend, eine Sanierung des angeschlagenen Vereins.

100 JAHRE

1974 Zu einem Höhepunkt des Jahres wird der 26. Januar. Vor 60.000 Zuschauern spielt der Club die Sechziger aus München mit 5:1 in Grund und Boden. Nach dem glücklichen 1:0 in der 11. Minute lässt ein „bis zu den Zähnen mit unerhörter Energie gespeister 1. FCN die Löwen, nicht mehr aus dem Würgegriff" schreibt der *Kicker*. Zwar schafft der Club am 9. März gegen den Tabellenführer FC Augsburg nur ein 2:2, am Ende aber erreicht er mit einem Punkt Vorsprung vor den Löwen Platz 2 – und damit die Aufstiegsrunde. Gegen Eintracht Braunschweig lässt ein Nüssing-Kopfball zum 1:0 die Fans schon von der Bundesliga träumen, kurz darauf aber sorgt das 0:5 einer völlig desolaten Club-Mannschaft bei Wacker 04 Berlin für Ernüchterung. Zwar gelingt nach Siegen über Saarbrücken (2:1) und Wattenscheid (2:1) gegen Wacker 04 eine großartige Revanche – 9:1 heißt das Ergebnis am 25. Mai –, doch mit dem anschließenden 0:2 in Braunschweig rückt der Aufstieg wieder in weite Ferne. Ein 1:0 in Wattenscheid und ein 2:2 im letzten Spiel gegen Saarbrücken reichen nicht mehr: Dem 1. FCN fehlt in der Endabrechnung ein einziger Treffer gegenüber den punktgleichen Braunschweigern.

1975 Mit zahlreichen Neueinkäufen – u.a. kam Hans Walitza für die damalige Rekordablöse von 666.666 DM vom VfL Bochum – startete der Club in die Saison 1974/75, doch sie brachten nicht die erhoffte Verstärkung. Das Team, das nicht mehr harmonisch agiert wie im Jahr zuvor, findet zu keiner leistungsmäßigen Konstanz und beendet die Saison auf dem 6. Platz. Positiv ist, dass die Club-Vorstandschaft um Präsident Hans Ehrt weiterhin auf die Arbeit des engagierten Hans Tilkowski vertraut. Tatsächlich steht dann in der Spielzeit 1975/76 wieder eine schlagkräftige Mannschaft auf dem Platz.

1976 Hinter dem Meister 1. FC Saarbrücken qualifiziert sich der 1. FCN als ungefährdeter Tabellenzweiter für die Aufstiegsspiele gegen den Nordzweiten Borussia Dortmund. Am 17. Juni kommt es vor 55.000 Zuschauern im heimischen Stadion zum ersten Schlagabtausch. Petrovic sorgt kurz nach dem Anpfiff mit einem Lattenkracher für einen Paukenschlag, dann aber nimmt die technisch versiertere Borussia das Heft in die Hand. Der Club, bei dem im Sturm nur ein harmloses Lüftchen weht, verliert mit 0:1. Die Mannschaft, die im Rückspiel aufläuft (Schwarzwälder – Pechtold, Dämpfling, Rüsing, Stocker – Nüssing, Sturz, Petrovic – Majkowski, Walitza, Lieberwirth), spielt dann zwar besser, vermag das Blatt aber nicht mehr zu wenden. Sturz und Walitza können zwar zweimal egalisieren, am Ende aber heißt es 3:2 für die von Otto Rehhagel trainierten Dortmunder. Hans Tilkowski wirft nach dem neuerlichen Scheitern frustriert das Handtuch. Sein Nachfolger wird Horst Buhtz, der nun auf das „Prinzip Auswahl" setzt: Zum Trainingsauftakt tummeln sich nicht weniger als 30 Profis auf dem Gelände am Valznerweiher.

1977 Der Club bleibt zwar bis zum 16. April in 18 Spielen hintereinander ungeschlagen, verspielt aber mit unnötigen Unentschieden seine Aufstiegschancen. Als dann der VfB Stuttgart an diesem Tag mit 4:0 gewinnt, ist auch das treue Nürnberger Publikum mit seiner Geduld am Ende. Beim letzten Heimspiel der Saison trotten gerade noch 1.743 Unentwegte ins Stadion – absoluter Minusrekord der Vereinsgeschichte. Ernüchtert gibt Franz Schäfer, seit Januar wieder Leiter der Lizenzspieler-Abteilung, die Parole aus, dass man für die neue Saison um die Routiniers Manni Müller, Dani Petrovic und Hans Walitza eine junge Truppe aufbauen wolle, der man eine gewisse „Reifezeit" zugestehe. Tatsächlich startet die Mannschaft, die sich hauptsächlich aus Spielern der A-Jugend zusammensetzt, die 1974 Deutscher Jugendmeister geworden war, mit 6:0 Punkten erfolgreich in die Saison. Die vom Schwung der jungen Mannschaft – Durchschnittsalter: 22,6 Jahre – begeisterte Lokalpresse schwärmt vom Elan des „Club '77", der im Oktober sogar vorübergehend die Tabellenspitze erklimmt.

1978 In der zweiten Halbserie spielt die junge Elf zwar weiter erfolgreich, hat aber deutlich sichtbar schwere Beine bekommen. Am 25. Februar gelingt im Spitzenspiel gegen die SpVgg Bayreuth ein glückliches 3:2, nach einem 0:2 beim zwischenzeitlichen Tabellenführer Darmstadt 98 wird der neue Club-Präsident Lothar Schmechtig allmählich nervös. Zwar hat man den Vertrag mit Horst Buhtz gerade erst um ein Jahr verlängert, zwar steht der Club als Tabellenzweiter und damit als Teilnehmer an den Aufstiegsspielen bereits fest – doch dann bekommt der Trainer nach einem 1:3-Debakel im letzten Saison-Heimspiel gegen Waldhof Mannheim (19. Mai) den Laufpass. Vom jungen Werner Kern verspricht man sich frischen Wind für die entscheidenden Spiele gegen den Nordzweiten Rot-Weiß Essen. Kerns Generalprobe im letzten Saisonspiel in Hof geht zwar gründlich daneben (0:4), dann aber gelingt ein erfolgreicher erster Akt im Aufstiegsdrama: Vor 48.000 Zuschauern im Städtischen Stadion gibt der Club den von „Kopfball-Ungeheuer" Horst Hrubesch angeführten Essenern mit 1:0 das Nachsehen (Kopfball Walitza). Beim Rückspiel im Essener Georg-Melches-Stadion geht die Kern-Truppe durch Petrovic und Walitza zweimal in Führung, doch zweimal kommen die Essener wieder heran. In der Schlußphase berennt Essen pausenlos das Clubtor, doch am Ende reicht es dank eines überragenden Manni Müller im Tor, der in der 82. Minute sogar einen Elfmeter von Hrubesch pariert. Endlich darf in Nürnberg wieder gefeiert werden – auch auf dem Zeppelinfeld, wo Bob Dylan vor 70.000 einen großen Auftritt hat.

1979 Mit einem neuen Präsidenten startet der Club ins Jahr 1979. Michael A. Roth setzt sich in einer Kampfabstimmung gegen Waldemar Zeitelhack durch und lenkt zum ersten Mal die Geschicke des 1. FCN. Auch sportlich fängt das Jahr gut an: Nach einem 1:0-Sieg gegen den VfB Stuttgart wittert der Club Morgenluft im Abstiegskampf. Der mit riesigen Erwartungen verpflichtete neue Stürmer Uli Hoeneß aber bleibt alles schuldig und trifft bei seinen elf Einsätzen kein einziges Mal. Ein ernüchterndes 0:3 im Heimspiel gegen Braunschweig Ende März stellt endgültig die Weichen Richtung 2. Liga; trotz 17:19 Punkten unter dem scheidenden Trainer Zapf Gebhardt steigt der Club zum zweiten Mal ab. Hans Walitza, Slobodan Petrovic und Manfred Müller, der „Held von Essen", brechen ihre Zelte im Zabo ab. Auch die Zweitligasaison 1979/80 beginnt turbulent. Schon nach drei Spieltagen und 1:5 Punkten wird der neue Trainer Jeff Vliers entlassen, Gebhardt übernimmt abermals das Ruder. Unter ihm geht's steil bergauf; als Tabellenzweiter beendet der Club die Vorrunde.

1974-1985

1980
Das Unternehmen Wiederaufstieg läuft weiterhin rund. Schon vier Spieltage vor Saisonschluss weist der Club als Tabellenführer sechs Punkte Vorsprung vor dem Karlsruher SC auf. Am 25. Mai knallen die Korken. Bertram Beierlorzer schießt in der 63. Minute das „goldene" Tor zum 1:0-Sieg beim MTV Ingolstadt, der Wiederaufstieg ist perfekt. Mit einem Paukenschlag beginnt die Bundesliga-Saison 1980/81: Drei Wochen vor dem ersten Spiel bittet Gebhardt, der Nörgelei an seiner Arbeit überdrüssig, ihn mit sofortiger Wirkung von seinem Vertrag zu entbinden. Mit dem erst 36jährigen Horst Heese auf der Trainerbank stürzt sich der Club in die Bundesliga. Nach zwei Auftaktniederlagen in Stuttgart und gegen den Hamburger SV leitet ein 4:2-Sieg bei 1860 München den Aufschwung ein. Rang neun zum Jahreswechsel läßt am Valznerweiher UEFA-Pokalträume aufblühen.

1981
Nicht dem Club, sondern den gleichlautenden Haftbefehlen, die im März wegen einer unangemeldeten Demonstration gegen 141 Besucher des KOMM ausgestellt werden gelten bundesweit die Schlagzeilen. Ziemlich gleichlautend, eben wie gewohnt, fällt der Bericht zum Club aus. Eine unerklärliche Heimschwäche bereitet zunächst den UEFA-Pokal-Träumen ein schnelles Ende, dann gerät der Club mitten hinein in den Abstiegsstrudel. Am Faschingsdienstag, nach einer 1:2-Heimniederlage gegen 1860 München, muss Heese seinen Platz für Amateurtrainer Fritz Popp räumen. Aus Protest gegen diesen 20. Trainerwechsel seit Bundesliga-Beginn 1963 tritt Norbert Eder von seinem Amt als Kapitän zurück. Weil Popp die erforderliche Fußball-Lehrerlizenz nicht vorweisen kann, wird „Altmeister" Fred Hoffmann als Strohmann vorgeschoben. Mit ihm fährt der Club die entscheidenden Punkte zum Klassenerhalt ein. Zu Beginn der Saison 1981/82 sitzt mit Heinz Elzner ein neuer Trainer auf der Bank – fünf Spiele lang. Nach 0:10-Startpunkten wird auch er gefeuert und durch Udo Klug ersetzt. Unter dem Hessen, der gleichzeitig auch den Managerposten bekleidet, sammelt der Club in der Vorrunde 13 Punkte und überwintert auf dem 14. Platz.

1982
Udo Klugs „Eichhörnchen-Methode" klappt hervorragend. Am Saisonende hat der Club in 29 Spielen 28 Punkte gehamstert, die zum Klassenerhalt ausreichen. Zwei dieser 28 Punkte holt er am 27. Februar in Stuttgart dank eines der kuriosesten Tore der gesamten Bundesliga-Geschichte: 1:1 steht es in der 90. Minute, als zwei Stuttgarter nach einem Pfostenabpraller über den auf der Linie trudelnden Ball säbeln und Werner Dreßel schließlich zum 2:1 eindrückt. Durch einen 2:0-Halbfinal-Erfolg gegen den Hamburger SV zieht der Club zum ersten Mal seit 1962 wieder ins DFB-Pokalfinale ein, wo er am 1. Mai auf den FC Bayern trifft. Im Frankfurter Waldstadion entwickelt sich eine denkwürdige Partie, in der es durch Treffer von Hintermaier und Dreßel zur Pause 2:0 steht. Dann aber kippt das Spiel; auch dank eines Elfmeters nach einer Schwalbe von Wolfgang Kraus gewinnen die Münchner noch mit 4:2. Obwohl Hintermaier nach einem Schienbeinbruch fast die gesamte Saison über ausfällt, legt der Club mit 16:18 Punkten in der Vorrunde die Grundlage für den Klassenerhalt.

1983
Während im Centrum Industriekultur die Ausstellung Arbeitererinnerungen erfolgreich läuft, erinnern sich auch die Fußballarbeiter vom Valznerweiher an ihre Aufgabe und sichern bereits am 25. Spieltag vorzeitig den Klassenerhalt: Der Club gewinnt durch Treffer von Weyerich, Dreßel und Heck 3:2 gegen Schalke 04. Es wird gejubelt, doch 2:12 Punkte zum Saisonschluss, die Flut von 70 Gegentoren sowie die verheerende Auswärtsbilanz von 0:24 Punkten aus den letzten zwölf Spielen trüben die Freude. Auch die Saison 1983/84 lässt sich miserabel an: Im ersten Spiel setzt es im Städtischen Stadion ein 2:4 gegen Aufsteiger Uerdingen, das Unheil nimmt seinen Lauf. Nach einem 1:3 zu Hause gegen den 1. FC Köln wird Udo Klug entlassen und zieht sich ganz auf den Managerposten zurück. Sein Nachfolger Rudi Kröner gibt ein erfolgloses 41-Tage-Gastspiel, in das das 0:7 gegen Stuttgart fällt, die höchste Niederlage des 1. FCN in seiner Bundesliga-Geschichte; mit Fritz Popp auf der Bank verliert der Club das letzte Vorrundenspiel mit 1:3 in Dortmund. Kurz vor Weihnachten tritt der amtsmüde Präsident Michael A. Roth zurück.

1984
Als vierter Trainer binnen einer Saison versucht Heinz Höher, das sinkende Schiff doch noch zu retten. Was gründlich misslingt. Auf erbärmliche 5:29 Punkte bringt es der aus Griechenland zurückgekehrte Fußball-Lehrer. Als drittschlechtester Absteiger aller Zeiten rutscht der Club zum dritten Mal in die 2. Liga ab. Im März wird Gerd Schmelzer von der Mitgliederversammlung zum neuen Präsidenten gewählt. Auch die Zweitliga-Saison 1984/85 lässt sich alles andere als gut an. Nach dem 13. Saisonspiel gegen Oberhausen am 27. Oktober stehen magere 14:12 Punkte zu Buche. Als Höher nach dem enttäuschenden 1:1 für Sonntagmorgen, sechs Uhr, ein Straftraining ansetzt, rebelliert die gesamte Mannschaft: Zum nächsten Training finden sich nur fünf Spieler ein. Präsident Schmelzer aber hält dem bis dahin völlig erfolglosen Trainer die Stange und entlässt die sechs Profis Horsmann, Kargus, Weyerich, Lottermann, Walz und Krella. Im folgenden Auswärtsspiel in Aachen tritt der Club mit der jüngsten Mannschaft aller Zeiten (Durchschnittsalter unter 21 Jahren) an und verliert ehrenvoll mit 1:2.

1985
Der „junge Club" stürmt zurück in die Bundesliga. Dank einer begeisternden Aufholjagd mit 27:9 Punkten gibt es am letzten Spieltag ein „Endspiel um den Aufstieg" gegen Hessen Kassel. Der Club gewinnt nach Toren von Eckstein und Brunner mit 2:0 und belegt in der Abschlusstabelle Platz eins. Die Saison 1985/86 beginnt wieder einmal mit einer ernüchternden Heimniederlage gegen Bochum. Nach einem 1:1 im Auswärtsspiel in Frankfurt starten die jungen Himmelsstürmer zum Höhenflug, den erst ein 1:2 in Bremen am 5. Spieltag bremst. Danach jedoch galoppieren die „Fohlen" bis an den Rand des Abgrunds. Ohne Regisseur Dorfner, der nach einem brutalen Foul des Stuttgarters Nushöhr monatelang fehlt, schlittern sie in eine Negativserie von 1:19 Punkten.

100 JAHRE

1986 Zwei Neuverpflichtungen aus Norwegen, Torjäger Jörn Andersen und der Abwehrspieler Anders Giske, sowie die begeisterte Unterstützung der Zuschauer – fast 500.000 Fans verfolgen die 17 Heimspiele – helfen mit, dass der Club doch noch die Kurve kriegt. Die stürmischen „Fohlen" lernen, auch einmal ein „Zu-Null" zu halten, ergattern wichtige Auswärtspunkte in Mannheim, Kaiserslautern und Leverkusen, so dass am letzten Spieltag im Städtischen Stadion erneut ein „Endspiel" steigt: Mit Toren von Roland Grahammer und Eckstein macht der FCN durch ein 2:0 gegen Mannheim den Klassenerhalt perfekt. Ohne Hans Dorfner, der nach langem Versteckspiel zurück zum FC Bayern wechselt, leistet sich die Mannschaft in der Saison 1986/87 einen klassischen Fehlstart. Nach 4:14 Punkten zum Auftakt leiten Tore von Joachim Philipkowski und Manfred Schwabl zum 2:1-Sieg gegen Schalke den Umschwung ein.

1987 Der Club sammelt Punkt um Punkt, legt im Frühjahr eine Serie von fünf Siegen auf den Rasen und bringt es schließlich noch auf erstaunliche 35:33 Punkte. In der Halbzeit des Heimspiels gegen Uerdingen stellt Bayerns Ministerpräsident Franz-Josef Strauß einen Zuschuss von „mindestens zehn Millionen Mark" für den Ausbau des Städtischen Stadions in Aussicht. Schon in der Saison 1987/88 laufen die Planungen für das neue Frankenstadion auf vollen Touren. Zum ersten Mal seit 1967 gewinnt der Club das erste Saisonspiel nach Toren von Rudi Stenzel und Eckstein mit 2:0 in Uerdingen und klettert auf eine Wolke, auf der er durch die gesamte Vorrunde schwebt. In Homburg erringt er beim 4:0 einen seiner beiden höchsten Auswärtssiege in der Bundesliga überhaupt, und an Weihnachten liest sich die Tabelle so: Platz fünf, 20:14 Punkte, 26:15 Tore. „Wir sind auf dem besten Weg, in den UEFA-Pokal einzuziehen", sagt selbst der große Schweiger Höher.

1988 Die „Fohlen" lahmen, doch sie verlieren das Ziel nicht aus den Augen. Trotz einer Durststrecke mit 5:13 Punkten sehen 20.400 Zuschauer – der Stadionumbau hat gerade begonnen – am vorletzten Spieltag das dritte „Endspiel" binnen drei Jahren. Diesmal geht es nicht um den Aufstieg, auch nicht um den Klassenerhalt. Der 3:2-Sieg über Kaiserslautern beschert dem Club seinen ersten internationalen Auftritt seit 1968, einen Startplatz im UEFA-Pokal. Die Freude jedoch wird gewaltig getrübt durch den seit Monaten feststehenden Wechsel Stefan Reuters und Roland Grahammers zum FC Bayern. Enttäuscht und gebrochen zieht sich Trainer Heinz Höher auf den Managerposten zurück, sein ehemaliger Schüler Hermann Gerland übernimmt das Kommando. Trotz eines sensationellen 2:1-Sieges im Hinspiel bei AS Rom verabschiedet sich der Club nach einer 1:3-Rückspielniederlage schon nach der ersten Runde aus dem UEFA-Pokal. In der Bundesliga trennt ihn nach der Vorrunde bei 11:23 Punkten nur die bessere Tordifferenz von Relegationsplatz 16. Immerhin: Wem der Fußball nicht schmeckt, kann jetzt auch die eben eingeführten Koala-Bären von Schöller knabbern.

1989 Fünf Tage vor Rückrundenstart wirft Höher, der in seiner neuen Funktion als Manager kein Bein auf den Boden bringt, das Handtuch. Dank der Tore von Neuverpflichtung Rainer Wirsching vom FC Schweinfurt 05 schafft der Club den Klassenerhalt, den er durch ein 2:1 gegen die Meister schon feststehenden Bayern am vorletzten Spieltag sicherstellt; die Konkurrenz spricht von „Manipulation". Nicht manipuliert ist der Fall der Mauer, der dazu führt, dass in Nürnberg ein Großparkplatz für Trabis und Busse ausgewiesen wird. Am 25. November können viele Fans aus den künftigen neuen Bundesländern den größten Sieg der achtziger Jahre miterleben: Der alte Rekordmeister führt den neuen Rekordmeister FC Bayern auf schneebedecktem, rutschigem Boden aufs Glatteis und gewinnt mit 4:0. Schon eine Woche nach dem Triumph bietet der Nürnberger Fan-Shop einen neuen Aufkleber an: „4:0 gegen die Bayern – ich war dabei."

1990 Am 24. Februar muss das Heimspiel gegen Dortmund abgesagt werden, weil der Rasen des Frankenstadions mit Glasscherben übersät ist. Sechs Wochen später wird Hermann Gerland als Opfer eines von Präsident Schmelzer angezettelten Kesseltreibens entlassen; der neue Trainer ab der Saison 1990/91 heißt Arie Haan. Unter Co-Trainer Dieter Lieberwirth holt der Club in den letzten sieben Spielen acht Punkte und bleibt in der Bundesliga. Nach 8:8 Punkten zum Start rutscht der Club in der neuen Saison schnell in den Abstiegsstrudel. Eine 2:3-Heimniederlage gegen Bremen markiert den Beginn eines erbitterten Abstiegskampfes. Als Vorletzter, mit 10:22 Punkten, geht der FCN ins neue Jahr.

1991 Vor dem ersten Freilufttraining am 9. Januar legt Schmelzer in seinem Hausblatt *Sportbild* wortreich die Gründe dar, „warum Haan gehen musste". 24 Stunden später leitet der gleiche Arie Haan nach wie vor das Training. Weil sich der Finanz- und Wirtschaftsrat gegen die Trennung von Spitzenverdiener Haan sperrt, lehnen sich Vizepräsident Sven Oberhof und Schatzmeister Dr. Ingo Böbel erstmals gegen den Präsidenten auf, der daraufhin Platz macht für Oberhof. Die drei „verlorenen Söhne" Sergio Zarate, Hans Dorfner und Dieter Eckstein kehren zurück und sorgen für einen sportlichen Aufschwung, der erst durch zwei seltsame Eigentore des Jugoslawen Vlado Kasalo in den Spielen gegen Stuttgart (0:1) und in Karlsruhe (0:2) gebremst wird. Nach dem 24. Spieltag muss Haan die Trainingsleitung an Willi Entenmann abtreten. Als Gespann führen die beiden den Club in den letzten zehn Spielen zum Klassenerhalt. Nach der Saison trennen sich der Club und Haan im berühmten „beiderseitigem Einvernehmen". In der Bundesliga der Saison 1991/92, die nach der deutschen Vereinigung 20 Vereine umfasst, mischt der Club von Anfang an in der oberen Hälfte mit.

1992 Ganze zwei Punkte fehlen nach 38 Spieltagen zur Qualifikation für den UEFA-Pokal. Der sportliche Erfolg aber wird überschattet durch ein finanzielles Desaster, das um ein Haar den Konkurs nach sich zieht. Schon im Januar drücken den Club zwischen 21 und 22 Millionen Mark an Verbindlichkeiten; in einem Wettlauf mit der Zeit gelingt es dem Präsidium, durch zähe Verhandlungen mit den Gläubigern und die Bildung eines Förderkreises den weiteren Spielbetrieb zu sichern. Mit einem neuen Präsidenten geht der Club in die Saison 1992/93: Gerhard Voack, ein kleingewachsener Unternehmer aus Lauf, löst Oberhof ab. Die nach vielen (Not-)Verkäufen stark geschwächte Mannschaft kriecht vom zweiten Spieltag an (0:3-Niederlage in Stuttgart) im Tabellenkeller herum. Den Höhepunkt der Vorrunde bringt der 12. Spieltag. Im Heimspiel gegen Köln, beim Stand von 0:1, hämmert Torhüter Andreas Köpke einen Elfmeter seinem Nationalmannschafts-Konkurrenten Bodo Illgner ins Netz; der Club gewinnt mit 2:1.

1986-1999

1993
Obwohl in Manfred Schwabl ein Nationalspieler neu zum Kader stößt, spitzt sich die Lage zu. Ohne den wieder einmal verletzten Regisseur Dorfner bleibt der Club 598 Minuten ohne Torerfolg. Mit Amateurtrainer Hintermaier als Libero wendet der FCN den drohenden Abstieg noch einmal ab. Doch auch in der neuen Saison geistert das Abstiegsgespenst vom ersten Tag an durch den Zabo. Als sich endlich ein Hoffnungsschimmer am Horizont zeigt, handelt Voack, der zuvor schon Torjäger Eckstein an Schalke 04 verscherbelt hat, erneut: Nach dem 2:0-Sieg gegen Bayern München entlässt der Präsident Trainer Entenmann. Der Anfang vom Ende; in den fünf Spielen unter Nachfolger Dieter Renner landet der Club nur einen Sieg. Mit dem Jahreswechsel ordnet Voack die Vereinsstrukturen neu, macht Renner zum Manager und holt Rainer Zobel als neuen Trainer.

1994
Am 1. Februar tritt Voack zurück. Drei Spieltage vor Schluss, bei vier Punkten Vorsprung auf den Tabellensechzehnten Freiburg, scheint der Club gerettet. Im Derby bei den Bayern unterliegt der FCN nach Thomas Helmers „Phantomtor" und einem verschossenen Elfmeter Schwabls mit 1:2. Das (nach erfolgreichem Protest angesetzte) Wiederholungsspiel endet 0:5. Der 4:1-Sieg gegen Wattenscheid schürt noch einmal Hoffnungen, doch mit der 1:4-Niederlage am letzten Spieltag in Dortmund verabschiedet sich der Club wieder einmal aus der Bundesliga. Im Herbst türmt sich immer noch ein schwindelerregender Schuldenberg von 20 Millionen Mark auf; Mitte Dezember kann das neue Verwaltungsratsmitglied Michael A. Roth einen Konkurs in letzter Sekunde abwenden. Sportlich läuft es nach gutem Start mit 8:2 Punkten auch in der Zweitklassigkeit miserabel. Zwei Tage vor Weihnachten muss Trainer Zobel seinen Stuhl räumen.

1995
Zobels Nachfolger, Günter Sebert, startet mit einer 1:2-Niederlage bei Waldhof Mannheim. Im ersten Heimspiel erringt der Club einen 2:0-Sieg gegen Meppen, aber keine Punkte: Sebert hat vier Ausländer eingesetzt, unter ihnen der Österreicher Reinhold Hintermaier. Sein Kommentar: „Ich lebe schon solange in Nürnberg, ich fühle mich garnicht mehr wie ein Österreicher. Im März wird Roth zum zweiten Mal zum Präsidenten gewählt, die sportliche Talfahrt wird immer rasanter. 10:14 Punkte aus den zwölf letzten Spielen werfen den Club auf Rang 15 zurück. Nach einem 0:1 gegen Hansa Rostock zum Saisonfinale ist er sportlich erneut abgestiegen, nur die Lizenzentzüge für Dresden und Saarbrücken retten ihn. Mit der Hypothek eines Sechs-Punkte-Abzugs wegen Verstösse gegen DFB-Auflagen nimmt der neue Trainer Hermann Gerland die Saison in Angriff. Dank der nun auch in Deutschland geltenden Drei-Punkte-Regel sammelt der Club in den 19 Spielen bis Weihnachten 28 Punkte.

1996
In dem Jahr, in dem die Ära der SPD in Nürnberg zu Ende geht, steigt der Club in die Regionalliga ab. Fünf Monate ohne Heimsieg und ein Absacken in der Tabelle veranlassen Roth Anfang Mai zum Handeln, Gerland wird entlassen. Willi Entenmann vermag das Ruder nicht mehr herumzureißen. Das Unfassbare wird Wirklichkeit: Nach dem dritten Abstieg in Folge stürzt der Club zum ersten Mal in seiner Vereinsgeschichte in die Drittklassigkeit. Immerhin, Entenmann darf bleiben, am Valznerweiher wird nach wie vor unter Vollprofi-Bedingungen gearbeitet, die Zuschauer strömen weiterhin in Scharen und in der Regionalliga wird der FCN seiner Favoritenrolle gerecht. Vor allem zu Hause eilt er von Sieg zu Sieg, nur im nach Nürnberg verlegten „Auswärtsspiel" gegen die SpVgg Greuther Fürth geht er beim 1:3 als Verlierer vom Platz. Am 16. Spieltag erklimmt der Club mit einem 4:0 gegen Wacker Burghausen erstmals die Tabellenspitze.

1997
In der Rückrunde brennt nichts mehr an, schon sieben Spieltage vor Schluss ist der ersehnte Wiederaufstieg besiegelt. Mit einem 2:1 gegen Quelle Fürth verabschiedet sich der Club als souveräner Meister aus der Regionalliga. In der 2. Bundesliga aber legt der Aufsteiger einen klassischen Fehlstart auf den Rasen. Nach nur einem Sieg aus den ersten fünf Spielen gibt Präsident Roth Trainer Entenmann den Laufpass, Felix Magath wird der neue starke Mann am Valznerweiher. Unter ihm erlebt die Mannschaft einen wundersamen Aufschwung, landet eine ganze Serie wertvoller 1:0-Siege und klettert in den 13 Spielen bis Weihnachten auf Rang fünf.

1998
Im ersten Spiel des Jahres stürmen Magaths Mannen zu einem 1:0-Erfolg gegen Gütersloh und – auf einen Aufstiegsplatz. Von dort lassen sie sich nicht mehr verdrängen, obwohl die Beine gegen Saisonende immer schwerer werden. Am Ende winkt das Glück des Tüchtigen: Ein 1:1 bei den Stuttgarter Kickers am vorletzten Spieltag macht den sensationellen Durchmarsch in die Bundesliga perfekt. „Wir sind wieder da" heißt es also in der Saison 1998/99 – für Felix Magath gilt dies nicht. Nach einem Zerwürfnis mit Roth macht er den Platz auf der Trainerbank frei für Willi Reimann. Der startet mit einem 1:1 gegen den HSV, im ersten Auswärtsspiel springt in Bremen ein 3:2-Sieg heraus. Doch weil der Club im Frankenstadion während der gesamten Vorrunde keinen einzigen Sieg erringt, fällt er schnell zurück. Drei Spieltage vor Vorrundenschluss verabschiedet sich Reimann aus privaten Gründen aus Nürnberg. Interimstrainer Thomas Brunner kann das Abrutschen auf Rang 17 nicht verhindern.

1999
Unter dem neuen Trainer Friedel Rausch und mit dem aus Marseille zurückgeeilten Andreas Köpke im Tor löst sich der Club langsam aber sicher vom Tabellenende. Beim 3:0 gegen Schalke gelingt, oh Wunder, der erste Heimsieg, dem weitere Erfolge gegen Mönchengladbach und den FC Bayern folgen. Einen Spieltag vor Saisonschluss, nach einem 1:1 in Rostock, scheint der Club den Kopf noch einmal aus der Schlinge gezogen zu haben. Vor dem letzten Spiel gegen den SC Freiburg hat Nürnberg (37 Punkte) die weitaus besten Karten, Stuttgart, Freiburg und Rostock (alle 36 Punkte) sind stark gefährdet, für Frankfurt (35 Punkte) sieht es dramatisch schlecht aus. Der Club spielt miserabel, liegt mit 0:2 zurück. Als Rostock in Bochum das 3:2 gelingt, ist der Club weg vom Fenster, aber es scheint noch mal alles gutzugehen, als Nikl in der 85. Minute der Anschlusstreffer gelingt. Doch verfehlte Hoffnung: In der 88. Minute trifft Frankfurts Fjörtoft zum unfassbaren 5:1 über Kaiserslautern. Der 1. FCN steigt mit gleicher Tordifferenz (–10) ab. Er hat in der Endabrechnung vier Treffer weniger erzielt als Frankfurt. Der knappste und dramatischste Abstieg aller Zeiten! Mit einem Rekordetat von 35 Mio. DM und einer neu formierten Mannschaft geht der Club in die 2. Liga – und ins neue Jahrtausend.

Neun deutsche Meisterschaften und drei Pokalsiege – ein Meisterclub. Vor dem Hauptbahnhof erwarten die Nürnberger den Deutschen Meister von 1925.

Derbyfieber im Endspiel

13. Juni 1920, Germania-Platz Frankfurt: 1. FCN – SpVgg Fürth 2:0 (1:0)

1. FCN: Stuhlfauth – Bark, Steinlein – Kugler, Kalb, Riegel – Strobel, Popp, Böß, Träg, Szabo.

Fürth: Gebhardt – Ammerbacher, Wellhöfer – Schuster, Hagen, Löblein – Fiederer, Franz, Seiderer, Hierländer, Sutor.

Tore: 1:0 Popp (12.), 2:0 Szabo (73.)
SR: Bauwens (Köln)
Zuschauer: 35.000

Zur Qualifikation für die Endrunde wurden in der Saison 1919/20 erstmals wieder die Meister der sieben Landesverbände des DFB ermittelt. Der Club legte auf dem Weg ins Endspiel eine sagenhafte Bilanz hin: 36:0 Punkte, 115:6 Tore in den Kreisspielen (Gegner: SpVgg Fürth, VfB Nbg., Pfeil-Sandow Nbg., 1. FC Bamberg, 1. FC Schweinfurt, Kickers Würzburg, MTV Fürth, Ballspielclub Nbg., Sportfreunde Nbg.), mit Ausnahme des Unentschiedens beim Frankfurter FV gab es nur souveräne Siege in den Spielen um die Süddeutsche Meisterschaft, schließlich verlief auch die Qualifikation in der Schlussrunde gegen VfB Leipzig (2:0) und Titania Stettin (3:0) völlig problemlos. Der Endspielgegner, die SpVgg Fürth, wäre eigentlich schon auf Kreisebene am Club gescheitert gewesen (0:2 und 1:3), war aber als Titelverteidiger von 1914 automatisch als achter Endrundenteilnehmer qualifiziert. Dort hatten sich die Kleeblättler leichtfüßig gegen den Westmeister VfTuR M-Gladbach (7:0) und gegen die Breslauer Sportfreunde (4:0) durchgesetzt.

Die 35.000 Zuschauer, die das Endspiel im Germania-Stadion an den Sandhöfer Wiesen sehen, bedeuten einen bis dahin einsamen Rekord. 25.000 Karten waren bereits im Vorverkauf abgesetzt worden. Vor den Kassahäuschen bilden sich riesige Schlangen. Tausende drängeln sich umsonst: Ausverkauft! Einige bieten bis zu 200 Mark für einen Sitzplatz. Glücklich, wer einen hat! Im überfüllten Stadion stehen die Menschen schon Stunden vor dem Spiel so dicht gedrängt, daß in den hinteren Reihen kaum mehr eine Sicht aufs Spielfeld möglich ist. Einige Fans schleppen Backsteine heran, um sich daraus eine kleine Erhöhung zu bauen. Besonders findige Fußballfreunde verpachten mitgebrachte Leitern: Die oberste Sprosse für 25 Mark, jede weitere nach unten für 5 Mark weniger. Andere fahren Omnibusse herein und vermieten die Dächer. Endlich ist es 16 Uhr. Ein Raunen geht durch die Menge. Die Mannschaften kommen! „Erst Nürnberg, lebhaft begrüßt, dann Fürth, lauter und freudiger empfangen. Die Symphatien der Frankfurter", so ein Fan, „befinden sich augenscheinlich auf Seiten der Fürther."

Vor dem Endspiel 1920 in Frankfurt wurde erstmals in der Geschichte des deutschen Fußballs ein Sonderzug eingesetzt, um die zahlreichen Fans aus Nürnberg und Fürth zum Ort des Geschehens zu transportieren. Ein damals 15jähriger Clubfan berichtete: „Im Bahnhof Nürnberg machte sich schon in aller Frühe eine Bewegung bemerkbar. Es geht zum Extrazug. ... Fahnen wurden verteilt mit der Aufschrift 1. FCN und trotz der Anordnung, sie erst am Nachmittag zu öffnen, flatterten sie bald auf beiden Seiten des Zuges zum Fenster hinaus. ... Endlich kam Frankfurt in Sicht ... auf zum Sportplatz. Es hatte noch 1½ Stunden zum Beginn des Spieles, trotzdem waren die Straßenbahnen zum Erdrücken voll. Am Ziele selbst ein nicht enden wollender Strom von Menschen, alle hatten einen Weg."

12. Minute: Popp hat abgezogen. Der Club geht mit 1:0 in Führung

Anpfiff: Zunächst dominiert Fürth mit dem Parade-Sturm Franz, Seiderer und Sutor. Nach 8 Minuten kann Stuhlfauth einen Freistoß des Halblinken Hierländer gerade noch um den Pfosten lenken. Stuhlfauths souveräne Leistung verschafft den Spielern in den verwaschenen weinroten Trikots die nötige Selbstsicherheit. In der 12. Minute schließt Popp einen schnellen Konter über Böß und Träg per Volley zur überraschenden Führung ab. Die Kleeblättler zeigen sich jedoch nicht schockiert. Fürth stürmt, brilliert mit elegantem Flachpass und technischen Kabinettstückchen. Doch Nürnbergs Abwehr, von Kalb glänzend organisiert, lässt die Kleeblatt-Stürmer nicht mehr durchkommen.

Nach Wiederbeginn dasselbe Bild: Die SpVgg bemüht sich mit schönen Kombinationen um den Anschlusstreffer, doch der Club hält mit nüchterner Athletik und Kampfkraft dagegen. Es scheint nur noch eine Frage der Zeit, bis Fürth der Ausgleich gelingen würde. Da aber werden die Fußballkünstler aus der Kleeblattstadt nach einem überfallartig vorgetragenen Konter entzaubert. Der Ungar Peter Szabo startet auf dem linken Flügel durch und versenkt das Leder aus rund 16 Metern im Netz – 2:0 (73.). Die SpVgg gibt auch jetzt noch nicht auf und greift weiter an. Doch nach einer von Hagen vergebenen Großchance brechen die Fürther, die ihrem pausenlosen Anrennen allmählich auch konditionell Tribut zollen müssen, zusammen. Die Partie ist entschieden. In den letzten Minuten hätte der Club, der nun im sicheren Gefühl des Sieges frei aufspielt, das Ergebnis sogar noch höherschrauben können. Abpfiff.

Der Club hat die „Mittelfränkische Meisterschaft" für sich entschieden und damit erstmals den deutschen Titel geholt!

Die meisten Sportjournalisten erkannten im 1. FCN einen „verdienten Meister", der mit überlegenem Spiel (18:8 Ecken!) das Ringen um den Siegespreis, die sogenannte „Viktoria", für sich entschieden habe. Das Fazit der *Frankfurter Zeitung*: „Das schönere Stürmerspiel war auf der Fürther Seite, hingegen fehlte ihr die Schussfreudigkeit, und die einzelnen Schüsse wurden aus zu großer Entfernung abgegeben."

Bei ihrer Rückkehr in Nürnberg wurden die frischgebackenen Meister von einer 30.000 Köpfe zählenden Menge begeistert empfangen. Ein Nürnberger Journalist berichtete: „Zu einer wahren Massenkundgebung für den Sportgedanken gestaltete sich gestern abend die Rückkehr der siegreichen Mannschaft des 1. FC Nürnberg in ihre Vaterstadt. Seit 6 Uhr abends belagerten dichte Massen den Bahnhofsplatz. Hunderte von Sportfreunden ließen es sich nicht nehmen, auf dem Bahnsteige selbst der Ankunft in unmittelbarer Nähe beizuwohnen. Als um 7.50 Uhr der Frankfurter Schnellzug in die Halle brauste und im vordersten Wagen die wohlbekannten Gestalten der Meisterelf sich zeigten, erfüllten schallende Hipp-Hipp-Hurra-Rufe die weite Halle."

Dem Jubel folgte eine große Tournee: Der Club wollte sich als neuer Meister vorstellen und unternahm eine Reise quer durch Deutschland. In 13 Tagen wurden dabei 3.000 Kilometer zurückgelegt, 7 Freundschaftsspiele absolviert und – natürlich sämtlich gewonnen. Siege waren für den Club jetzt eine Selbstverständlichkeit. In der Fachzeitschrift *Fußball* wurden fortan Berichte über die Spiele des Club beinahe regelmäßig mit den Worten eingeleitet: „Bald nach Beginn stand bereits der Sieg der Nürnberger fest ... "

Getümmel vor dem Fürther Gehäuse: Popp versucht eine Flanke zu erwischen

Die Entscheidung: In der 73. Minute setzt sich Szabo durch und verwandelt zum 2:0 Clubspieler v.l.n.r.: Böß, Popp, Szabo

Triumphale Titelverteidigung

12. Juni 1921, DSC 99-Platz Düsseldorf: 1. FCN – BFC Vorwärts 90 Berlin 5:0 (3:0)

1. FCN: Stuhlfauth – Bark, Kugler – Grünerwald, Kalb, Riegel – Strobel, Popp, Böß, Träg, Sutor.

Vorwärts Berlin: Weber – Probst, Fritzsche – Rotkehl, Hüttig, Puls – Kretschmann, Hoffmann, Paul, Wolter, Schumann.

Tore: 1:0 Popp (13.), 2:0 Träg (14.), 3:0 Träg (35.), 4:0 Popp (76.), 5:0 Popp (87.)
SR: Bauwens (Köln)
Zuschauer: 27.000

In den Kreisspielen 1920/21 war der amtierende Meister 1. FCN ungeschlagen geblieben: Von 18 Spielen wurden bei einem Torverhältnis von 85:8 alle bis auf eines gewonnen – lediglich Fürth knöpfte dem Club einen Punkt ab (0:0). Die Runde um die Süddeutsche Meisterschaft brachte wiederum lediglich einen Punktverlust (gegen Waldhof Mannheim 2:2), alle weiteren Spiele (die anderen Gruppengegner: Eintracht Frankfurt, Kickers Offenbach) wurden bei einem Torverhältnis von 20:4 gewonnen. Nachdem er sich im süddeutschen Finale gegen Phönix Ludwigshafen durchgesetzt hatte (2:1 n.V.), hatte der Club als Titelverteidiger und regulär qualifizierter Verein quasi eine doppelte Teilnahmeberechtigung für die Endrunde um die Deutsche Meisterschaft in der Tasche. Die „Belohnung" war ein Freilos in der 1. Runde. Was er aber wohl kaum nötig gehabt hätte. Denn in der Zwischenrunde fertigte er Wacker Halle locker mit 5:1 ab. Der Fußball kommentierte: „Schon nach wenigen Minuten war für jeden Eingeweihten klar ersichtlich, daß der Mitteldeutsche Meister bei allem Eifer auf die Dauer kein ernstlicher Gegner für den Club sein würde. Wacker hatte dem glänzenden Können seines Gegners nichts Gleichwertiges entgegenzusetzen."

Im Finale auf dem Düsseldorfer DSC 99-Platz erwartet den Club der Berliner Meister BFC Vorwärts 90 als Gegner. In dessen Reihen stehen mit Fritzsche und Wolter zwar immerhin zwei aktuelle Nationalspieler, dennoch aber gelten die Berliner als krasser Außenseiter. Nur mit sehr viel Glück waren sie ins Endspiel vorgedrungen: Gegen den Stettiner SC war ihnen erst in den Schlussminuten ein 2:1-Sieg gelungen, das knappe 2:1 gegen den Duisburger SV, Bezwinger des hochfavorisierten Hamburger SV, hatten sie erst in der Verlängerung sicherstellen können.

Da im März 1921 die Rhein-Ruhr-Region durch die Alliierten besetzt worden war, kommt es zu der kuriosen Situation, daß das Spielfeld in Düsseldorf von einer riesigen Menge französischer Soldaten umlagert wird. Als plötzlich die Linienrichterfahnen fehlen und Schiedsrichter Bauwens auf die Tücher nicht verzichten will, beginnt das Spiel mit 30-minütiger Verspätung. Die Clubspieler vertreiben sich die Zeit vor ihrem Tor damit, den Franzosen die Bälle um die Ohren zu schießen. Aber die Soldaten sind den Nürnbergern freundlich gesonnen, quittieren die Aktion sogar, weil sie die Absicht nicht bemerken, mit lautem Beifall!

Anpfiff: Der Club legt sofort los: Schon nach dem ersten Angriff muss Fritzsche für seinen geschlagenen Keeper auf der Linie retten. Nach einer Viertelstunde ist es dann soweit: Popp knallt einen Abpraller ins Netz. Und sofort geht es weiter: Unmittelbar nach dem Anstoß jagt Sutor einem Berliner das Leder ab, passt auf Böß, der legt zu Träg durch – 2:0. Im Gefühl des sicheren Sieges zieht die Mannschaft in Weinrot nun ein Trainingsspielchen auf. Kalb füttert seine Stürmer mit schönen Vorlagen, und vorne unterhalten Träg, Popp und Co. ihre französischen Fans mit allerlei Kabinettstückchen. Jedesmal, wenn die Clubspieler gefährlich nach vorne rücken, hallt der wohl seltsamste FCN-Schlachtruf aller Zeiten durchs Stadion: „À Berlin, bavarières!" Über aller Schönspielerei vergessen die Clubstürmer dabei, zum Glück für die völlig überforderten Berliner, das Toreschießen. Erst zehn Minuten vor dem Halbzeitpfiff drischt Träg das Leder nach einer Ecke kompromisslos in die Maschen.

Nach dem Wiederanpfiff setzt sich das Spiel auf ein Tor fort. Vorwärts spielt nur noch im Rückwärtsgang, Bark und Kugler stehen an der Mittellinie

und unterbinden mühelos jeden zarten Berliner Angriffsversuch. Aber obwohl es im Berliner Strafraum pausenlos lichterloh brennt, übersteht die Vorwärts-Verteidigung 30 Minuten torlos. Dann aber erinnert sich Luitpold Popp an seine Qualitäten als Torschütze und schlägt noch zweimal zu. Der Club ist überlegener Sieger und erster Titelverteidiger in der Geschichte des deutschen Fußballs!

Das Endspiel, das übrigens erstmals gefilmt und anschließend in Theatern vorgeführt wurde, zeigte den Club auf dem Höhepunkt seines Könnens. Eine *Berliner Zeitung* schrieb: „Zweitklassiger Gegner, nur in der ersten Minute bedrohlich aussehend; dann sich steigernder Untergang in der zermalmenden Mühle der roten Hemden. Nürnberg kontinentale Extraklasse." Und der *Fußball* kommentierte lapidar: „Nürnberg gewann, wie es wollte." Auch im „Nachspiel" blieb der Club souverän. Eine Mönchengladbacher Stadtauswahl hatte selbst gegen die verkaterte Clubmannschaft am Tage nach dem Endspiel keinen Treffer zustandegebracht – sechs dagegen hatten die vom vielen Feiern angeschlagenen Nürnberger, die wie Schlafwandler spielten, ihrem Gegner in den Kasten gesetzt.

Nach der erneuten Meisterschaft gestaltete sich der Empfang der Meistermannschaft in Nürnberg wie ein Triumphzug. Bereits im Bahnhof gab es ein derartiges Gedränge, daß die Mannschaft kaum aus dem Gebäude herausfand. Dennoch gelang es irgendwie, die Spieler mit Blumensträußen und -girlanden zu schmücken, die im Auftrag des Herausgebers des *Fußball*, Eugen Seybold, bereitgestellt worden waren. Wie es dann weiterging, konnte man einige Tage später in Seybolds Fachzeitschrift nachlesen: „Vor dem Bahnhof eine Menschenmenge, die jeden Rekord schlug. 40.000–50.000 Menschen waren es sicher. Die Polizeiwehr hatte alle Hände voll zu tun und konnte nur mit größter Mühe die Menschenmenge zurückdrängen. Mit einem erderschütternden Gebrüll wurde die bekränzte Meisterelf empfangen und in einen Fremdenwagen verstaut. Die Herren von der Spitze placierten ihre Leiber in eine Chaise, während die Reisebegleiter und die Frauen der Spieler in einen weiteren Fremdenwagen geschleudert wurden. Die Kapelle der Polizeiwehr brach in einen brausenden Tusch aus. Die Menge schrie mit einer Begeisterung, wie es kein Fürst und kein Kaiser am Bahnhof in Nürnberg je erlebt haben. Alles war in einem Freudentaumel und in einem Begeisterungswirbel, wie man es noch nie gesehen. Die Wagen konnten sich nur unter Beihilfe berittener Schutzleute einen Weg durch die Hauptstraßen der Stadt bahnen, und es ist direkt ein Wunder, daß kein Mensch überfahren und kein Wagen von der Menge umgeworfen wurde."

Eine äußerst seltene Szene während des Endspiels 1921: „Vorwärts"-Stürmer in der Nähe des Nürnberger Tores. Die Clubspieler (dunkles Trikot), v.l.n.r.: Riegel, Kalb, Stuhlfauth, Kugler, Bark, Träg, Grünerwald

Nachspiel: *Die Nürnberger warten auf ihre Meister (oben), die sich dann blumenbekränzt am Hauptbahnhof zeigen (unten). v.l.n.r.: Böß, Riegel, Sutor, Bark, Kalb, Grünerwald, Träg, Stuhlfauth, Strobel, Kugler, Popp*

Revanche gegen den HSV

9. Juni 1924, Grunewaldstadion Berlin: 1. FCN – HSV 2:0 (1:0)

1. FCN: Stuhlfauth – Bark, Kugler – Schmidt, Kalb, Riegel – Strobel, Hochgesang, Wieder, Träg, Sutor

Hamburger SV: Martens – Beier, Risse – Lang, Halvorsen, Krohn – Kolzen, Fick, Harder, Schneider, Rave

Tore: Hochgesang (30.), Strobel (87.)
SR: Seiler (Mittweida)
Zuschauer: 30.000

In einer wirtschaftlich wie politisch äußerst turbulenten Zeit (u.a. Währungsreform im Oktober 1923, im November Putschversuch in München) gehörten Clubsiege zu dem Wenigen, auf das man sich verlassen konnte. Sowohl in der Bezirks- wie in der Süddeutschen Meisterschaft distanzierte der Club alle Rivalen und ging, neben dem Titelverteidiger HSV, als großer Favorit in die Endrunde. Die Viertel- und Halbfinalbegegnungen gegen Alemannia Berlin (6:1) und Duisburger SV (3:1) stellten auch erwartungsgemäß keine große Hürde dar. Etwas schwerer hatte es der Nordmeister HSV, der zwar Breslau locker ausschalten konnte (3:0), dann aber gegen Leipzig-Lindenau doch etwas Mühe hatte (1:0).

So kommt es zum großen Traumfinale, das in der Noris als die heißersehnte Revanche für die beiden siegerlosen Endspiele 1922 gehandelt wird. Auf Nürnberger Seite gibt es vor dem Spiel eine große Überraschung, als der gesundheitlich angeschlagene Halbstürmer Luitpold Popp, der sich ja schon so oft als sehr durchschlagskräftig erwiesen hat, zugunsten des 1923 vom FC Pfeil gekommenen Schorsch Hochgesang draußenbleiben muss. Auf der anderen Seite ist der HSV durch den Ausfall des Stürmers Ludwig Breuel empfindlich geschwächt.

Unter den 30.000 Zuschauern sind jede Menge Hamburger. Nur 130 Clubfans, so heißt es, hätten sich für den Sonderzug nach Berlin gemeldet. Immerhin ist das neutrale Berliner Publikum auf Nürnberger Seite. Viele erinnern sich noch an das „endlose" Endspiel vom Juni 1922, als HSV-Fans für Randale gesorgt hatten, zudem hatten die Hamburger im Finale des Vorjahres den Berliner Lokalmatadoren von Union Oberschöneweide mit 3:0 das Nachsehen gegeben.

Kaum ist der Anpfiff von Schiedsrichter Seiler ertönt, da reißt der Club sofort das Spiel an sich. Gekonnte Flachpasskombinationen bringen die Hamburger vollkommen aus der Fassung. Nach wenigen Minuten taucht Träg allein vor Torwart Martens auf, wird aber im letzten Moment von Risse geblockt. Nürnberg ist drückend feldüberlegen, die Hamburger sind nicht in der Lage, einen spielerischen Zusammenhang zwischen Verteidigung, Mittelfeld und Angriff herzustellen. Doch vor dem Tor zeigt der Club wieder seine altbekannte Schwäche: Im Hang zur „Überkombination" wird der Ball ewig hin- und hergeschoben, schließlich werden die Chancen kläglich vergeben. Doch kurz nachdem Träg den Ball aus aussichtsreicher Position wieder einmal über den Hamburger Kasten gehämmert hat, gelingt in der 30. Minute endlich das erlösende 1:0. Beier wird vom kurzen Zick-Zack-Spiel der Nürnberger überspielt, und als Träg sieht, dass Risse und Martens die linke Torseite abdecken, spielt er kurz ab zu Hochgesang. Krohn kann nicht mehr eingreifen und der Ball landet im freien rechten Toreck.

In der zweiten Hälfte drängt der Club, der sich mit dem mageren 1:0 nicht zufriedengeben will, den HSV weiter in die Defensive. Doch wie schon im ersten Abschnitt, versieben die Stürmer in Weinrot eine Chance nach der anderen. Vor allem Wieder, der als einziger einer insgesamt überzeugenden Mannschaft, so die Nürnberger Presse, „ziemlich aus dem Rahmen" gefallen sei, haut den Ball ein- ums ande-

Rettung in höchster Not vor dem Club-Tor

Das 1:0 für den Club: Schorsch Hochgesang (links) hat den Ball in Richtung Tor geschickt, HSV-Torwart Martens (rechts) kann nicht mehr eingreifen. Wieder (Mitte) betrachtet das Geschehen

Club-Anhänger bejubeln die 3. Meisterschaft

re Mal daneben. Als beim Club zwischenzeitlich Bark wegen einer Fußverletzung ausscheidet, ergeben sich auch für die Hamburger einige Chancen. Im großen und ganzen hat aber die FCN-Abwehr mit dem für zwei rackernden Kugler, mit einem glänzend disponierten Kalb, der den Hamburger Stürmer-Star „Tull" Harder nicht zum Zug kommen lässt, sowie mit dem wie immer souverän klärenden Stuhlfauth alles unter Kontrolle. Der Club kombiniert vor allem auf der linken Seite (Kugler – Riegel – Sutor) gefällig. Die endgültige Entscheidung fällt dann allerdings in der 87. Minute über rechts, als Wolfgang Strobel seine größte Glanzleistung im Clubdress vollbringt: Der wieselflinke Außenstürmer schnappt sich einen von Risse abgeprallten Träg-Schuss, umspielt den Hamburger Verteidiger, versetzt dann auch noch Torwart Martin und schiebt den Ball zum 2:0 ins Tor.

Die Presse in Nürnberg war zufrieden: „In einem hochklassigen, meisterwürdigen Kampf, hat der 1. FCN seinen großen Gegner in einem auch den letzten Nörgler an süddeutschem Klasse-Fußball überzeugenden Stil niedergerungen." Auch der *Fußball* war voll des Lobes für den Club: „Wohl noch nie hat ein Teilnehmer der Endrunde verdienter gewonnen, als am 9. Juni 1924 der 1. FCN! Nürnbergs Können stand unbestritten fest, und keine Minute lang kam der HSV als Favorit in Frage." Eher etwas zerknirscht fiel der Kommentar der norddeutschen Presse *(H.F. am Mittag)* aus: „Nürnberg war eine Einheit... Der HSV, der letzthin in leichteren Spielen seinem Stil untreu zu werden begann und anfing zu kombinieren, musste notwendigerweise mit diesem System vor der großen Aufgabe versagen, weil die Kombinationsmethode von ihm zu mangelhaft beherrscht wird, um einem so grossen Könner auf diesem Gebiet, wie Nürnberg, mit Erfolg Widerstand leisten zu können."

Verlängerung im Waldstadion

7. Juni 1925, Frankfurter Waldstadion: 1. FCN – FSV Frankfurt 1:0 n.V. (0:0, 0:0)

1. FCN: Stuhlfauth – Popp, Kugler – Schmidt, Kalb, Riegel – Strobel, Wieder, Hochgesang, Träg, Sutor.

FSV: Koch – Reitz, Heinig – Henß, Pache, Völler – R. Strehlke, Gattermann, Klump, A. Strehlke, Waldschmidt

Tor: Wieder (108.)
SR: Guyenz (Essen)
Zuschauer: 40.000

Die Endspielteilnahme war der erste große Erfolg des FSV, der bis dahin nicht groß in Erscheinung zu treten vermochte. Daß sie überhaupt in die Endrunde gelangten, verdankten die Frankfurter der Entscheidung der DFB-Verantwortlichen, die Zahl der Endrundenteilnehmer auf 16 zu erhöhen. So hatten sich die Frankfurter als dritter Südverein – hinter dem Meister VfR Mannheim und dem Zweitplazierten 1. FCN – qualifiziert. Der Club machte in der Endrunde mit SV Jena (2:0) und Breslau 08 (4:1) wenig Federlesens. Im Halbfinale spielte er den Duisburger SV im heimischen Wedaustadion mit 3:0 in Grund und Boden. Die Frankfurter hingegen hatten, außer im Viertelfinale gegen Schwarz-Weiß Essen (3:1), erhebliche Mühe: Schon im Achtelfinalspiel gegen den HSV (2:1) hatten sie in die Verlängerung gehen müssen, und dasselbe wiederholte sich noch einmal im Fürther Ronhof, als das Halbfinale gegen Hertha BSC (1:0) anstand.

Schorsch Hochgesang kommt gegen FSV-Torhüter Koch wieder einmal zu spät

Vor dem Endspiel, das vor 40.000 Zuschauern im eben fertiggestellten Frankfurter Waldstadion stattfindet, gilt der mit seinen alten Kämpen angetretene Club gegenüber den weitgehend unbekannten Frankfurtern als haushoher Favorit. Zwar hat Frankfurt einen Heimvorteil, aber der Club kann sich der Unterstützung einiger tausend Anhänger sicher sein, die mit drei Sonderzügen und etlichen Kraftwagen aus der Noris angereist sind und mit ihren rot-weißen Fahnen das Bild beherrschen.

In der ersten Viertelstunde drängt Frankfurt. Stuhlfauth kann seinen Kasten nur mit Mühe und Glück sauberhalten. Auch als es dem Club allmählich gelingt, Frankfurt in die Defensive zu drängen, erweist sich der FSV als der bislang stärkste Endspielgegner des Club. Das Spiel des 1. FCN leidet darunter, daß das Kombinationsspiel zu engmaschig aufgezogen ist. Immer wieder werden die Angriffe schon weit vor dem Frankfurter Tor abgeblockt. FSV-Verteidiger Reitz, der einen Glanztag erwischt hat, und Mittelläufer Pache stehen wie ein Bollwerk. Auf der anderen Seite sieht es kaum anders aus. Frankfurts sporadische Angriffe werden meist mit langen Pässen Paches eingeleitet, aber die ungenau geschlagenen Bälle landen fast immer bei den schnellen Club-Verteidigern Popp und Kugler. Aus Angst, bei einem eventuellen Gegentreffer gegen die sichere Frankfurter Deckung nichts mehr bewirken zu können, geht der Club in seinen Offensivbemühungen immer vorsichtiger zu Werke. Außer Fouls tut sich auf dem Platz bald kaum mehr etwas. Zur einzig erregende Situation in dem immer langweiliger werdenden Spiel kommt es, als Stuhlfauth dem Frankfurter Stürmer Klump wutentbrannt den Ball an den Kopf wirft, nachdem dieser zum wiederholten Mal versucht hat, ihn samt Ball über die Linie zu drängen.

In der zweiten Halbzeit ergibt sich dasselbe Bild: Frankfurt plan- und hilflos, Nürnberg mangelhaft und erfolglos. Immerhin macht der Club nun etwas mehr Druck. Nach einer Serie von Eckbällen bekommen die Frankfurter den Ball nicht mehr aus dem Strafraum und im allgemeinen Gewühle ertönt der Pfiff des Schiedsrichters: Elfmeter! Es ist die 53. Minute. Riegel tritt an, aber der schwach geschossene Ball landet genau in den Armen von Torhüter Koch. Frankfurt kann sich jetzt wieder etwas befreien, bleibt aber in seinen Aktionen weiterhin harmlos. Aufregung herrscht lediglich, als der Frankfurter Gattermann plötzlich verletzt im Nürnberger Strafraum liegenbleibt. Sanitäter tragen ihn vom Feld. Kurz darauf stürmt Dr. Rothschild, Vorstandsmitglied des FSV, erregt auf das Feld und liefert sich eine heftige Auseinandersetzung mit Stuhlfauth. Nach einigen Minuten wird das Spiel fortgesetzt, aber trotz spielerischer Überlegenheit des Club gelingt es den kampf- und konditionsstarken Frankfurtern, das 0:0 bis zum Ende der regulären Spielzeit zu halten.

Die große Chance – vorbei! Gerade hat Riegel den Elfmeter verschossen und wendet sich enttäuscht ab

In der Verlängerung lässt dann das Tempo des Spiels noch mehr nach. Die Hitze hat die Spieler erschöpft, und auch die Zuschauer sind allmählich ermüdet von den ergebnislosen Angriffsversuchen der Clubstürmer. Als schon niemand mehr damit rechnet, bringt kurz nach dem Seitenwechsel eine Unachtsamkeit der Frankfurter Abwehr die Entscheidung. Wieder nimmt in Höhe der Mittellinie eine Vorlage Kalbs auf, umspielt den bis dahin fehlerlosen Reitz, zieht dann alleine aufs Tor zu und versenkt den aus rund 16 Metern scharf und plaziert abgeschossenen Ball in der rechten unteren Ecke.

Der Kommentator des *Fußball* zeigte sich ziemlich enttäuscht: „Man kann nicht sagen, daß dieser Schlusskampf spielerisch auf bedeutender Stufe stand. Dazu hafteten beiden Mannschaften zu viele Mängel an. Da war vor allem Nürnbergs Sturm von Anbeginn nicht auf der Höhe, weder die Flügelstürmer noch das Innentrio arbeiteten so, wie man es von einem deutschen Meister erwarten musste. Die Arbeit war zwar im Felde zeitweise ganz passabel, aber vor dem Tore zeigte sich in noch höherem Maße als früher eine Unbeholfenheit, die direkt beängstigend wirken musste. Nur gut, dass hinten alles auf dem Damm war, nur ein einziger Fehler der Deckung hätte voraussichtlich mit ziemlicher Sicherheit die Meisterschaft kosten können." Schwaches Spiel hin oder her: Mit nunmehr vier Titeln hatte der Club den VfB Leipzig überholt und war nun alleiniger Rekordmeister!

Der Club hat es doch noch geschafft!
Eben hat Wieder den einzigen Treffer des Endspiels erzielt und macht sich auf zur Jubelrunde

Heißer Tanz im Grunewald

12. Juni 1927, Grunewaldstadion Berlin: 1. FCN – Hertha BSC Berlin 2:0 (1:0)

1. FCN: Stuhlfauth – Popp, Winter – Schmidt, Kalb, Köpplinger – Reinmann, Hochgesang, Schmitt, Wieder, Träg.

Hertha: Götze – Domscheid, Fischer – Leuschner, Tewes, Müller – Ruch, Sobeck, Grenzel, Kirsey, Gülle.

Tore: 1:0 Kalb (6.), 2:0 Träg (65.)
SR: Guyenz (Essen)
Zuschauer: 50.000

Für die Endrunde konnten sich diesmal nach dem neuen System des DFB der Süddeutsche Meister (1. FCN), der Süddeutsche Pokalsieger (SpVgg Fürth) und der Sieger der Trostrunde (1860 München) qualifizieren. Der Club hatte im Achtelfinale mit dem Chemnitzer BC kurzen Prozess gemacht (5:1), traf dann aber im Viertelfinale auf den großen Rivalen aus dem Norden, den HSV. Das Spiel endete zwar knapp mit 2:1, aber die Fachpresse zeigte sich schwer beeindruckt, wie überzeugend der 1. FCN die Hamburger auf deren Viktoria-Sportplatz niedergehalten hatte. Auf dem ASV-Platz in Nürnberg-Herrnhütte zog dann der Club, bei dem vor allem Schorsch Hochgesang brillierte, den Münchner Löwen die Zähne (4:1), und durfte zum Endkampf nach Berlin fahren. Dort warteten die Lokalmatadoren von Hertha BSC, die Vizemeister des Vorjahres, die sich mit Erfolgen über den VfB Königsberg (4:0), den FSV Frankfurt (8:2) und einem hartkämpften Arbeitssieg über den hochfavorisierten Titelverteidiger SpVgg Fürth (2:1) überzeugend qualifiziert hatten.

Beinahe wäre es zu einem rein fränkischen Endspiel-Duell gekommen. Daraus wurde zwar nichts, aber immerhin: Genau wie 1926, als die Kleeblättler gegen Hertha mit 4:1 die Oberhand behalten hatten, so sollte auch diesmal ein Vertreter der Nürnberg/Fürther Fußball-Hochburg allen Berliner Meisterträumen ein Ende bereiten. Der mit den bisherigen Reservisten Köpplinger (für Riegel) und Winter (für Kugler) angetretene 1. FCN zeigte nochmals seine Meisterschaft. Obwohl nur wenige Clubfans das Endspiel live miterleben konnten – nur rund 1200 sollen per Sonderzug in die Hauptstadt angereist sein – erhielten diesmal auch die Daheimgebliebenen die Gelegenheit zum Mitfiebern: Das Endspiel 1927 war das erste, das im Radio übertragen wurde.

Markerschütternde Fangesänge („Ha-ho-he, Hertha BSC") machen das übervolle Grunewaldstadion zu einem Hexenkessel. Dennoch setzt der Club auf nassem Geläuf – vor dem Spiel hatte es stundenlang geregnet – sofort nach dem Anpfiff zu einem Sturmlauf auf das Tor der Berliner an. Noch ehe sich die Hertha-Abwehr richtig formiert hat, gibt es die erste Ecke. Kurz darauf schiebt Tewes bei einer Flanke den Club-Halblinken Wieder an der Strafraumgrenze mit der Hand weg. Beim fälligen Freistoß postieren die Berliner ihre Mauer schlecht. Kalb läuft an und versenkt den Ball mit Schmackes in der linken unteren Torecke (6.). Den Berliner Fans bleiben ihre Schlachtrufe im Hals stecken. Die Herthaner, die sich mit dem nassen Boden sehr schwer tun, bemühen sich zwar, finden aber kaum ins Spiel. Vor allem dem Starspieler Hanne Sobeck fehlt die Durchschlagskraft, immer wieder lässt er sich von Kalb den Ball abnehmen, einige Zuschauer brüllen bereits: „Hanne ist Flasche." Auf der anderen Seite wird der Club im Angriff von Fischer und Domscheid immer wieder Abseits gestellt. Opfer ist zumeist Träg, der jedesmal wütend protestiert und deswegen von Schiedsrichter Guyenz verwarnt wird. Auch wenn Hertha gegen Ende der ersten Halbzeit etwas stärker wird, so ist die Führung des Club insgesamt doch hochverdient.

Vor dem Wiederanpfiff skandieren die Zuschauer: „Hanne – die Sonne – geht auf!" Einige Tage vor dem Spiel hatte Sobeck gesagt, daß die Chancen Herthas steigen, je höher die Sonne steht. Es stürmt aber Nürnberg, vor allem Bumbes Schmidt treibt das Spiel nach vorne. Hochgesang und Wieder bombardieren wiederholt das Berliner Tor, bleiben aber erfolglos. Zwischenzeitlich kommt Hertha etwas auf, wird aber von Stuhlfauth, der als „dritter Verteidiger" eingreift, gebremst. Einmal muss Schmidt auf der Linie retten, ansonsten aber bleibt der

Club am Drücker, holt eine Ecke nach der anderen heraus (Eckenverhältnis insgesamt 11:2!). In der 65. Minute dann die Entscheidung: Nach einem Einwurf flankt Wieder zu Träg, der steuert, dabei von Leuschner hart bedrängt, unwiderstehlich auf das Hertha-Tor zu. Sein unhaltbarer Schrägschuss landet in der rechten Torecke. 2:0! „Jetzt könnt' ihr weiterschimpfen", raunzt der Heiner die Hertha-Fans an, „gwunna ham mir!" Danach gibt es noch weitere Chancen für den Club (Pfostenschuss von Wieder, Freistoß Kalb), aber zur aufregendsten Situation kommt es im Nürnberger Strafraum, wo Sobeck von Popp zu Fall gebracht wird. Strafstoß für Hertha! Domscheid tritt an, aber Stuhlfauth hält den unplaziert geschossenen Elfer (74.). Das Spiel wird nun immer zerfahrener. Zehn Minuten vor Schluss kommt es dann nochmal zu einem Paukenschlag: Träg hat Leuschner, von dem er schon während des ganzen Spiels unfair attackiert worden war, gefoult, meckert dann auch noch zum wiederholten Mal unfein gegen den Schiedsrichter. Platzverweis! Nürnberg kontrolliert aber auch mit zehn Mann das Spiel und schaukelt das 2:0 nach Hause. Nach dem Abpfiff können die Clubfans triumphieren: „Hi-ha-ho, Hertha ist k.o."

Hertha im Angriff: Bumbes Schmidt, Köpplinger und Stuhlfauth stemmen sich dem Berliner Hanne Sobeck (helles Trikot) entgegen

Die Nürnberger Presse gab sich nach dem Spiel gönnerhaft: „Hertha BSC hat sich tapfer gehalten. Die Mannschaft unterlag in Ehren, hatte aber dem Spielverlauf und der Spielkultur nach nie ernstliche Aussichten, den Kampf für sich zu entscheiden." Etwas vorsichtiger urteilte die *Süddeutsche Sportzeitung*: „Der Sieg wurde so sicher errungen, dass kein Zweifel darüber bestehen kann, dass der Titel eines Deutschen Meisters auch in diesem Jahr der Mannschaft zugefallen ist, die ihn verdient." Das *Berliner Tageblatt* konstatierte, dass der Nürnberger Sieg vor allem auf das größere Selbstvertrauen zurückzuführen gewesen sei: „Als 20 Uhr 25 Minuten der Nürnberger Sonderzug aus dem Anhalter Bahnhof hinausdampfte, waren an die Fenster und Abteiltüren schon große gelbe Plakate geklebt, die den Nürnberger Anhang für heute abend zur Siegesfeier im Apollotheater, aus Anlass der 5. Erringung der deutschen Meisterschaft, einluden. Sie waren schon vor der Hinfahrt in Nürnberg gedruckt worden.

„Ja meinen's, wir fahren umsonst nach Berlin!?", war die stolze Antwort, die unserem Mitarbeiter von dem glückstrahlenden Kalb zuteil wurde."

In Nürnberg wird die Meistermannschaft 1936 begeistert empfangen. Auf Anordnung der NSDAP war der Weg vom Hauptbahnhof zum Hauptmarkt, der damals Adolf-Hitler-Platz hieß, mit Hakenkreuz-Fahnen geschmückt

Der Club ist wieder da

8. Dezember 1935, Rheinstadion Düsseldorf; 1. FC Nürnberg – Schalke 04 2:0 (0:0)

1.FCN: Köhl – Billmann, Munkert – Übelein I, Carolin, Oehm – Gußner, Eiberger, Friedel, Schmitt, Spieß.

Schalke 04: Mellage – Bornemann, Schweißfurth – Gellesch, Tibulski, Nattkämper – Kalwitzki, Szepan, Pörtgen, Kuzorra, Urban.

Tore: 1:0 Eiberger (46.), 2:0 Friedel (85.)
SR: Birlem (Berlin)
Zuschauer: 56.000

Im Herbst 1935 wurde nach dem Vorbild der englischen Cupspiele erstmals der Wettbewerb um den Deutschen Vereinspokal ausgeschrieben, der nach dem Reichssportführer Hans von Tschammer und Osten kurz „Tschammer-Pokal" genannt wurde. Damit wollte man die durchschlagskräftigste deutsche Vereinsmannschaft ermitteln, nicht die, die konstant Leistung bringt und nach vielen Rundenspielen vorne steht, sondern die es schafft, sich in jeder Begegnung durchzusetzen. Im Gegensatz zum englischen Wettbewerb, bei dem die Paarungen ausgelost werden, wurden in Deutschland die Begegnungen vom DFB gesetzt. Die ersten Runden überstand der von K. Michalke trainierte Club u.a. gegen den SC Stuttgart (7:0), Ulm 94 (8:0), Polizei SV Chemnitz (3:1) und Minerva Berlin (4:1) ohne jede Mühe.

Im Halbfinale wurde der Club dann mit Waldhof Mannheim gepaart und Schalke 04 mit dem VfL Benrath. Beim DFB dachte man dabei mit Sicherheit daran, dass ein Finale Club – Schalke größere Zugkraft besäße als irgendeine andere Paarung. Der Club behielt zu Hause knapp und nach hartem Kampf gegen Waldhof Mannheim mit einem mageren 1:0 die Oberhand. Die ersten fünf Minuten sorgte ein Foxterrier für Furore, der auf dem Spielfeld dem Leder nachjagte und dabei so manche Spielerwade gefährdete. Der Hund wurde eingefangen und Spieß schoss mit seinem Tor des Tages den Club ins Finale.

Gegner am 8. Dezember 1935 ist Schalke 04. Das Rheinstadion ist bis auf den letzten Platz ausverkauft. Tausende harren vor den Stadiontoren aus, um wenigstens sofort das Resultat des Wettstreits der beiden großen deutschen Mannschaften zu hören. Als amtierender Meister und Vorjahresmeister ist Schalke 04 haushoher Favorit. Doch die Außenseiterrolle behagt dem Club. Schon im Hotel „Schloss Burg" in Düsseldorf strahlen die Club-Spieler eine wilde Entschlossenheit und einen unbändigen Siegeswillen aus – ganz im Gegensatz zu den Tipps auf den Spielausgang, die in den Zeitungen veröffentlicht werden: 4:0, 5:1, 3:0 für Schalke, der für den Club günstigste lautet 2:1 – für Schalke.

Der Club, von einem kleinen Häuflein unerschrockener Schlachtenbummler begleitet, beginnt konzentriert und lässt sich von den Schneegestöbern nicht ablenken. Gußner hat schon in der dritten Minute den Führungstreffer auf dem Fuß, verzieht jedoch aus drei Metern. Die Schalker dagegen spielen im Schneeregen so zerfahren wie selten zuvor. Ihre sonst so flüssigen, variantenreichen Kombinationszüge gelingen kaum, zumal Abel Uebelein dem Schalker Kuzorra viele Bälle vor der Nase wegschnappt und auch auf dem Weg nach vorne Szepan ein ums andere Mal versetzt. Carolin und Oehm glänzen im Spielaufbau, Gußner und Eiberger wirbeln auf rechts die Schalker Deckung mehr durcheinander als Schmitt und Spieß auf der anderen Seite. Und hinten agiert das Dreigespann Köhl – Billmann – Munkert einfach souverän. Kein Wunder, daß die Zuschauer langsam aber sicher ins Club-Lager überlaufen und den Nürnbergern Szenenbeifall zollen.

Zur Halbzeit heißt es wie im Meisterschaftsfinale 1934 noch 0:0. In der 46. Minute landet der Ball dann aber aus einem

Im Schneeregen: Die Clubspieler (schwarze Hosen) trotzen nicht nur den schlechten äußeren Bedingungen im Düsseldorfer Rheinstadion, sondern vor allem auch dem berühmten Schalker Kreisel

Fußball-Woche

Nürnberg schlägt Schalke 2:0
im Endspiel um den Vereinspokal

Siegerehrung: „Reichssportführer" von Tschammer und Osten (links mit Hut) zeigt sich gerne Seite an Seite mit den Siegern
V.l.n.r. Schorsch Köhl (m. Mütze), Carolin, Eiberger (sitzend), Spieß, Friedel, Übelein I (sitzend), Gußner, Billmann, auf den Schultern sitzen Oehm und Seppl Schmitt mit dem Tschammer-Pokal.

Gedränge im Fünfmeterraum heraus im Schalker Tor. Auf den Rängen streitet man sich, wer denn nun der Torschütze sei. Die einen nennen Eiberger, andere glauben, Friedel habe zuletzt den Ball berührt. Nach dem Schlusspfiff ist es Friedel selbst, der die Streitfrage löst: „Der Muckl hat ihn reingemacht, ich habe nur mitgeholfen." Statt wie im 34er Finale nun auf Halten zu spielen, bleibt der Club weiterhin offensiv. Von der 60. bis zur 70. Minute machen die Schalker aber mit dem ehemaligen Cluberer Ernst Pörtgen als Mittelstürmer und Kuzorra sowie Szepan mächtig Druck und schnüren den Club minutenlang in der eigenen Hälfte ein. Bei vier Eckbällen hintereinander hält Köhl bravourös. Tipfi Oehm und Munkert retten je einmal auf der Torlinie.

Doch dann kommt wieder der Club. Besonders sehenswert die Ballführung von Eiberger. „Seine Dribblings lösten den stürmischen Beifall der schönheitsdurstigen rheinischen Zuschauer aus", schwärmt hernach der *Fußball*. Als Schmitt in der 83. Minute verletzt vom Platz humpelt, stockt den Club-Spielern der Atem. Doch die Schrecksekunde ist schnell wieder vorbei. Denn eine Minute später kommt Schmitt hinkend wieder herein und leitet nach einem kurzen und energischen Dribbling sofort einen neuen Angriff ein. Seinen Steilpass nimmt Gußner auf. Er lässt einen Schalker stehen und schießt aus 30 Metern flach und scharf aufs Schalker Tor. Torhüter Mellage wirft sich, fängt den Ball, lässt ihn aber wieder fallen. Friedel, der „Schalke-Schreck", ist zur Stelle. Aus vier Metern knallt er das Leder ins Netz. 2:0 – der Club ist der erste Deutsche Pokalsieger.

Als am nächsten Morgen um 5.30 Uhr die Sonderzügler wieder gen Heimat abfahren, zeigt die Mannschaft eine besondere Geste der Dankbarkeit für deren Unterstützung. Sie brechen mitten in der Siegesfeier im Hotel auf und fahren zum Bahnhof. Dort singen sie zusammen mit ihren Anhängern zwanzig Minuten lang Lieder wie „Schalke ade, scheiden tut weh" oder „Von deinem Kreiselspiel/sahen wir gar nicht viel/drum sind jetzt Sieger wir/nicht Schalke null-vier". Es wird gesungen und getanzt, die Stimmung ist ausgelassen.

Mit grenzenlosem Jubel werden die Club-Kicker, allen voran Seppl Schmitt, der den Pokal unter den Arm geklemmt hält, dann in Nürnberg schon auf dem Bahnsteig empfangen. Nur mühsam kann sich die Wagenkolonne den Weg zum Rathaus bahnen. Die Siegesfeier steigt im Herkules-Saal, wo der „Frankenführer" der NSDAP, Julius Streicher, die Festrede hält. „Ihr müsst immer siegen, ich habe noch nie so gerne einen Lorbeerkranz überreicht wie heute."

Die deutsche Sportpresse beschäftigt sich intensiv mit dem Stellenwert des Spiels. Sie stellen heraus, dass schließlich nicht nur der Deutsche Meister von 1934 und 1935 bezwungen worden sei, sondern auch auf eine Art und Weise, die auf eine Wende im Deutschen Fußball und eine Auferstehung glorreicher alter Zeiten des Clubs schließen lasse. So schrieb der *Kicker*: „Die Nürnberger sind wieder da, das ist das Wunder des Tages. Deutschlands berühmtester Club besitzt wieder die Achtung und die Wertschätzung, die ihn ein ganzes Jahrzehnt auszeichnete." Das *Düsseldorfer Tageblatt* titelte: „Schalke 04 machte vor dem 1. FC Nürnberg eine tiefe Verbeugung". Die *Berliner illustrierte Nachtausgabe* liebte es etwas blumiger: „Da wurde, während den Spielern in der ersten Halbzeit der Graupelschnee ins Gesicht schlug, alle vermutliche Romantik im Nürnberger Spiel vertrieben. Aus dem gediegenen alten ‚Kunststil' wurde moderne Sachlichkeit. „Die *Westfälische Landeszeitung* konnte die Niederlage von Schalke nur verschmerzen, weil mit dem Club eine „herrliche Mannschaft eine faszinierende Leistung" geboten habe: „Welch wunderbare geschlossene Leistung, welche Konzentration, welches Herz!" Und auch die *Fußball-Woche* nahm kein Blatt vor den Mund: „Nürnberg spielte genau so, wie man Schalke spielen zu sehen erwartete! Nürnberg spielte Kurzpass!, Nürnberg spielte kühl im Kreise! Nürnberg brillierte in der Balltechnik! – Nicht Schalke!"

Ein glücklicher Meister

21. Juni 1936, Poststadion Berlin; 1. FC Nürnberg – Fortuna Düsseldorf 2:1 n.V (1:1, 1:1)

1.FCN: Köhl – Billmann, Munkert – Übelein I., Carolin, Oehm – Gußner, Eiberger, Friedel, Schmitt, Schwab.

Düsseldorf: Pesch – Janes, Bornefeld – Mehl, Bender, Czaika – Albrecht, Wigold, Nachtigall, Zwolanowski, Kobierski.

Tore: 0:1 Nachtigall (5.), 1:1 Eiberger (34.), 2:1 Gußner (120.)
SR: Birlem (Berlin)
Zuschauer: 45.000

Die Schuhe, mit denen „Muckl" Eiberger das 1:1 erzielte.

Ungeschlagen holte sich der Club den Titel des Bayerischen Gaumeisters. Vor allem eine Leistung der Abwehr um Torwart „Schorsch" Köhl, denn in 18 Spielen kassierte man nur 12 Tore. Auch in seiner Gruppe zur Deutschen Meisterschaft wurde der Club ungeschlagen Erster. Die Stuttgarter Kickers (0:2, 0:5), der SV Jena (1:5, 0:3) und Wormatia Worms (2:2, 1:2) hatten gegen den 1. FCN keine Chance. Ungeschlagen mit 11:1 Punkten bei 19:4 Toren zog der Club ins Halbfinale ein. Dort stand dann das vorweggenommene Endspiel an: Der Gegner hieß Schalke 04, gegen den der Club im Finale 1934 knapp unterlegen war, im Pokafinale 1935 aber die Oberhand behalten hatte.

Der Endspiel-Gegner heißt Fortuna Düsseldorf, trainiert vom ehemaligen Cluberer „Schorsch" Hochgesang.. Der Club gilt als der große Favorit. Gespielt wird am 21. Juni im Berliner Poststadion, einem der heißesten Tage des 36er Sommers. Die Spieler logieren im Hotel Habsburg. Vor Aufregung wird dort nurmehr geflüstert, ein ums andere Mal muss Hans Kalb, der die Club-Elf betreut, aufdringlichen Autogrammjägern laut und deutlich die Tür weisen. Vor dem Anpfiff erheben Spieler und Zuschauer die Hand zum „Deutschen Gruß". Ein „wundervolles und stets ergreifendes Sinnbild der Zusammengehörigkeit" schwärmt der Berichterstatter des *Kicker*.

Die Viktoria gehört wieder dem 1. FCN v.l.n.r.: Schmitt, Eiberger und Gußner

Die „Adolf-Hitler-Kampfbahn" in Stuttgart war mit 75.000 Zuschauern restlos ausverkauft. Für 5,80 Mark fuhren tausende von Club-Fans mit dem Sonderzug an diesem 7. Juni nach Stuttgart und übten schon auf der Fahrt ihren Schlachtruf „Ra-ra-ra, der Club ist wieder da!" ein. In der schwäbischen Metropole regnete es in Strömen und die Nürnberger Fans vertrauten auf das „Club-Wetter". Zu Recht. Die Schalker konnten ihr Kurzpass-Spiel, den weltberühmten Schalker-Kreisel, nicht aufziehen. Schon sehr bald verstummten die Sprechchöre „Glaubt nicht an Spuk und böse Geister – Schalke wird Fußballmeister". Die Nürnberger Deckung stand sicher und schließlich gab es ja noch Mittelstürmer Georg Friedel, der nicht umsonst der Schalke-Schreck hieß. Er machte seinem Namen alle Ehre und schoss allein den 2:0-Endstand heraus.

Die Düsseldorfer erwischen den besseren Start. Schon nach fünf Minuten liegen sie in Führung. Kobierski hatte Uebelein weggeschoben. Während der vergeblich auf den Pfiff von Schiedsrichter Birlem wartet, startet der Düsseldorfer durch. Auf seinen langen Pass hin ist Fortuna-Stürmer Nachtigall eine Idee schneller am Ball als Köhl und schießt nach einer kurzen Drehung ins Tor. Der Club reagiert verwirrt. Man übertreibt das Kurzpass-Spiel, meist springt kein Raumgewinn heraus. Die Fortuna, der Außenseiter, wirkt dagegen frischer und angriffsfreudiger – und der Club hadert mit dem Schiedsrichter, der die harte Gangart der Düsseldorfer durchgehen lässt.

Erst allmählich bekommen Carolin und Übelein I Ruhe ins Nürnberger Spiel. Als Carolin sich ohne gegnerische Einwirkung auf dem strohtrockenen und mit Rissen übersäten Rasen das Knie verdreht und nur noch über den Platz humpeln kann, zieht Abel Übelein das Spiel an sich. Er wächst über sich hinaus, kämpft für zwei und gibt den entscheidenden Pass zum Ausgleichstreffer. Eiberger umkurvt noch einen Düsseldorfer und schießt unhaltbar zum 1:1 ein.

„Das wird eine böse Geschichte, mit zehn Mann halten wir das nicht aus", stöhnt Übelein I schon in der Pause. In der zweiten Halbzeit stellt Kalb den verletzten Carolin nach rechts und nimmt Übelein I in die Mitte. Der wird zum Dreh- und Angelpunkt im Nürnberger Strafraum. Immer wieder erkämpft er sich auch in scheinbar aussichtslosen Situationen den Ball und rettet dem Club zusammen mit Köhl das Unentschieden. Mittlerweile haben alle Fotografen hinter Köhls Tor Aufstellung genommen. Sie alle rechnen mit dem alsbaldigen Füh-

Packende Zweikämpfe: Club-Stürmer Gußner hat seine liebe Not gegen den Düsseldorfer Verteidiger Janes, kann sich jedoch immer wieder durchsetzen und schießt den Club zum 6. Meistertitel

rungstreffer der Fortunen. Doch der fällt nicht. Nach 90 Minuten pfeift Schiedsrichter Birlem ab und verkündet: „Nach zehn Minuten Pause Verlängerung bis zum nächsten Treffer, jedoch nicht länger als zweimal fünfzehn Minuten."

„Jetzt ist alles aus", meint Übelein I. Aber nicht nur er, sondern alle 22 Akteure sind angesichts der mörderischen Hitze restlos fertig. Noch einmal baut Kalb die Mannschaft um. Er teilt Friedel, den bis dahin wirkungsvollsten Stürmer, als rechten Läufer ein. Gußner ist nun im Sturm ganz auf sich allein gestellt. Kalbs taktische Maßnahme hat Erfolg, denn das Spiel ist nunmehr ausgeglichen. Die Düsseldorfer sind zwar gefährlicher, erzielen nach fünf Minuten ein Abseitstor und schießen aus allen Lagen, doch die Clubberer wehren mit letztem Einsatz ab und erarbeiten sich Konterchancen. Die Spieler sind vor Erschöpfung dem Zusammenbruch nahe, als der Club in der letzten Minute noch einmal alles auf eine Karte setzt. 25 Sekunden vor dem Ende der Verlängerung, als alle Anwesenden sich schon mit einem Wiederholungsspiel abgefunden hatten, fällt dann doch noch die Entscheidung. Birlem lässt einen von Friedel bereits getretenen Freistoß an der Mittellinie noch einmal ausführen. Friedel passt dieses Mal zu Gußner, und der pfeilschnelle Mann, der sich schon in der 1. Halbzeit den Finger gebrochen hatte, spurtet noch etwa 20 Meter, bevor er das Leder mit einem fulminanten Spannschuss aus gut 25 Metern unhaltbar für Fortunas Torwart Pesch ins Netz jagt. Schlusspfiff.

Der Club ist zum sechsten Mal Meister und die Berliner Zuschauer feiern beide Mannschaften: die überglücklichen Nürnberger und die tief enttäuschten Düsseldorfer. „Wir sind überglücklich, dass diesmal das Glück bei uns war, aber die Besseren – das wart ihr." Mit diesem Wort nahm Club-Vorsitzender Karl Müller die Glückwünsche der Düsseldorfer Vereinsführung entgegen. Nürnbergs Oberbürgermeister Liebel eilt in seiner SA-Uniform auf den Platz und hängt Seppl Schmitt einen Lorbeerkranz um die Schultern. Der SA-Mann inmitten der bekränzten Spieler Carolin, Friedel und Schmitt ziert denn auch die Titelseite des *Kicker* vom 23. Juni 1936.

In Nürnberg wird die Mannschaft begeistert empfangen. „Fahnen heraus", hat die Gauleitung der NSDAP als Devise ausgegeben. Alle Geschäfte müssen rechtzeitig schließen. Tausende säumen die mit Hakenkreuz-Flaggen geschmückten Straßen zwischen dem Hauptbahnhof und dem Adolf-Hitler-Platz, wie der Hauptmarkt damals hieß. Als um 19.01 Uhr der Zug aus Berlin im Nürnberger Hauptbahnhof einrollt, kennt der Jubel keine Grenzen mehr. Die Mannschaft durchschreitet ein SA-Spalier, der verletzte Carolin wird von zwei Uniformierten gestützt zu den mit Rosen geschmückten offenen Wagen geleitet. Im Rathaus tragen sich die Spieler ins Goldene Buch der Stadt ein. Dann geht's zur Meisterfeier in den „Kulturverein", wo es sich „Frankenführer" Julius Streicher in seiner Festrede nicht nehmen lässt, den Club-Erfolg als Triumph des Nationalsozialismus hinzustellen: „Wenn ihr heute so habt empfangen werden können, so deshalb, weil wir 14 Jahre um ein neues Deutschland gekämpft haben, gerade in dieser Stadt, in der man euch heute zujubelt."

In den Zeitungen wird Nürnbergs Sieg als glücklich bezeichnet. Nicht jeder trieb dies soweit, wie der Kommentator des Rundfunks, Wernicke: „4:1 war das mindeste, was Fortuna für die überragende Spielleistung verdient gehabt hätte." Der *Fußball* sieht dagegen „einen Sieger" und „zwei Meister". Der Club sei nicht aufgrund seiner Leistung im Finale, sondern der „gewaltigsten und überzeugendsten Dauerleistung im Verlauf einer Saison", so „verdient wie wohl selten ein Verein der Welt" Meister geworden.

Mit Lorbeerkranz auf dem Kopf werden sie von den Fans auf den Schultern getragen v.l.n.r.: Gußner, Schwab, Carolin, Übelein, Munkert, Eiberger, Oehm, Köhl

Der Favorit gewinnt

28. April 1940, Olympiastadion Berlin: 1. FC Nürnberg – Waldhof Mannheim 2:0 (0:0)

1.FCN: Köhl – Billmann, Uebelein I – Luber, Sold, Carolin – Gußner, Eiberger, Übelein II, Pfänder, Kund.

Mannheim: Fischer – Schneider, Siegel – Mayer, Heermann, Ramge – Eberhardt, Fanz, Erb, Pennig, Günderoth.

Tore: 1:0 Eiberger (46.), 2:0 Eiberger (85.)
SR: Schütz (Düsseldorf)
Zuschauer: 60.000

Mit Beginn des 2.Weltkrieges wurden die Verbandsspiele eingestellt. An ihre Stelle trat die Nürnberg-Fürther-Städtemeisterschaft, die sich der Club souverän sicherte. Die Spiele um den Tschammer-Pokal fanden in großen Abständen statt, so daß sich der Wettbewerb für das Jahr 1939 weit bis ins Jahr 1940 hinein erstreckte. Die ersten Hürden im Pokal stellten für den Club unter Trainer Alv Riemke kein Problem dar. Nach Siegen gegen den BC Hartha, die Stuttgarter Kickers und Fortuna Düsseldorf ging es in der Vorschlußrunde gegen Rapid Wien, gegen die der Club schon im Vorjahr klar mit 0:2 unterlegen war. „Noch immer trifft den Club das Schicksal, bei den entscheidenden Vorschlussspielen auf die anerkannt stärkste Gegnerschaft zu treffen", jammerte man in der Vereinszeitung und gibt die Parole „Durch Kampf zum Sieg" aus. Und der Club drehte diesmal tatsächlich den Spieß um und gewann vor 40.000 Zuschauern in Wien gegen den letztjährigen Pokalsieger durch einen Treffer von Kund mit 1:0.

Das Finale steigt am 28. April 1940 im Berliner Olympiastadion. Der Gegner heißt Waldhof Mannheim. Die junge Mannheimer Mannschaft hat ihre Finalteilnahme dem Losglück zu verdanken, nachdem sie dreimal nicht über ein Unentschieden nach Verlängerung gegen Wacker Wien hinausgekommen war. Der Club reist daher auch als Favorit nach Berlin. Während Waldhof seinen Stammtorhüter Drays, der keinen Urlaub von der Front bewilligt bekommt, ersetzen muss, fällt beim Club Kennemann aus. Der Mann mit den berühmten langen Hosen liegt mit einer Blutvergiftung im Bett. Für ihn spielt der erst in der Nacht vor dem Spiel von der Front zur Mannschaft gestoßene Abel Uebelein.

Auf dem Weg zur Generalprobe: Neun Tage vor dem Pokalfinale fährt die Club-Elf (v.l.n.r. Billmann, Carolin und Eiberger) mit dem Zug nach München

Die 60.000 Zuschauer erleben im Berliner Olympiastadion ein Finale, das vom Spielerischen viel zu wünschen übrig lässt. „Wir leben jetzt im Krieg und unter den Spielern befanden sich viele Soldaten, die ihren Lebenskreis nicht auf ein Spiel einstellen können, sondern zu diesem Spiel aus ihrem gewohnten Lebenskreis herausgerissen werden", bekundet der *Kicker* Verständnis für die zum Teil schwachen Leistungen. Trotzdem – der Club nimmt von Anfang an das Heft in die Hand. Doch beide Mannschaften sind sehr auf Torsicherung bedacht, die Defensive dominiert, vieles wirkt ängstlich und verkrampft.

Den Stürmern, allen voran Nürnbergs Mittelstürmer Übelein II fehlt der Raum, um die gewohnte Gefährlichkeit zu entfalten. Die auffälligste Erscheinung im ganzen Spiel ist der Club-Mittelläufer Wilhelm „Bubi" Sold, der einen erstklassigen Stopper spielt und die Bälle klug verteilt. Der Nationalspieler war 1939 vom FV Saarbrücken zum Club gestoßen. Er allein bringt das Waldhöfer Stürmertalent Erb, der zuvor Tore wie am Fließband geschossen hatte, zur Verzweiflung. Neben Sold fällt noch Schorsch Köhl im Tor und der kleine, stämmige Alfred „Pipo" Pfänder auf. Der ist schier überall, kämpft wie besessen und schießt aus allen Lagen. Nicht umsonst gilt er als eines der größten Talente, die der Club je hatte. Auch für Reichstrainer Otto Nerz ist Pfänder der „überragende Mann auf dem Platz". Doch auch Pfänder schafft es nicht, den Club vor der Halbzeit in Führung zu bringen. Das macht Eiberger eine Minute nach Wiederanpfiff. Gußner flankt nach Zuspiel von Pfänder genau ins Zentrum des Strafraums. Dort steht Kund und köpft zu Eiberger. Der stürzt, ist aber blitzschnell wieder auf den Beinen und schiebt, bevor ein Waldhöfer dazwischengehen kann, zum 1:0 ein. Danach spielt der Club seine ganze Routine und sein Können aus. Übelein II trifft ins Netz, doch Schiedsrichter Schütz verweigert dem Treffer wegen einer Abseitsstellung die Anerkennung. In der 58. Minute bombt Eiberger an die Latte, das Gleiche gelingt Gußner in der 77. Minute und noch einmal Übelein II in der 87. Minute. Zwei Minuten zuvor hat jedoch Eiberger alles klar gemacht. Kund hat seinen Gegner elegant stehen lassen, läuft auf der linken Seite bis zur Linie und gibt im richtigen Moment den Ball zur Mitte. Eibergers Schuss aus nächster Nähe ist unhaltbar. Der Club ist zum zweiten Mal Pokalsieger, und die Mannschaft hat ihr Versprechen, dem Verein zum 40. Geburtstag einen Titelgewinn zu schenken, eingelöst.

„In Anbetracht der Zeitumstände" verzichtet man in Nürnberg auf ein rauschendes Fest. Trotzdem wird die Mannschaft von Tausenden jubelnder Anhänger am Nürnberger Bahnhof empfangen. Doch statt des obligatorischen Empfangs im Rathaus geht es anschließend sofort ins Vereinsheim am Zabo, um im engeren Mitgliederkreis zu feiern. Dort werden die Meisterkicker geehrt – und nicht nur die. NSDAP-Kreisleiter Zimmermann, der den Club schon zum Finale nach Berlin begleitet hat, erhält die Ehrennadel des Vereins. Der Nazi-Führer revanchiert sich und überreicht den Spielern, dem „Vereinsführer" Müller und Club-Trainer Riemke einen Atlas mit persönlicher Widmung. Eine Woche später finden dann die Feierlichkeiten zum 40-jährigen Vereinsjubiläum statt.

In den Zeitungen wurde der „Favoritensieg" des Club gewürdigt. Reichstrainer Otto Nerz griff für den *Kicker* zur Feder: „Waldhof spielt feiner, ziselierter als der Club. Die Nürnberger spielen energisch und wuchtig, dabei natürlich nicht etwa primitiv, sondern technisch erstklassig." Die *Berliner Zeitung am Mittag* sah die Waldhöfer taktisch unterlegen, Sold alles überragend und die alte Nürnberger Fußballherrlichkeit wieder unter Beweis gestellt: „Nürnberg ist Fußball-Hochburg Großdeutschlands geblieben. Sein Club hat Jahre der Erschütterungen, des Niederganges, längst wieder ausgeglichen und selbst ohne nennenswerten Nachwuchs-Zugang jene bemerkenswerte Hochform erreicht, die ihn seit Monaten unbesiegt erhält. Auch die jugendfrische Waldhof-Elf aus Mannheim konnte das Wunder nicht vollbringen und musste sich, so kurz vor dem Ziel ihrer ehrgeizigen Wünsche, im Olympia-Stadion eine 2:0-Abfuhr gefallen lassen."

Bild links:
Auf dem Weg zum zweiten Pokalsieg: Die Cluberer (v.l.n.r. Eiberger, Trainer Alv Riemke, Kund und Carolin) laufen vor 60.000 erwartungsfrohen Zuschauern ins Berliner Olympiastadion ein. Die Anspannung steht ihnen ins Gesicht geschrieben.

Bild rechts:
Zweikampf: Dieses Mal zieht „Muckl" Eiberger noch den Kürzeren. Mit seinen beiden Treffern in der zweiten Halbzeit schiesst er jedoch fast im Alleingang die Waldhöfer aus Mannheim aus all ihren Pokalträumen.

Der Jubel über den Deutschen Meister 1948 lässt sogar die Ruinen des zerstörten Nürnberg in den Hintergrund treten. Hunderttausende versammeln sich vor dem von den Luftangriffen schwer gezeichneten Hauptbahnhof.

Ein Tor war von Übel

8. August 1948, Stadion Köln-Müngersdorf: 1. FC Nürnberg – 1.FC Kaiserslautern 2:1 (2:0)

1.FCN: Schaffer – Uebelein I, Knoll – Bergner, Kennemann, Gebhardt – Herbolsheimer, Morlock, Pöschl, Winterstein, Hagen.

Kaiserslautern: Hölz – Huppert, Kohlmeyer – E. Liebrich, W. Liebrich, Klee – Grewenig, F. Walter, O. Walter, Baßler, Christmann.

Tore: 1:0 Winterstein (10.), 2:0 Pöschl (23.), 2:1 Übelein I (62., Eigentor)
SR: Burmester (Hamburg)
Zuschauer: 70.000

Schon zwei Spieltage vor Rundenschluss stand der Club als Meister der Oberliga Süd fest und war damit für die Endrunde um die Deutsche Meisterschaft qualifiziert. Nur eine 0:2-Heimniederlage ausgerechnet gegen die SpVgg Fürth, den späteren Absteiger, trübte die ansonsten makellose Heimbilanz. Auch auswärts hielt sich der Club an seinen Gegnern zumeist schadlos. Max Morlock glänzte in der gesamten Saison als Spielgestalter und Vollstrecker. Mit 30 Toren verpasste er nur knapp die Torjägerkrone. Ohne Spielführer Willi „Billi" Billmann ging der Club jedoch in die Endrunde. Beim Oberligaspiel gegen Schweinfurt hatte ihm sein Gegenspieler den Ellbogen derart ins Gesicht gerammt, dass man das Krachen der Knochen noch auf der Tribüne hören konnte. Mit einem Kieferbruch fiel Billmann lange Zeit aus.

In der Vorrunde sollte der Club zunächst gegen den Ostzonen-Meister SG Planitz spielen. Doch die sowjetischen Behörden verweigerten der Zwickauer Vorortelf die Reiseerlaubnis, so daß der Club kampflos weiterkam. In der Vorschlussrunde gegen den FC St. Pauli tat sich der Club dann unerwartet schwer, obwohl es bereits zur Pause durch Treffer von Hagen und Winterstein bereits 2:0 stand. Doch nachdem Zapf Gebhardt nach dem Seitenwechsel einen Elfmeter verschoss, war die Club-Herrlichkeit vorbei. Im Gegenzug verkürzten die Hamburger auf 2:1 und bestimmten fortan das Geschehen. Dennoch war der Ausgleich überflüssig. Zuerst köpfte Gebhardt das Leder direkt in die Füße des gegnerischen Rechtsaußen, dann machte Schaffer einen großen Schnitzer, wohlgemerkt den einzigen in diesem Spiel. So musste die Verlängerung entscheiden. Schon in der 4. Minute der Verlängerung kam Pöschl nach einem Freistoß an den Ball und zog unwiderstehlich ab. Nach den damaligen Regeln war das Spiel damit zu Ende. Der Club stand im Finale und Pöschl wurde von seinen Mannschaftskameraden schier erdrückt. Der Club hatte zum zehnten Mal das Endspiel einer Deutschen Meisterschaft erreicht. Das hatte vor ihm noch keine Mannschaft geschafft, die Schalker brachten es bis dahin nur auf neun.

Gegner im Finale im Müngersdorfer Stadion am 8. August 1948 ist der hochfavorisierte 1.FC Kaiserslautern, der mit seinen

Ein starkes Team: Die Club-Elf wächst im Finale über sich hinaus

Hans Pöschl sorgt im Sturm für Gefahr

Max Morlock ist Dreh- und Angelpunkt in der Mitte

Im Tor lässt sich Edi Schaffer nicht überwinden

Wunderstürmern Fritz und Otmar Walter in der Vorrunde 1860 München und den TuS Neuendorf mit jeweils 5:1 ausgeschaltet hatte. Der Sonderzug mit den Nürnberger Fans startet am Samstag um 22.09 Uhr in Nürnberg. Er ist voll besetzt. Am Montagmorgen um 5.46 Uhr sollten die Schlachtenbummler freudetrunken wieder im Hauptbahnhof in Nürnberg eintreffen: Der Club hat seine siebte Deutsche Meisterschaft gewonnen. Im Club-Quartier in Königswinter prophezeit ein Wahrsager vor dem Spiel den Spielausgang: „Der Sieger wird drei Tore schießen, jedoch eines wird von Übel sein." Die Stimmung bei den Cluberern ist optimistisch bis ausgelassen. Kurz vor der Abfahrt ins Stadion vergnügen sich die Spieler bei einer Wasserschlacht und auch im Bus selbst sorgt Schorsch Kennemann für Bombenstimmung. Man fühlt sich in der Außenseiterrolle pudelwohl.

Im Stadion selbst herrscht eine Gluthitze. 70.000 Zuschauer drängen sich erwartungsvoll auf den Rängen. 306.000 hatten Karten angefordert. Die etwa 1.000 Club-Schlachtenbummler machen mit ihren Kuhglocken, Trompeten und Sirenen einen Höllenlärm. Gebhardt gewinnt die Seitenwahl, Kaiserslautern hat Anstoß. Schon in der zweiten Minute hat Bergner eine Riesenchance für den Club. Dann geht es hin und her, wobei Übelein I, Knoll und Bergner sowie insbesondere Kapitän Zapf Gebhardt, den Trainer Michalke gegen Fritz Walter gestellt hat, dem Kaiserslauterer Paradesturm schnell den Schneid abkaufen. Den Rest, der dennoch vors Tor kommt, erledigt Schaffer. „Torhüter Schaffer holt die schwersten Bomben aus den Ecken", berichtet damals *Die Rheinpfalz* in martialischen Worten.

Im Angriff erweist sich nur Herbolsheimer als Ausfall, die anderen Clubstürmer spielen schnell und wirkungsvoll. Schon in der 10. Minute wuchtet Winterstein eine Flanke von Herbolsheimer dem 1. FCK ins Netz. 13 Minuten später steht es durch einen Flugkopfball von Pöschl auf Flanke von Hagen 2:0. Herbolsheimer hat sogar in der 38. Minute die Chance, auf 3:0 zu erhöhen. Doch anstatt sofort abzuziehen, glaubt er noch, den Tormann umspielen zu müssen. Das gelingt ihm zwar, doch dann trifft er das leere Tor nicht.

Nach dem Seitenwechsel macht Kaiserslautern endlich das Spiel, das die Zuschauer von ihnen schon zu Spielbeginn erwartet hatten. Immer mehr steht Club-Keeper Schaffer im Brennpunkt des Geschehens. Der Druck wird stärker und in der 62. Minute fälscht ausgerechnet Abel Übelein, der letzte aus der Meistermannschaft 1936, einen Flachschuss an Schaffer vorbei ins eigene Netz. „Ein Tor wird von übel sein" – der Wahrsager hatte recht behalten. Nun drängt Kaiserslautern vehement auf den Ausgleich, doch Schaffer bringt die Pfälzer Stürmer nahezu an den Rand der Verzweiflung. Dann, in der letzten Minute noch einmal Freistoß für Kaiserslautern. Willy Neumeier, Sportreporter der *Nürnberger Nachrichten* schreibt in sein Notizbuch: „90. Min.: Strafstoß für K. 25 m torseitwärts. Morlock köpft ihn 5 m vor dem Tor weg, der heranbrausende Baßler nimmt das Leder von 16 m aus der Luft, fetzt den schönsten Schuss des Tages, kaum sichtbar, aber fünf Meter vorbei." Schlusspfiff.

Als die siegreiche Elf am Montagabend mit dem D-Zug in Nürnberg ankommt, zelebrieren 100.000 Nürnberger einen begeisternden Empfang. Die geplante Begrüßungszeremonie muss angesichts der drängelnden Massen leider ausfallen. Die Fahrt zum Zabo wird zum Triumphzug für den Meister. Selbst der amerikanische Stadtkommandant, Oberst James C. Barnett, lässt es sich nicht nehmen, dem Club zum Gewinn der ersten Nachkriegsmeisterschaft zu gratulieren. Ein paar Wochen später geben die Amerikaner den Zabo und das Clubhaus frei.

Die Presse ist sich einig: Der Club hat verdient gewonnen. Willy Neumeier von den *Nürnberger Nachrichten* findet für das Spiel viele Worte: „Nur wenige Auseinandersetzungen können sich rühmen, an Rasanz, Technik und Wucht diesem dramatischen, tempogeladenen Kampf gleichwertig gewesen zu sein. Das Auge war oft – besonders in der ersten Hälfte – kaum in der Lage, bei den blitzschnellen Angriffen und Gegenstößen der beiden Mannschaften den raffinierten Finessen und Tricks zu folgen, die wie ein unaufhörlich sprudelnder Quell von jedem einzelnen Spieler überreich dargeboten wurden."

Der Club ist wieder alleiniger Rekordmeister.

Der langjährige Vereinspräsident Ludwig Franz (mit Fahne) und Max Morlock (mit Meisterschale) im Juni 1961 beim Triumphzug anlässlich des Gewinns der achten Deutschen Meisterschaft

Siegeszug der jungen Wilden

24. Juni 1961, Niedersachsenstadion Hannover; 1. FC Nürnberg – Borussia Dortmund 3:0 (2:0)

1. FCN: Wabra – Derbfuß, Hilpert – Zenger, Wenauer, Reisch – Flachenecker, Morlock, Strehl, Müller, Haseneder.

Dortmund: Kwiatkowski – Burgsmüller, Thiemann – Kurrat, Geisler, Peters – Kelbassa, Schmidt, Schütz, Konitzka, Cyliax.

Tore: 1:0 Haseneder (6.), 2:0 Müller (44.), 3:0 Strehl (67.)
SR: Schulenburg (Hamburg)
Zuschauer: 82.000

In der Oberliga-Saison 1960/61 machte eine Club-Mannschaft Furore, die später dann bundesweit nur noch die „jungen Wilden" genannt werden sollte. Jung waren sie, der Altersdurchschnitt der Akteure betrug nicht einmal 24 Jahre, und wild waren sie auch, denn sie spielten forsch, unbekümmert – und erfolgreich. Bereits am dritten Spieltag eroberten die Mannen um den Senior Max Morlock (36) mit einem 8:0-Kantersieg gegen Bayern Hof die Tabellenführung der Oberliga Süd. Selbst der legendäre Heiner Stuhlfauth war restlos begeistert: „Wenn der 1. FCN solch junge, ehrgeizige Spieler zur Verfügung hat, dann ist es eine wahre Freude zuzusehen." „Souverän wie selten zuvor holte sich die von Trainer Widmayer trainierte Truppe den Südtitel. Widmayer hatte die tolle Arbeit von Bimbo Binder fortgesetzt, der nach sechs Jahren beim Club zum PSV Eindhoven gewechselt war. Binder hatte auf die Jugendarbeit beim Club ein besonders Augenmerk gelegt und die dort heranwachsenden Talente wie Wenauer (er war 1961 22 Jahre alt), Strehl (22), Derbfuß (23), Hilpert (23), Albrecht (24), Flachenecker (20) und Wild (20) nach und nach in die erste Mannschaft eingebaut. Widmayer forcierte noch einmal den Verjüngungsprozess und holte aus der Club-Jugend Reisch (19) und Haseneder (19). Mit ihren 27 bzw. 25 Jahren gehörten 1961 Heiner Müller, Roland Wabra und Josef Zenger schon zu den Oldies.

Die Torfabrik der „jungen Wilden" lief schon in der Oberliga wie geschmiert. Strehl (22 Tore), Flachenecker (16) und Wild (15) hatten den größten Anteil an den 96 Toren. Die nur 30 Gegentore bewiesen aber auch die Qualität der Abwehr um Wabra, Derbfuß und Hilpert. 14 von 30 Spielen gewann der Club zu Null. Trotz dieses Siegeszugs der „jungen Wilden" traute ihnen keiner einen Erfolg in der Endrunde um die Deutsche Meisterschaft zu, zumal der Club es in seiner Gruppe mit Hertha BSC, dem mit Nationalspielern nur so gespickten 1. FC Köln und Werder Bremen zu tun hatte. Doch die Cluberer ließen sich davon nicht beeindrucken. 4:2 und 4:0 gegen Werder Bremen, 2:0 und 3:3 gegen Hertha BSC so-wie 3:3 und 2:1 gegen den 1.FC Köln – ungeschlagen zog der Club ins Endspiel ein. Die *Frankfurter Abendpost* kommentierte beispielsweise den 4:2-Sieg des Club in Bremen: „Die Nürnberger bewegen sich in der drückenden Schwüle, als wären sie an der Copacobana aufgewachsen. Eine Elf von Youngstern mit dem listenreichen Leitwolf namens Morlock."

Der Gegner im Finale heißt Borussia Dortmund, trainiert von Max Merkel. Die vielen Routiniers, die schon 1956 und 1957 Deutscher Meister wurden, Nationaltorhüter Kwiatkowski und vor allem die treffsichere Stürmerreihe mit Schütz, Konietzka und Kelbassa strotzen vor Selbstbewusstsein. Kelbassa tippt auf einen 7:1 Sieg seiner Elf gegen den Club. Widmayer kontert: „Unsere Mannschaft wird ihr Spiel spielen und sich durch nichts beeinflussen lassen." Die Stimmung vor dem Finale ist im Quartier des Clubs in der Sportschule Barsinghausen gut. Gelassen und nahezu entspannt lassen die „jungen Wilden" das Endspiel auf sich zukommen.

Im Niedersachsenstadion warten am 24. Juni 1961 82.000 Zuschauer auf das 50. Jubiläumsendspiel um die deutsche Fußballmeisterschaft. In Nürnberg selbst sind die Straßen um die Spielzeit menschenleer. Das Leben spielt sich bei den glücklichen Fernsehbesitzern ab, deren Wohnungen meist bis zum letzten Stuhl ausverkauft sind. Vor dem Spiel versucht Morlock die jungen Spieler aufzubauen: „Wieso sollten wir eigentlich Angst haben? Wir brauchen uns nicht zu verstecken."

Auf dem Platz versteckte sich dann auch keiner. Unbeeindruckt von den großen Namen ihrer Dortmunder Gegenspieler spielen die Cluberer so souverän, wie man sich eigentlich die Westfalen vorgestellt hätte. Das Abwehrbollwerk um Roland Wabra, Paul Derbfuß und Helmut Hilpert und vor allem Nandl Wenauer in der Mitte ist unüberwindlich, der Ball läuft in den eigenen Reihen wie am Schnürchen und blitzschnell wird in den freien Raum nach vorne gespielt. Dort glänzt vor allem der junge Haseneder, der schon in der sechsten Minute den Club mit einem sehenswerten Flugkopfball auf Flanke von Zenger in Führung bringt. In der 44. Minute fälscht Heiner Müller einen von Strehl hereingegebenen Ball um die entscheidenden Zentimeter ab, so dass er für Kwiatkowski unerreichbar ist. Für den Endstand sorgt dann Strehl in der 67.Minute. Müller war auf der linken Seite auf und davongelaufen und Strehl schiebt seine Hereingabe ungehindert ein. In der letzten Viertelstunde kommt zwar Dortmund auf, doch der Club spielt gekonnt. Teilweise sehen die Borussen-Routiniers so kläglich gegen die Cluberer aus, dass sie vom Publikum ausgelacht werden. Nach dem Schlusspfiff liegen sich die Club-Spieler in den Armen und Trainer Widmayer sitzt sprachlos auf der Bank. Einer der ersten Gratulanten ist Heiner Stuhlfauth: „Euere Meisterschaft wird mein Leben um zehn Jahre verlängern."

Der Club ist Meister geworden mit acht Spielern, die aus der eigenen Jugend gekommen sind, das Durchschnittsalter beträgt knapp 24 Jahre. „Mit eigenem Gewächs zu arbeiten ist billig und erfolgversprechend", frohlockt Vereinspräsident Ludwig Franz. In Nürnberg säumen am nächsten Tag 200.000 die Straßen. Der Hauptmarkt ist bis auf den letzten Platz gefüllt, Böllerschüsse krachen und die Spieler bekommen von kleinen Mädchen bunte Blumengirlanden umgehängt. Oberbürgermeister Andreas Urschlechter verspricht spontan, das Nürnberger Stadion zu vergrößern, und der stellvertretende Ministerpräsident von Bayern, Rudolf Eberhard, gratuliert auf seine Weise: „Wenn man in Bayern vom Fußball spricht, schaut man nicht nach München, sondern nach Nürnberg, das ist die Sport-Hauptstadt." Danach geht's zum Zabo, wo noch lange in kleinerem Kreise gefeiert wird, bis nachts das große Feuerwerk steigt.

„Der 1. FCN überrollte im Endspiel seinen Gegner und heftete ein klares 3:0 an seine Fahne. Eine einmalige Leistung: zum 8. Male wurde der Club Deutscher Meister", schrieb die *NN* auf ihrer Titelseite. Ein besonderes Lob bekam dabei Widmayer ab: „Ein Blinder konnte es mit dem Krückstock fühlen, daß die gesamte Clubelf nach einer wohldurchdachten Konzeption arbeitete." Die Club-Spieler erhielten für die Meisterschaft vom Verein 1.000 Mark und ein Goldstück sowie von verschiedenen Firmen ein Rad, einen Teppich, zwei Anzüge und von der Stadt einen Zinnteller.

Farbbild Doppelseite:
Beeindruckend: Hasenders Kopfball zum 1:0
Im ausverkauften Niedersachsenstadion lässt die junge Clubmannschaft den Routiniers aus Dortmund nicht den Hauch einer Chance

Detailbilder:
Die frischgebackenen Meister
– Nach dem Schlusspfiff
– Auf dem Weg nach Nürnberg
– Triumphaler Empfang zu Hause

Der dritte Pokalsieg

29. August 1962, Niedersachsen-Stadion in Hannover: 1. FCN – Fortuna Düsseldorf 2:1 (n.Verl.)

1. FCN: Wabra – Derbfuß, Hilpert – Flachenecker, Wenauer, Reisch – Dachlauer, Haseneder, Strehl, Wild, Albrecht.

Fortuna Düsseldorf: Görtz – Vigna, Zimmermann – K. Hoffmann, Krafft, Straschitz – Steffen, Wolfframm, Hoffer, Volberg, Meyer.

Tore: 0:1 Wollframm (58.), 1:1 Haseneder (71.), 2:1 Wild (93.)
SR: Seekamp (Bremen)
Zuschauer: 41.000

Höhen und Tiefen hielt die Saison 1961/62 für den 1. FC Nürnberg bereit. Zunächst errang der Titelverteidiger erneut die Südmeisterschaft. Punktgleich mit der Frankfurter Eintracht, dank des besseren Torverhältnisses. Auch in den Gruppenspielen um die Deutsche Meisterschaft erwies sich vor allem die Abwehr um Torhüter Roland Wabra und die Verteidiger Paul Derbfuß und Helmut Hilpert als kaum zu überwindendes Bollwerk. Gegen Tasmania Berlin (2:1), Borussia Neunkirchen (3:2) und Schalke 04 (3:1) kämpfte sich der Club abermals ins Finale um die Deutsche Meisterschaft, wo er jedoch gegen den 1. FC Köln mit 0:4 unterging.

Auch im Europapokal der Landesmeister wurden dem Club die Grenzen aufgezeigt. Nach vier Siegen gegen Drumcondra Dublin (5:0 und 4:1) und Fenerbahce Istanbul (2:1 und 1:0) war im Viertelfinale der portugiesische Meister Benfica Lissabon Endstation. Der 3:1-Hinspielerfolg im Städtischen Stadion nach Toren von Gustl Flachenecker (2) und Strehl weckte große Hoffnungen, doch im Hexenkessel von Lissabon setzte es für die junge Club-Elf eine derbe 0:6-Abfuhr. „Ich habe nie zuvor und nie danach eine Mannschaft gesehen, die sich in einen solchen Spielrausch steigerte", erzählte Heinz Strehl später.

Mit der neunten Deutschen Meisterschaft also war es (noch) nichts geworden, ebensowenig mit dem ersten Triumph eines deutschen Vereins im Europapokal. Doch der Club tanzte noch auf einer dritten Hochzeit, im DFB-Pokal, der damals unmittelbar nach der Meisterschaftssaison ausgetragen wurde. Mit Siegen gegen TuSpo Nürnberg (10:1), Kickers Würzburg (11:0), die SpVgg Weiden (3:0) und den SSV Ulm (3:1) qualifizierten sich die weiterhin von Herbert Widmayer trainierten „jungen Wilden" – Max Morlock hatte seine Fußballstiefel nach dem Meisterschaftsendspiel kurzzeitig an den Nagel gehängt – für die Runde der letzten 16 Mannschaften auf Bundesebene. Dort gewannen sie zunächst mit 3:0 bei Saar 05 Saarbrücken. Tore von Strehl (2) und Reinhold Gettinger entschieden eine überharte Partie, in der Torhüter Wabra nach einem Revanchefoul an Altmeyer vom Platz gestellt wurde. Ein Saarbrücker Protest wegen eines angeblichen Regelverstoßes vor Strehls zweitem Treffer wurde abgelehnt.

In der Zwischenrunde erteilte der Club im heimischen Stadion dem VfV Hildesheim eine wahre Lehrstunde. Gegen den Dritten der Oberliga Nord feierte er ein 11:0-Schützenfest. Über eine halbe Stunde lang hielt Hildesheims Bester, Torhüter Gerstle, seinen Kasten sauber, dann brach der an diesem 8. August überragende Kurt Haseneder den Bann. Der damals „Verbinder" genannte rechte Mittelfeldspieler traf ebenso dreimal wie sein Pendant auf der linken Seite, Tasso Wild; Flachenecker, Richard Albrecht (je zwei) und Strehl erzielten die übrigen Tore. Wabra-Ersatz Gerhard Strick im Tor brauchte kaum einmal einzugreifen.

„Ich kann mich nicht entsinnen, nach 1945 einen zweistelligen Triumph des Club über einen Oberliga-Partner miterlebt zu haben", schrieb Hans Fiederer, sechsmaliger Nationalspieler der SpVgg Fürth, im *Sportmagazin*. Max Morlock, in diesen Pokalspielen des Jahres 1962 nur als Zuschauer dabei, empfand es als „Genuss, die Mannschaft so frisch spielen zu sehen", und der neue Kapitän Nandl Wenauer meinte: „Es ist schnell und direkt gespielt worden. Das hat heute Spaß gemacht."

In der Vorschlussrunde kreuzte die Frankfurter Eintracht in Nürnberg auf, die durch einen 5:0-Punktspielsieg gegen den FC Bayern wenige Tage zuvor in die Favoritenrolle geschlüpft war. Auch ohne Morlock, Gettinger, Wenauer und Neuzugang Peter Engler, dafür wieder mit Wabra im Tor, fegte der junge Club den alten süddeutschen Rivalen aus dem Stadion. Tasso Wild, zweimal Flachenecker sowie Haseneder erzielten die Tore zum nicht erwarteten 4:2-Sieg. Augenzeuge Sepp Herberger analysierte: „Die Partie wurde durch die Nürnberger Läuferreihe entschieden, in der mir Reisch diesmal gut gefiel, Flachenecker eine große Partie lieferte und Wild mit seinen Bombenschüssen selbstbewusst auftrumpfte." Voller Bewunderung schrieb auch die Vereinszeitung: „Jetzt ziehen die Lausbuben schon wieder in ein Finale ein."

Zwei Düsseldorfer haben gegen Albrecht das Nachsehen

Tasso Wild setzt sich gegen den Düsseldorfer Manfred Krafft durch und erzielt damit den Siegestreffer

Hannover, 29. August 1962. Im Niedersachsenstadion, rund ein Jahr zuvor bereits Schauplatz des Meisterschaftsendspiels gegen Borussia Dortmund, bestreiten die „jungen Wilden" ihr drittes Endspiel binnen 14 Monaten. Fortuna Düsseldorf heißt der Gegner des Club in seinem vierten Pokalendspiel nach 1935, 1939 und 1940 – eine Neuauflage des Meisterschaftsfinales von 1936 also. Damals, in Berlin, gewann der Club mit 2:1 nach Verlängerung. Und diesmal? Die Voraussetzungen stehen nicht gut, Morlock, Joe Zenger und Heiner Müller fehlen. Für den Club laufen ein: Wabra – Derbfuß, Hilpert – Flachenecker, Wenauer, Reisch – Dachlauer, Haseneder, Strehl, Wild, Albrecht.

Die Partie selbst beginnt alles andere als vielversprechend. Die vom späteren Bundestrainer Jupp Derwall betreuten Düsseldorfer geben den Ton an; sie spielen kraftvoll auf und kombinieren sicher, während die Nürnberger nervös und gehemmt wirken. Vor allem der Halbrechte Wolfframm und Linksaußen Meyer machen der Club-Abwehr schwer zu schaffen, so dass die beiden Halbstürmer Haseneder und Wild zur Verstärkung der Deckung zurückgezogen werden. Mehrmals liegt die Fortuna-Führung in der Luft, doch Wabra knüpft an seine hervorragenden Leistungen der Meisterschafts-Endrunde an und hält glänzend. „Er schnellte wie ein Panther durch den Strafraum", schrieb das *Sportmagazin* in seinem Spielbericht. „An ihm richtete sich die Abwehr auf." Dem Club bieten sich in den ersten 45 Minuten nur drei Chancen. Zunächst trifft Strehl den Pfosten, dann, nach dem zweiten Eckball, scheitern Albrecht, Wild und Haseneder in aussichtsreicher Position, schließlich wird ein Strehl-Tor wegen Unterlaufens von Fortuna-Torhüter Görtz nicht anerkannt. 0:0 zur Pause. „Ein typisches Pokalspiel, insgesamt kein schöner Kampf", urteilt Herbert Widmayer.

Auch in der zweiten Halbzeit haben die Fortunen die erste Chance, als Meyer allein durchbricht; Wabra wirft sich ihm wagemutig vor die Füße und pariert. In der 58. Minute aber ist auch der überragende Club-Torhüter machtlos: Meyer hängt Derbfuß ab, passt zum völlig freistehenden Wolfframm, der nur den Fuß hinhält – 0:1.

Die Vorentscheidung? Nein. Längst haben Haseneder und Wild ihre defensiven Rollen aufgegeben, längst stürmt der Club mit Mann und Maus. In der 71. Minute gelingt der Ausgleich: Flachenecker bedient den freistehenden Haseneder, der zieht sofort ab; Torhüter Görtz kann den Ball nur noch zum 1:1 ins eigene Netz klatschen. Trotz klarer Überlegenheit der konditionell stärkeren Nürnberger rettet sich Düsseldorf in die Verlängerung. Dort allerdings fällt schnell die Entscheidung. In der 93. Minute nutzt Tasso Wild einen kapitalen Fehler von Stopper Krafft, der das Leder vor dem eigenen Tor vertändelt, und drückt den Ball aus kurzer Entfernung zum 2:1 ins Netz. Die Fortuna schafft es nicht mehr, sich gegen die Niederlage aufzubäumen, der Club holt den Pott zum dritten Mal nach Nürnberg.

„Unser Sieg war ein bisschen glücklich", meinte Widmayer, „die beiden Torhüter waren die besten Spieler auf dem Platz." Max Morlock, der natürlich mit nach Hannover gereist war, strahlte, als habe er selbst das Siegtor geschossen: „Ein verdienter Sieg. Nach dem 1:1 hatte die Fortuna nichts mehr zu bestellen."

Mit einem großen Bahnhof wurde die Club-Elf in Nürnberg empfangen, und nicht nur die *Nürnberger Nachrichten* empfanden so etwas wie „Stolz auf diese junge Mannschaft".

Glücklich nach dem Schlusspfiff:
v.l.n.r.: Frau Albrecht, Frau Wenauer, Nandl Wenauer, Steff Reisch, Frau Flachenecker, Gustl Flachenecker

Die neunte Meisterschaft

Saison 1967/1968: 47:21 Punkte, 71:37 Tore

Kader des 1.FCN: Wabra, Toth – Leupold, Popp, Hilpert – Müller L., Wenauer, Ferschl – Cebinac, Strehl, Brungs, Müller H., Volkert, Starek, Schöll.

Nur Platz neun in der allerersten Bundesligasaison 1963/64, die Ränge sechs, sechs und zehn in den drei Jahren danach: Anders als der große Konkurrent der frühen sechziger Jahre, der 1. FC Köln, hatte der Club den Start ins neue Fußball-Zeitalter irgendwie verschlafen. Wo sich die Kölner (und mit ihnen ein Großteil der 15 weiteren Gründungsmitglieder der neuen deutschen Eliteklasse) organisatorisch runderneuert, personell verstärkt und mit erhöhtem finanziellem Aufwand ins Abenteuer Bundesliga stürzten, da glaubte man in Nürnberg, mit längst überholter Vereinsstruktur auch in der neuen Klasse ganz vorne landen zu können. Ein Trugschluss, wie sich schnell zeigte.

Auch vor der Saison 1967/68 erwartete niemand den 1. FCN an der Tabellenspitze, hatte der neue Trainer Max Merkel die Mannschaft im Jahr zuvor doch erst in letzter Sekunde aus dem Abstiegsstrudel gezogen. Titelverteidiger Braunschweig und Frankfurt, Bayern München und die „Löwen", Dortmund und Köln, ja selbst Hannover 96 wurden vor dem ersten Spieltag als Titelfavoriten gehandelt. Vom Club sprach nur einer: Bayern-Trainer Tschik Cajkovski, der meinte, „meinem Freund Max ist alles zuzutrauen".

Merkel nahm's geschmeichelt zur Kenntnis. Der Wiener schickte zunächst einmal elf Spieler in die Wüste, darunter Heiner Müller, Steff Reisch und Gustl Flachenecker aus der 61er Meisterelf. Dafür lockte er sechs Neue an den Valznerweiher, so den Jugoslawen Zvezdan „Tschebi" Cebinac vom PSV Eindhoven und seinen Landsmann Gustl Starek von Rapid Wien. „Besonders im Angriff verspreche ich mir eine Wandlung", erklärte Merkel. „Ich hoffe, dass wir ab sofort nicht nur Chancen herausspielen, sondern sie auch verwerten."

Während eines zweiwöchigen Trainingslagers in Tirol trimmten Merkel und sein Assistent Robert Körner die Mannschaft auf Erfolgskurs. „Das war die härteste Vorbereitung, die ich je erlebt habe", erinnert sich Torjäger Franz Brungs. „Dreimal am Tag haben wir trainiert, und ich dachte manchmal, das halte ich nicht durch."

Das Meisterstück: Am vorletzten Spieltag macht der Club in München gegen den FC Bayern (2:0) alles klar.

Der Torjäger: Mit 25 Toren schießt und köpft Brungs allein mehr als ein Drittel aller Club-Treffer in der Meisterschaftssaison

Topfit starteten die Club-Spieler in die fünfte Bundesliga-Saison. „Uns läuft in diesem Jahr keiner mehr weg", erklärte Merkel. Auch die Spielweise des Club veränderte der Österreicher radikal. Franz Brungs: „Unter ihm haben wir ein viel schnelleres Mittelfeldspiel als zuvor aufgezogen, und wir haben konsequent mit drei Spitzen gespielt – der Cebi rechts, der Schorsch links, ich in der Mitte und der Heinz Strehl direkt dahinter."

Der Club begann mit zwei Strehl-Toren und einem 2:0 gegen den Karlsruher SC. Nach einem glücklichen 2:2 bei Borussia Neunkirchen (Ludwig Müller erzielte das Ausgleichstor in der Nachspielzeit) kletterte er am 2. September 1967 mit einem 4:0 gegen den HSV zum ersten Mal überhaupt an die Tabellenspitze der Bundesliga. Eine englische Woche mit 6:0 Punkten folgte. Zunächst, in Frankfurt, machten Merkels Mannen dank eines überragenden Roland Wabra im Tor aus einem 0:1-Rückstand einen 2:1-Sieg, dann gewannen sie das Schlüsselspiel gegen Borussia Mönchengladbach durch ein Tor von „Charly" Ferschl mit 1:0, schließlich gelang ihnen ein klares 3:0 beim amtierenden Meister Eintracht Braunschweig.

Schon nach den ersten Spielen hatte Merkel seine Stammformation gefunden, die so aussah: Wabra – Leupold, Popp – Ludwig Müller, Wenauer, Ferschl – Cebinac, Strehl, Brungs, Heinz Müller, Volkert. Eine gesunde Mischung aus Kämpfern und Technikern also, die weitestgehend von Verletzungen verschont blieb, so dass Merkel im Lauf der gesamten Saison nur noch vier (!) weitere Spieler einsetzte: Torhüter Toth, die Abwehrspieler Hilpert und Schöll und Spielmacher Starek, der zuallererst davon profitierte, daß in der Saison 1967/68 erstmals ein Spieler pro Mannschaft während der Partie ausgetauscht werden durfte. Kein zweiter Verein in 37 Jahren Bundesliga kam mit so wenigen Spielern aus wie der Club 1967/68.

Nach elf Spieltagen wies der 1. FCN die sensationelle Bilanz von 19:3 Punkten ohne Niederlage auf und führte die Tabelle mit fünf Punkten Vorsprung vor dem FC Bayern an. Auch die erste Niederlage, ein 0:2 am 13. Spieltag beim MSV Duisburg, warf die Club-Elf nicht um. Mit drei Punkten Vorsprung ging sie am 2. Dezember 1967, dem vorletzten Vorrundenspieltag, ins Spitzenspiel gegen die zweitplazierten Bayern. Es wurde ein Tag, der in die Nürnberger Annalen einging, ein Tag, an dem der Club eines der größten Spiele seiner Geschichte lieferte. „Das war das Meisterstück", schrieb der *Kicker* nach dem triumphalen 7:3-Sieg über den bayerischen Rivalen. Strehl, Volkert und fünfmal Brungs schossen vor 65.000 freudetrunkenen Zuschauern im Städtischen Stadion bis zur 74. Minute ein 7:1 heraus, ehe Brenninger zweimal verkürzte. Bei Vorrundenschluss führte der Club mit 27:7 Punkten und sieben Zählern Vorsprung vor den punktgleichen Mönchengladbach, 1860, Duisburg und Bayern.

Ein „Prosit" auf die Neunte: Natürlich mit Meister-Bier.

„Da müsste schon ein Affe aus dem Nest fallen", antwortete der Kölner Trainer Willi Multhaup auf die Frage, ob dem Club der Titel noch zu nehmen sei. Doch in der Rückrunde wurde es noch einmal eng, ganz eng. In den ersten fünf Spielen sprang nur ein einziger Sieg, ein 3:0 gegen Neunkirchen heraus, gegen Frankfurt setzte es beim 0:2 die erste von zwei Heimniederlagen in dieser Saison (neben einem 2:3 gegen Schalke 04). „Das ist nicht mehr der flotte, begeisternde 1. FC Nürnberg", erklärten die *Nürnberger Nachrichten*.

Immerhin ertrotzte der Club ein 1:1 in Mönchengladbach, das Merkel später den „wichtigsten Punktgewinn der Saison" nannte. Trotz einer zweiten Durststrecke mit vier Spielen ohne Sieg und 274 Minuten ohne Torerfolg, die erst mit einem 2:1 gegen den 1. FC Köln endete, machte der Club am vorletzten Spieltag sein Meisterstück. Ausgerechnet in München, beim FC Bayern. Brungs und Strehl, die zusammen 43 der insgesamt 71 Tore des FCN erzielten, köpften die beiden Treffer zum 2:0-Sieg, der den großen Coup besiegelte.

„So ein Tag, so wunderschön wie heute" gröhlten die Spieler in der Kabine, der Sekt floss in Strömen. Mit einem Sonderzug fuhren Mannschaft und Präsidium um 20.40 Uhr von München nach Nürnberg, wo noch spät nachts Tausende am Bahnsteig warteten, um den neuen Meister zu feiern. Auf einem extra ausgerollten roten Teppich schritten die Spieler, angeführt vom vorbildlichen Kapitän Heinz Strehl, in eine lange Nacht in der Nürnberger Altstadt.

Zick-Zack im Siegerkranz: Zvezdan Cebinac und Horst Leupold

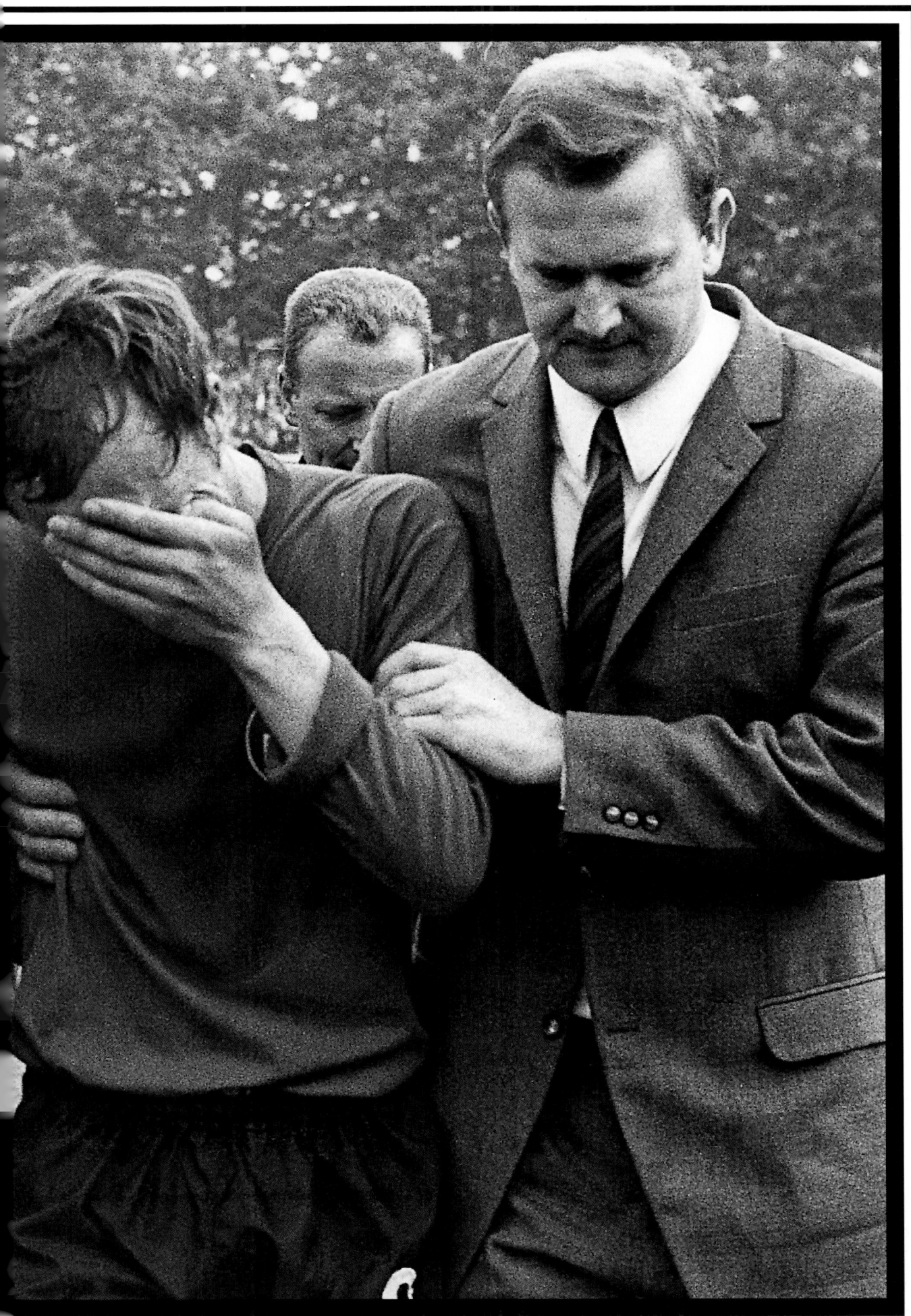

Nicht nur an Triumphen, sondern auch an Tränen reich ist die Geschichte des 1. FCN. Das Foto dokumentiert die tiefe Trauer nach dem 0:3 in Köln am letzten Spieltag der Saison 1968/69: Der Meister ist abgestiegen! (v.l.n.r.: Luggi Müller, Horst Leupold, Betreuer Röder)

Tränen und Triumphe

Höchste Bundesliga-Niederlagen:
(H): 0:6 (VfB Stuttgart 1983/84)
(A): 0:7 (VfB Stuttgart 1983/84)

Höchste Bundesliga-Siege:
(H): 7:2 (Tasmania Berlin 1965/66, Blau-Weiß Berlin 1986/87)
(A): 4:0 (Werder Bremen 1967/68, FC Homburg 1987/88)

Höchster Sieg:
21:0 (Ballspielclub Nbg., 15. 10. 1916)
Höchste Niederlage:
2:12 (Slavia Prag, 6. 5. 1906)

Der Club ist zu Hause eine Macht. Das muss der FSV Frankfurt am 27. 7. 1940 spüren.

Die Geschichte des Club ist nicht nur eine Geschichte von Meisterschaften und Pokalen. Sie ist geprägt von den packenden Duellen mit den deutschen Rivalen. In den 20er Jahren war dies der HSV, in den 30er und 40er Jahren Schalke 04 und die ganzen hundert Jahre hindurch die SpVgg Fürth und der FC Bayern München. Die Club-Geschichte weist aber neben vielen Kantersiegen auch bittere und unglückliche Niederlagen auf sowie Auf- und leider auch Abstiege.

Jeder Abstieg ist bitter, doch der bitterste war zweifellos der von 1969, als der Club als amtierender Meister und zum ersten Mal in seiner Geschichte in die Zweitklassigkeit stürzte. Fast genauso bitter, da so knapp wie nie, der Abstieg 1999 und kaum weniger dramatisch der von 1994. Nur 1985 war der Abstieg so richtig verdient. Nach Schuldenrekorden und Skandalen war der Absturz 1996 in die Drittklassigkeit zwar tief, der direkte Durchmarsch zurück ins Oberhaus dafür umso schöner. Unvergessen die vergeblichen Anläufe zurück in die Bundesliga 1971, 1974, wo es trotz eines 9:1 gegen Wacker Berlin nicht reichte, und 1976. Gott sei Dank gab es sie aber immer wieder, diese Aufstiege, die in der Regel wahren Krimis glichen: 1985 durch Brunners 2:0 gegen Hessen Kassel stürmte der Club von Platz vier der 2. Liga an die Spitze vor und 1978 schaffte es der Club wieder nach oben, weil Keeper Manni Müller kurz vor Schluss einen Elfmeter hielt und unmittelbar darauf Rot-Weiß Essen nur die Latte traf.

Pokalfinale 1940 gegen den Dresdner SC. Das Ende: Der Ball prallt in der 4. Minute der Verlängerung vom Pfosten ins Tor. 1:2.

So richtig deftige Niederlagen findet man in den ersten dreißig Jahren der Club-Geschichte selten: Ein 0:6 gegen Bayern München 1901 oder ein schmerzhaftes 0:5 ausgerechnet gegen die Nachbarn aus Fürth. Als Stuhlfauth an jenem 10. April 1927 gerade zum fünften Mal den Ball aus seinem Tor geholt hatte, reagierte Club-Stürmer Ludwig Wieder recht unaufgeregt: „Na, Heiner, recht hoch gwinna mir heut' nimmer." Deutliche Siege sind dagegen damals die Regel gewesen. So endete Stuhlfauths Debüt beim Club 1916 mit 21:0 und 15:0 hieß es gegen die SpVgg Fürth im Jahre 1902. Den Hamburger Sportverein, den großen Rivalen, dem man 1922 im endlosen Endspiel gegenüberstand, fertigte man 1926 in Hamburg mit 9:1 ab. Als der Club im gleichen Jahr mit 11:0 gegen Borussia Neunkirchen gewann, tauften Spötter daraufhin Neunkirchen in „Elfkirchen" um.

Manchmal war es auch so, dass die Siege nur einer ausgeprägten Willenskraft entsprangen. So lag der Club 1919 bei einem Freundschaftsspiel in Jena zur Halbzeit mit 0:2 hinten. Erst im Angesicht der drohenden Blamage riss man sich zusammen. Zornig trieb Heiner Träg seine Mitspieler nach vorne. 9:2 hieß es am Ende, sieben Mal hatte allein Träg getroffen.

Wenn die Willenskraft allein nicht ausreichte, dann brauchten die Nürnberger schon ihr „Club-Wetter", um als Sieger den Platz verlassen zu können. Ein ordentlicher Regen, der Boden schwer und der Rasen glitschig, schon waren die Cluberer in ihrem Element. Bei anhaltendem Sonnenschein und sengender Hitze war dagegen allen Beteiligten schnell klar, warum der Club gerade an diesem Tag so schlecht aufgelegt war. So auch im Halbfinale um die Deutsche Meisterschaft 1930 gegen die Berliner Hertha. Die Sonne brannte herunter und der Club schlich mit 3:6 vernichtend geschlagen vom Platz. Club-Gründer Hans Hofmann wusste genau warum: „Nichts ist mehr geeignet, die Eigenschaften der Clubmannschaft herabzudrücken, als glühender Sonnenschein."

Doch keine Regel ohne Ausnahme. Als im DM-Finale 1937 gegen Schalke 04 das Wetter so richtig nach dem Geschmack der Nürnberger war, verlor der Club sang- und klanglos mit 0:2. Überhaupt hätte der Club schon einige Meisterschaften und Pokalsiege mehr auf seinem Konto haben können, wenn…Ja, wenn er 1934 nicht innerhalb der letzten drei Minute den 1:0-Vorsprung gegen Schalke 04 verspielt hätte; wenn „Schorsch" Köhl am 1. Dezember 1940 im Pokalfinale gegen den Dresdner SC in der fünften Minute der Verlängerung nicht ein bisschen zu weit vor seinem Tor gestanden und sich der Weitschuss des Dresdners Schaffer über ihn ins Tor gesenkt hätte; wenn der Club 1951 in der Endrunde zur Deutschen Meisterschaft ein Tor mehr geschossen hätte und nicht aufgrund eines um sieben Hundertstel schlechteren Torquotienten Preußen Münster den Vortritt ins Finale hätte lassen müssen; wenn die Cluberer im

Finale 1962 gegen den 1.FC Köln nicht die schwächste Leistung der ganzen Saison gezeigt hätte und mit 0:4 untergegangen wären; wenn er im Pokalfinale 1982 gegen Bayern München nach der 2:0-Führung das Spiel nicht noch aus der Hand gegeben hätte und die Münchner nicht dank tatkräftiger Mithilfe des Schiedsrichters am Ende mit 4:2 gewonnen hätten.

Trotz dieser bitteren Stunden hat der Club aber immer bewiesen, dass er sich nicht unterkriegen lässt. Als er nach dem Gewinn der Meisterschaft 1948 in der darauffolgenden Saison im unteren Tabellendrittel herumkrebste, raffte er sich im Februar 1949 gegen den unangefochtenen Tabellenführer und später souveränen Meister der Oberliga-Süd, Kickers Offenbach, zu einer bravourösen Leistung auf. Die Mannschaft spielte sich in einen Rausch hinein und gewann mit 8:1.

Überhaupt die Oberliga-Süd. Der Club war die Torfabrik schlechthin. Einmal, in der Saison 1946/47 erzielte er 108 Tore in 36 Spielen, 1960/61 verfehlte er die Hunderter-Marke lediglich um vier Treffer. Die höchsten Heimsiege in der Oberliga-Süd waren jeweils ein 8:0 gegen Phönix Karlsruhe (1946/47), den SV Waldhof Mannheim (1958/59) und 1960/61 gegen Bayern Hof. Den höchsten Auswärtssieg fuhr der Club mit einem 9:0 bei Hessen Kassel (1962/63) ein. Es regnete also Tore in der Oberliga und nicht immer nur ins gegnerische Gehäuse. Ein peinliches 2:7 im 175. Derby zwischen Club und Fürth in der Saison 1956/57 hatte einen Aufruf in der Nürnberger Sportpresse zur Folge: „Wer von einer ähnlichen Club-Niederlage berichten kann, solange zwischen beiden Vereinen das Leder gekickt wird, der möge sich melden." Es meldete sich niemand, die 0:5-Schlappe von 1927 hatte offensichtlich jeder schon vergessen oder verdrängt.

Trotzdem ist das 2:7 gegen die Kleeblättler nicht die höchste Heimniederlage in der Oberliga. Die kassierte der Club in der Saison 1950/51 mit 0:6 gegen 1860 München. Und auswärts geriet man in der Spielzeit 1954/55 gegen den VfB Stuttgart mit 0:6 am Schlimmsten unter die Räder. Die Stuttgarter waren in der Oberliga stets die größten Konkurrenten des Clubs. Schon in der ersten Saison nach dem Krieg, 1945/46, war es der VfB, der dem Club den Süd-Meistertitel kurz vor Schluss wegschnappte. Genau das gleiche passierte 1951/52. Der Club verlor am letzten Spieltag in Stuttgart mit 0:2 und der VfB wurde mit einem Punkt Vorsprung vor den Nürnbergern Erster.

Auch in der Bundesliga spielte der VfB Stuttgart dem Club übel mit. Sowohl die höchste Heim- als auch die höchste Auswärtsniederlage kassierte man gegen die Schwaben und noch dazu beide in einer Saison. Mit 0:13, also 0:6 vor eigenem Publikum und 0:7 im Neckarstadion, ging der Club 1983/84 gegen die Stuttgarter unter. So spielt ein Absteiger. Bei den Siegen machte es der Club gnädig. Auswärts stehen als Rekordsiege zwei 4:0-Erfolge im Bremer Weserstadion (1967/68) und beim FC Homburg zu Buche (1987/88). Vor eigenem Publikum gibt es keine Erfolge mit mehr als fünf Toren Differenz. Die beiden Berliner Vereine Tasmania (1965/66) und Blau-Weiß (1986/87) wurden jeweils mit 7:2 abgefertigt, der HSV (1965/66), der KSC (1980/81) und der VfB Leipzig (1993/94) mussten mit einer 0:5-Packung die Heimreise antreten. Am Bekanntesten ist jedoch ein Sieg mit „nur" vier Toren Unterschied: Das 7:3 gegen Bayern München in der Meisterschaftssaison 1967/68.

V.l.n.r. Ucko, Knoll, Schaffer und Morlock im verzweifelten Kampf gegen den VfB Stuttgart in der Oberliga Süd.

Die klare Niederlage im Wiederholungsspiel 1994 besiegelt den Club-Abstieg.

Aufstiege und Abstiege

Abstieg 1969: 1. Bl 17. Platz (45:55 Tore, 29:39 Punkte)
Aufstieg 1978: 2. Bl 2. Platz (75:46 Tore, 53:23 Punkte)
(gegen den Nordzweiten: 1. FCN - RW Essen 1:0/2:2)
Abstieg 1979: 1. Bl 17. Platz (36:67 Tore, 24:44 Punkte)
Aufstieg 1980: 2. Bl 1. Platz (88:38 Tore, 61:19 Punkte)
Abstieg 1984: 1. Bl 18. Platz (38:85 Tore, 14:54 Punkte)
Aufstieg 1985: 2. Bl 1. Platz (71:45 Tore, 50:26 Punkte)
Abstieg 1994: 1. Bl 16. Platz (41:55 Tore, 28:40 Punkte)
Abstieg 1996: 2. Bl 17. Platz (33:40 Tore, 33 Punkte)
Aufstieg 1997: Rl Süd 1. Platz (75:26 Tore, 80 Punkte)
Aufstieg 1998: 2. Bl 3. Platz (52:35 Tore, 59 Punkte)
Abstieg 1999: 1. Bl 16. Platz (40:50 Tore, 37 Punkte)

Oben links: Roland Grahammer und Mannschaftsbetreuer Klaus Majora freuen sich über den Aufstieg 1985.

Es gibt Tage, die man gerne löschen würde aus dem Gedächtnis, und an die man doch immer und überall erinnert wird. Der 29. Mai 1999 wird solch ein Tag werden für die Fans des 1. FC Nürnberg.

Nach einer turbulenten Saison 1998/99, nach einer furiosen Berg- und Talfahrt, hatte Aufsteiger FCN durch ein 1:1 in Rostock am 33. Spieltag den Klassenerhalt fast geschafft. Drei Punkte und fünf Tore trennten den Club vor dem letzten Spiel gegen Freiburg vom 16. Platz, den die Frankfurter Eintracht einnahm; auch Stuttgart, Freiburg und Rostock lagen noch hinter den Nürnbergern. „Ich verspreche euch, dass nichts mehr passiert", erklärte Friedel Rausch gegenüber den Fans. Der 59-jährige Trainer hatte den Club in der Winterpause als Tabellen-Siebzehnten übernommen, ihn mit Ex-Nationaltorhüter Andreas Köpke (von Olympique Marseille), dem holländischen Manndecker René van Eck (FC Luzern) sowie den beiden Mittelfeldspielern Zivojin Juskic (FC Obilic) und Knut Reinhardt (Borussia Dortmund) kräftig verstärkt und dank des guten Schnitts von 1,38 Punkten pro Spiel - sein Vorgänger Willi Reimann erreichte nur 0,93 - bis auf Rang 12 geführt. Die große Nicht-Abstiegsfete nach dem Schlusspfiff des Saisonfinales war perfekt geplant. Die Dauerkartenbesitzer fanden schon am Tag vor der Begegnung die Aufforderung in ihrem Briefkasten, sich frühzeitig ein Ticket für die kommende Bundesliga-Saison zu sichern, und auf der mit Sponsoren-Nachrichten garnierten Pressemitteilung über die Aufstellungen beider Mannschaften gratulierte einer der Club-Sponsoren bereits vor dem Anpfiff zum Klassenerhalt.

Ebenso leichtfertig und blauäugig wie das Umfeld gingen auch die Profis ins Spiel. 90 Minuten später war das Unfassbare eingetreten, der Club wieder einmal zweitklassig. 5:1 gewann die Eintracht gegen Kaiserslautern, 3:2 Hansa Rostock in Bochum, 1:0 der VfB Stuttgart gegen Bremen, 1:2 verlor der FCN gegen Freiburg. Erst, als die Spieler die Kabine betraten, erfuhren sie, was passiert war. „Ich dachte, wir hätten den Klassenerhalt trotz unserer Niederlage geschafft", sagte Libero Frank Baumann, der zwei Minuten vor Schluss die ganz große, die tausendprozentige Ausgleichschance vergeben hatte. Die letzten Minuten in der Reportage von Günther Koch: „... es ist 17.11 Uhr. Ist der Club abgestiegen? ... Tor, Tor in Nürnberg, ich halt' das nicht mehr aus, aber sie haben ein Tor gemacht, ich glaube das nicht, aber der Ball ist drin. ... Hallo, hier ist Nürnberg, wir melden uns vom Abgrund. Nürnberg 1:2. So wie Bayern wegen des linken Torpfostens in Barcelona verloren hat, steigt der Club ab, wenn er absteigt, wegen des linken Torpfostens. Nikl drosch den Ball an den Pfosten, er war nicht zu erreichen, Torhüter Golz flog durch die Luft, der Ball klatscht vom Torpfosten zurück und ging nicht ins Tor, sondern vor die Füße von Frank Baumann. Frank Baumann bringt ihn dann nicht im Tor unter, so steht es nach wie vor nur 1:2. Der Club, der schon abgestiegen war, zwi-

schen 17.08 und 17.10 Uhr, ist im Moment abgestiegen, denn das Spiel hier ist aus. Ade, liebe Freunde, es ist nicht zu fassen, was der Club seinen Fans, seinen Anhängern und seinem treuen Publikum zumutet. Der Club verliert mit 1:2, und er hat wenig Haltung bewiesen. Erst in den Schlussminuten hat er gekämpft. Lieber Cluberer, das musste nicht sein."

Es war der fünfte Abstieg des 1. FCN in 36 Jahren Bundesliga, und zugleich der bitterste. Nie zuvor fehlte einer Mannschaft (bei gleicher Punktzahl und gleicher Tordifferenz wie die Eintracht) ein einziges Tor zum Klassenerhalt. Ein einziges Tor, nach einer Gesamtspielzeit von 3060 Minuten! „An etwas Schlimmeres kann ich mich im Fußball nicht erinnern", meinte Präsident Michael A. Roth.

Dabei hatte der Club schon einmal einen ebenso pechschwarzen Samstag erlebt: Den 7. Juni 1969. Damals erwischte es ihn zum ersten Mal - als amtierenden Deutschen Meister!

Die Saison 1968/69. Vom ersten Spiel an, das mit einer 1:4-Heimniederlage gegen Alemannia Aachen endet, krebst der Club im Keller der Tabelle herum. Der Verkauf dreier Stützen der 68er Meistermannschaft, Brungs, Ferschl (beide zu Hertha BSC Berlin) und Starek (Bayern München) erweist sich als kapitaler Fehler. Vor allem die Tore eines Franz Brungs fehlen dem Club, die Neuverpflichtungen wie Hennes Küppers (von 1860 München) schlagen nicht ein. Der geniale Rechtsaußen Zvezdan Cebinac verlässt den Club nach einem Streit mit Trainer Max Merkel, während der gesamten Saison kehrt keine Ruhe am Valznerweiher ein. Merkel, der aufgrund privater und geschäftlicher Interessen häufig das Training schwänzt und seinem Assistenten Robert Körner die Leitung überträgt, zeigt sich wenig selbstkritisch und stellt die Spieler an den Pranger: „Die werden heutzutage gehätschelt, getätschelt und verwöhnt. Die Schuhe kriegen's gestellt, den Pausentee gekocht und Strumpfhosen dürfen's tragen, damit sie bei der Kälte nicht frieren. Es fehlt nur noch, dass ich ihnen eigenhändig Vaseline auf den Hintern streichen muß, bevor sie ins Stadion einlaufen."

Viel zu spät, acht Spieltage vor Saisonschluss am 24. März 1969, wird der Österreicher entlassen, Körner übernimmt das Kommando - für ganze 19 Tage. Nach einer 0:1-Niederlage in Duisburg, einem blamablen 0:0 im Pokal bei Sperber Hamburg und einer 2:4-Schlappe beim Hamburger SV wirft Körner, den nervlichen Strapazen des Abstiegskampfes nicht gewachsen, das Handtuch, Kuno Klötzer kommt. Mit ihm und dem großen Idol Max Morlock als moralische Stütze auf der Bank holt der Club in den letzten sechs Spielen 8:4 Punkte, doch es reicht nicht mehr. Nach dem dramatischsten Abstiegskampf der Bundesliga-Geschichte - drei Spieltage vor Schluß zittern noch neun Mannschaften, am Ende trennen den Zweiten, Alemannia Aachen, vom Letzten, Kickers Offenbach, ganze zehn Pünktchen - beißt außer den Offenbachern auch der Club in den sauren Abstiegsapfel. „Ob es bereits in diesem Jahr Bestechungen gegeben hat, darüber kann ich nur Vermutungen anstellen", schreibt Mittelläufer Ferdinand Wenauer in seinem Buch „Alle meine Trainer - Aufstieg und Fall des 1. FC Nürnberg". „Verblüffend war, dass unsere Rivalen in schöner Regelmäßigkeit unmöglich scheinende Siege errangen. Bekannt ist, dass Borussia Dortmund unseren Torhüter Jürgen Rynio eingekauft hat, der im Schicksalsspiel, dem 2:2 gegen Dortmund, zumindest einen vermutlich haltbaren Treffer passieren ließ."

Bestechung oder nicht: Das 0:3 beim 1. FC Köln am 7. Juni 1969 war das Abschiedsspiel des Club aus der Bundesliga - für endlos lange neun Jahre. Dreimal in den tristen siebziger Jahren scheiterte der Club auf seinem steinigen Weg zurück in die Erstklassigkeit in der Bundesliga-Aufstiegsrunde. 1971, unter dem jungen Barthel Thomas, musste er Fortuna Düsseldorf den Vortritt lassen, das in Nürnberg vor der Rekord-Zuschauerzahl von 75.000 mit 2:0 gewann. 1974, mit Hans Tilkowski auf der Bank, durfte der FCN nach einem 1:0-Auftaktsieg über Eintracht Braunschweig (Torschütze Dieter Nüssing) trotz eines 0:5-Debakels bei Wacker 04 Berlin am zweiten Spieltag bis zur letzten Minute hoffen. Dank zweier Erfolge über den Favoriten Wattenscheid und eines 9:1-Kantersiegs im Heimspiel gegen Wacker konnte der Club trotz einer 0:2-Niederlage in Braunschweig den Aufstieg am letzten Spieltag perfekt machen: Durch einen Sieg

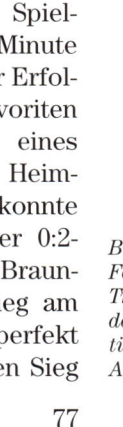

Bild Mitte: Fassungslose Trauer nach dem dramatischen Abstieg 1999.

Die Treuesten der Treuen im alten Block 4 des Städtischen Stadions.

in Saarbrücken. Allein, nach einem 0:2-Rückstand sprang für den Club trotz eines begeisternden Sturmlaufs nach der Pause in einer dramatischen Begegnung nur ein 2:2 heraus (Torschützen Nüssing und Sepp Brunner). In der Endabrechnung fehlte ein einziger Treffer gegenüber den punktgleichen Braunschweigern. 1976 schließlich scheiterte die nach wie vor von Tilkowski trainierte Club-Elf an Otto Rehhagels Borussia Dortmund (0:1 und 2:3).

Erst 1978 gelingt der Sprung zurück in die Erstklassigkeit. Nach dem letzten Heimspiel der Punkterunde war Trainer Horst Buhtz entlassen worden; mit dem jungen Werner Kern, Ex-Assistenztrainer bei den Münchner Bayern, auf der Bank ging der Club in die Aufstiegsspiele gegen Rot-Weiß Essen. Im ersten Spiel vor 48.000 Zuschauern in Nürnberg deutet alles auf ein 0:0 hin, als in der 79. Minute ein Eckstoß in den Essener Strafraum segelt. Mittelstürmer Hans Walitza schraubt sich hoch und köpft unhaltbar für Torwart Blasey ins Netz. 1:0, ein dünnes Polster, aber immerhin.

9. Juni 1978. Im Rückspiel an der Essener Hafenstraße spielt sich ein wahrer Krimi ab. „Das war kein Spiel, das war kein Kampf mehr", schrieb der *Kicker*, „das war eine Schlacht." Nach drei Gelben Karten schon in den ersten fünf Minuten bringt Slobodan Petrovic den Club in der 29. Minute mit einem Freistoß in Führung, die bis zur Halbzeit verteidigt wird. Dann jedoch stürmt nur noch eine Mannschaft: Rot-Weiß Essen. Bald erzielt Ehmke das 1:1. Bei einem der ganz wenigen Nürnberger Konter glückt Walitza das überraschende 2:1, doch Rot-Weiß steckt nicht auf. Praktisch im Gegenzug wird Frank Mill von Peter Stocker im Strafraum von den Beinen geholt. Mittelstürmer Horst Hrubesch, damals sicherster Elfmeterschütze des deutschen Fußballs, schickt Club-Torhüter Manfred Müller in die falsche Ecke – 2:2. Angetrieben von 25.000 Fans berennen die Essener weiter das Club-Tor. In der 82. Minute entscheidet Schiedsrichter Linn nach einer Attacke von Schöll gegen Patzke erneut auf Elfmeter. Wieder tritt Hrubesch an; diesmal fliegt Müller ins richtige Eck und hält. Unbeschreiblicher Jubel beim Club, doch das Spiel ist noch nicht vorbei. Zwei Minuten vor Schluss köpft Hrubesch den Ball nach einer Ecke an die Latte, im folgenden Getümmel verletzt sich Müller, so dass Ersatztorhüter Gerd Hummel die letzten Sekunden im Kasten steht. Dann pfeift Linn ein letztes Mal; der Club ist wieder in der Bundesliga. Während Hrubesch weinend in die Kabine wankt, feiern die Nürnberger Trainer Werner Kern und vor allem ihn: Manfred Müller, den „Held von Essen".

Neun Jahre hatte der Club zum Aufstieg gebraucht, nur ein einziges zum neuerlichen Abstieg. Schon das erste Spiel der Saison 1978/79 zeigte die Richtung an: Gegen den VfL Bochum verlor der Club zum Auftakt zu Hause mit 0:2. Vor allem im Angriff drückte der Schuh, nach elf Spieltagen hatte der Club ganze zwölf Tore auf seinem Konto und lag auf Rang 17. Präsident Lothar Schmechtig handelte und zog einen vermeintlich dicken Fisch an Land: Den beim FC Bayern in Ungnade gefallenen Uli Hoeneß. Der Weltmeister von 1974 jedoch erwies sich als Flop. Nach elf torlosen Einsätzen verabschiedete er sich schon vor Saisonende wieder Richtung München, wo er auf den Managerstuhl kletterte. Auch ein Trainerwechsel – Zapf Gebhardt löste Werner Kern ab – und eine passable Rückrunde mit 17:19 Punkten konnte den Abstieg nicht verhindern.

Schon im Jahr darauf aber kam der Club wieder. Nach missglückten Start und 1:5 Punkten musste der neue Trainer Jeff Vliers die Koffer packen. Vorgänger Zapf Gebhardt, nach dem

Abstieg zum Berater degradiert, wurde auch Vliers' Nachfolger. Mit ihm und seiner bekannt harten Welle stellte sich der ersehnte Erfolg schnell ein. Der Club eilte von Sieg zu Sieg, beendete die Vorrunde als Tabellenzweiter hinter dem Karlsruher SC und hatte bereits vier Spieltage vor Saisonschluß sechs Punkte Vorsprung. Am vorletzten Spieltag schließlich machten Kapitän Norbert Eder und Co. ihr Meisterstück: Bertram Beierlorzer schoss das „goldene" Tor zum 1:0-Sieg beim MTV Ingolstadt.

Diesmal hielt sich der Club immerhin vier Jahre in der Bundesliga. In der Saison 1983/84 allerdings verabschiedete er sich wieder - mit einer Bilanz der Schande. Nach einer 2:4-Auftaktpleite zu Hause gegen Aufsteiger Bayer Uerdingen nahm das Unheil seinen Lauf, und am Saisonende war nichts mehr, wie es war. Unter dem Strich standen der 18. und letzte Tabellenplatz, erbärmliche 14:54 Punkte, 38:85 Tore und die in der Bundesliga weder zuvor noch danach erreichte Auswärtsbilanz von 0:34 Punkten und 9:46 Toren. Selbst Tasmania Berlin, das sich 1965/66 als schlechtester Absteiger aller Zeiten aus der Bundesliga verabschiedete, errang einen Auswärtspunkt. Der Club nicht. Von der ersten Saisonminute an zerfiel die Mannschaft, die keine war, in kleinere und größere Grüppchen, mit jeder Niederlage brachen die Risse innerhalb des völlig zerstrittenen Kaders weiter auf. Ein Führungswechsel - kurz vor Weihnachten machte der amtsmüde Präsident Michael A. Roth den Weg frei für Gerd Schmelzer - fruchtete ebensowenig wie die drei (!) Trainerentlassungen während der Saison. Unter dem nach Udo Klug, Rudi Kröner und Fritz Popp vierten Mann auf der Bank, Heinz Höher, ergatterte der Club während der Rückrunde lächerliche fünf (in Zahlen: 5) Punkte. Gegen den VfB Stuttgart setzte es sowohl die höchste Heim- als auch die höchste Auswärtsniederlage der Nürnberger Bundesliga-Geschichte (0:6 bzw. 0:7). Mit zehn Niederlagen in Serie ging die bis dahin schlimmste Saison in der 100jährigen Geschichte des 1. FCN zu Ende.

Dieser dritte Abstieg löste Veränderungen aus, die ihresgleichen suchen. Zum neuen Vorstand, dem neuen Manager Manfred Müller und einem neuen Geschäftsführer gesellte sich eine runderneuerte Mannschaft; elf Spieler, darunter Publikumsliebling Dieter Trunk, wurden verkauft, zwölf neue verpflichtet. Einer durfte bleiben: Heinz Höher. Ein bemerkenswerter Vorgang, sprach Präsident Gerd Schmelzer doch damit einem bis dahin völlig erfolglosen Trainer das Vertrauen aus. Vertrauen, das belohnt werden sollte. Nach einem der turbulentesten Jahre der Vereinsgeschichte, nach verkorkstem Start, einer Spielerrevolte gegen Höher und der fristlosen Entlassung von sechs Profis stürmte die neue, junge Club-Mannschaft in der Saison 1984/85 dank einer begeisternden Rückrunde mit 29:9 Punkten auf Anhieb zurück in die Bundesliga. Nur ein einziges Mal sonnten sich Höhers „Fohlen" auf Platz eins: Am 34. und letzten Spieltag, nach einem 2:0-Sieg gegen Hessen Kassel. Der neue Torjäger Dieter Eckstein hatte den Club nach einer Stunde in Führung geschossen, 30 Minuten des Zitterns und einige tolle Paraden von Torhüter Herbert Heider folgten. Dann, kurz vor dem Schlusspfiff, gelang Thomas Brunner nach einem Konter das entscheidende, vielumjubelte 2:0. Noch heute hören viele Club-Fans, wie die „Stimme Frankens", Radio-Reporter Günther Koch, das Solo Brunners aus der eigenen Hälfte heraus begleitete: „Noch 15, noch 14, noch 11 Meter - Bundesliga!!!"

Lange Jahre war es für den 1. FCN verrammelt, das Tor zur Bundesliga. Zwar schaffte es der Club drei Mal in die Aufstiegsrunde (1971, 1974, 1976), aber jedesmal scheiterte er. Erst 1978 gelang der heißersehnte Wiederaufstieg, Manni Müller durfte sich als „Held von Essen" feiern lassen (Bild oben). Nach dem prompten Abstieg konnten die Club-Mannen unter Trainer „Zapf" Gebhardt das Tor zur Bundesliga bereits 1980 erneut durchschreiten (Bild links). In der Kabine freuten sich Co-Trainer Tauchmann, Präsident Roth und Hans Walitza (Bild unten).

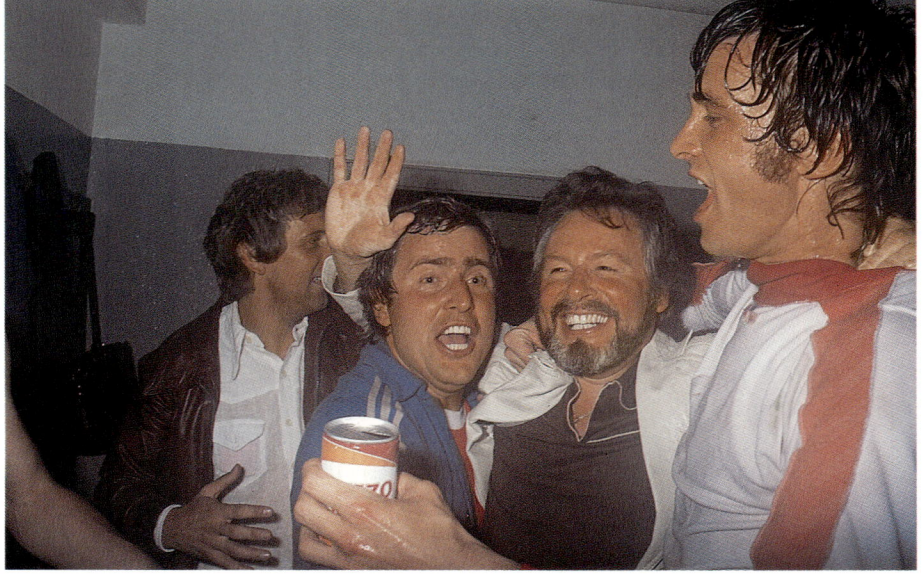

Links: Club-Jubel nach dem 2:0 gegen Hessen Kassel im letzten Spiel der Saison 1984/85.

Rechts: Die Sensation ist perfekt. Güttler, Klaus, Reuter, Grahammer sowie Dorfner (v.l.n.r.) haben allen Grund zum Feiern.

Dort behauptete sich der Club acht Jahre lang. In der Saison 1993/94 aber musste er zum vierten Mal den bitteren Weg in die Zweitklassigkeit antreten. Schon der Auftakt misslang; zwei herrliche Tore des Argentiniers Sergio Zarate änderten nichts an der 2:5-Niederlage beim Hamburger SV. Nach der 0:1-Pleite gegen Bremen am fünften Spieltag und 2:10 Punkten verscherbelte Gerhard Voack gegen den vehementen Widerstand von Trainer Willi Entenmann Publikumsliebling Dieter Eckstein an Schalke 04. Danach machte sich der kleine Gernegroß-Präsident an die Demontage Entenmanns, die er nach dem Heimspiel gegen Bayern München vollendete. Unglaublich, aber wahr: Trotz eines 2:0-Sieges im Derby musste der Trainer gehen. Entenmanns Nachfolger Dieter Renner (3:7 Punkte in fünf Spielen) und Rainer Zobel sowie der Rücktritt Voacks konnten das heraufziehende Unheil nicht abwenden: Im Münchner Olympiastadion unterlag der Club nach einer der größten Fehlentscheidungen der Bundesliga-Geschichte, Thomas Helmers berühmtem „Phantomtor", sowie einem verschossenen Elfmeter Manfred Schwabls mit 1:2. In dem nach einem erfolgreichen Protest anberaumten Wiederholungsspiel ging der 1. FCN mit 0:5 unter. Der 4:1-Sieg gegen Wattenscheid am vorletzten Spieltag weckte noch einmal Hoffnungen, doch die 1:4-Niederlage in Dortmund zum Abschluss bedeutete das Aus. Konkurrent SC Freiburg hatte in seinen drei letzten Spielen 6:0 Punkte erzielt; wegen der um elf Treffer schlechteren Tordifferenz stieg der Club zum vierten Mal ab. „Wenn ihr weinende Männer sehen wollt", sagte Andreas Köpke, „dann schaut in unsere Kabine."

Der Abstieg des Jahres 1994 bildete den Auftakt zu einer Serie von drei Abstiegen in Folge. Auf dem grünen Rasen verfehlte der Club in der von wirtschaftlichem Chaos begleiteten Saison 1994/95 das Ziel Klassenerhalt. Nur dank des Lizenzentzugs für Dynamo Dresden und den 1. FC Saarbrücken hielt er sich noch ein Jahr in der 2. Bundesliga, ehe es ihn 1995/96 wirklich erwischte. Dabei legte die Mannschaft des zurückgekehrten Trainers Hermann Gerland mit fünf Punkten aus den ersten drei Spielen einen gelungenen Start hin; die sechs Punkte, die wegen des Verstoßes gegen Auflagen des DFB am Saisonende abgezogen werden würden, schien der Club leicht zu verschmerzen. Fünf Monate ohne Heimsieg veränderten die Situation dramatisch. Nach zwei weiteren Heimpleiten gegen Schlusslicht Mainz und Spitzenreiter Bochum wurde Gerland entlassen, doch auch sein Nachfolger Willi Entenmann konnte das Ruder nicht mehr herumreißen. Nach dem unglücklichen 0:1 gegen den VfB Lübeck am 28. Spieltag sanken die Hoffnungen auf den Nullpunkt. Am vorletzten Spieltag besiegelte ausgerechnet das frühere Club-Idol Dieter Eckstein, inzwischen im Trikot des SV Waldhof, mit einem Kopfballtor den Nürnberger Absturz in die Regionalliga.

Drittklassig, zum ersten Mal in all den Jahren seit 1900. „Die Geschichte ist so traurig", meinte Charly Ferschl, Verteidiger der 68er Meistermannschaft, „ich finde gar keine Worte dafür." Nicht nur er. Immerhin, in der Regionalliga Süd wurde die weiterhin unter Profibedingungen arbeitende Club-Elf ihrer haushohen Favoritenrolle gegen Gegner wie den SC Weismain, die SG Egelsbach, den SC Neukirchen und Wacker Burghausen vollauf gerecht. Trotz wenig berauschender spielerischer Leistungen stand der 1. FCN schon sieben Spieltage vor Saisonschluss als einer der zwei Aufsteiger fest; am Ende betrug der Vorsprung auf einen Nicht-Aufstiegsplatz satte 16 Punkte. Mit einer großen Fete vor, während und nach dem letzten Saisonspiel gegen Absteiger Quelle Fürth beerdigte der Club das schwärzeste Kapitel seiner Vereinsgeschichte. In der Saison 1997/98 machte man den „Betriebsunfall" vollends vergessen: Der Club schaffte den Durchmarsch zurück in die Bundesliga. Nach verpatztem Start unter Willi Entenmann (ein Sieg in fünf Spielen) holte man unter dessen Nachfolger Felix Magath zwischen dem 8. und dem 20. Spieltag 34 von 39 möglichen Punkten und kletterte vom 18. und letzten Platz ganz nach oben. Von jenen elf Siegen übrigens wurden nicht weniger als acht mit dem knappsten aller Ergebnisse, einem 1:0 errungen. Plötzlich jedoch schien dem Club die Luft auszugehen: Heimniederlage gegen Frankfurt, Unentschieden in Unterhaching, Niederlage im Derby gegen die SpVgg Greuther Fürth. Magath packte die Peitsche aus, trieb die Club-Spieler zu mühsamen Siegen gegen Mainz (1:0) und in Zwickau (3:2) sowie zu einem 2:2-Unentschieden gegen Wattenscheid. Am vorletzten Spieltag schließlich erkämpften Michael Wiesinger und Co. ein 1:1 bei den Stuttgarter Kickers. Nach dem Schlusspfiff brach riesiger Jubel aus in der Nürnberger Kabine: Weil der Cottbuser Stürmer Frank Seifert in der 88. Minute der Partie Energie gegen Gütersloh das 2:2 erzielt hatte, stand der Club bei vier Punkten Vorsprung vor Gütersloh als dritter Aufsteiger nach Frankfurt und Freiburg fest. Alle ließen sich mitreißen von der Begeisterung, und Torschütze Sasa Ciric meinte nur: „So ein Gefeiere habe ich noch nie erlebt." Zwei Jahre vor dem großen, dem 100-jährigen Vereinsjubiläum also stimmte die Formel wieder: 1. FCN gleich Erste Liga. Dann kam der 29. Mai 1999 . . .

Schritt für Schritt marschiert der Club 1997/98 von ganz unten nach ganz oben. V.l.n.r. Kurth, Rahner, Kapitän Wiesinger, Ziemer, Richter.

Und immer wieder Fürth

Bilanzen, Triumphe und Tränen gegen die SpVgg (Greuther) Fürth:

Bis 26. 1. 1925:
78 Spiele, 50 Siege, 11 Unentschieden, 17 Niederlagen, 246:109 Tore.

Bis 31.12.1949:
159 Spiele, 91 Siege, 24 Unentschieden, 44 Niederlagen, 403:221 Tore.

Bis Ende Saison 1997/98:
242 Spiele, 135 Siege, 66 Unentschieden, 41 Niederlagen, 559:324 Tore.

Triumphe: Nie (Siege werden in Nürnberg als selbstverständlich genommen)
Tränen: 0:5 (10. 4. 1927), 2:7 (1. 10. 1956), 0:1 (11. 4. 1998)

Bis heute empfinden es alle Nürnberger als persönliche Schmach, wenn der Club gegen Fürth verliert. Auch Club-Präsident Michael A. Roth war nach der 0:1- Niederlage am Ostersamstag 1998 verschnupft: „Es ist schon eine Blamage, gegen Fürth zu verlieren." Nachdem das denkbar Schlimmste für jedes Nürnberger Fußballerherz - Club steigt aus der Bundesliga ab, Fürth steigt auf - in der Spielzeit 1998/99 nur aufgrund eines völlig unerklärlichen Fürther Schwächelns in der zweiten Saisonhälfte vermieden wurde, bleibt das Derby weiter spannend.

Lang ist sie, die Geschichte der Fußball-Kämpfe zwischen Nürnberg und Fürth. Los ging's mit dem traditionsreichsten deutschen Lokalderby im Herbst 1902, als der Club die Fürther, die fußballerisch gesehen noch völlig grün hinter den Ohren waren, auf dem Schießanger mit 15:0 abfertigte. Doch die Kicker aus der kleinen Nachbarstadt im Westen Nürnbergs lernten recht schnell. Im September 1908, als das Ergebnis Fürth - 1. FCN 3:5 lautete, konnte eine Nürnberger Zeitung noch mit leichter Häme kommentieren: „Fürth hatte einen Kampf um die Hegemonie von Nordbayern angekündigt. Wenn es auch durch verschiedene neue Spieler verstärkt und sich in seiner Spieltüchtigkeit etwas gehoben hat, so dürfte die obige Ankündigung doch nur das Produkt von etwas zu starkem Optimismus sein." Nur zwei Jahre später gelang den Fürther „Optimisten" der erste Sieg.

Mit dem elffachen Nationalspieler Karl Burger auf dem Platz und dem englischen Trainer WilliamTownley an der Seitenlinie eilten die Kleeblättler danach in rasenden Schritten von Erfolg zu Erfolg. Mit dem Titel des Deutschen Meisters von 1914 (3:2 gegen VfB Leipzig), zu dem auch der gelehrige Townley-Schüler und zukünftige Cluberer Bumbes Schmidt beitrug, hatte die kleine Nachbarstadt das große Nürnberg überflügelt.

Auch in 20er Jahren, als der Club seine große Zeit hatte, blieben die Fürther für den 1. FCN einer der wenigen ernstzunehmenden Gegner. Fünf Meisterschaften für den Club, zwei für Fürth - so lautet die sagenhafte Bilanz von 1920-1929. Daß die einmalige Rekordserie des 1. FCN, der vom 8. Juli 1918 bis zum 5. Februar 1922 in 104 Verbandsspielen unbesiegt blieb, ohne den Gegner Fürth noch um etliches länger angehalten hätte, darf nicht nur vermutet, sondern kann sogar bewiesen werden. Die Serie beginnt und endet mit Niederlagen gegen die SpVgg: Am 1.7.1918 hatte es ein 1:2 gegeben, am 12.2.1922 ein 2:3. Die SpVgg war dem 1. FCN während der 20er Jahre nicht nur ein ständiger Begleiter, sondern häufig auch ein Stolperstein. Wenn es der Club mal nicht bis ins Endspiel brachte und die Fürther nicht selbst, wie 1920, als Gegner aufliefen, dann war in der Regel die SpVgg schuld daran.

Wenn man damals von der „Fußball-Hochburg" sprach, meinte man automatisch Nürnberg/Fürth, und so ist es kein Wunder, wenn die Auseinandersetzung zwischen beiden Vereinen damals als „Spiel der Spiele" gehandelt wurde. Auch wenn die Spieler beider Mannschaften in den 20er Jahren das Hauptkontigent für die Nationalmannschaft stellten, war das Verhältnis zwischen ihnen wie zwischen den Städten insgesamt nie unproblematisch. Die Derbys fanden im deutschen Dress oft eine Fortsetzung, und während die Nürnberger die Fürther als „Vorstädter" abkanzelten, wurden die Fürther nie müde, den Bewohnern der Frankenmetropole ihre sprichwörtlich gewordene „Freiheit" entgegenzuhalten.

Besonders heftig kochte der Streit zwischen beiden Vereinen immer dann, wenn wieder mal ein Spieler von der einen zur anderen Seite gewechselt war. Als erster war Loni Seiderer vom Club zu den Kleeblättlern gewechselt, weil er von den anderen Nürnberger Cracks auf dem Platz sabotiert worden sei. Seiderer wurde in Fürth zu einem der großen Stars der 20er Jahre. Bumbes Schmidt und Hans Sutor, die den umgekehrten Weg einschlugen, hatten beide schon einen Meistertitel in der Tasche, als sie sich das weinrote Trikote überstreiften. Sutor hatte das damals „unmögliche" Sakrileg begangen, eine Fürtherin zu ehelichen. In den 50er Jahren sorgten die Wechsel der Torjäger Horst Schade und Reinhold Gettinger für Schlagzei-

Packende Derby-Szenen.

1932

1979/80

1961

len. In der Clubzeitung vom Juli 1960 wurden die Fürther Proteste in Sachen Gettinger mit den Worten kommentiert: „Es scheint für die Cluberer ungefährlicher, mit bloßen Armen in ein Kreuzotternest zu greifen, als sich um einen Fürther Spieler zu bemühen." Bis heute hat sich daran kaum etwas geändert. Die Fürther schimpften wie die Rohrspatzen, als der Club in der Saison 1997/98 Thomas Richter und Jochen Weigl vom Playmobil- ins Frankenstadion lockte, und 1999, als er ihnen den Stürmer Markus Feinbier vor der Nase wegschnappte, war's nicht anders. Der Club dagegen schimpfte selten, denn nach Fürth gingen in der Regel nur Spieler, die man in Nürnberg ausgemustert hatte: Horst Weyerich, Christian Hassa, Frank Türr, Christian Möckel zum Beispiel.

Mit dem Abpfiff am Ostersamstag 1998, als die Fürther im Frankenstadion mit 1:0 Sieger blieben (Tor: Alexander Dürr), wurden 242 Spiele zwischen beiden Vereinen ausgetragen. Obwohl die Bilanz - 135 Siege, 41 Niederlagen, 66 Remis - äußerst deutlich für den Club spricht, ist es den Nürnbergern nur selten gelungen, die Fürther richtiggehend zu deklassieren. Einigen Kantersiegen (5:0 im Oktober 1936, 7:1 im November 1942, 7:2 August 1945) stehen auch zwei derbe Niederlagen gegenüber.

Als die SpVgg am 10. April 1927 im Ronhof 5:0 gewann, hieß es am nächsten Tag in der Nürnberger Presse: „5:0 für Fürth! Wer von den 20.000 Zuschauern hätte wohl im Ernst an ein solches Debacle gedacht, hätte überhaupt an eine Niederlage gedacht? ... Gewiss ist es keine Schande, gegen Fürth zu verlieren, aber hinten fünfe rein und vorne null - brr!!" Von einem „Debakel" sprach die Vereinszeitung erneut, als den 1. FC Nürnberg am 1.10.1956 die wohl sensationellste Niederlage in der Geschichte des Derbys ereilt hat: „Man sollte es nicht für möglich halten, dass den Fürthern auf dem frischgestrichenen, geheiligten Boden des gerammelt voll besetzten Zabos ein solch nahrhafter Sieg gelingen konnte, der in seinem Ausmaß wie ein Blitz aus heiterem Himmel kam und die Optimisten bis ins Mark traf. Ich meine 4:2 für die Kleeblättler hätte es auch getan, aber 7:2, das ist doch gegen alles Herkommen." Der Trainer der SpVgg, der mit seinem Herzen immer noch am Club hängende Bumbes Schmidt, wollte sich über den Sieg gar nicht freuen: „Die Tränen haben mir in den Augen gestanden, wie die gespielt haben! Und ausgerechnet die Blödel aus Fürth gewinnen das!"

„Es waren spielerische Höhepunkte, wenn man damals auf der Tribüne saß und das Feuerwerk von Einfällen und Ideen auf sich herabprasseln ließ, gegen das die Spiele heutzutage nur noch simple Alltagsaffären sind", schrieb der Nürnberger Journalist Hanns Schödel einst über das Derby. Manchmal mag das vorgekommen sein, in der Regel aber wurden die Derbys recht hart geführt, insbesondere dann, wenn sie vom Schiedsrichter Rossi aus Stuttgart geleitet wurden. Der bekannte Club-Symphatisant („Unser Rossi" hieß er am Zabo) wurde nach einer Niederlage der SpVgg von den Fürthern sogar verdächtigt, das Spiel für eine goldene Springdeckeluhr verschoben zu haben.

1998: Ein ausverkauftes Haus wie immer beim Derby.

Dieser Fall wurde nie aufgeklärt, was man aber bis heute noch in der Sportpresse nachlesen kann, sind Spielberichte und Statistiken, die nur selten von „spielerischen Höhepunkten" künden. So wurden beispielsweise beim 1:1 am 6. Oktober 1929 87 Freistöße und 3 Platzverweise (2 Nürnberg, 1 Fürth) verzeichnet. Zum Spielverlauf bemerkte die Presse: „Von einem ‚Verlauf' kann man wohl nicht gut sprechen. Wohl aber von einer ‚Verhauerei'. Von einer Holzauktion. Von einem Ereignis, über das man am besten gleich zwei Mäntel der christlichen Nächstenliebe deckt."

Auch die Zuschauer mischten beim Lokalkampf immer kräftig mit. In den 20er Jahren hieß es nach Fürther Niederlagen im Zabo immer: „Tät na wartn, wenn eiari Clubbara in Färth spüln, dann passma eich im Poppenreitha Wäldla ooh!" Zu heftigen Auseinandersetzungen kam es beim 209. Derby, das am 21. 1. 1973 vor 22.000 Zuschauern im Ronhof unter völlig irregulären Bedingungen stattfand. Die Fürther hatten auf den eisigen Rasen jede Menge Salz gestreut, so dass auf dem schmierigen Geläuf kaum ein ordentlicher Spielzug mehr zustandekommen konnte. Beim Stand von 4:2 für die Hausherren flog plötzlich eine Signalrakete auf das Spielfeld, danach stürmten die Clubfans den Platz, Schiedsrichter Riegg brach das Spiel ab.

Auch wenn das Derby zwischendurch mal Unterbrechungen erfahren hat, weil der Club gerade mal ein oder zwei Klassen höher kickte als die SpVgg - an Faszinationskraft wird es nie verlieren. In kaum einer anderen Region ist es denkbar, daß ein Drittligaspiel wie das Derby Nürnberg-Fürth in der Saison 1996/97 vor einer Länderspiel-Kulisse stattfindet.

Flachpass gegen Husarenstil

Gegen den HSV in den 20er Jahren:
18. Juni 1922, Berlin
1. FCN - HSV 2:2 n.V. (2:1; 2:2)
Tore: Träg, Popp (Rave, Flohr)
SR: Dr. Peco Bauwens
Zuschauer: 25.000
Spielzeit: 190 Minuten

26. August 1922, Leipzig
1. FCN - HSV 1:1 n.V. (0:0; 1:1)
Tore: Träg (Schneider)
SR: Dr. Peco Bauwens
Zuschauer: 60.000
Spielzeit: 105 Minuten

25. Juli 1926, Hamburg
HSV - 1. FCN 1:9 (1:6)
Tore: Wieder (4), Kalb (2), Hochgesang, Träg, Bornholdt/Eigentor (Köpplinger/Eigentor)
SR: Paetow
Zuschauer: 10.000

Oben: Hans Kalb mit Gips: Ohne ihn war der Club 1922 nur „halb".

Nicht spielerischer Glanz sondern extreme Härte war im Endspiel um die Deutsche Meisterschaft im Jahre 1922 angesagt. Gegenüber standen sich zwei Mannschaften, deren Spielstil gegensätzlicher nicht sein konnte: Auf der einen Seite die balltechnisch versierten Nürnberger, die mit gepflegtem Flachpass brillierten, auf der anderen die kraftvollen Hamburger, die im „fliegenden Husarenstil", wie es damals hieß, mit weiten Bällen ihre schnellen Stürmer in Szene setzten. In der Ausscheidung zur Endrunde war der Club in diesem Jahr an Fürth gescheitert (2:3 und 1:2), so dass er sich einzig deswegen qualifizieren konnte, weil damals der Meister des Vorjahres noch automatisch zur Titelverteidigung berechtigt war. Auch in der Endrunde tat man sich gegen schwächere Gegner ziemlich schwer - SpVgg Leipzig und Norden-Nordwest Berlin wurden mit 3:0 bzw. 1:0 niedergerungen -, die Hamburger hingegen waren mit überzeugenden Erfolgen ins Endspiel vorgedrungen: Titania Berlin fegten sie mit 5:0 vom Platz, und die damalige Mannschaft der Stunde, FC Wacker München, zog mit 0:4 den Kürzeren. Dann kam es zu einer der denkwürdigsten Auseinandersetzungen, die die Geschichte des modernen Fußballs je sah.

Als das Endspiel am 18. Juni 1922 vor 25.000 Zuschauern im Berliner Grunewaldstadion von Schiedsrichter Peco Bauwens angepfiffen wird, fehlt in den Reihen des 1. FCN das Herzstück: Mittelläufer Kalb hatte sich einige Zeit vorher bei einem Privatspiel in Frankfurt das Bein gebrochen, und entsprechend dem Spruch „Club ohne Kalb - halb" sind die Kicker aus der Noris nicht so zuversichtlich wie gewohnt. Zudem muss sich der Club nicht nur gegenüber den Hamburger Spielern, sondern auch gegenüber dem Publikum behaupten. Heiner Stuhlfauth: „Wir waren elf Männlein gegen sechzigtausend Berliner und Hamburger, weil unsere Schlachtenbummler gar nicht ins Gewicht fielen." Von Beginn an werden die Nürnberger ausgepfiffen. Und offensichtlich werden sie verunsichert: In der 19. Minute verwandelt Rave zum 1:0 für den HSV. Aber der Club ist nicht geschockt, sondern wacht jetzt erst auf. Vom Anstoßpunkt weg zieht er eine Kombination auf, Träg startet zu einem Solo: 1:1. Zehn Minuten später erzielt Popp den Führungstreffer. Kurz darauf kommt Böß zum Schuss, HSV-Towart Martens nimmt den Ball auf, Träg zischt dazwischen, Martens verliert den Ball - 3:1. Nein! Bauwens versagt diesem „einwandfreiem" (O-Ton Club) Treffer die Anerkennung. In der zweiten Halbzeit wird das Spiel immer zerfahrener. Der HSV drängt auf den Ausgleich, der Club verteidigt mit Mann und Maus. Kurz vor Schluss gelingt dann Breuel, der nach einer Flanke von Rave die Stiefelspitze hinhält, doch noch das 2:2 (86.). Verlängerung. „Nürnberg, auch ohne Kalb, technisch und im Feld weit überlegen", so der *Fußball*, hat nun das Heft wieder in der Hand, aber Tore wollen nicht mehr fallen. „Schließlich waren die einzelnen Leute so schwach", erinnert sich Heiner Stuhlfauth, „dass sie kaum mehr stehen, geschweige schießen konnten. Alles war fertig und sogar die brüllenden Zuschauer wurden zahmer, weil auch sie nicht mehr konnten." Als es dunkel wird und dann auch noch Schiedsrichter Bauwens zusammenbricht, wird der erbitterte, mit Gehässigkeiten gespickte Kampf nach 190 Minuten abgebrochen.

Das Wiederholungsspiel in Leipzig am 6. August beginnt mit halbstündiger Verspätung, weil die Spieler sich kaum durch die Menschenmenge hindurchkämpfen können: 70.000 statt der erlaubten 40.000 wollen das Spiel sehen. Neben Kalb fehlt dem Club nun auch noch Grünerwald, der sich beim Aussteigen aus

Unten: Eine der vielen harten Szenen aus dem Berliner Spiel. V.l.n.r. (im dunklen Trikot): Grünerwald, Träg, Popp.

Heiß war's in Leipzig: Die Spieler, die in der Halbzeit nicht in die Kabine gelangen können, weil der Weg von Zuschauern versperrt ist, reiben sich auf dem Platz mit nassen Handtüchern ab. V.l.n.r. erkennbar: Bark, Träg, Popp, Kugler (verdeckt), Riegel.

dem Zug verletzt hat. Trotz der improvisierten Läuferreihe Köpplinger-Riegel-Reitzenstein hat der Club das Spiel von Anfang an in der Hand. Dann der Schock in der 18. Minute: Böß wird wegen Nachtretens gegen Beier vom Feld verwiesen. Die Nürnberger sind wütend. Heiner Stuhlfauth: "Beier wurde mit der Tragbahre hinausgetragen. Im nächsten Augenblick machten wir wieder trotz des Fehlens unseres Mittelstürmers einen gefährlichen Angriff gegen Hamburgs Tor. Beier sah das auf seiner Tragbahre, sprang herunter und lief unangemeldet in den Platz, um rettend einzugreifen." Doch trotz Unterzahl dominiert der Club. In der 48. Minute erzielt Träg nach einem Solo das 1:0. Als Schneider zwanzig Minuten später der Ausgleich gelingt, heißt es erneut: Verlängerung! Und nun geht es dem Club wie den zehn kleinen Negerlein. Zunächst scheidet Kugler wegen Verletzung aus - noch während der regulären Spielzeit hatte er bei einem Zusammenprall sein Knie verletzt und mehrere Zähne eingebüßt. Kurz darauf wird der bereits verwarnte Träg - wiederum ist eine Karambolage mit Beier die Ursache - vom Platz gestellt. Als dann auch noch Popp verletzungsbedingt ausscheiden muss, bleibt Schiedsrichter Bauwens keine Wahl, als das Spiel abzubrechen: der Club hat statt der vorgeschriebenen Mindestzahl von acht nur noch sieben Spieler auf dem Platz.

Es folgte ein Nachspiel am Grünen Tisch. Zunächst erklärte der DFB den HSV zum Meister, weil die Nürnberger wegen der Platzverweise am Spielabbruch schuld gewesen seien, dagegen legten die Nürnberger erfolgreich Protest ein - schließlich seien sie nicht besiegt worden -, auf einem außerordentlichen DFB-Bundestag wurde dann dem HSV erneut der Titel zugesprochen. Offensichtlich wurde ihm dabei inoffiziell zugleich nahegelegt, die Ehre nicht anzunehmen. Fest steht: Der HSV hat letztendlich auf den Titel verzichtet.

Ein gutes Verhältnis zwischen den Clubspielern und denen des HSV hat das Drama des Jahres 1922 nicht verhindern können. HSV-Spieler wie Beier, Rave und Halvorsen waren oft zu Gast in Stuhlfauths Sebaldusklause, wo sie ihre Kräfte mit dem trinkfesten Hans Kalb maßen. Auch für den entgangenen Titel wurden beide Mannschaften schnell entschädigt: 1923 sicherte sich der HSV mit einem 3:0 gegen Union Oberschöneweide den Titel, 1924 schlug der Club, wieder im Grunewaldstadion in Berlin, die Hamburger mit 2:0.

Aber der ganz große Triumph für den Club sollte erst noch folgen. Fast die gleichen Spieler, die sich 1922 gegenüberstanden, trafen am 25. Juli 1926 in Hamburg auf dem Platz an der Rothenbaum-Chaussee aufeinander. Nun hieß es in der Zeitung: "Nürnberg siegte wie es wollte. Der 1. FC konnte es sich in der zweiten Halbzeit leisten, gnädig zu sein, die Zügel auf dem Boden schleifen zu lassen, und trotzdem hielt er die Mannschaft in Schach, die er einst als ernstesten Gegner in Deutschland zu fürchten hatte." 9:1 für Nürnberg! 4 Tore erzielte allein der ansonsten nicht als Wunderstürmer verschriene Wieder, die anderen Treffer steuerten Kalb (2), Träg, Hochgesang und der Hamburger Bornholt per Eigentor bei. Der HSV, kommentierte die Hamburger Presse, "trieb hilflos auf weiter See", der Club stand "auf einsamer Höhe".

Im Publikum, das "teils starr und stumm" war, teils die Platzbesitzer "mit kalter Ironie" überschüttete, saß ein Mann namens Erich Muhl. Der junge Hamburger war derart begeistert von der Mannschaft in Weinrot, dass er die Koffer packte und von der Elbe an die Pegnitz zog. Schon bald war der Clubfan von der Wasserkante als Stammgast in Seppl Schmitts Toto-Lotto-Laden am Plärrer und als AZ-Verkäufer vor dem Stadion eine lokale Berühmtheit.

Das Stadion in Leipzig war derartig überfüllt, dass die neugebaute Tribüne während des Spiels zusammenzubrechen drohte. Während oben die Festgäste und zahlenden Zuschauer aufgeregt verfolgten, wie Heiner Stuhlfauth seinen Prinzipien untreu werden muss ("Ein guter Towart wirft sich nicht!"), arbeiteten unten fieberhaft sächsische Landespolizisten und Pioniere, um die 'verbogene' Tribüne mit starken Balken zu stützen und so eine schwere Katastrophe zu verhüten.

Rekordmeister und Freunde

Die Finalspiele 1. FCN gegen Schalke 04 in den 30er Jahren:

24. Juni 1934, Berlin (DM-Finale)
1. FCN - Schalke 04 1:2 (1:0)
Tore: Friedel (Szepan, Kuzorra)
SR: Birlem
Zuschauer: 45.000

8. Dezember 1935, Düsseldorf (Pokalfinale)
1. FCN - Schalke 04 2:0
Tore: Eiberger, Friedel
SR: Birlem
Zuschauer: 55.000

20. Juni 1937, Berlin (DM-Finale)
1. FCN - Schalke 04 0:2
Tore: (Pörtgen, Kalwitzki)
SR: Birlem
Zuschauer: 100.000

Schalke 04 und der Club, beide Vereine stehen für deutsche Fußballgeschichte – im Guten wie auch im Schlechten. Sie sammelten Titel um Titel und waren immerhin neun Jahre lang gemeinsam deutscher Rekordmeister (1942-48 und 1958-61). Sie waren beide in zahlreiche Skandale verwickelt und haben extreme Höhen und Tiefen durchlebt. Bei beiden Vereinen spricht man von „Legende" und „Mythos", weil ihre Anziehungskraft so unerklärlich, beinahe unwirklich ist. Die Fans gehen mit ihrem Verein durch dick und dünn. Dass das auch wechselseitig gilt und in den Freundschaftsgesang „Schaalke und der FCN" mündet, macht das Geheimnisvolle perfekt.

Im Jahre 1927, als der Club bereits fünffacher Meister war, spielte Schalke 04 gerade mal ein Jahr in der höchsten Spielklasse, der Ruhrgauliga. 1928 wurde Schalke erstmals westdeutscher Meister und kurz danach, am 4. August, kam es zur ersten Begegnung beider Vereine. Das Spiel in der Glückauf-Kampfbahn endete 1:1. In den folgenden Spielen behielt der Club noch deutlich die Oberhand. Mit 6:2 fertigte er die langsam nach oben strebenden Schalker in der Zwischenrunde zur deutschen Meisterschaft 1930 ab, um kurz darauf im Halbfinale gegen Hertha BSC selbst mit 3:6 deklassiert zu werden.

Am 24. Juni 1934 sind dann beide Mannschaften ganz oben: Sie stehen sich im Berliner Poststadion im Finale der Deutschen Meisterschaft gegenüber. Der Schalker Kreisel gegen den Nürnberger Flachpass. Schalke mit dem ehemaligen Club-Nationalspieler „Bumbes" Schmidt als Trainer hat einen schlechten Start. Der Club dagegen übernimmt von Anfang an die Initiative, kann jedoch keiner seiner guten Chancen verwerten. Als Schalke zu Beginn der zweiten Halbzeit nach vorne drängt, haben Köhl, Munkert und Popp noch alles unter Kontrolle. Nach Friedels Führungstor in der 53. Minute zieht sich der Club immer mehr zurück und will den Vorsprung über die Zeit retten. „Das Kampfgetümmel vor dem Tor der Nürnberger wird immer wilder. Schalke, nur noch Schalke gibt den Ton an", schreibt der *Kicker*.

Zehn Minuten vor Schluss liegt der Ausgleich längst in der Luft. Inzwischen stehen Szepan, Kuzorra und Urban nahezu pausenlos im Nürnberger Strafraum. In der 87. Minute ist Köhl dann geschlagen. Nach einem Eckball köpft Szepan aus nächster Nähe zum 1:1 ein. Vergeblich reklamieren die Cluberer ein Foulspiel. Augenzeugen beschwören noch heute, Köhl sei beim Abwehrversuch behindert worden.

Die letzte Minute ist angebrochen. Dazu der *Kicker*: „Der Club erzwingt eine Ecke, die Billmann verköpft. Noch einmal wirft Schalke alles nach vorn. Kalwitzki hat den Ball, niemand hindert seinen Flankenlauf, keiner seine Flanke, die knapp vor dem Tor zu Kuzorra kommt, der den Augenblick des Glücks richtig erfasst und unhaltbar für Köhl in die rechte Ecke einschießt. Der Kampf ist zu Ende."

Eine bittere Stunde für den Club. Der Nürnberger Oberbürgermeister stand schon mit dem Lorbeerkranz auf der Aschenbahn des Poststadions bereit und dann hat man innerhalb von drei Minuten den Titel verspielt. Bayern München brachte dieses Kunststück erst 65 Jahre später fertig, als sie im Champions-League-Finale gegen Manchester United bis zur 89. Minute mit 1:0 führten, um dann mit 1:2 zu verlieren. Während man 1934 beim Club den verpassten Chancen nachtrauert, feiert man in Schalke ausgelassen den ersten Meistertitel. Nach den „Goldenen Zwanzigern" des Club beginnt nun das „Goldene Jahrzehnt" der Schalker. Zwischen 1934 und 1942 wird Schalke sechs Mal Meister und einmal Pokalsieger. Nur der Club kann ab und zu diese Schalker Vorherrschaft durchbrechen.

Zum Beispiel im Dezember 1935. Wieder stehen sich beide Mannschaften in einem Finale gegenüber. Dieses Mal geht es um den erstmals ausgespielten Tschammer-Pokal. Schalke war

Der Anfang vom Ende: Der Kopfball des Schalker Szepan bedeutet kurz vor Schluss den 1:1 Ausgleich. (Endstand 1:2).

ein halbes Jahr zuvor erneut Deutscher Meister geworden und gilt deshalb als Favorit. Der Club geht durch Eiberger in Führung, wiederholt aber nicht den Fehler des 34er Endspiels, sondern spielt weiter nach vorne. Nach Friedels 2:0 hält man den begehrten Pokal in Händen. Wieder ein halbes Jahr später, am 8. Juni 1936, stehen sich beide Mannschaft erneut gegenüber. Im DM-Halbfinale entpuppt sich „Schorsch" Friedel endgültig als „Schalke-Schreck". Seine beiden Tore sichern den Club den Einzug ins Finale, das er dann gegen Fortuna Düsseldorf auch für sich entscheiden kann.

Die Dominanz beider Mannschaften im deutschen Fußball zu dieser Zeit unterstreicht die Tatsache, dass sie im DM-Finale 1937 wieder aufeinandertreffen. Doch dieses Mal ist Schalke nicht zu schlagen. Die immer noch von Bumbes Schmidt trainierte Truppe, die im gleichen Jahr auch Pokalsieger wird, ist den Cluberern in Schnelligkeit, Technik, Ballkontrolle und Taktik überlegen. Am Ende steht es 2:0 für Schalke und Nürnbergs Torwart „Schorsch" Köhl jammert: „Wir haben noch nie so schlecht gespielt." Der *Fußball* ist dagegen begeistert von den Schalkern: „Schnelles, direktes Ballweiterleiten, wie im Traum, ohne Besinnung, genau auf den freistehenden Mann, mal nach hinten statt nach vorn, drei vier Mann durch, fließend, fließend…"

Nürnbergs erfolgreiche Zeit ist damit, abgesehen vom Pokalsieg 1939, vorerst zu Ende. Schalke holt noch 1939, 1940 und 1942 den Titel und steht 1941 und 1942 im Pokalfinale, dann ist aber auch die große Zeit der Schalker beendet. Der Mythos aber, der beide Mannschaften umspinnt, war längst geboren. Er lebt nach 1945 weiter und wird nun vor allem bei den regelmäßig vor Rekordkulissen stattfindenden Freundschaftsspielen gepflegt. Im Frühjahr 1946 heißt es auf Schalke 1:1, an Weihnachten 1947 sehen 50.000 im Nürnberger Stadion einen 2:1-Sieg des Club, der auch im Rückspiel an Ostern vor 40.000 Zuschauern mit dem gleichen Ergebnis die Oberhand behält.

Da die Schalker weitaus weniger erfolgreich in der Oberliga West abschneiden als der Club im Süden, stehen sich beide Mannschaften bis 1962 nicht mehr in den Gruppen- und Finalspielen um die deutsche Meisterschaft gegenüber. Lediglich 1962 treffen sie aufeinander. Der Club siegt als amtierender deutscher Meister in Gelsenkirchen mit 3:1 und zieht erneut ins Finale ein. Dort unterliegt man jedoch dem 1. FC Köln deutlich mit 0:4. In der Bundesliga treffen Schalke und der FCN selten aufeinander. Angesichts der drei Abstiege von Schalke (1981, 1983, 1988) und der fünf Abstiege des Club ist das auch kein Wunder. Die Bundesliga-Bilanz ist – wie es sich für gute Freunde gehört – ausgeglichen. Zwölf Siege für den Club, zwölf für Schalke und acht Unentschieden. Nur bei den Toren hat der Club mit 38:44 das Nachsehen.

War es früher der Titel des Rekordmeisters, um den sich beide Vereine stritten, so ist es heute der Titel des Skandalmeisters. Schon 1930 war Schalke vom DFB wegen unzulässiger Zahlung von Handgeldern vom Spielbetrieb ausgeschlossen worden. 1964 verurteilte das Essener Landgericht die Schalker Vorstandschaft wegen Steuerhinterziehung. Und 1971 steckte Schalke mittendrin im Bundesliga-Bestechungsskandal. Der Club, damals in der 2.Liga, zog mit eigenen Skandalgeschichten erst 1991/92 nach. Steuerhinterziehung, Schiedsrichterbestechung, Rekordschulden und ungedeckte Schecks.

Ob Titel, Tränen oder Skandale, Schalke und der Club sind immer etwas Besonderes. Seit 1981 feiern die Fans stets miteinander, wenn die beiden Klubs aufeinandertreffen. Es ist dies die intensivste und am längsten andauernde Fan-Freundschaft im deutschen Fußball. Spielt der Club bei Vereinen im Westen finden sich regelmäßig Scharen von Schalke-Anhängern auf den Rängen ein. Umgekehrt ist es, wenn Schalke in Süddeutschland spielt. Nur einmal ließen die Schalker, dieses Mal die Fußballmannschaft, den Club so richtig im Stich. Als am vorletzten Spieltag der Saison 1998/99 Schalke daheim Eintracht Frankfurt empfing, hätte schon ein Unentschieden gereicht, um den Club endgültig von allen Abstiegssorgen zu befreien. Schalke führte auch schnell mit 2:0, verlor dann aber noch mit 2:3. Das Ende ist bekannt: Der Club stieg punkt- und torgleich mit den Frankfurtern ab, weil er vier Tore weniger erzielt hatte. Doch auch dieses Malheur wird den besonderen Reiz der zukünftigen Begegnungen beider Mannschaften nicht mindern. Ein Mythos oder eine Legende lebt bekanntlich ewig.

Links: Beim DM-Finale 1937 behalten die „Schalke-Gurken" die Oberhand.

Rechts: „Schaalke und der FCN" – wahre Fan-Freunde

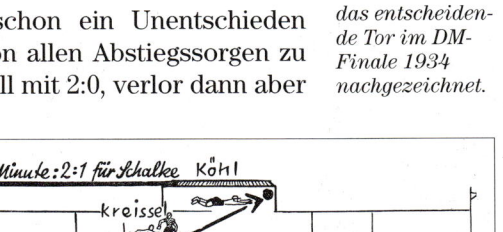

Der Kicker *hat das entscheidende Tor im DM-Finale 1934 nachgezeichnet.*

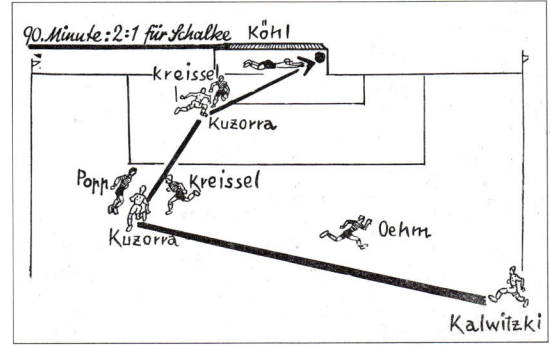

David, Goliath und die Lederhosen

Bilanzen, Triumphe und Tränen gegen den FC Bayern München:
Bis 26.1. 1925:
35 Spiele, 17 Siege, 3 Unentschieden, 15 Niederlagen, 88:79 Tore.
Bis 31.12.1949:
76 Spiele, 41 Siege, 14 Unentschieden, 21 Niederlagen, 174:122 Tore.

Bis Ende Saison 1998/99:
163 Spiele, 63 Siege, 29 Unentschieden, 71 Niederlagen, 308:267 Tore.

Triumphe: 6:1 (April 1955), 7:3 (2.12.1967), 4:0 (25.11.1989)
Tränen: 0:6 (November 1901), 2:4 (Pokalfinale 1982), 0:5 (1994)

Bayrischer Fußball-Schuhplattler

„Wenn man in Bayern vom Fußball spricht, schaut man nicht nach München, sondern nach Nürnberg." Es war 1961 und der Club war gerade zum achten Mal Meister geworden, als dies der stellvertretende Ministerpräsident von Bayern, Rudolf Eberhard, aussprach. Heute dagegen sitzt der bayerische Ministerpräsident wie selbstverständlich im Präsidium eines FC Bayern, der ebenso selbstverständlich eine Meisterschale nach der anderen hamstert.

Es ist aber noch gar nicht so lange her, da durfte der Club sich mit Fug und Recht als Deutscher Rekordmeister bezeichnen. Erst im Juni 1987 überflügelte der Rivale von der Isar mit dem zehnten Titelgewinn die Nürnberger. Als der Club 1968 seinen neunten Titel holte, hatte der FC Bayern dagegen gerade mal einen Meistertitel (1932) aufzuweisen. Der kometenhafte Aufstieg der Bayern begann 1969 mit ihrem zweiten Titel genau zu dem Zeitpunkt, an dem der Abstieg des Club begann.

Andy Köpke rettet 1999 den 2:0-Erfolg über Bayern.

Immer wieder kreuzten sich in der Vergangenheit die Wege der beiden im Jahre 1900 gegründeten Traditionsvereine. Der Sieg des einen über den anderen besiegelte dessen Abstieg und umgekehrt. Die Spieler wechselten hin und her und schon Wochen im voraus wurden und werden die Fans vom Derbyfieber gepackt. Ob ominöse Schiedsrichterentscheidungen, verschossene Elfmeter, sagenhafte Phantomtore oder Torschützen mit blutigen Kopfverbänden – das bayerische Derby zwischen Bayern und dem Club ist immer von besonderer Dramatik und Brisanz. Stellvertretend werden dabei auf dem Fußballplatz grundsätzliche Konflikte ausgetragen: Franken gegen Bayern, die „rote" Hochburg gegen die Hauptstadt des „schwarzen" Bayerns, arm gegen reich, David gegen Goliath.

Schon im ersten Derby, im Jahre 1901, waren die Fronten klar. Die überheblichen Bayern spielten Katz und Maus mit den Cluberern und gewannen verdient mit 6:0. Bis 1906 musste der Club auf den ersten Sieg gegen die Isarstädter warten. Dann aber drehte sich das Blatt fortan zugunsten der Nürnberger. Im Januar 1925 hatte der Club von insgesamt 35 Derbys 17, die Bayern dagegen nur 15 gewonnen. Auch nach dem 2. Weltkrieg, in der Oberliga, hatte der Club die Nase vorne. Im April 1955 besiegelte gar ein klares 6:1 des Club den Abstieg des FC Bayern in die Zweitklassigkeit. Und als 1962/63 die Bayern voll auf Bundesliga-Kurs segelten, stürzte der Club die Münchner mit einem 3:2-Sieg vom zweiten Platz der Oberliga Süd und stieß ihnen damit das Tor zur Bundesliga zu.

Bei den Bayern hatte inzwischen Wilhelm Neudecker die Zügel übernommen. Der Bauunternehmer lotste auch das Stürmertalent Gerd Müller, der schon fast einen Vertrag beim Club unterschrieben hatte, an die Isar. 1965 folgte der Aufstieg des FCB in die Bundesliga. Dann ging es Schlag auf Schlag. 1966 Pokalsieger, 1967 Europapokalsieger und erneut Pokalsieger. 1968 aber, kurz vor der großen Zeit des FCB, wurde der Club noch einmal und bis heute zum letzten Mal Meister. Doch auch wenn sich danach die Wege der ewigen Kontrahenten trennten, wird ein Spiel wohl nie vergessen werden: das triumphale 7:3 des Club über den Erzrivalen am 2.Dezember 1967 im heimischen Stadion. „Club erschoss die Bayern", titelte die *Abendzeitung* und auch der sonst eher nüchterne *Kicker* geriet ins Schwärmen: „Der Club war von Anfang an in einem Spielrausch. Er fegte Münchens Abwehr fast vom Boden weg...Nürnberg zeigte modernen Fußball in Vollendung. Moderner kann man nicht mehr spielen." Schon zur Halbzeit steht es durch Strehl, Volkert und Brungs 3:0. Dann dreht der Club vollends auf. Die beiden Außenstürmer Cebinac und Volkert vernaschen ihre Gegenspieler Kupferschmidt und Schwarzenbeck, in der Mitte ist Beckenbauer und im Tor Sepp Maier machtlos. Brungs legt noch vier Tore nach und am Ende heißt es 7:3. „Oh mei", stöhnen Gerd Müller und Bayern-Trainer Tschik Cajkovski nach dem Spiel im Chor. Während Bayern-Direktor Robert Schwan konsterniert in der Kabine sitzt („Meine Herren, wir haben uns heute blamiert"), singen die Club-Fans bis weit in die Nacht nur ein Lied: „So ein Tag so wunderschön wie heute".

22 Jahre vergingen, bis es wieder so einen wunderschönen Sieg über den mittlerweile verhassten FC Bayern gab. Am 25. November 1989 gewann der Club im heimischen Stadion mit 4:0 gegen die Münchner. Aufkleber mit der Aufschrift „4:0 – Ich war dabei" zierten hernach das Autoheck so manches Clubfans und der damalige Club-Präsident Gerd Schmelzer glaubte an die endgültige Heilung des 1. FCN: „Jetzt ist er weg, dieser schreckliche Bayern-Komplex". Diese Krankheit hatte den Club schwer heimgesucht. Salz auf die Wunden streuten stets die Männer, die die „Unparteiischen" genannt werden, aber oft zugunsten des Goliaths von der Isar entschieden. Unvergessen ist dabei das Pokalfinale 1982 im Frankfurter Waldstadion. Zur Pause steht es durch einen fulminanten Distanzschuß von Reinhold Hintermaier und ein Tor von Werner Dreßel sensationell 2:0 für den krassen Außenseiter aus Nürnberg. Hat der Schiedsrichter schon in der ersten Halbzeit den Nürnbergern einen klaren Elfmeter verweigert, spricht er beim Stande von 2:2 den Münchnern einen, wie die Fernsehbilder hernach zweifelsfrei belegten, völlig unberechtigten Elfmeter zu. Nach diesem 3:2 trifft dann auch noch Dieter Hoeneß, der nach einem Zusammenprall mit blutdurchtränktem Kopfverband spielt, zwei Minuten vor Schluss zum 4:2.

Der Höhepunkt einer Reihe von weiteren ominösen Schiedsrichter-Entscheidungen in den Spielen Bayern gegen den Club sollte dann den tiefsten Abstieg des 1. FCN in seiner Geschichte einleiten. Am 23.April 1994 benötigt der Club zwei Spieltage vor Saisonschluss noch genau einen Punkt im Kampf gegen den Abstieg. Im ausverkauften Olympiastadion gibt dann Schiedsrichter Hans-Jürgen Osmers aus Bremen ein Tor, das als „Phantomtor" in die deutsche Fußballgeschichte eingehen sollte. Nach einem Getümmel im Nürnberger Strafraum schiebt Helmer den Ball aus kürzester Distanz am Club-Tor vorbei und rauft sich verzweifelt die Haare. Dann Jubel im Stadion. Helmer dreht sich verdutzt um, Köpke saust zum Linienrichter. Der hat ein Tor gesehen und Osmers zeigt auf den Anstoßpunkt. Die Fernsehbilder sind dagegen eindeutig: Der Ball ist neben das Tor gegangen. Trotzdem – Bayern führt mit 1:0, macht später das 2:0 und in der 79. Minute verkürzt Sutter auf 2:1. Eine Minute später holt Helmer Wück von den Beinen – Elfmeter. Der Ausgleich und damit der rettende Punkt ist zum Greifen nahe. Köpke, ein sicherer Elfmeterschütze, eilt aus seinem Tor heraus, doch Schwabl, der Ex-Bayer, schnappt sich den Ball – und schiebt das Leder Aumann direkt in die Arme. Aus und Vorbei. Der Club legt zwar Protest ein, dem auch stattgegeben wird, doch im Wiederholungsspiel geht man sang- und klanglos mit 0:5 unter. Wäre das erste Spiel unentschieden ausgegangen, der Club hätte leichten Herzens auf den Protest verzichtet. So stieg der Club ab und Bayern wurde deutscher Meister.

Doch nicht immer behandelten die Bayern die Nürnberger so schlecht, dass sie dem Club die besten Spieler (Reuter, Grahammer oder Wiesinger) wegkauften oder ihn durch zweifelhafte Entscheidungen ins Unglück stürzten. 1989 rettete ein 2:1-Sieg über den FC Bayern den Club vor dem Abstieg. Die Bayern standen bereits als Meister fest und spielten nur mit halber Kraft. Das gleiche Schauspiel wiederholte sich im Mai 1999. Uneinholbar führten die Bayern drei Spieltage vor Saisonschluss, als sie den aufopferungsvoll kämpfenden und glänzend spielenden Nürnbergern bei deren 2:0-Sieg nur wenig Gegenwehr lieferten und zu drei wichtigen Punkten im Abstiegskampf verhalfen. 1994 war es gar Bayern-Präsident Fritz Scherer, der mit seinem Votum im Lizenzausschuß des DFB den hoffnungslos überschuldeten und von Skandalen schwer erschütterten Club erneut zur Spielberechtigung verhalf. Drei zu drei stand es bei der entscheidenden Abstimmung, als Scherers Stimme schließlich den Ausschlag gab. „Er kam fast wie ein Engel", erinnert sich Club-Präsident Michael A. Roth. Während es für die Club-Präsidenten keinen Anlass für eine feindselige Haltung gegenüber den Bayern gibt, skandieren die Club-Fans noch immer am liebsten ein lautes „Zieht den Bayern die Lederhosen aus", um als kleine Davids den Goliath von der Isar zu ärgern. Doch so eindeutig wie die Rollen auch verteilt zu sein scheinen, ist es nicht. In der ewigen Derby-Bilanz schneidet der Club nämlich gar nicht so schlecht ab. Von 163 Spielen gewann er bisher 63, die Bayern 71. Beim Torverhältnis hat der Club sogar die Nase vorn (308:267) und dürfte damit der einzige Bundesliga-Verein sein, der eine positive Trefferquote gegenüber den Bayern aufweist.

Links:
Da war selbst Beckenbauer machtlos: Strehl steuert einen Treffer zum 7:3 im Dezember 1967 bei.

Rechts:
4:0 für den Club heißt es im November 1989. Thomas Kristl war nicht zu bremsen.

Das Phantom-Tor vom April 1994: Der Ball ging eindeutig neben das Tor.

Große Spiele und große Gegner gab es für den Club auch in Amerika.

Der Club auf Reisen...

Per Zug, Bus, Flugzeug und Schiff hat sich der Club in fremde Welten aufgemacht und dort seine Visitenkarte hinterlassen. Tausende von Kilometern legte dabei die Mannschaft an Weihnachten, Ostern oder während der Spielpause zurück, um im Ausland als Botschafter des deutschen Fußballs aufzutreten.

Angefangen hatte alles im Frühjahr 1919. Damals schlug der schwedische Fußballverband dem DFB vor, die beste deutsche Mannschaft für eine Gastspielreise nach Schweden zu schicken. Die Wahl fiel auf den amtierenden Süddeutschen Meister, den Club. Es war ein recht abgerissener Haufen, der im Mai 1919 die Reise in den hohen Norden antrat. Die ausgemergelten, in umgeänderte Militärmäntel gekleideten Fußballer kamen einem schwedischen Beobachter vor wie die „deutschen Bolschewiken". Trotzdem konnten die Clubspieler in Schweden durchaus imponieren und verloren von fünf Spielen nur eines. Als man im ersten Spiel gegen Djugardens J.F. mit 3:0 gewann, verzichteten die Cluberer sogar auf die Ausführung eines Elfmeters. Sie wollten die Gastgeber nicht verärgern.

Neben Abstechern nach Prag, Wien, Budapest und in die Schweiz war insbesondere Spanien ein beliebtes Reiseziel des 1. FCN. Dorthin entfloh man im März 1922 und im Januar 1923 zumindest für einige Wochen vorübergehend der heimischen Inflation. 1928 ging's dann mit dem Zug nach Paris um sich dort mit Red Star Paris und einer Pariser Städteauswahl zu messen. „Der Deutsche Meister hat in jeder Weise Großes vollbracht", schrieben die französischen Zeitungen voller Bewunderung. An Weihnachten 1934 stand erneut eine mehrtägige Reise nach Spanien auf dem Programm. „Una gran victoria del Nürnberg" titelten die spanischen Gazetten nach einem klaren 5:1 des Club über den spanischen Meister FC Madrid.

Der zweite Weltkrieg verhinderte weitere Reisen. Erst 1951 war es wieder soweit und wieder ging es nach Spanien. Zwei sensationelle Siege über den FC Barcelona und Atletico Bilbao für den in der Oberliga arg gebeutelten Club ließen bis weit über die Grenzen Spaniens hinaus aufhorchen. Zwei Jahre später wirkten die Club-Kicker als Botschafter der Völkerverstän-

digung. Als vierter deutscher Verein nach dem HSV, Eintracht Frankfurt und den Stuttgarter Kickers flogen sie im Mai 1953 für drei Wochen über den großen Teich nach Amerika. Die Kicker, allen voran Max Morlock, staunten nicht schlecht über den American Way of Life. „Junge, Junge, dort gibt es mehr Autos als bei uns Fahrräder", rieb sich der Nürnberger Spielmacher die Augen. Club-Spieler Gerhard Bergner, der „live" für das *8-Uhr-Blatt* berichtete, war ebenfalls tief beeindruckt. „In New York ist alles so unerwartet groß, so bunt und lebhaft, aber auch so grotesk und exklusiv, dass man schwer Vergleiche findet." Sportlich stellten die amerikanischen Mannschaften keine Gegner dar: „Angesichts der technischen Unvollkommenheit überboten wir uns zur Freude der Zuschauer in artistischen Künsten mit dem Ball", schrieb Bergner. „Wo uns die Leute gefallen haben, da haben wir fünf Tore gemacht, wo sie uns nicht gefallen haben, waren es eben zehn", erinnert sich Alfred Mirsberger. Die einzigen Herausforderungen auf amerikanischen Boden im Mai 1953 und zwei Jahre später, als der Club erneut in die USA aufbrach, waren die Spiele gegen den FC Liverpool (3:4) und den FC Sunderland (1:1).

Nach den zum Teil für damalige Umstände recht abenteuerlichen Reisen u.a. nach Dublin, Istanbul und Odense in den Europapokalwettbewerben 1961 und 1962 war es mit Einführung der Bundesliga erst einmal vorbei mit den Tourneen durch die Welt. Die einzige Ausnahme bildete eine fast vierwöchige Ostasien-Reise im Juni 1965. In Singapur, Rangun, Jaffna, Colombo und Teheran trat der Club mit Erfolg an und ließ sich jenseits des Spielfelds in die Welt der buddhistischen Tempel und persischen Ringer entführen. Der enggesteckte Terminkalender im Ligaspielbetrieb ließ dann keine solchen Reisen mehr zu. Trainingslager im Ausland und die dabei ausgetragenen Begegnungen gegen einheimische Mannschaften haben bei weitem nicht den Stellenwert wie die großen Reisen des 1. FCN in der Vergangenheit, die den Namen Club in aller Welt berühmt gemacht haben.

Lehrmeister von der Insel

Der 1. FCN gegen britische Teams (1908-1955):

1908: 1. FCN - FC Sunderland 3:8	1924: 1. FCN - Bolton Wanderers 0:4	1937: 1. FCN - FC Brentford 2:2
1912: 1. FCN - Queens Park Rangers 1:5	1926: 1. FCN - Northern Nomads 1:0	1953: 1. FCN - FC Liverpool 3:4
1913: 1. FCN - FC Middlesborough 0:7	1927: 1. FCN - FC Burnley 4:2	1954: 1. FCN - Aston Villa 2:0
1914: 1. FCN - Tottenham Hotspurs 1:1	1928: 1. FCN - Westham United 3:2	1955: 1. FCN - FC Sunderland 1:1

Emblem der englischen Football-Association

Am 1. Juni 1909 war ganz Nürnberg in Aufregung. „Sunderland kommt!" stand auf Plakaten, die überall in der Stadt zu lesen waren. Der vierfache englische Meister, der immer noch absolute Spitze war (1913 sollte der FC seinen fünften Titel unter Dach und Fach bringen), war die erste Mannschaft aus dem Mutterland des Fußballs, die in Nürnberg ihre Aufwartung machte. Das Ergebnis war ernüchternd: Sunderland 8, Nürnberg 3. Die *Nordbayerische Zeitung* kommentierte: „Das vom Schiedsrichter in umsichtiger Weise geleitete Spiel zeigte beiderseits schöne Leistungen; England glänzte durch seine feine Kombination und hatte seine Erfolge zum größten Teil der Entschlusskraft vor dem Tore und den scharfen Schüssen aus jeder Position zu verdanken. Stand Nürnberg ... im Felde den Engländern wenig nach, so konnte es in Beziehung auf Schuss und Energie vor dem feindlichen Tore viel von den Engländern lernen und wird sich hoffentlich die vorbildliche Spielweise der Engländer in dieser Beziehung zum Muster nehmen."

Ähnlicher Auffassung war auch der Vereinsvorstand. Also lud man weiterhin englische Spitzenmannschaften ein – und bezog deftige Niederlagen: 1912 gegen Queens Park Rangers 1:5, 1913 gegen Middlesborough 0:7. Der Club schien über die Rolle des Lehrlings nicht hinauszukommen – bis es, am 6. Mai 1914, ein erstes überraschendes Erfolgserlebnis gab: Im ausverkauften Nürnberger Zabo erreichte man gegen Tottenham Hotspurs ein respektables 1:1. Die Engländer, heißt es in der Vereinschronik, „trafen auf einen fast unüberwindlichen Damm in unserer Verteidigung und fanden namentlich in der glänzenden Abwehrarbeit unseres Torwächters Weschenfelder ein schier unüberwindliches Hindernis."

Nach einer kriegsbedingten Spielpause kam es am 14. Mai 1924 im Zabo zur Auseinandersetzung des mittlerweile zweifachen Meisters 1. FCN mit dem amtierenden englischen Pokalsieger Bolton Wanderers. Der mit allen Meisterspielern angetretene Club bekam deutlich seine Grenzen aufgezeigt. Man verlor zwar mit 0:4, aber trotz des deprimierenden Ergebnisses konnten die Clubspieler mit hocherhobenem Haupt den Platz verlassen. Eine Zeitung titelte: „Das beste Spiel einer deutschen Vereinsmannschaft seit Jahren". Ein anderer Sportjournalist schrieb: „Der Club legte die Hand an nach dem Sieg, der Sprung misslang."

Auf den ersten Erfolg gegen eine englische Mannschaft musste der Club noch drei Jahre warten. Am 26. Mai 1927 war es dann soweit, als der FC Burnley seine Visitenkarte im Zabo abgab. Nach 0:1 Rückstand zur Halbzeit siegte der Club am Ende verdient mit 4:2!

Die Presse war nach diesem Triumph restlos begeistert. *Der Fußball:* „Niemand, der sie erleben durfte, wird diese letzte Viertelstunde des Spieles vergessen, da der ‚Club' die Zähne aufeinanderbiss, dem planlosen Spiel ein Ende machte und mit reinem Flachpass die Söhne Albions zur Kapitulation zwang." Die *Nürnberg-Fürther Morgenpresse* konnte ihren Überschwang kaum bremsen: „Nürnbergs größter Triumph! Die Noris hat solche Freude noch nicht gesehen! ...Noch zittern die Nerven vor Aufregung, noch loht Begeisterung hell auf, noch herrscht Jubel in ganz Nürnberg. ... Burnley, die führende englische Professionalelf, die auf ihrer Deutschlandtournee von Sieg zu Sieg geeilt war, musste erstmals kapitulieren... Das war das Spiel eines deutschen Meisters, der unter die Spitzenklasse der kontinentalen Fußballwelt eingereiht werden muss."

Auch in späteren Jahren erzielte der Club noch respektable Ergebnisse gegen englische Mannschaften – und immer war es seltsamerweise im Mai. Am 9. 5. 1954 wurde Aston Villa im Zabo mit 2:0 nach Hause geschickt, und am 17. 5. 1955 trennte sich der Club in New York von seinem englischen „Urgegner", dem FC Sunderland, mit 1:1. Für Max Morlock, der in der 85. Minute nach Führung der Engländer den verdienten Ausgleich erzielte, war die Begegnung „das beste Spiel des Club überhaupt". Unter den Zuschauern weilte auch der Ex-Clubtrainer Jenö Konrad. Sein Kommentar: „Der Verein ist der alten Tradition treu geblieben und ist nicht nur eine ganz ausgezeichnete Fußballmannschaft, sondern ein wunderbar geführter Club, der in jeder Beziehung dem Sport Deutschlands Ehre bringt."

Club-Chronist Hans Hofmann, ein Augenzeuge des 3:8 gegen Sunderland 1909, erinnert sich: „Die Engländer gewährten uns mit ihrem kunstfertigen Spiel ein Bild von der Schönheit des hochklassigen Fußballs ... Unsere blutjungen Spieler gingen in dem verwirrenden Zusammenspiel völlig unter, sie waren auch körperlich diesen kraftstrotzenden Gestalten unterlegen. Dabei verstärkte sich im Laufe des Spiels der Eindruck, dass die Engländer gar nicht ganz aus sich herausgingen, dass sie, wenn sie gewollt hätten, im Stande gewesen wären, die Torausbeute noch höher zu schrauben. ... Mir ist immer noch die massige Gestalt des Mittelläufers Thomson in Erinnerung, gegen den unser (keineswegs verschnitzter) tüchtiger Mittelläufer Hertel keinen Vergleich aushalten konnte."

Nr. 22 Nürnberg-Fürth, Freitag 27. Mai **1927**

Nürnbergs größter Triumph:
Der „Club" schlägt Burnley 4:2.
Die Noris hat solche Freude noch nicht gesehen!
Süddeutschlands Amateure schlagen englische Profis!

Spielbericht:

Der Club beginnt gut, aber die Schüsse von Hochgesang und Wieder bringen keinen Erfolg. Je länger das Spiel dauert, desto nervöser werden die Nürnberger, bald gelingt kaum mehr ein geschlossener Angriff. Die das moderne WM-System praktizierenden Engländer dagegen agieren mit viel Tempo, lassen Ball und Gegner laufen. Beeindruckend ihre Kabinettstückchen, ihre perfekte Ballbeherrschung in jeder Situation, ihre absolute Überlegenheit im Kopfballspiel, die überraschenden Flankenwechsel und pausenlosen Rochaden im Sturm. Einzige Schwäche auf Seiten Burnleys: der mangelhafte Abschluss. Entweder gehen die Schüsse weit vorbei oder Stuhlfauth ist zur Stelle. Kurz vor der Pause stoppt Waterfield einen Sturmlauf von Reinmann, der Ball gelangt über Devine zu Hargreave, der strebt aufs Tor zu und versenkt flach zum 1:0.

Nach einigen schönen, aber ergebnislosen Angriffen lässt das Spiel der Engländer in der zweiten Halbzeit allmählich an Zielstrebigkeit nach. Eine Viertelstunde vor Schluss verfehlt McCluggage einen Ball Reinmanns. Wieder schnappt sich das Leder, spielt sich frei und donnert zum 1:1 ins Netz. Vom Anstoßpunkt weg leiten die Engländer noch eine Großchance ein, aber Popp kann für den bereits geschlagenen Stuhlfauth retten. Jetzt aber spielt plötzlich nur noch der Club! Träg setzt sich an der Außenlinie durch, über Schmidt und Kalb landet der Ball bei Wieder; sein Schuss geht an den Pfosten, aber Hochgesang knallt den Abpraller zum 2:1 in die Maschen. Unter dem Jubel der Zuschauer rollt nun Angriff um Angriff gegen das Tor von Sommerville. Hochgesang und Kalb zielen knapp daneben. Dann setzt sich Träg erneut durch, der Ball kommt zu Hochgesang, ein Schuss unter die Latte – 3:1. Darauf neue Chancen für den Club durch den glänzenden Reinmann. Reinmann ist es schließlich auch, der kurz vor Schluß Schmitt auflegt. Ein kurzes Dribbling, Schuss – 4:1. Über ihren Jubel vergessen die Clubspieler für einen kurzen Moment die Deckungsarbeit. Hargreave bricht durch und vollendet zum Endstand. Nach dem Abpfiff jammert der Burnley-Tormann: „Oh, Burnley kaputt!"

Hargreave hat sich durchgedribbelt. Kalb liegt am Boden und schaut verdutzt hinterher.

1. Beel, 2. Schmidt, 3. Winter, 4. Haddow, 5. Stuhlfauth, 6. Devine, 7. Brown, 8. Schmidt I, 9. Kalb, 10. Köpplinger, 11. Popp, 12. Waterfield, 13. Dougall, 14. Hargreave, 15. Hochgesang. Gleich nach Halbzeit, wieder liegt Burnley vor Nürnbergs Tor. Eckball. Hochinteressant ist die Deckungsart des Clubs, die bei den eminent gefährlichen Eckbällen der Engländer für Stuhlfauth freie Bahn läßt. Schmidt im linken Toreck, Winter und Kalb bewachen luftig die Innenstürmer, rechts decken Popp-Köpplinger die Gegner. So hat Stuhlfauth freie Sicht. Hier jedoch macht Kalb für ihn Arbeit, er dreht köpfend den Ball ins Feld

Das Dreamteam von der Moldau

1. FCN gegen Sparta Prag:	01.10.1922, Prag: 3:0	01.05.1929, Prag: 2:2
28.08.1921, Nbg.: 0:0	15.04.1923, Prag: 0:1	03.08.1930, Nbg.: 3:1
06.11.1921, Prag: 2:5	24.08.1924, Nbg.: 3:2	24.04.1932, Prag: 1:2
27.08.1922, Nbg.: 3:2	30.12.1928, Nbg.: 3:2	

Programmheft zum Spiel 1. FCN–Sparta Prag am 3. 8. 1930 im Zabo.

„Bei dem Namen ‚Sparta' packt uns Frohsinn – das Herz schlägt höher! Wir blicken zurück auf die Jahre, wo Nürnbergs Fußballkunst in höchster Blüte stand, wo der Club außer der Fürther SpVgg auch nicht annähernd einen gleichwertigen Gegner in Deutschland hatte. Und damals entwickelte sich auch auf sportlichem Gebiet eine tschechisch-deutsche Freundschaft, die durch die Spiele Sparta–1. FCN hauptsächlich ihre Weihe erhalten hatte." So schrieb Walter Bensemann im *Kicker* anlässlich des siebten Matches Club–Sparta, das am 30. Dezember 1928 im Zabo mit 3:2 endete.

Budapest, Wien und Prag – das waren in den 20er Jahren die großen Fußballhochburgen. Der MTK Budapest war 1919, bei seinem 3:0-Sieg im Zabo, ein großer Lehrmeister, und die Wiener Vereine wie Rapid und Vienna gehörten zu den wenigen, die den Club zu schlagen in der Lage waren. In Prag war der Club schon 1906 bei der Slavia mit 2:12 gewaltig unter die Räder gekommen. Als sich am 28. August 1921 die aktuelle Prager Nr. 1, die Sparta, erstmals in Nürnberg vorstellte, waren die Vorzeichen andere als vor fünfzehn Jahren: Die Partie zwischen dem amtierenden tschechischen und dem zweifachen deutschen Meister wurde als „inoffizielle Europameisterschaft" gehandelt. Keine deutsche Mannschaft hatte bis dahin die Sparta besiegen können. Der Club wiederum galt zu dieser Zeit innerhalb Deutschlands als nahezu unschlagbar.

Das vor über 20.000 Zuschauern im Zabo ausgetragene Spiel endete mit einem torlosen Uentschieden. Der Club konnte stolz sein, aber die Sparta mit ihrem brillanten Mittelläufer Kada war deutlich sichtbar die bessere Mannschaft. Das Unentschieden war vor allem Stuhlfauth zu verdanken, der in einem seiner besten Spiele überhaupt alle Chancen der Tschechen zunichte machte.

Beim Rückspiel im November, das vor 30.000 Zuschauern in Prag stattfand, setzten die Tschechen dann ihre spielerische Überlegenheit auch in Tore um: In der ersten Halbzeit spielten sie den Club an die Wand, erst kurz vor dem Halbzeitpfiff gelang den Nürnbergern der Anschlusstreffer – zum 1:4. Endstand: 5:2 für Sparta.

Doch der Club lernte schnell. Bereits ein Jahr später, im August 1922, behielt er im heimischen Zabo in der erneut als „Kampf um die Vorherrschaft im mitteleuropäischen Fußball" angekündigten Auseinandersetzung verdient mit 3:2 die Oberhand. 27.000 Zuschauer, die noch kurz vorher wegen der entgangenen Meisterschaft – die Endspiele gegen den HSV hatten keine Entscheidung gebracht – enttäuscht waren, waren nun hellauf begeistert. Dieses Spiel, so meinte man beim Club, habe „an rein sportlichem Gehalt Deutschlands internationale Fußballspiele samt und sonders in den Schatten" gestellt. Der auf eine exzellente Fußtechnik abgestellte „Nürnberger Flachpass", der wenige Wochen zuvor noch mit dem Kick-and-Rush der Hamburger gar nicht gut zurechtgekommen war, triumphierte über den „Böhmischen Stil", den Athletik, Schnelligkeit und Kopfballstärke auszeichneten.

Sparta hatte erstmals gegen einen deutschen Klub verloren. Kurz darauf bereitete der 1. FC Nürnberg auch noch einer weiteren Sparta-Erfolgsserie das Ende. Seit 1917 hatten die Prager zu Hause gegen keine ausländische Mannschaft verloren. Als aber der Club am 1. Oktober 1922 zum Rückspiel im Prager Letna-Stadion auftauchte, spielte er mit den Tschechen Katz und Maus. Der neue Mittelstürmer Wieder, der einsatzfreudige Bumbes Schmidt und der hervorragend aufgelegte Kalb zeigten ihren Gegenspielern, zu welchen Leistungen mittelfränkische Fußballkunst fähig ist.

Bei grauem, regnerischem Wetter geht das Spielchen gleich munter hin und her. Ganz gefährlich für den Club wird es, als Schmidt für Stuhlfauth per Kopf auf der Linie retten muss. Ansonsten bleibt das Spiel verteilt, Chancen hüben und drüben. Nach einem Gedränge im tschechischen Strafraum geht Träg unaufhaltsam durch und schießt aus 10 Metern sicher ein. Prag verstärkt nun seine Bemühungen, erzielt auch einen Treffer, aber der Schiedsrichter entscheidet auf Abseits. Halbzeit-

Das erste Spiel gegen Sparta. Die Spielführer Bark und Kada vor dem Anpfiff.

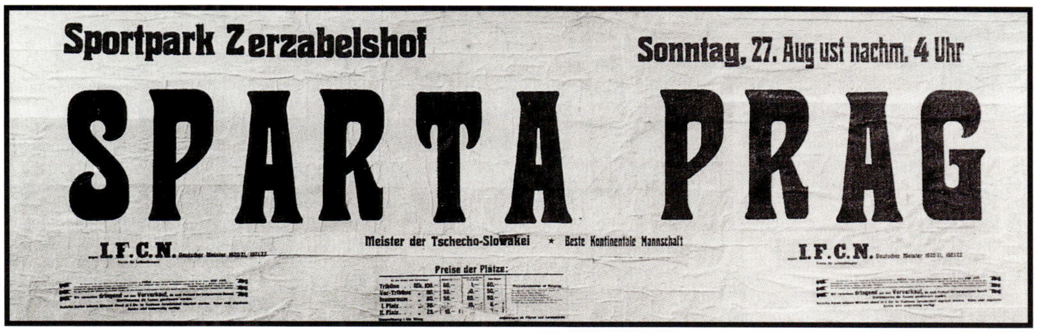

stand 0:1. Sofort nach Wiederbeginn drängt Sparta auf den Ausgleich, aber der Club hält dagegen. Dann gibt es eine wunderbare Club-Kombination: Träg lupft den Ball zu Sutor, der schiebt zu Wieder, der zu Popp, und der „Poidl" knallt den Ball aus 22 Metern flach ins linke untere Toreck. Als sich der Sparta-Verteidiger Posposil kurz nach dem Anstoß eine Nachlässigkeit erlaubt, ist Wieder zur Stelle und schiebt den Ball aus kurzer Entfernung ins Netz. Der Club führt in Prag mit 3:0 Toren! „Nürnbergs Kombinationsmaschine", so der *Fußball*, „läuft mit der nunmehrigen Deprimiertheit der Spartaelf immer vollendeter." Sparta versucht zwar alles und stellt den ganzen Sturm um, aber trotz Feldüberlegenheit sind die Prager nun viel zu nervös, um die wenigen Schussgelegenheiten in Treffer umzumünzen.

Hernach fühlten sich die Clubspieler wie „überglückliche Kinder" (Bumbes Schmidt), und der *Fußball* kommentierte: „Solange deutscher Fußballsport existiert, hat es nie einen größeren Ruhmestag für ihn gegeben, hat Deutschland nie einen stolzeren Sieg errungen als bei diesem Privatspiel". Als dann ein Satz des tschechoslowakischen Verbandskapitäns Fanta – „Man kann Nürnberg als die beste Kontinentmannschaft ansehen" – auf den Sportseiten vieler deutscher Zeitungen wiederholt wurde, war der Club auf dem Gipfel seines Ruhms.

Die Jahre 1923 und 1924 sahen einmal die Sparta und einmal den 1. FCN als Sieger, danach mussten die besten Mannschaften des Kontinents eine Matchpause einlegen. Schuld war der DFB. Als sich die großen Klubs in Österreich, Ungarn und der Tschechoslowakei zur Einführung des Profifußballs entschlossen, verbot der DFB-Bundesvorstand, der hier die Anfänge einer unheilvollen Entwicklung witterte, „zur Reinhaltung des deutschen Fußballsportes" sämtliche Spiele gegen Berufsspielermannschaften.

Erst im Dezember 1928, nachdem sich das als „Ostsperre" bezeichnete Verbot etwas gelockert hatte, kam es erneut zum großen Duell – und einem Sieg des Club. Der *Kicker* kommentierte: „Man fand dieses Spiel einfach unendlich schön und auch das ganze Publikum war entzückt, nicht allein von dem siegreichen Club, sondern ganz speziell von den Tschechen." Nach einem Unentschieden in Prag im Mai 1929, bei dem der junge Hornauer ein überragendes Spiel zeigte, gelang dem 1. FCN im groß angekündigten Rückspiel ein glanzvolles 3:1. Auch bei diesem neunten Treffen im August 1930 war das „Sparta-Spiel" immer noch der Höhepunkt der Club-Saison. „Für Nürnberg", schrieb der Journalist Hans Stoll, „ist Sparta immer noch die populärste Auslandsmannschaft."

Umgekehrt galt dasselbe. Am 24. 4. 1932, als der Club in Prag ganz knapp mit 1:2 verlor, war das *Prager Volksblatt* des Lobes voll über die mit Billmann und Oehm verjüngte Clubelf: „Auf keinen Fall können wir uns aber denken, dass es in Deutschland eine bessere Vereinsmannschaft gibt als die des 1. FC Nürnberg. Der Club wird von Jenö Konrad trainiert. Man sieht es ihm auch an. Jeder Mann ein brillanter Techniker, kein Zug geschieht ohne Überlegung und ohne bestimmte Absicht."

Mit großen Plakaten angekündigt: Das beim dritten Mal bereits zum Klassiker gewordene Treffen der Spitzenklubs aus Nürnberg und Prag. Im Bild am Ball: Luitpold Popp.

Einer der größten Triumphe des Club: Das 3:0 am 1. Oktober 1922 in der „Goldenen Stadt".

Unter der Sonne Spaniens

Der 1. FCN gegen spanische Teams (1922-1951):
Real Madrid/FC Madrid (0:3, 3:0, 3:2, 5:1, 1:2), FC Barcelona (1:2, 2:4, 2:0), RS San Sebastian (3:0, 4:0), FC Sevilla (2:1, 1:0), FC Valencia (3:2, 2:4), Atletico Bilbao (3:2, 3:3, 4:2), Real Santander (4:1), RC Irun (5:0), Städteelf Madrid (3:3), Gimnastico Taragona (5:1).

Oben: Die spanischen Gazetten feiern 1934 Köhl, Carolin und Friedel.
Unten: 1922 loben die spanischen Karikaturisten die Standfestigkeit des Cluberers Gustav Bark.

In Spanien fühlte sich der Club stets wohl. Der Nürnberger Flachpass suchte das Kräftemessen mit der technischen Finesse und dem südländischen Temperament der spanischen Fußballer – und schnitt dabei meist sehr gut ab. Ein ums andere Mal erteilte der 1. FCN hochklassigen spanischen Mannschaften eine Lehrstunde. Seine Spieler imponierten dem einheimischen Publikum und den zahlreich in den Stadien anwesenden Spanierinnen. Zudem nutzten die Cluberer in Spanien stets die Gelegenheit für einen Blick über den fränkischen Tellerrand hinaus.

Schon die erste Spanienreise im März des Jahres 1922 brachte dem 1. FCN internationales Renommee ein, schlugen die Cluberer doch den zweimaligen spanischen Meister RC Irun glatt mit 5:0 – und das, obwohl man in der zweiten Spielhälfte mit einem ungewohnt großen spanischen Ball spielen musste. In Bilbao gab der Club dem dortigen AC in einer harten Auseinandersetzung mit 3:2 das Nachsehen und erkämpfte im Rückspiel ein 3:3. Zwei Siege gegen Santander (4:1) und San Sebastian (3:0) rundeten den sportlichen Erfolg ab.

Der fiel bei der zweiten Reise nach Spanien im Januar 1923 nicht so üppig aus. Zwei Niederlagen gegen den gerade erstarkenden FC Barcelona (1:2, 2:4), eine Niederlage sowie ein Sieg gegen das damals noch nicht ganz so berühmte Real Madrid (0:3, 3:0), zwei Siege gegen den FC Sevilla (2:1, 1:0) und ein 3:2 sowie ein 2:4 gegen den FC Valencia lautete die Bilanz des amtierenden Deutschen Meisters. Um das ungewohnte Gefühl der Niederlage psychisch zu verkraften, flüchtete man sich im Nürnberger Lager in allerlei Erklärungen: Einmal war der Schiedsrichter schuld, der angeblich alle Club-Angriffe „Abseits" gepfiffen hatte, ein andermal war der Platz für den Nürnberger Kurzpass zu eng.

Als der Club 1934 das Finale um die Deutsche Meisterschaft gegen Schalke 04 äußerst unglücklich verlor, richtete sich die recht geknickte Mannschaft drei Tage später zu Hause mit einem 3:2-Erfolg über den spanischen Meister FC Madrid wieder auf. Die Madrilenen befanden sich gerade mit ihrem Weltklassetorhüter Ricardo Zamora, der in Spanien der „Göttliche" genannt wurde, auf Deutschland-Tournee. Die Niederlage in Nürnberg war ihre einzige in Deutschland und so luden sie die Nürnberger zum Rückspiel nach Spanien ein. An Weihnachten 1934 war es dann so weit. Am 21. Dezember besteigt die Mannschaft in Nürnberg den Zug, Tipfi Oehm hat sogar einen Weihnachtsbaum besorgt. Über Straßburg, Paris und Irun erreicht man nach 42 Stunden Fahrt Madrid. Der Lärm auf den Straßen, die vielen Bettler in der Stadt, die Gerissenheit der Schuhputzer, das Fehlen von Kleiderhaken und vor allem die Zubereitung fast aller Speisen mit dem für deutsche Gaumen damals recht ungewohnten Olivenöl stoßen der Nürnberger Delegation unangenehm auf. Im Gegenzug sind sie tief beeindruckt von den prachtvollen Bauten und der Untergrundbahn. Mit 5:1 spielt der Club am 1. Weihnachtsfeiertag einen ersatzgeschwächten FC Madrid an die Wand. Der spanische Nationalspieler Regueiro hat sein Team zwar in Führung gebracht, danach aber spielt nurmehr der Club. Zamora-Ersatz Rodrigo ist konsterniert. Allein dreimal trifft Friedel, je einmal Spieß und Schmitt. „Una gran victoria del Nürnberg", titeln die spanischen Gazetten und heizen die Stimmung für das Rückspiel am Neujahrstag an.

Vor diesem Match fährt die Club-Delegation nach Toledo, besucht das Pradomuseum und besichtigt das Schloss Escori-

al. Als dort im Hof spanische Jungs mit einem Fußball kicken, spielen die Cluberer gleich mit. Doch das Spielchen endet abrupt: Tipfi Oehm hat ein Fenster des Schlosses mit einem wuchtigen Schuss zertrümmert. Jugendliche und Clubspieler machen sich daraufhin schleunigst aus dem Staub und verschwinden sang- und klanglos im Inneren des weitläufigen Königspalastes. Vor dem Rückspiel am Silvesterabend geht die Club-Mannschaft früh ins Bett. Doch die meisten machen kein Auge zu: Zu laut wird auf den Straßen der Stadt gefeiert. Am nächsten Tag tritt die komplette Mannschaft des FC Madrid, also mit Zamora und Ciriaco, an. Der Club verliert nur knapp mit 1:2 (0:0) und weiß durch flüssige Kombinationen und technische Kabinettstückchen zu beeindrucken. Erst Lubers Verletzung und die anschließende Umstellung der Club-Elf bringt den FC Madrid ins Spiel. Innerhalb von zehn Minuten ziehen die Spanier auf 2:0 davon, doch danach spielt nur noch der Club. Dass Zamora nur einmal, nach einem Schuss von Gußner, hinter sich greifen musste, verdankt er dem Torgehäuse. Binnen einer halben Stunde treffen die Cluberer viermal die Latte.

Am Tag nach dem Spiel geht's zurück nach Deutschland. Nach insgesamt 4.700 Kilometer Bahnfahrt war das Abenteuer Spanien zu Ende. „Der 1. FCN vertritt Deutschlands Fußball in alter Meisterschaft in Madrid", zog der *Kicker* Bilanz und schwärmte:. „Die elf Leute vom Zabo spielten, dass die heißblütigen Spanier in glühende Begeisterung gerieten."

An Weihnachten 1951 spielt sich der Club erneut in die Herzen der Spanier. Er besiegt am 23. Dezember den spanischen Herbstmeister Atletico Bilbao mit 4:2. Die spanische Sportpresse reagiert verstimmt. Abschätzig schreibt die *Gazetta del Norte:* „Nürnberg ist ein Mannschaftsganzes ohne strahlende Überlegenheit. Das alles beherrschende Kurzpassspiel der Gäste ließ uns gähnen." Doch kaum einer der Zuschauer hat im Stadion gegähnt. Im Gegenteil. Die Club-Spieler werden nach dem Spiel von spanischen Fans nur so bestürmt und abgeküsst. Zwei Tage nach dem Sieg gegen Bilbao landet der Club einen noch größeren Coup: Er schlägt sogar den amtierenden Landesmeister FC Barcelona, der nach dem Krieg zu Hause noch kein Spiel gegen einen ausländischen Verein verloren hat. Der Löwenanteil an dem verdienten 2:0-Erfolg gebührt Club-Torhüter Edi Schaffer. Er hält alles und wirft sich, wenn es sein muss, wagemutig in die Beine der Gegner. Bei einer derartigen Rettungsakion bleibt er jedoch benommen liegen. „Auf den Rängen wurde es mäuschenstill: ‚Was ist mit dem Aleman?'. Als sich Schaffer wieder die Mütze ins Gesicht zog und seinen Posten auf der Torlinie einnahm, brauste der Jubel für den Torsteher auf, der ganz Barcelona faszinierte", schreibt der Berichterstatter der *Nürnberger Nachrichten.* Während Ucko Barcelonas Spielmacher, den ungarischen „Rastelli" Kubala, ausschaltet, spielt der Club-Sturm in Bestform auf. Die Tore durch Winterstein und Gehring fallen wie reife Früchte. Nach dem Schlusspfiff nimmt Max Morlock auf den Schultern von Trainer Alv Riemke die minutenlangen Ovationen der 42.000 Zuschauer entgegen. Wehmut packt den Generalsekretär des FC Barcelona: „So wie die Nürnberger heute spielten, hat der FC Barcelona früher gespielt." *El Mundo Deportivo* schreibt: „Wir sind den Nürnbergern zu Dank verpflichtet, dass sie uns einen Maßstab vom deutschen Nachkriegsfußball gezeigt haben." Bei ihrer Ankunft auf dem Fürther Flughafen am zweiten Weihnachtsfeiertag wird die siegreiche Elf von begeisterten Anhängern empfangen. „Ganz Nürnberg ist stolz auf Euch", begrüßt Vereinsvize Müller die Spieler.

1951: Max Morlock und Trainer Alv Riemke haben nach dem Sieg über den FC Barcelona allen Grund zum Jubeln.

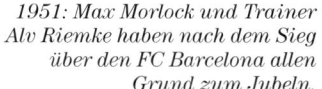

Links:
Zamora-Ersatz Rodrigo muß 1934 gegen den Club fünf Mal hinter sich greifen.

Rechts:
Telegrafisch beglückwünscht Nürnbergs Oberbürgermeister die Club-Spieler nach dem 5:1 über den FC Madrid.

Der Club im Europacup

Europapokal der Landesmeister: 1960/1961: 1. FCN – Drumcondra Dublin (4:0/5:1), 1. FCN – Fehnerbahce Istanbul (1:0/2:1), 1. FCN – Benfica Lissabon (3:1/0:6). 1968/69: 1. FCN – Ajax Amsterdam (1:1/0:4). **Europapokal der Pokalsieger:** 1962/63: 1. FCN – As St. Etienne (3:0/0:0), 1. FCN – BK Odense (6:0/1:0), 1. FCN – Atletico Madrid (2:1/0:2).
UEFA-Cup: 1988/89: 1. FCN – AS Rom (1:3 n.V./2:1).

Der Club und der Europapokal – nicht gerade eine Erfolgsstory. In der Saison 1961/62 wagte sich der Club zum ersten Mal ins internationale Licht. Seine Vorgänger als Deutscher Meister hatten die Latte hoch gelegt: Die Frankfurter Eintracht erreichte 1960 als erster deutscher Verein ein Europapokal-Finale (3:7 gegen das große Real Madrid), der Hamburger SV drang 1961 immerhin bis ins Halbfinale vor, wo er erst im Entscheidungsspiel am FC Barcelona scheiterte. Nun also der Club. Mit vier Siegen marschierte die junge Elf von Trainer Herbert Widmayer souverän durch die ersten beiden Runden. Gegen Drumcondra Dublin (5:0 und 4:1) und Fenerbahce Istanbul (2:1 und 1:0). Dann, im Viertelfinale, wartete ein ganz dicker Brocken, Titelverteidiger Benfica Lissabon. Im bereits Wochen vor dem Spiel ausverkauften Städtischen Stadion scheint schon nach zehn Minuten alles verloren: Cavem überwindet Roland Wabra aus acht Metern zum 0:1. Doch dann rappelt sich der Club zu einer seiner stärksten internationalen Leistungen überhaupt auf, Gustl Flachenecker spielt so etwas wie das Spiel seines Lebens. Zwei Tore erzielt der Rechtsaußen selbst, das dritte durch Strehl bereitet er mustergültig vor. Der Club gewinnt mit 3:1, die Spieler freuen sich über die Siegprämie von 50 DM und träumen vom Einzug ins Halbfinale. „Allein schon dieser Sieg ist ein einmaliger Erfolg", sagt Widmayer nach dem Schlusspfiff, „aber selbstverständlich wollen wir auch im Rückspiel Ehre für den deutschen Fußball einlegen".

Im Hexenkessel des Estadio da Luz aber, des „Stadion des Lichts", gehen am 22. Februar 1962 die Club-Lichter aus. Ohne den verletzten Wabra im Tor setzt es vor 70.000 Zuschauern eine derbe 0:6-Abfuhr. Vor allem gegen den großen Benfica-Star Eusebio finden Strehl und Co. kein Gegenmittel. „Er spazierte durch unsere Reihen, als ob wir Luft für ihn seien", erzählte der Nürnberger Mittelstürmer später. „Wir müssen und werden wieder von vorne beginnen", meinte Trainer Widmayer selbstkritisch. Ein schwacher Trost für den Club, dass der gleiche Eusebio seine Mannschaft ein paar Monate später zum zweiten Europapokal-Erfolg führte. Zwei Tore der „schwarzen Perle" sowie Treffer von Aguas, Cavem und Coluna bescherten der Benfica den 5:3-Endspielsieg gegen Real Madrid. Immerhin, Heinz Strehl durfte sich dank seiner acht Treffer Torschützenkönig dieser Europapokal-Saison nennen.

Für den Club ging das große Abenteuer schon in der folgenden Saison weiter, diesmal im Wettbewerb der Pokalsieger. Nach Erfolgen über AS St. Etienne (0:0 und 3:0) und BK 1909 Odense (1:0 und 6:0) fand er sich urplötzlich im Halbfinale wieder, wo er auf den spanischen Pokalsieger Atletico Madrid traf. Wieder einmal ist das Städtische Stadion bis auf den letzten Platz gefüllt, als beide Mannschaften am 10. April 1963 aufs Feld laufen. Wie gegen Benfica heißt es sehr früh, in der 21. Minute, 0:1, wie gegen Benfica bäumt sich der Club noch einmal auf. Vor allem Max Morlock, der wenige Wochen zuvor seinen „Rücktritt vom Rücktritt" erklärt hat, zeigt eine bewundernswerte Energieleistung und leitet die Wende ein, die Tasso Wild mit zwei Toren in der 31. und 71. Minute besiegelt. In der 75. Minute eskaliert die Partie. Steff Reisch erinnert sich: „Heinz Strehl lief einem Ball nach, den der spanische Torhüter sicher fing. Im Vorbeigehen streckte der Madrider Schlussmann seinen Fuß heraus und traf Strehl, der mit einem Aufschrei zu Boden ging. Torhüter Madinabeytia spielte den Unschuldsengel, Schiedsrichter Kingston fiel darauf herein. Inmitten dieser unübersichtlichen Situation fühlte ich plötzlich die Faust von Ramiro in meinem Gesicht. Ich ging ebenfalls zu Boden." Nach diesen ungeahndeten Tätlichkeiten der Spanier stürmt eine Handvoll Nürnberger Zuschauer wutentbrannt aufs Feld, das Spiel steht kurz vor dem Abbruch und kann erst nach langer Unterbrechungspause zu Ende geführt werden.

„Club-Spieler, beruhigt euch", schreibt das *Sportmagazin* vor dem Rückspiel. „Maßnahmen, dass das Spiel in Madrid in normalen Bahnen abläuft, sind getroffen. Die UEFA, der DFB sowie der Schweizer Schiedsrichter sind informiert und gewarnt." An Schiedsrichter Huber liegt es dann auch wirklich nicht, dass sich das 2:1 zwei Wochen später, am 24. April 1963 in Madrid als zu dünnes Polster erweist. Vor 115.000 fanatischen Zuschauern, die selbst die Nürnberger Reservespieler mit einem wüsten Pfeifkonzert eindecken, als sie sich auf der Aschenbahn zeigen, rennt der Club den zwei Toren der Spanier in der 45. und 57. Minute in der letzten halben Stunde vergeblich hinterher. Trotz bester Chancen scheitert der deutsche Pokalsieger immer wieder an Madinabeytia und verpasst das eine Tor,

Max Morlock kehrt in die Mannschaft zurück und der Club besiegt 1963 Atletico Madrid im Städtischen Stadion mit 2:1

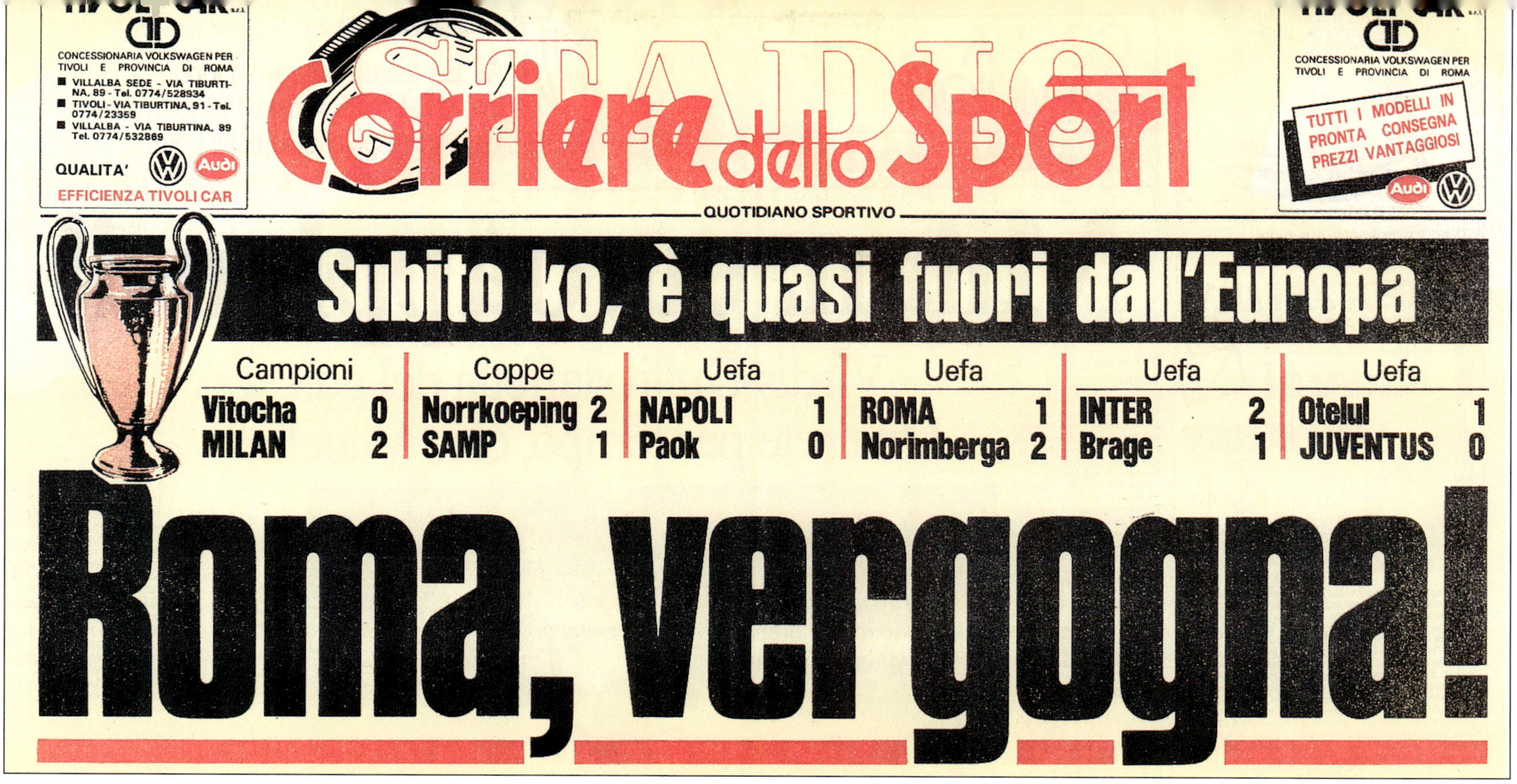

CONCESSIONARIA VOLKSWAGEN PER TIVOLI E PROVINCIA DI ROMA
VILLALBA SEDE - VIA TIBURTINA, 89 - Tel. 0774/528934
TIVOLI - VIA TIBURTINA, 91 - Tel. 0774/23359
VILLALBA - VIA TIBURTINA, 89 Tel. 0774/532869
QUALITA'
EFFICIENZA TIVOLI CAR

Corriere dello Sport

STADIO

QUOTIDIANO SPORTIVO

CONCESSIONARIA VOLKSWAGEN PER TIVOLI E PROVINCIA DI ROMA
TUTTI I MODELLI IN PRONTA CONSEGNA PREZZI VANTAGGIOSI

Subito ko, è quasi fuori dall'Europa

Campioni		Coppe		Uefa		Uefa		Uefa		Uefa	
Vitocha	0	Norrkoeping	2	NAPOLI	1	ROMA	1	INTER	2	Otelul	1
MILAN	2	SAMP	1	Paok	0	Norimberga	2	Brage	1	JUVENTUS	0

Roma, vergogna!

das ein Entscheidungsspiel bedeutet hätte. Trainer Widmayer: „Der Club war einem Europacup-Endspiel nie zuvor so nahe".

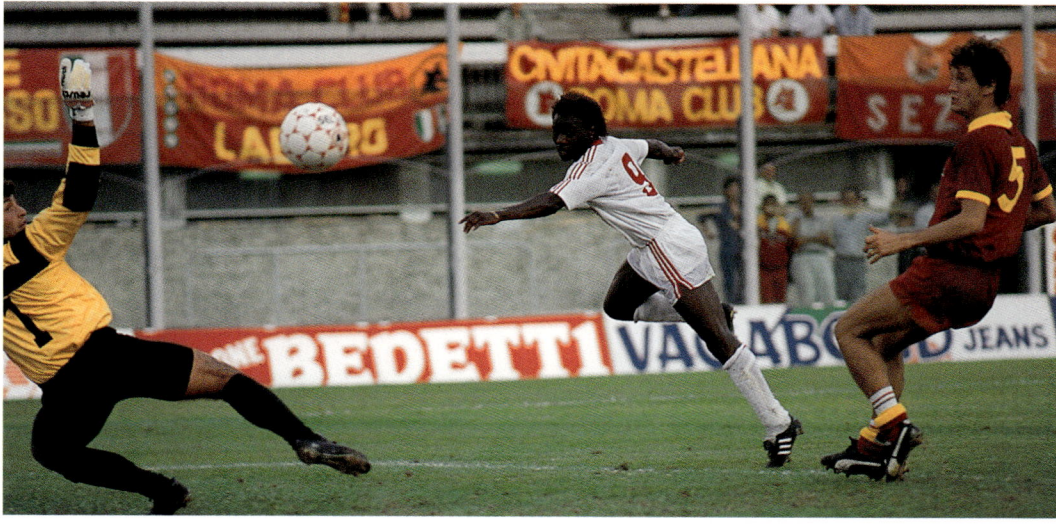

Oben: 7. 9. 1988, UEFA-Pokal: Der Club gewinnt beim AS Rom. „Roma. vergogna!" (Rom, schäme Dich!), schlagzeilt die italienische Presse am nächsten Tag.

Links: Mit seinem Tor zum 0:1 leitet Souleyman Sane die Niederlage der Römer im eigenen Stadion ein.

Nie zuvor und nie mehr danach. Viertelfinale beim ersten, Halbfinale beim zweiten Auftritt: Es hatte so gut begonnen, das internationale Abenteuer. Doch seit jenem 24. April 1963 trat der Club insgesamt nur noch viermal in Erscheinung, bestritt er nur noch vier mickrige Europapokal-Spiele. Zunächst legte er 1968/69 einen Kurzauftritt im Landesmeister-Wettbewerb hin. Das Los wollte es, dass die Mannen Max Merkels schon in der ersten Runde auf den aufstrebenden holländischen Meister Ajax Amsterdam um Superstar Johan Cruyff prallten. Im Nürnberger Hinspiel sprang dank eines Tores von Heinz Müller noch ein 1:1-Unentschieden heraus, doch in Amsterdam ging der Club 14 Tage später mit 0:4 unter. Eine Schlappe, die angesichts des Unheils, das sich zur gleichen Zeit in der Bundesliga zusammenbraute, kaum ins Gewicht fiel. „Bei uns lief heute einfach nichts zusammen", meinte Merkel lakonisch, und Georg Volkert ergänzte: „Ich möchte den Verein kennenlernen, der in Amsterdam gewinnt!".

Nach der Niederlage von Amsterdam stand der Club volle zwei Jahrzehnte lang im internationalen Abseits. Erst zwanzig Jahre später, am 7. September 1988, endete im Flaminio-Stadion von Rom die endlose Zeit des Wartens. In der ersten Runde des UEFA-Pokals 1988/89, für den er sich durch seinen fünften Bundesliga-Rang qualifiziert hatte, meldete sich der Club mit einem Paukenschlag zurück: Beim AS Rom, dem mit Stars gespickten Klub des deutschen Nationalstürmers Rudi Völler, gelang der Elf von Trainer Hermann Gerland ein sensationeller 2:1-Sieg. Dieter Eckstein und Souleymane Sane, der schnellste Sturm der Bundesliga, erzielten die Tore. „Das ist der größte Triumph der Vereinsgeschichte", jubelte Präsident Gerd Schmelzer, der offensichtlich ebenso den Überblick verloren hatte wie die 2.000 mitgereisten Club-Fans. Die hatten die 90 Minuten wie Gefangene verfolgen müssen – eingepfercht in einen engen Block, bei stickiger Luft und fast ohne Sicht aufs Spielfeld.

Die Nürnberger Träume von einer goldenen Zukunft zerplatzten schon im Rückspiel. Vor nur rund 20.000 Zuschauern – nach einer völlig missglückten Eintrittskarten-Aktion des neuen Managers Heinz Höher blieben selbst in der „Baustelle Frankenstadion" einige tausend Plätze frei – strich der Club durch eine unglückliche 1:3-Niederlage nach Verlängerung die Segel.

Nur noch ein einziges Mal durfte der Club seitdem am Europapokal schnuppern: In der Saison 1991/92 schrammte er um ganze zwei Punkte an einem UEFA-Pokalplatz vorbei. Ansonsten standen die neunziger Jahre im Zeichen des Abstiegskampfes, der Zweit- oder gar Drittklassigkeit. Es bleibt die Hoffnung, dass nicht wieder zwanzig Jahre vergehen, bis es im Frankenstadion zum nächsten Mal heißt: Bühne frei für einen Europapokal-Auftritt des Club.

Max Morlock erzielt im WM-Finale 1954 gegen Ungarn den Anschlusstreffer zum 1:2.

Club und Nationalmannschaft

Die Nationalspieler des 1. FCN. In Klammern: (Länderspiele als Clubspieler/Tore) [Länderspiele insgesamt]
Max Morlock (26/21); Heiner Stuhlfauth, Tor (21/–); Hans Kalb (15/2); Andreas Köpke, Tor (14/–) [59]; Hans „Bumbes" Schmidt (14/–) [16]; Hans Sutor (12/2); Willi Billmann (11/–); Stefan Reuter (9/1) [69]; Stefan Reisch (9/–); Andreas Munkert (8/–); Dieter Eckstein (7/–); Anton Kugler (7/–); Carl Riegel (7/–); Georg Hochgesang (6/4); Heinrich Träg (6/1); Georg Volkert (6/2) [12]; Ludwig Wieder (6/2); Ludwig Müller (5/–) [6]; Luitpold Popp (5/1); Hans Geiger (4/–) [6]; Baptist Reinmann (4/–); Manfred Schwabl (4/–); Heinz Strehl (4/4), Wolfgang Strobel (4/–); Ferdinand Wenauer (4/–); Richard Oehm (3/–); Wilhelm Sold (3/–) [12]; Gunther Baumann (2/–); Josef Hornauer (2/1) [5]; Willi Kund (2/1); Ludwig Phillip (2/–); Josef „Sepp" Schmidt (2/1); Georg Friedel (1/–); Georg Köhl, Tor (1/–); Emil Köpplinger (1/–); Horst Schade (1/1) [3]; Leonhard Weiß (1/–)

Erster Nationalspieler des Club war Ludwig Philipp. Das 3:2, das die Nationalelf am 3. April 1910 in Basel gegen die Schweiz erzielte, war der erste deutsche Auswärtssieg überhaupt. Sein zweites und letztes Match für Deutschland bestritt er als Linksaußen am 24. April desselben Jahres in Arnheim gegen die Niederlande. Die schon damals sehr starken „Oranjes" gewannen mit 4:2. Philipp war auch Mitglied der Auswahl des süddeutschen Landesverbandes, die am 10. April 1910 im Endspiel um den Kronprinzenpokal die Auswahl Berlins mit 6:5 besiegte (der entscheidende Treffer fiel in der Verlängerung, in der 142. Minute!). Diese Spiele der Auswahlmannschaften der Landesverbände waren auch in den 20er Jahren – nun unter den Titeln Bundespokal und Kampfspielpokal ausgetragen – äußerst populär, und natürlich hatten die Spieler des 1. FCN bei den 10 Pokalsiegen, die Süddeutschland bis 1933 errang, einen großen Anteil: 20 Spieler kamen insgesamt zu 74 Einsätzen.

Zwischen 1920 und 1930 verging kaum ein Jahr, in dem nicht ein Spieler des 1. FCN sein Debüt in der Nationalmannschaft feiern konnte. Mit den 21 Spielen, die Heiner Stuhlfauth in dieser Zeit im Nationaltrikot bestritt, avancierte er zum Rekordspieler der 20er Jahre. Die dennoch relativ geringe Anzahl hängt damit zusammen, dass damals, nicht zuletzt wegen der vielen Auswahlspiele der Landesverbände, kaum einmal mehr als vier Länderspiele pro Jahr ausgetragen wurden. Daneben muss aber leider auch festgehalten werden, dass Stuhlfauth, der im Kasten des 1. FCN nahezu unbezwingbar war, im Nationaltrikot oft recht unglücklich agierte. In seinen ersten fünf Spielen kassierte er nicht weniger als 16 Gegentreffer! Nachdem die Deutschen dann 1924/25 in sechs aufeinanderfolgenden Spielen ohne Sieg geblieben waren, wurde das Können der bisherigen Stammspieler so stark in Frage gestellt, dass sich in den folgenden Jahren die Aufstellung der Nationalelf von Spiel zu Spiel erheblich veränderte. Während Stuhlfauth im Clubtrikot weiterhin als „dritter Verteidiger" brillierte, bekam in der Nationalmannschaft, wo man ihn wegen seiner gewagten Ausflüge ins Gelände kritisierte, oft der Münchner Ertl den Vorzug. Der Analyse des *Kicker* zufolge lag die hohe Anzahl der Gegentreffer, die Stuhlfauth im Kasten der Nationalmannschaft hinnehmen mußte, allerdings daran, dass er hier, anders als im Verein, mit den Verteidigern nicht eingespielt war.

Trotzdem hat der Heiner natürlich auch im Nationaltrikot, in dem er sechsmal die Kapitänsbinde tragen durfte, absolut überragende Spiele abgeliefert. Immerhin fünfmal – und auch das war in den 20er Jahren, als die deutsche Nationalmannschaft noch nicht besonders erfolgreich war, Rekord – blieb er in einem Länderspiel ohne Gegentor. Die ganz großen Höhepunkte konnte der Nationaltorwart, der von englischen Beobachtern als der einzige deutsche Spieler von internationaler Klasse eingestuft wurde, im Herbst seiner Karriere feiern. Als die Deutschen am 23. September 1928 in Oslo einen 2:0-Sieg erreichten, titelte die norwegische Presse: „Stuhlfauth schlägt Norwegen!" Der Nürnberger Schlussmann, so hieß es, habe etliche Bälle pariert, die jeder andere Torwart hätte passieren lassen müssen. Der Höhepunkt war aber mit Sicherheit der 28. April 1929. Nach dem sensationellen 2:1-Sieg über Italien, bei dem Stuhlfauth mit überragenden Paraden zu glänzen wußte, taufte ihn die italienische Presse auf den Namen „Hexer von Turin".

Im selben Spiel standen vom Club auch noch Hans Geiger als rechter Läufer und Josef Hornauer als rechter Halbstürmer auf dem Platz. Für Hornauer, der zuvor schon dreimal als Spieler des TSV 1860 München den Nationaldress tragen durfte, war es das erste Länderspiel als Cluberer. Nach der 1:0-Führung der Italiener (Rossetti in der 6. Minute), gelang Hornauer in der 12. Minute der Anschlusstreffer, der Fürther Georg Frank stellte in der 80. Minute den Endstand her. Hornauer kam danach nur noch zu einem weiteren Länderspiel: Am 13.9.1931, als das österreichische Wunderteam die Deutschen mit 5:0 aus dem Wiener Praterstadion fegte.

Auch Stuhlfauth kam nach dem Triumph von Turin nur noch zu zwei weiteren Länderspielen. Nach dem 1:1, das die deutsche Elf am 1. Juni 1929 in Berlin gegen Schottland erzielte, schien seine Karriere bereits beendet, da Nationaltrainer Nerz anschließend dem Frankfurter „Rot-Weiß-Zamora" Willibald Kreß den Vorzug gab. Dann kam er aber doch noch überraschend zu seinem 21. und letzten Länderspiel. Es ging am 2. März 1930 im Frankfurter Waldstadion gegen Italien mit 0:2 verloren.

Ebenso wie Stuhlfauth war auch Hans Kalb nicht nur ein großer Mann beim 1. FCN, sondern er war auch eine Gallionsfigur des deutschen Fußballs überhaupt. Genauso wie Stuhlfauth gab er am 27. Juni 1920 beim 1:4 gegen die Schweiz in Zürich sein Länderspiel-Debüt. Nach zwei Beinbrüchen im Jahr 1922 zu einer Spielpause gezwungen, feierte er im November 1923 in Hamburg gegen Norwegen (1:0) ein glanzvolles Comeback in der Nationalelf. Mit Kalb als Mittelläufer gewann Deutschland gleich vier Länderspiele in Folge. Nach seinem 10. Länderspiel (14. Dezember 1924, 1:1 gegen die Schweiz) wurde er im Nationalteam zunächst ausgemustert – man kritisierte seine „mangelnde Grundschnelligkeit" –, dann aber wurde er am 31. Oktober 1926 von Reichstrainer Dr. Otto Nerz wieder zurückgeholt (Niederlande gegen Deutschland, 2:3). 1928 trat die Nationalmannschaft mit Hans Kalb als Kapitän und Heiner Stuhlfauth im Tor zur Olympiade in Amsterdam an. Einem überzeugenden 4:0 gegen die Schweiz folgte dann am 3. Juni das dramatische 1:4 gegen den späteren Olympiasieger Uruguay. In seinem 15. Länderspiel wurde der deutsche Spielführer wegen lautstarken Protestierens vom Platz gestellt. Nach Ablauf einer einjährigen Sperre, die vom DFB verhängt worden war, kehrte Hans Kalb nicht mehr in die Nationalmannschaft zurück.

Der dritte Clubspieler, der im ersten Nachkriegsländerspiel 1920 gegen die Schweiz debütierte, war Carl Riegel. In den sieben Länderspielen, die er bis 1923 bestritt, gehörte der schlaksige Läufer stets zu den Besten. Einmal – beim 2:1 gegen die Schweiz am 3. Juni 1923 – durfte er sogar die Kapitänsbinde tragen.

Der vierte Meisterspieler des 1. FCN, der am 27. Juni 1920 in Zürich für Deutschland am Ball war, war Hans „Bumbes" Schmidt. Der dynamische Mittelfeldspieler kickte damals allerdings noch für den TV 1860 Fürth. Seinen ersten Länderspieleinsatz hatte er bereits am 18. Mai 1913, als er noch das Trikot der SpVgg Fürth trug (2:1 gegen die Schweiz in Freiburg). Nach diesen beiden Spielen fand er in der Nationalelf erst wieder nach seinem Wechsel zum Club Berücksichtigung. Vom 2. Juli 1922 (0:0 gegen Ungarn) bis zum 14. Dezember 1924 überzeugte der mit Athletik und Kampfgeist auftrumpfende Mittelfeld-Rackerer in zehn Länderspielen und avancierte damit neben Stuhlfauth und Kalb zum dritten Nürnberger Stammspieler der Nationalmannschaft. Am 12. Dezember 1926 kam der fast 33jährige gegen die Schweiz (2:3) zu seinem 16. und letzten Einsatz im Nationaltrikot.

Hans Sutor, der im Endspiel am 13. Juni 1920 noch auf Fürther Seite gekickt hatte, kam am 26. September in Wien gegen Österreich als Cluberer zu seinem ersten Einsatz für Deutschland. Der Flitzer auf dem linken Flügel schoss seine Elf nach einem Sololauf in der 56. Minute in Führung, mußte dann aber mitansehen, wie der österreichische Halbrechte Swatosch seine Mannschaft mit einem lupenreinen Hattrick 3:1 in Front brachte. Den 2:3-Endstand stellte schließlich in der 87. Minute der Ex-Cluberer und nunmehrige Fürther Loni Seiderer her. Nach zwei weiteren Einsätzen musste „der beste Linksaußen der deutschen Ländermannschaft" *(Kicker)* eine einjährige Länderspiel-Pause hinnehmen, danach bildete er mit den Cluberern Heiner Träg bzw. Ludwig Wieder auch in der Nationalmannschaft den linken Flügel. Das 1:0, das er am 15. Juni 1924 in Oslo in der 18. Minute des Länderspiels gegen Norwegen erzielte, wurde in der Presse als „brilliante technische Leistung" gefeiert (den 2:0-Endstand besorgte Ludwig Wieder). Danach gab es wieder eine einjährige Unterbrechung, bevor er am 25. Oktober 1925 in Basel gegen die Schweiz (4:0) sein 12. und letztes Länderspiel bestritt. Insgesamt gewann Deutschland mit dem Linksaußen Sutor immerhin sechs Länderspiele.

Luitpold Popp, der Alleskönner, der auf jeder Feldposition eingesetzt werden konnte, hatte seine Länderspielpremiere am 24. Oktober

Der Held von Turin
Heiner Stuhlfauth klärt per Faustabwehr vor dem Italiener Giuseppe Della Valle (rechts neben ihm Gino Rossetti und Georg Knöpfle). „Mit hohen Bällen", schrieb der Kicker, „war dem Heiner überhaupt nicht beizukommen, und die Italiener, die im Angriffsspiel ihre Überlegenheit bewiesen, bevorzugten damals meist ein hohes oder mittleres Passspiel, versuchten mit Kopfbällen und hochgezielten Schüssen den Deutschen zu überwinden – es war vergeblich."
Der Heiner selbst meinte hinterher: „Oft kam ich mir in meinem Kasten vor, als wäre ich allein gegen die elf Italiener."
Kein Wunder, dass der Rundfunkreporter Paul Laven das Spiel mit den Worten resümierte:
„Es gab Augenblicke, da mir seine Leistung als die größte eines Torwarts in der deutschen Fußballgeschichte zu sein schien."

Ende im Arrestlokal
Im Spiel der deutschen Auswahl gegen Uruguay bei der Olympiade 1928 protestierte der deutsche Spielführer Hans Kalb pausenlos gegen die Entscheidungen des Schiedsrichters. In der 37. Minute hatte Schiedsrichter Youssouf Mohamed aus Ägypten genug und stellte ihn vom Platz – es war der erste Feldverweis in der deutschen Länderspiel-Historie überhaupt! Damit er sich nicht zu weiteren Unvorsichtigkeiten hinreißen lassen konnte, wurde Kalb anschließend in eine kleines Arrestlokal gesperrt, wo er den Rest des Spiels durch ein vergittertes Fenster beobachten musste. Er sah noch, wie die zwar harten, spielerisch aber absolut überlegenen Südamerikaner gewannen und erlebte dabei noch eine weitere Weltpremiere besonderer Art: Nachdem in der 87. Minute auch der uruguayische Kapitän Nasazzi, zusammen mit Richard Hofmann (SV Meerane 07), den Platz hatte verlassen müssen, war dieses Länderspiel weltweit das erste, das ohne Beteiligung der Kapitäne zu Ende ging.

Bild:
Die Nationalelf vor dem Match
(3. v. l. Kalb, 4. v. l. Stuhlfauth)

1920 in Berlin gegen Ungarn (1:0), wo er als linker Halbstürmer eingesetzt wurde. Im folgenden Länderspiel gegen Österreich (3:3) spielte er auf halbrechts, wo ihm auch, auf Flanke von Sutor, sein einziges Länderspiel-Tor gelang. Doch trotz – oder vielleicht auch: wegen – seiner Vielseitigkeit gelang ihm nie der Sprung zum Stammspieler. Es folgten lediglich noch drei weitere Einsätze, den letzten hatte er am 20. Juni 1926 im heimischen Zabo als rechter Verteidiger gegen Schweden (3:3).

Popps Sturmpartner auf der halblinken Position, Heiner Träg, spielte am 5. Mai 1921 in Dresden gegen Ungarn erstmals für Deutschland. Er bildete mit Hans Sutor den linken Flügel und erzielte, auf Flanke von Popp, auch einen Treffer. Danach blieben die Länderspiel-Einsätze des Mannes, der nur mit seinen Nürnberger Sturmpartnern gut harmonierte, spärlich. Auch ein Tor gelang ihm nicht mehr. Sein sechstes und letztes Länderspiel bestritt er am 31. Oktober 1926 gegen die Niederlande (3:2).

Am 23. April 1922 trug der vierte Clubstürmer, Wolfgang Strobel, erstmals das Nationaltrikot. Vor der Rekordkulisse von 70.000 Zuschauern im Wiener Hohe-Warte-Stadion musste der Rechtsaußen mitansehen, wie der deutsche Mittelläufer Hans Kalb in der 63. Minute beim Stande von 0:0 einen Elfmeter verschoss, dann aber konnte er stolz darauf sein, am 2:0-Sieg der Nationalmannschaft seinen Anteil gehabt zu haben. Bis 1924 durfte der schnelle Außenstürmer noch dreimal den Nationaldress überziehen.

Unter den zehn Spielern aus Nürnberg/Fürth, die am 1. Januar 1923 in Mailand gegen die starken Italiener mit 1:3 Toren unterlagen, war auch Anton Kugler. Nach diesem Debüt streifte sich der zuverlässige Verteidiger bis zum 20. November 1927 (2:2 gegen die Niederlande) noch weitere sechsmal das Nationaltrikot über. Vermutlich hätte er es zu weit mehr Länderspielen bringen können, wäre in dieser Zeit die Auswahl an starken Spielern auf der Verteidigerposition nicht so groß gewesen. Mit den Hamburgern Risse und Beier, dem Fürther Müller und dem Münchener Kutterer hatte der „Toni" eine sehr starke Konkurrenz.

Ludwig Wieder lief am 3. Juni 1923, diesmal „nur" von drei weiteren Nürnbergern begleitet (Riegel, Sutor, Schmidt), erstmals für Deutschland auf. Wieder einmal war, diesmal in Basel, die Schweiz der Gegner, und wieder einmal verließen die Deutschen, diesmal mit 2:1 Toren, als Sieger den Platz. Bis 1926 brachte es der in Nürnberg häufig umstrittene Stürmer auf fünf weitere Länderspiele, in denen er auch zwei Tore erzielen konnte. In seinem letzten Einsatz in Amsterdam gegen die Niederlande – Deutschland gewann mit 3:2 – verschaffte er sich mit einem Prachtschuss zum 1:1-Anschlusstreffer in der 32. Minute einen würdigen Abschied aus der Nationalelf.

In der deutschen Elf, die am 15. Juni 1924 in Oslo mit 2:0 gegen Norwegen gewann, standen nicht weniger als acht Cluberer! Stuhlfauth, Kugler, Kalb, Schmidt, Strobel, Wieder, Sutor und erstmals auch Schorsch Hochgesang. Gegen Ungarn in Budapest, wo die Deutschen mit 1:4 untergingen, und, nach einer einjährigen Pause, gegen die Schweiz folgten weitere Länderspiele. Zum 4:0 Deutschlands in Basel steuerte er sein erstes Länderspieltor bei. Obwohl Hochgesang in diesem Match zu den besten Spielern zählte, kam er nur noch zu drei weiteren Einsätzen in der Nationalelf. Am 23. Oktober 1927 bestritt der fast 30-Jährige Stürmer in Altona gegen Norwegen sein 6. und letztes Länderspiel, wobei er zwei Tore zum 6:2-Erfolg beisteuerte.

Neben Hochgesang trugen gegen Norwegen auch noch die Nürnberger Stuhlfauth, Kugler, Kalb (Schütze des 5:2), sowie, in ihrem jeweils ersten Länderspiel-Einsatz, Baptist Reinmann und Emil Köpplinger den Nationaldress. Während für den Mittelfeldspieler Köpplinger das erste zugleich auch das letzte Länderspiel bleiben sollte, wurde dem trickreichen Rechtsaußen Reinmann noch drei weitere Male die Ehre zuteil, Deutschlands Farben vertreten zu dürfen. Sein 4. und letztes Länderspiel absolvierte er am 10. Februar 1929 gegen die Schweiz, die diesmal mit 7:1 niedergekantet wurde. Im selben Spiel trug auch Hans Geiger das Nationaltrikot. Für den rechten Läufer des 1. FCN war es bereits das dritte Länderspiel. 1926, damals noch für den ASV Nürnberg kickend, hatte er schon zweimal eine Berufung in die Nationalelf erhalten. Am 23. Juni 1929 - 3:0 gegen Schweden in Köln - bestritt er sein viertes und letztes Länderspiel für den Club.

Am 16. September 1928 kam der junge Club-Mittelstürmer Seppl Schmitt im Nürnberger Stadion gegen Dänemark zu seinem ersten Einsatz im Team des Reichstrainers Dr. Otto Nerz. Und er führte sich gleich gut ein: Schon in der 8. Minute traf er mit einem deftigen

Links:
1924, vor der Abfahrt zum Länderspiel nach Amsterdam. Auf dem Bahnhof stehen die feindlichen Brüder aus Nürnberg und Fürth noch zusammen.
V.l.n.r.: Der Stuttgarter Torwart Mauch (Reservist), die Fürther Seiderer, Ascherl, Müller, Franz, Auer und Hagen sowie die Nürnberger Wieder (Reservist), Kugler, Träg, Schmidt, Kalb und Stuhlfauth. Nach dem Schnappschuss steigen die Fürther Spieler in den ersten Waggon und die Nürnberger in den letzten.

Unten:
Der Einlauf ins Stadion. Nicht einmal kurz vor dem Anpfiff findet eine Versöhnung statt. Auch auf dem Spielfeld reden beide Parteien nur das Nötigste miteinander – und gewinnen! Als Auer das 1:0 erzielt, wird er nur von seinen Fürther Mannschaftskameraden bejubelt, die Nürnberger wenden sich sämtlich ab. Nach getaner Arbeit reist man wieder getrennt zurück. „Wir haben", schreibt Heiner Stuhlfauth später, „eisern wie richtige Freunde zusammengestanden und gewonnen, um nachher so zu tun, als würden wir uns nie gekannt haben..."

Triumphe der Hochburg

Am 27. Juni 1920, 14 Tage nach dem ersten Meisterschaftstriumph des 1. FCN, trug die deutsche Nationalmannschaft ihr erstes Nachkriegs-Länderspiel aus. Gegner war die damals als sehr spielstark eingeschätzte Schweiz. In dem Spiel, das mit 1:4 verlorenging, debütierten vom amtierenden Meister Hans Kalb, Carl Riegel und Heiner Stuhlfauth. Daneben standen in dem Team der Ex-Cluberer Loni Seiderer, mittlerweile für die SpVgg Fürth kickend, sowie zwei Spieler vom TV 1860 Fürth: Bumbes Schmidt und Georg Wunderlich. Nürnberg-Fürther Kombinationen sollten in den folgenden Jahren das deutsche Nationalteam noch häufiger dominieren. In der Mannschaft, die am 1. Januar 1923 in Mailand gegen die starken Italiener um den Spielmacher „Zizzi" Cevenini mit 1:3 unterlag, standen fünf Nürnberger und fünf Fürther sowie der mittlerweile zu den Stuttgarter Kickers gewechselte Wunderlich.

Eine ausschließlich aus Spielern des 1. FCN und der SpVgg Fürth zusammengesetzte Mannschaft schlug am 13. Januar des folgenden Jahres im „Zabo" eine österreichische Auswahl mit 4:3. Auf schneebedecktem Rasen ging die elegant aufspielende DFB-Auswahl mit 3:0 in Führung, als dann aber die Österreicher in der zweiten Halbzeit aufdrehten - auf einem Schneehaufen stehend trieb Trainer Hugo Meisl seine Mannschaft im Stile eines Dirigenten an -, konnten die Deutschen froh sein, daß sie das knappe Ergebnis noch über die Zeit retteten.

Im nächsten Länderspiel am 21. April in Amsterdam errangen die Deutschen - bzw. das „Team Nürnberg/Fürth" - den ersten Sieg gegen eine holländische Mannschaft. Dieser Triumph war umso erstaunlicher, als die Nürnberger und Fürther wegen eines Spiels um die Süddeutsche Meisterschaft, das einen äußerst ruppigen Verlauf genommen hatte, heftig zerstritten waren.

Anfangs gelingt es den Holländern, den DFB-Sturm immer wieder abseits zu stellen. In der 14. Minute aber schafft es Träg, auf links durchzubrechen. Er flankt über den holländischen Torwart hinweg, rechts steht Auer und köpfelt den Ball ins Netz. Danach passiert dann nicht mehr allzuviel. Im Laufe des Spiels verfängt sich der deutsche Angriff nicht weniger als 32 mal in der niederländischen Abseitsfalle! Opfer ist meist Heiner Träg, der darüber immer missmutiger wird. Offensichtlich versteht er sich mit dem Fürther Linksaußen Ascherl bei weitem nicht so gut wie mit seinem gewohnten Sturmpartner Sutor, der diesmal nicht aufgeboten ist. Trotzdem zeigt die deutsche Elf in ihren guten Momenten vollendetes Flachpassspiel, das den Gegner zeitweilig völlig einschnürt. „Stärke und Feldüberlegenheit", so ein Kritiker hinterher, „waren 2:0 für Deutschland."

Ihren letzten großen Triumph konnte die Hochburg am 7. Januar 1929 einfahren. Nach einem glanzvollen 5:0, das eine Auswahl Süddeutschland im Nürnberger Stadion gegen eine Auswahl Niederösterreich erzielte, titelte der *Fränkische Kurier:* „Ein glänzender Sieg des Nürnberg-Fürther Fußballs". Um sich die Dimension dieses Triumphes klarzumachen, muss man wissen, daß die österreichische Mannschaft nahezu identisch war mit dem später berühmt gewordenen „Wunderteam", das die deutsche Nationalmannschaft 1931 gleich zweimal deklassierte (6:0 und 5:0). Sindelar, Gschweidl & Co waren fassungslos, Torwart Hiden, der noch nie fünf Tore hatte hinnehmen müssen, kamen die Tränen. Dass die Gäste viel Pech hatten, gestand auch der Kommentator des *Fränkischen Kuriers* zu, aber, so fuhr er fort, „das größte Pech war es wohl doch, dass sie auf eine süddeutsche Mannschaft trafen, die in der zweiten Halbzeit, als erst einmal durch Hornauers erstes Prachttor der Bann gebrochen war, in ihrem Siegesdrang einfach nicht mehr aufzuhalten war."

Schuss die Querlatte des dänischen Gehäuses. Sein zweites Spiel bestritt er nur eine Woche später in Oslo gegen Norwegen. Obwohl er der einzige Nürnberger Feldspieler war, lief die Nationalmannschaft an diesem Tag mit weinroten Jerseys auf! Seppl Schmitt erzielte in der 17. Minute die 1:0-Führung, der Schalker Kuzorra sorgte in der 62. Minute für das 2:0, das Stuhlfauth anschließend mit etlichen Glanzparaden sicherstellte.

Ein halbes Jahr, nachdem Stuhlfauth zum letzten Mal im deutschen Tor stand, schrieb der Nürnberger Linskaußen Willi Kund die Geschichte der Nürnberger Nationalspieler fort. Reichstrainer Nerz krempelte gerade allen Kritikern zum Trotz die bis dahin recht erfolgreiche deutsche Elf um. Der Nürnberger dribbelstarke Linksaußen war einer von fünf Neulingen, die am 7. September 1930 in Kopenhagen aufliefen. „Kuni" machte seine Sache gut und schoss in der 37. Minute auf Vorarbeit von Karl Hohmann (VfL Benrath) und Richard Hofmann (Dresdner SC) zum 2:3-Zwischenstand ein. Weniger gut machte seine Sache der deutsche Torhüter Ludwig Wenz. Der Schlussmann des ASV Nürnberg leistete sich einen Fehlgriff nach dem anderen, so dass Deutschland letztlich den Dänen mit 3:6 unterlag. Während für Wenz die Karriere in der Nationalmannschaft beendet war, durfte Kund noch einmal sein Können unter Beweis stellen. Am 13.September 1931 lief er zusammen mit seinen Vereinskollegen Josef Hornauer (Halbrechts) und Leonhard Weiß (Rechtsaußen) in Wien gegen Österreich auf. Das klare 0:5 offenbarte einen Klassenunterschied zu den Österreichern. Für das Nürnberger Trio war es der letzte Auftritt im Nationaltrikot. Besonderes Pech für den Nürnberger Rechtsaußen Weiß, denn er konnte in seinem ersten und einzigen Spiel in der Nationalelf sein Können angesichts des österreichischen Sturmlaufes gar nicht so richtig zur Entfaltung bringen.

Ein Jahr später, am 25.September 1932 besaß der Club dann wieder einen aktuellen Nationalspieler. Richard „Tipfi" Oehm kam vor eigenem Publikum gegen Schweden zu internationalen Ehren. Deutschland gewann zwar 4:3, aber Oehm wusste als linker Läufer nicht unbedingt zu überzeugen. Reichstrainer Nerz bemängelte bei dem Nürnberger oft dessen unzureichendes Kopfballspiel, dennoch nominierte er Oehm für das Spiel gegen Ungarn (3:1) im Januar 1934 und das WM-Qualifikationsspiel gegen Luxemburg (9:1) im März, dem 100.Länderspiel der deutschen Nationalmannschaft. Oehm stand zwar dann im erweiterten Aufgebot für die im Mai und Juni in Italien stattfindende Fußballweltmeisterschaft, wurde aber von Nerz nicht in den 18-köpfigen endgültigen Kader aufgenommen. Deutschland wurde damals Dritter.

Seine über Jahre hinweg sehr guten Leistungen als rechter Verteidiger beim Club sah Andreas „Sterz" Munkert am 28.April 1935 endlich belohnt. Er durfte in Brüssel die Farben Deutschlands tragen. Fast vier Jahre hatte er warten müssen, bis aus seiner ersten Berufung in den Nationalmannschaftskader auch ein richtiger Einsatz wurde. Munkert auf rechts und Willy Busch von Duisburg 99 auf links hatten die belgischen Stürmer in Griff, so daß der Regensburger Torhüter Hans Jakob nur selten eingreifen mußte. Nur ganz zu Anfang befand sich die gesamte deutsche Hintermannschaft im Tiefschlaf, doch der belgische Führungstreffer nach nur 35 Sekunden sollte das einzige Tor der Gastgeber bleiben. Deutschland gewann mit 6:1. Das Spiel zählte ebenso wie Munkerts zweiter Einsatz gegen Finnland 1935 (6:0) als Testlauf für die Olympiade 1936 in Berlin. Munkert war zwar beim sensationellen 2:1-Erfolg gegen die Spanier mit dabei, zum Aufgebot für die Olympischen Spiele zählte er jedoch nicht. Nach vier weiteren Länderspielen war die Begegnung mit Italien im November 1936 im vollbesetzten Berliner Olympiastadion Munkerts letzter Einsatz im Nationaltrikot. Ausgerechnet sein Leichtsinnsfehler brachte die Italiener schon in der 2. Minute in Führung (Endstand 2:2).

Ohne Munkert, aber dafür mit dem Debütanten „Schorsch" Friedel lief die Nationalelf zwei Monate später in Düsseldorf gegen die Holländer auf. Friedel, der in Nürnberg aus jeder halben Chance ein Tor machte, ließ ausgerechnet bei seiner internationalen Premiere alle Vollstreckerqualitäten vermissen. Allein dreimal vergab er freistehend vor dem Tor. Statt selbst zu schießen, gab er den Ball an schlechter postierte Mitspieler weiter. Die Partie endete 2:2, Friedel erhielt keine zweite Chance mehr in der Nationalmannschaft.

Nur eine einzige Chance bekam auch „Schorsch" Köhl. Längst war der „Hauptmann" aufgrund seiner spektakulären Paraden bei den Endspielen um die Deutsche Meisterschaft 1934 und 1936 sowie im Pokalfinale 1935 in ganz Deutschland ein Begriff. Doch an dem deutschen Stammtorhüter Hans Jakob von Jahn Regensburg kam er nicht vorbei. Als Jakob am 21. März 1937 verletzt war, kam Köhl in der Begegnung gegen Luxemburg zum Einsatz. Deutschland gewann 3:2 und Köhl hatte an den beiden Gegentoren keine Schuld. Dennoch stand in den nächsten Spielen wieder Jakob zwischen den Pfosten.

Schon im übernächsten Länderspiel kam Club-Verteidiger Willy Billmann zu seinem Debüt. In Zürich ging es gegen die Schweiz, Deutschland gewann mit 1:0. Billmann gehörte jedoch zu den Schwächsten. Er stand zwar in der Folge einige Male im Aufgebot, musste jedoch bis zum 20. März 1938 auf einen erneuten Einsatz warten. Das war für ihn jedoch ein umso schönerer Moment, durfte er doch im heimischen Stadion vor 50.000 Zuschauern im Nationaltrikot auflaufen. Der Gegner hieß Ungarn und die Deutschen schlugen sich wacker (1:1). Billmann gehörte fortan stets zum Aufgebot, kam jedoch erst ein Jahr später gegen Jugoslawien wieder zum Einsatz. Erstmals seit langem spielten mit Billmann und Sold wieder einmal zwei Nürnberger im Nationaltrikot. Beide gehörten wie in den folgenden Spielen gegen Bulgarien in Sofia und gegen Böhmen in Breslau zu den Besten. Sold hatte zuvor schon sechs Nationalspiele absolviert, allerdings für den FV Saarbrücken. Nach seinen drei Einsätzen als Cluberer in der Nationalelf kam er für seinen neuen Verein Tennis Borussia Berlin 1942 noch dreimal international zum Einsatz. Zu diesem Zeitpunkt war Billmanns internationale Karriere schon längst zu Ende. Sein elftes und letztes Länderspiel fand am 5.Oktober 1941 in Stockholm gegen Schweden statt. Beim „Abschied" aus der Nationalmannschaft befand sich Billmann in prominenter Gesellschaft: Der Schalker Schlussmann Hans Klodt und Halbstürmer Helmut Schön vom Dresdner SC machten ebenfalls ihr letztes Spiel im Nationaltrikot. Verletzungen und Krieg machten bis zum letzten Länderspiel Deutschlands im November 1942 gegen die Slowakei in Preßburg weitere Einsätze unmöglich. Beim Wiederbeginn der Länderspiele mit deutscher Beteiligung 1950 war es für dieses Trio dann zu spät.

Beim ersten Spiel der deutschen Nationalmannschaft nach dem Zweiten Weltkrieg am 22.November 1950 in Stuttgart waren dann aber gleich wieder zwei Cluberer mit dabei: Max Morlock und Gunter Baumann. 115.000 Zuschauer bedeuteten die größte Kulisse, die jemals ein Länderspiel in Deutschland hatte. Ein Elfmeter entschied das Spiel, Deutschland gewann mit 1:0. Auch beim zweiten Länderspiel nach dem Krieg, am 15. April 1951 in Zürich gegen die Schweiz (3:2), kickte der Nürnberger Mittelläufer wieder mit und gehörte neben Fritz Walter und Torhüter Toni Turek zu den Besten. Hätte „Bello" Baumann sich nicht einen stetigen Kleinkrieg mit dem von Bundestrainer Sepp Herberger gesetzten Fritz Walter geliefert, er hätte sich sicherlich öfter als nur zweimal das Nationaltrikot überstrei-

Das Nürnberger Stadion quoll über

„Die Schlange riss nicht mehr ab. Ein Wagen hinter dem anderen, Motorräder und Mopeds quetschten sich dazwischen. In den Straßenbahnen standen die Menschen wie in der Heringsbüchse. Wer nicht auf den nächsten Wagen warten wollte – und das schienen recht viele zu sein – sprang kurzerhand aufs Trittbrett. Tausende walzten per pedes hinaus." *(Nürnberger Nachrichten)* Ihr Ziel war an diesem 1. August 1956 das Spiel einer kombinierten Elf des Club und der SpVgg Fürth gegen die komplette deutsche Nationalmannschaft.

Schon Tage zuvor hatte in Nürnberg der Run auf die 51.000 Karten eingesetzt. Jeder wollte mit eigenen Augen sehen, wie sich die Fußballhochburg gegen Deutschland schlagen würde. Am Spieltag selbst rückten schon im Morgengrauen aus dem ganzen Bundesgebiet die Fußballfans an. In der Stadt selbst ging gar nichts mehr. Alle wichtigen Straßen waren hoffnungslos verstopft. Ein 120 Mann starkes Polizeiaufgebot wurde des Verkehrs einfach nicht Herr.

Draußen im Städtischen Stadion spielten sich bereits dramatische Szenen ab. Die Massen drängten sich durch die zu engen Eingangstore. Noch bei Spielbeginn hofften Hunderte auf eine Eintrittskarte und nicht wenige von ihnen kletterten über das Dach der Kassenhäuschen ins Stadion. Auf den Rängen selbst wurde geschoben und gedrängt, die ersten fielen in Ohnmacht, andere verletzten sich im Gewühl. Die Helfer des Roten Kreuzes mussten 297-mal eingreifen und sechs Verletzte abtransportieren. Das Stadion war bereits hoffnungslos überfüllt, als Tausende ohne Eintrittskarte versuchten, das Marathontor einzudrücken. Mit dicken Seilen und Sicherungshaken versuchte die Polizei, das große Eisentor zu sichern – vergeblich. Das Tor gab nach und etwa vier- bis fünftausend Menschen strömten in den Innenraum. Dicht gedrängt saßen sie schließlich direkt am Spielfeldrand und die insgesamt 60.000 Zuschauer im Stadion sahen, wie die Nürnberg-Fürther-Kombination in der ersten Halbzeit gut mithielt. Die sechs Cluberer und fünf Fürther hielten sich mit 0:1 tapfer. In der Halbzeit verließ Schmid (1. FCN) den Platz und für ihn kam Schmidt (SpVgg Fürth). Die deutsche Nationalelf drängte nun die Städteauswahl in die eigene Hälfte. Edi Schaffer im Tor hatte alle Hände voll zu tun, konnte jedoch nicht verhindern, dass Deutschland auf 0:4 davonzog, bevor der Fürther Schmidt in der 68. Minute zum 1:4-Endstand verkürzte. Das größte Fußballereignis, das Nürnberg bis dahin erlebt hatte, war zu Ende. Nach dem Spiel sorgten die Tumulte in und um das Stadion für hitzige Diskussionen. Der Club wies als Veranstalter alle Kritik zurück. Auch die Polizei fühlte sich unschuldig: „Schließlich sind wir keine Bilettenreißer oder Platzanweiser", ließ das Nürnberger Polizeipräsidium verlauten. In einem war man sich jedoch einig: Das Stadion war zu klein für A-Länderspiele und es müsste eigentlich dringend renoviert werden. Die Forderung nach einem neuen, größeren Stadion wurde in der ganzen Stadt laut.

fen können. Beim 3:2 gegen die Schweiz in Zürich spielte ab der 70.Minute auch Horst Schade mit, der allerdings damals noch bei der SpVgg Fürth kickte. Als Fürther machte Schade noch ein Länderspiel gegen die Türkei im Juni 1951, bevor er als Cluberer Seite an Seite mit Max Morlock im Oktober 1953 gegen das Saarland stürmte. Die Nürnberger besorgten das 3:0 im Alleingang. In der 13. Minute passt Schade zu Morlock, der noch den Torhüter umspielt und einschießt. In der 51.Minute köpft Morlock nach einem Eckball auf das Tor. Die Faustabwehr des Saarländer Torwarts Strempel fällt dem Nürnberger genau vor der Füße, so daß er keine Mühe hat, das 2:0 zu erzielen. In der 67. Minute schickt dann Morlock Schade steil, doch der scheitert an Strempel. Vier Minuten später aber ist es soweit. Nachdem Strempel einen fulminanten Schuss von Rahn nur abklatschen kann, ist Schade zur Stelle und macht das 3:0. Während dies Schades letzter Einsatz in der Nationalmannschaft bleiben sollte, ist Max Morlocks internationaler Stern längst aufgegangen.

Zunächst aber war für Bundestrainer Sepp Herberger der Nürnberger nicht die erste Wahl. Erst als im ersten Nachkriegsländerspiel in Stuttgart gegen die Schweiz Fritz Walter fehlte, kam Morlock zum Zuge. Danach war er aus der Nationalmannschaft nicht mehr wegzudenken. Insgesamt 26-mal spielte er für Deutschland und schoss dabei 21 Tore. Sein erstes erzielte er in seinem zweiten Länderspiel in Wien im September 1951. Morlock drückte einen vom österreichischen Torwart Musil zu kurz abgewehrten Ball mit der Brust über die Linie (Endstand 2:0). In seinem vierten Länderspiel im November 1951 in Istanbul schoss Morlock beide Tore zum 2:0-Sieg gegen die Türkei. Obwohl er nicht der reine Torjäger war, sondern eher Spielmacher oder, wie Sepp Herberger sich auszudrücken pflegte, der „ideale Verbinder" zwischen Abwehr und Angriff, war der Nürnberger in den Qualifikationsspielen zur Weltmeisterschaft 1954 und in den Finalrunden mit jeweils sechs Toren der beste deutsche Schütze.

Sein wichtigstes Tor erzielte Morlock im Finale gegen die Ungarn. Schon nach neun Minuten führten die Ungarn 2:0. Im Anstoßkreis munterte der Nürnberger Halbrechte den deutschen Kapitän Fritz Walter auf: „Jetzt erst recht, Fritz, wir haben doch nichts mehr zu verlieren." Und kaum eine Minute später hatte Morlock das wichtige Anschlusstor auch schon geschossen. Er war in eine Hereingabe von Rahn hineingerutscht und hatte so den Ball vorbei an dem entgeisterten ungarischen Torhüter Grosits ins Netz bugsiert. Am Ende siegte Deutschland mit 3:2 und wurde zum ersten Mal Weltmeister. Bei jedem seiner WM-Auftritte hatte Morlock die besten Kritiken erhalten. „Wuchtig nicht nur vor dem Tor, voll ungestümer aber fairer Wucht auch im Mittelfeld", hieß es im *Kicker*. Die Sportreporter bezeichnete Morlock als „Motor" der deutschen Mannschaft und hoben vor allem sein Kopfballspiel hervor: „Regelmäßig stach sein bester Trumpf: der katapultartige Hochsprung mit dem Kopf nach jedem (jedem!) Ball." *(Kicker)*

Nach der WM lag Morlock ebenso wie Fritz Walter, Horst Eckel, Hans Schäfer und Helmut Rahn mit Gelbsucht darnieder und konnte erst wieder im März 1955 international spielen. Gegen Italien (1:2) ging Morlock jedoch leer aus. In der Folge fiel er bei einigen Länderspielen verletzungsbedingt aus. Dennoch wurde ihm noch einmal eine besondere Ehre zuteil: Am 25. November 1956 lief Max Morlock beim Länderspiel gegen Irland in Dublin als Kapitän der Nationalmannschaft auf. Als er bei der Weltmeisterschaft 1958 (Deutschland wurde Vierter) nicht mehr zum Aufgebot gehörte, hatten alle seine Karriere in der Nationalmannschaft schon als beendet betrachtet. Doch am 21. Dezember 1958 in Augsburg gegen Bulgarien (3:0) und eine Woche später in Kairo gegen Ägypten (1:2) kam der Nürnberger zu zwei weiteren Einsätzen. Standesgemäß verabschiedete sich Morlock mit einem Tor und einem Pfostenschuss von der Nationalmannschaft. Rückblickend lobte der erfolgreichste Nationalspieler des Club stets den „Geist der unverbrüchlichen Kameradschaft", der damals in der deutschen Elf geherrscht habe. Auch auf Sepp Herberger ließ Morlock nie etwas kommen: „Er war mein bester Lehrer, ich hatte nie einen Besseren."

Dies sahen viele Club-Spieler der sechziger Jahre mit Recht völlig anders. Dabei hatten sie vielversprechend begonnen, die für den FCN so „goldenen" Sechziger. Schon im dritten Länderspiel des Jahres 1960, in der Partie gegen Irland in Düsseldorf, gab ein junger Nürnberger seinen Einstand: Ferdinand Wenauer. Der Mittelläufer konnte die 0:1-Niederlage nicht verhindern, lieferte jedoch eine starke Leistung ab. Zweimal in den nur fünf Spielen des folgenden Jahres hieß der deutsche Mittelläufer Wenauer, zweimal durfte ein Sieg gefeiert werden - gegen Dänemark (5:1) und in Polen (2:0). Auch in der ersten Begegnung des WM-Jahres 1962, beim 3:0 gegen Uruguay in Hamburg, überzeugte Wenauer, und doch war dieses, sein viertes Länderspiel, auch sein letztes. Herberger stempelte den „Nandl" zum Sündenbock für die happige 0:4-Niederlage des Club im Meisterschafts-Finale gegen den 1. FC Köln, strich ihn in letzter Minute aus dem Aufgebot für die WM in Chile und gab dem Fürther Herbert „Ertl" Erhardt den Vorzug. Die Quittung erhielt der Bundestrainer prompt: Schon im WM-Viertelfinale gegen Jugoslawien kam das frühe Aus (0:1).

Im ersten Spiel nach dem verkorksten Turnier in Chile erlebten gleich zwei junge Club-Spieler ihre internationale Feuertaufe. Beim 3:2-Sieg erneut gegen Jugoslawien in Zagreb überzeugte Steff Reisch als linker Läufer und, vor allem, Heinz Strehl als Mittelstürmer. „Das hatte ich selbst nicht gedacht. Ich freue mich sehr", meinte er nach dem Spiel. Kein Wunder: Alle drei deutschen Treffer gingen auf das Konto des blonden Heinz, der aber trotzdem nur noch drei weitere Male berufen wurde. Den Partien gegen Frankreich (2:2) und Brasilien (1:2) folgte eine fast zweijährige Pause; obwohl Strehl im WM-Qualifikationsspiel gegen Zypern in Karlsruhe im April 1965 eines der fünf Tore zum klaren 5:0-Sieg gelang, spielte er fortan in den Planungen Herbergers keine Rolle mehr. Auch Reisch gönnte der Bundestrainer insgesamt nur neun Einsätze, den letzten beim 2:2 gegen Schottland im Mai 1964.

Da auch andere herausragende Club-Spieler wie Torhüter Roland Wabra, Joe Zenger oder Tasso Wild keine Gnade vor Herbergers Augen fanden, dauerte es bis zum 6. März 1968, ehe sich ein weiterer Nürnberger das Nationaltrikot überstreifen durfte. Beim 3:1-Erfolg gegen Belgien in Brüssel schoss Georg Volkert gleich zwei Tore zum Einstand. Es sollten die einzigen Länderspieltore des trickreichen Linksaußen bleiben, der als Club-Spieler weitere fünf Länderspiele bestritt. Mit einem Einsatz beim 1:0-Sieg gegen Österreich im WM-Qualifikationsspiel im Mai 1969 in Nürnberg verabschiedete sich Volkert für rund acht Jahre aus der DFB-Auswahl; erst 1977 machte er, längst beim Hamburger SV gelandet, mit sechs weiteren Begegnungen das Dutzend voll.

Nur rund neun Wochen nach Volkert schlüpfte auch Ludwig Müller ins Nationaltrikot. Beim 1:0 gegen England in Hannover trug der Abwehrspieler mit einer soliden Leistung zum ersten deutschen Erfolg überhaupt gegen den Angstgegner von der Insel bei. Nach vier weiteren Berufungen als Club-Spieler und einem als Profi bei Borussia Mönchengladbach mußte der „Luggi" das Trikot mit dem Bundesadler auch schon wieder ausziehen.

Nach Volkerts Auftritt in Nürnberg gingen 17 Jahre ins Land, ehe der nächste Nürnberger zu Länderspiel-Ehren kam. Dieter Eckstein war es, der am 15. Oktober 1986 den Bann brach. In der Partie gegen Spanien in Hannover wurde er als erster der neuen Club-Fohlen von Teamchef Franz Beckenbauer berücksichtigt. Beim 2:2-Unentschieden verpaßte der für Herbert Waas eingewechselte „Eckes" einen Treffer nur knapp. Auch in seinen sechs weiteren Länderspielen ging der Club-Torjäger leer aus. Eckstein zählte zum deutschen Aufgebot für die Europameisterschaft 1988 im eigenen Land; beim 4:0-Sieg gegen Finnland in Helsinki im gleichen Jahr gab er seinen Ausstand.

„Mindestens drei von euch werden Nationalspieler", hatte Heinz Höher seinen „Fohlen" nach der Niederschlagung des Spieleraufstands im Oktober 1984 prophezeit. Der Trainer behielt recht. Auf Eckstein folgten zunächst Stefan Reuter und Manfred Schwabl. Reuter debütierte am 18. April 1987 in Köln gegen Italien (0:0), Schwabl fünf Monate später beim 1:0 gegen Dänemark in Hamburg. Während der kleine Mittelfeldspieler danach nur noch dreimal Länderspiel-

Drei Clubspieler im Nationaltrikot: Stefan Reuter, Andi Köpke, Dieter Eckstein

Luft schnupperte, zuletzt beim 1:0-Sieg gegen die Schweiz 1988, setzte Reuter zu einer traumhaften internationalen Karriere an. Neun Länderspiele bestritt er als Club-Profi, weitere 60 für Bayern München, Juventus Turin und Borussia Dortmund. Absoluter Höhepunkt: Seine Einwechslung für Thomas Berthold im Finale der WM 1990 in Italien. Reuter stand auf dem Feld des Olympiastadions zu Rom, als Andreas Brehme gegen Argentinien den Elfmeter verwandelte, der Deutschland zum dritten Mal zum Weltmeister machte. „Natürlich fühle ich mich als Weltmeister", sagt der in Dinkelsbühl geborene Abwehrspieler heute, „schließlich habe ich im Finale 17 Minuten lang gespielt." Weniger erfreulich verlief sein letzter Einsatz im Nationaltrikot: Bei der WM 1998 in Frankreich bot ihn Bundestrainer Berti Vogts im ersten Gruppenspiel gegen die USA noch einmal auf, um ihn danach wort- und erklärungslos fallenzulassen. Das deprimierende Viertelfinal-Aus gegen Kroatien erlebte Reuter nur als Zuschauer auf der Tribüne mit.

Ein anderer „Nürnberger" hingegen hechtete im gleichen Spiel dreimal vergebens. Dabei hatte es Andreas Köpke endlich geschafft. Lange mußte der Torhüter, der 1990 im „Witzspiel" gegen Dänemark - Franz Beckenbauer wechselte damals in der Halbzeit zehn (!) neue Spieler ein - sein erstes Länderspiel bestritten hatte, warten, bis auch Berti Vogts begriffen hatte, wer Deutschlands wahre Nummer eins ist. Zur WM 1990 fuhr Köpke als Deutschlands Nummer drei hinter dem Kölner Bodo Illgner und dem Münchner Raimond Aumann, zur WM 1994 als Nummer zwei hinter Illgner. So brachte er es als Club-Profi nur auf 14 Länderspiele. Erst nach dem Turnier in den USA setzte Vogts auf den inzwischen nach Frankfurt gewechselten Schlussmann; bei der Europameisterschaft 1996 in England holte er sich mit der deutschen Mannschaft den EM-Titel. Auch zwei Jahre später in Frankreich hieß der deutsche Torhüter Andreas Köpke. Seine dritte WM wollte der gebürtige Kieler mit dem Titel krönen; im Viertelfinale gegen Kroatien aber platzte sein großer Traum, wenige Tage später erklärte er seinen Rücktritt aus der Nationalelf.

37 Nürnberger Spieler trugen seit Ludwig Philipps erstem Einsatz gegen die Schweiz im Jahr 1910 das deutsche Trikot. Nur Bayern München, der 1. FC Köln und der Hamburger SV stellten mehr Nationalspieler.

Das Frankenstadion und der Alte Zabo (unten)

Die Stadien

Deutschherrnwiese (04. Mai 1900) · Steinbühl/Ziegelgasse (21. September 1905) · Schweinau/Maiachstraße (28. Februar 1908) · Zabo I (24. August 1913) · Zabo II (29. Mai 1950) · Städtisches Stadion (Dauer-Heimspielort seit 1966/67) · Frankenstadion (29. September 1991)

Schweinau

Nach der Vereinsgründung im Mai 1900 spielten die Fußballer des 1. FCN zunächst auf der Deutschherrnwiese, danach auf einer Wiese am Schmausenbuck. Im Sommer 1905 zog man auf einen Platz an der Ziegelgasse (Steinbühl) um. Als sich das Gelände für das wachsende Zuschauerinteresse schon bald als nicht ausreichend erwiesen hatte, wich man auf eine größere Wiese an der Maiachstraße in Schweinau aus. Am 28. Februar 1908 wurde das Gelände mit einem Spiel gegen Wacker München (11:3) eingeweiht. Der Schweinauer Platz hatte eine kleine Holztribüne und Ansätze von Zuschauerwällen, aber bereits im Herbst 1911, als wenigstens 6000 Zuschauer das Derby gegen Fürth sehen wollten, war auch dieses Proto-Stadion dem Andrang nicht mehr gewachsen.

Ein Clubmatch in Schweinau. Im Hintergrund gut erkennbar der Hochspeicher des Gaswerkes.

Zabo I

Das neue, nach damaligen Verhältnissen vorbildliche Sportgelände in Zerzabelshof, das zunächst 8000 Zuschauern Raum bot, wurde am 24. August 1913 dem Publikum übergeben. Obwohl das Eröffnungsspiel gegen Eintracht Braunschweig mit 3:5 verlorenging, war man beim Club sehr zufrieden. „Das stattliche Clubhaus und die imposante Tribüne riefen einen mächtigen Eindruck in der Sportwelt hervor", schrieb der ehemalige Club-Kapitän Georg Hertel. Bald schon wurde neben „Club" auch das Kürzel „Zabo" zu einem Begriff für Nürnberg und erstklassigen Fußball. Woher der Name stammt, geht aus einer Notiz in der Vereinszeitung vom Oktober 1955 hervor: Danach gebührt Vereinsmitglied Alfred Fleinert „das Patent für die Urheberschaft der Zabo-Prägung". Im Jahr 1915, als er im Clubheim wohnte, habe er die Ortschaft Zerzabelshof, die vorher im Volksmunde „Zabala" genannt wurde, in „Zabo" umgetauft.

Besonders stolz war man beim Club auf die elegante Tribüne des im Jahr 1913 eröffneten neuen Sportgeländes. In ihrem Inneren befanden sich größzügig gestaltete Umkleideräume (oben).

Der Zabo in den fünfziger Jahren. Im Hintergrund gut erkennbar das Mahnmal für die Gefallenen des Ersten Weltkrieges

Zabo II

Nach dem 1. Weltkrieg wurde der Zabo ausgebaut. Eine besondere Note erhielt die auf das Fassungsvermögen von 25 000 Zuschauern erhöhte Anlage durch das von Karl Hertel entworfene Kriegsmahnmal, das an der Nordkurve des Wettspielplatzes errichtet wurde. Als der Sportpark Zabo 1926 seinen letzten Schliff erhielt, galt er wiederum als die schönste vereinseigene Sportanlage Deutschlands. 1945 musste der Club seine Heimspiele vorübergehend im Ronhof austragen – der Zabo war von den Amerikanern beschlagnahmt worden. Nachdem man in die Ruine des Zabo zurückgekehrt war, musste man, wollte man die hohen Platzmietkosten für das Städtische Stadion vermeiden, neue Pläne fassen. Der Zabo wurde neu auf- und ausgebaut. Bei der Einweihung am 29. Mai 1950 gab es wieder ein schmuckes Stadion mit einem Fassungsvermögen von 35.0000 Zuschauern zu bewundern. Insbesondere die nach einem Entwurf des bekannten Architekten Ruff gestaltete Tribüne wusste zu gefallen.

Flutlicht im Zabo! Eine Firma hatte zu Demonstrationszwecken die Tribüne mit Lampen bestückt. Das Experiment blieb jedoch ein einmaliges Ereignis

Das altehrwürdige Städtische Stadion wird (unten) zur Großbaustelle. Der Spielbetrieb läuft weiter.

Städtisches Stadion und Frankenstadion

Als der Club die verkehrspolizeilichen Auflagen für den Spielbetrieb im Zabo nicht mehr erfüllen konnte – das alte, gewachsene und daher verwinkelte Zerzabelshof war dem zunehmenden Autoverkehr nicht mehr gewachsen –, beschloss man, den vereinseigenen Sportpark aufzugeben. 1966 wurde der alte Zabo abgebrochen. Als Trainingsgelände entstand der „Neue Zabo", ihre Spiele trug die 1. Mannschaft fortan im Städtischen Stadion aus.

Das Nürnberger Stadion, in der zweiten Hälfte der 20er Jahre erbaut, konnte schon im Spieljahr 1967/68, als der Club seine 9. Meisterschaft errang, kaum mehr den Ansprüchen genügen, die an eine moderne Sportarena zu richten waren. Anfang der 70er Jahre gab es im Stadtrat heftige Diskussionen, ob sich Nürnberg als Austragungsort der Fußballweltmeisterschaft 1974 bewerben sollte. Im Gegensatz zu anderen Städten – acht Stadien wurden damals bei einem Gesamtaufwand von 260 Millionen DM neu- bzw. umgebaut – nahm man jedoch in Nürnberg die historische Chance, günstige Finanzierungsmöglichkeiten für einen Stadion-Neubau zu nutzen und WM-Spielort zu werden, nicht wahr. DFB-Präsident Hermann Neuberger schüttelte den Kopf: „Wenn Nürnberg glaubt, auf die gewaltige WM-Werbung verzichten zu können, dann müssen wir das akzeptieren".

In den folgenden Jahren musste man sich mit einem zwar durch Stahlbetontribünen erheblich erweiterten, ansonsten aber nur recht provisorisch instandgesetzten Stadion begnügen (Kapazität: 56.000 Zuschauer, davon $1/3$ Sitzplätze). 1986, als ein Gutachten der Landesgewerbeanstalt ergab, dass aufgrund der Brüchigkeit des Tribünendaches eine Gefährdung der Zuschauer gegeben sei, wurde das Ende des bröckelnden Gemäuers eingeleitet. Im Vorfeld der 1987 anstehenden Kommunalwahl wurde die Aussicht auf ein neues Stadion schließlich zum populärsten Argument der OB-Kandidaten Schönlein (SPD) und Beckstein (CSU), um die Gunst der Wähler zu gewinnen. Als der Nürnberger Architekt Günter Wörrlein den vom Stadtrat ausgeschriebenen Ideen-Wettbewerb gewann, war es Günther Beckstein, der den Bayerischen Ministerpräsidenten Franz Josef Strauß nach Nürnberg locken und während eines Clubspiels davon überzeugen konnte, dass das Projekt unterstützt werden müsse. Strauß versprach, dass der Freistaat die Hälfte der geschätzten Kosten von 52 Millionen DM zu übernehmen bereit wäre. Der Gesamtauftrag wurde zu diesem Festpreis an eine Arbeitsgemeinschaft vergeben.

Probleme verursachte in der Folge vor allem die denkmalgeschützte Haupttribüne. Bei der Sichtung der Fundamente und Stützen hatte sich herausgestellt, dass diese beim Bau des in den 20er Jahren preisgekrönten Städtischen Stadions nicht fachgerecht errichtet worden waren. Der Erhalt des Tribünenrumpfes verursachte eine Kostensteigerung des Projekts auf 68 Millionen DM, zudem wurde beim unsachgemäßen Abbau des Tribünendaches ein Bauarbeiter schwer verletzt.

Am 29. September 1991 wurde das neue „Frankenstadion" eingeweiht. Mit seiner Kapazität von 52.000 Zuschauern, davon $2/3$ Sitzplätze, brachte es dem 1. FCN bei ausverkauftem Haus eine Einnahme von gut 900.000 DM. Heute ist es, da nur noch einige wenige Fanblöcke übriggeblieben sind, beinahe ein reines Sitzplatzstadion. Doch auch mit der reduzierten Fassungskraft (44.400) hat der Club eine selbst im internationalen Vergleich konkurrenzfähige Spielstätte.

Die Präsidenten

1900–1904 Christoph Heinz · 1904–1910 Ferdinand Küspert · 1910–1912 Christoph Heinz · 1912–1914 Leopold Neuburger · 1915–1917 Ferdinand Küspert · 1917–1919 Konrad Gerstacker · 1919–1921 Leopold Neuburger · 1921–1923 Ludwig Bäumler · 1923 Eduard Kartini · 1923–1925 Max Oberst · 1926–1930 Hans Schregle · 1930–1935 Ludwig Franz · 1935–1945 Karl Müller · 1945–1946 Hans Hofmann · 1946–1947 Hans Schregle · 1947–1948 Hans Hofmann · 1948–1963 Ludwig Franz · 1963–1964 Karl Müller · 1964–1971 Walter Luther · 1971–1977 Hans Ehrt · 1977–1978 Lothar Schmechtig · 1978–1979 Waldemar Zeitelhack · 1979–1982 Michael A. Roth · 1983–1991 Gerd Schmelzer · 1991–1992 Sven Oberhof · 1992–1994 Gerhard Voack · 1994 Georg Haas · 1994 bis heute Michael A. Roth

Es waren nur 21 in 100 Jahren. Sie waren Sportler und Idealisten, Rechtsanwälte und Lehrer und zuletzt fast stets Großunternehmer. Lange Zeit hießen sie „Erster Vorsitzender", dann nannten sie sich „Vereinsführer" und heute spricht man nur noch von den „Präsidenten". Sie versuchten meist mit Erfolg das Club-Schiff durch all die Untiefen der Geschichte hindurch zu lotsen, ließen sich feiern und wurden gefeiert. Manchmal aber auch machten sie sich zum öffentlichen Gespött, wurden mit Schimpf und Schande davongejagt oder wurden Ziele versuchter Mordanschläge – ein Spiegelbild eben der bewegten Geschichte des Traditionsvereins, der so viele Höhen und Tiefen erlebt hat.

Idealisten und Sportler

Den Anfang machte 1900 ein hervorragender Sportler und glühender Idealist: Christoph Heinz. Er war einer der Gymnasiasten, die mit wachsender Begeisterung um 1890 herum auf der Deutschherrnwiese und der Peterheide mit Schulkameraden ein dem englischen Rugby ähnelnden Ballsport betrieben. Anfang 1900, als Heinz das Gymnasium längst verlassen hatte, erinnerte er sich seiner Leidenschaft wieder, setzte sich hin und schrieb Einladungskärtchen an seine damaligen Mitstreiter. Heraus kam bei jenem Treffen am 4. Mai in der Gaststätte „Burenhütte" die Gründung des 1. FCN. Die 18 Männer der ersten Stunde wählten Heinz zu ihrem Vorsitzenden. Der Mann, der als Rugbyspieler ebenso wie als Skifahrer und Reckturner zu überzeugen wusste und in seiner Freizeit auf die Jagd ging, entsprang einer sportbegeisterten Familie. Bruder August galt lange Jahre als Deutschlands bester Kunstradfahrer und Bruder Wilhelm war ebenfalls Mitbegründer des Club, ein ebenso guter Fußballer wie Leichtathlet. Später zeichnete er als Architekt für den Bau des ersten Club-Hauses verantwortlich.

Christoph Heinz war Vorsitzender, Schriftführer und Kassier in einer Person und damit maßgeblich an der entscheidenden Weichenstellung des Club beteiligt: Er steuerte den Verein weg vom Rugby und hin zum Fußball und er machte sich auf Sponsorensuche, als es den Namen Sponsor noch gar nicht gab. Die Geldnot des 1. FCN ist nämlich durchaus kein Phänomen der letzten zwanzig oder dreißig Jahre, sondern zieht sich wie ein roter Faden durch die ganze Vereinsgeschichte hindurch. Hohe Schuldenstände in den 20er Jahren, der auf dem Geschäftsstelleninventar klebende Kuckuck des Finanzamtes in den 30er Jahren, rote Zahlen nach dem Ende des Zweiten Weltkrieges, Schulden nach dem Bau des Sportparks „Neuer Zabo" Mitte der 60er Jahre. Schließlich der unrühmliche Titel des Rekordschuldenmeisters Mitte der 90er Jahre – und eben finanzielle Engpässe schon kurz nach Vereinsgründung. Wo sollten Bälle oder Tornetze herkommen? Mit den Mitgliedsbeiträgen von 50 Pfennigen im Monat (bei 43 Mitgliedern im Jahr 1903) und den Eintrittsgeldern in Höhe von 10 Pfennigen war nicht viel Staat zu machen. Heinz fand nun in dem damals in Nürnberg bekannten Ritter von Gerngroß und dem Fabrikanten O. Heisinger finanzstarke Gönner. Heisinger war es beispielsweise, der dem Club die ersten teergetränkten Tornetze spendierte. Christoph Heinz war auch der einzige in Nürnberg, der damals eine Fußballzeitung abonniert hatte und so stets über die neuesten Entwicklungen in dieser noch sehr jungen Sportart auf dem Laufenden war. Der Vorsitzende und Mannschaftskapitän organisierte persönlich die ersten Wettspiele gegen den 1.FC Bamberg im September 1901 – und er war der einzige in der Nürnberger Elf, der Fußballstiefel trug. Auf eine Anregung schlossen sich 1904 die Fußball spielenden Vereine in Nürnberg und Fürth zu einem eigenen Verband zusammen.

Christoph Heinz, erster Präsident des Club

Ferdinand Küspert, der Heinz 1904 nachfolgte, gehörte nicht zu den Gründungsvätern. Er favorisierte die Leichtathletik, die während der heißen Jahreszeit damals an die Stelle des Fußballs trat. Erst im Herbst wurde dann wieder Fußball gespielt. Küspert, den seine damaligen Vorstandskollegen stets als „bienenfleißig" und „ruhenden Pol" des Vereins bezeichneten, pachtete für den Club einen 10.000 Quadratmeter großen Platz an der Ziegelgasse, nachdem die Plätze an der Deutschherrnwiese und unterhalb des Schmausenbucks nicht mehr ausreichten. Alle Mitglieder und Vorstände legten mit Hand an, um den Platz bespielbar zu machen und eine Umzäunung zu schaffen.

Die Grundsteinlegung für den am 24. August 1913 eingeweihten Zabo war ein feierlicher Akt und ein wichtiger Schritt für die zukünftige Entwicklung des Vereins

Die für die damalige Zeit hohe Summe von 1.050 Mark, die Zaun und Umkleidehütte verschlangen, ließ bei manchem Mitglied die Befürchtung laut werden, der Club werde an dieser Schuldenlast zugrundegehen. Doch das Geld war schnell wieder eingespielt.

Rechtsanwälte und Finanzexperten

Als Küspert 1910 nach sechsjähriger Amtszeit abtrat, lag die Mitgliederzahl schon bei stolzen 440 und der mit der Ausgabe von Anteilscheinen finanzierte Platz in Schweinau, der 1908 die Ziegelgasse abgelöst hatte, war auch schon wieder zu klein geworden. Küsperts Nachfolger wurde wiederum Christoph Heinz. Er trieb den Gedanken voran, ein großes Grundstück zur Errichtung eines eigenen Sportplatzes zu erwerben. „Sollten wir es wagen, den Schritt zur Selbständigkeit zu tun, sollten wir alles setzen auf die Annahme, daß die Sportbewegung, die Zahl ihrer Jünger wie ihrer Gönner, noch nicht auf ihrem Höhepunkt angelangt sei?" Nicht nur das Gründungsmitglied und der spätere Vorsitzende Hans Hofmann spürte, dass der Club an einem Scheideweg angelangt war. Man entschied sich für die riskante Variante, die dann der eloquente Rechtsanwalt Dr. Leopold Neuburger, der 1912 die Nachfolge von Heinz antrat, in die Tat umsetzte. Am 24. August 1913 war es dann soweit: Neuburger, ein Mann der klaren Entschlüsse, konnte die Anlage in Zerzabelshof, den „Zabo", seiner Bestimmung übergeben. Die Wahl fiel auf Zerzabelshof, weil das Dorf damals jenseits der Stadtgrenze lag und man somit der von der Stadt Nürnberg für Fußballspiele geforderten Zahlung einer Lustbarkeitssteuer entging. Der Sportpark „Zabo" wurde in ganz Süddeutschland bewundert. Der Verein hatte die Anlage ohne öffentliche Unterstützung errichtet. Die rund 300.000 Mark, die das Grundstück, die Platzanlage und das Clubhaus gekostet hatten, brachten dem damaligen Schatzmeister Eduard Kartini nicht nur eine schlaflose Nacht. Der Ausbruch des Ersten Weltkrieges im August 1914 machte den Club-Verantwortlichen zudem einen ordentlichen Strich durch die Rechnung. Sie hatten gehofft, die hohen Schulden relativ schnell durch Eintrittsgelder wieder tilgen zu können. Immerhin lasteten allein knapp 12.000 Mark pro Jahr an Zinsen auf dem Club.

Eduard Kartini wachte nicht nur über die Club-Kasse, sondern war auch Motor des süddeutschen Fußballverbandes.

Ferdinand Küspert war es, der, nachdem die komplette Club-Führung bei der Mobilmachung eingezogen wurde, den Club vor dem finanziellen Absturz in der Kriegszeit bewahrte. Als die Einnahmen aus den Mitgliedsbeiträgen und den Wettspielen kriegsbedingt immer geringer wurden und das Bankguthaben des Club bis zum Oktober 1916 auf kaum erwähnenswerte 2.700 Mark zusammengeschmolzen war, sah Küspert schwarz: „Wir konnten schon den Tag ausrechnen, an dem wir vor dem Nichts stünden." Der Verein drohte sich zu zerstreiten und aufzulösen. Küspert trat bei einer außerordentlichen Mitgliederversammlung entnervt zurück: „Ich war so ziemlich am Ende meiner Lust und Kräfte." Konrad Gerstacker übernahm den Vorsitz. Er hielt den Verein zusammen, bewahrte den Fußballplatz vor dem von der Regierung im Krieg vorgeschriebenen Anbau von Kartoffeln, kurbelte stattdessen den Spielbetrieb an, erhöhte die Eintrittspreise und hatte mit seinen Maßnahmen Erfolg. Die Mannschaft spielte gut, wurde Süddeutscher Meister, die Leute strömten wieder in den Zabo und als der Krieg zu Ende war, hatte der Club sportlich wie auch wirtschaftlich den Grundstein für die nun folgenden „Goldenen 20er Jahre" gelegt.

1919 übernahm Neuburger wieder den Vorsitz des nun schon 2.000 Mitglieder zählenden Vereins. Zusammen mit Kartini als Kassier und dem unermüdlichen Cluberer, Mann der ersten Stunde und rechten Läufer der Ursprungsmannschaft, Hans Hofmann, als Spielausschussvorsitzenden ging es mit dem Club steil bergauf. Neuburger, der als erstklassiger Anwalt ein hervorragender Sachwalter der Club-Interessen war, konnte als erster Club-Präsident die Viktoria für die deutsche Meisterschaft des 1. FCN in Händen halten. Im Meisterschaftsjahr beschloss eine außerordentliche Mitgliederversammlung, Anteilscheine für den Bau eines Schwimmbades und die Erweiterung der Sportplatzanlage auszugeben. Trotz großer Anlaufschwierigkeiten kamen damit rund 300.000 Mark zusammen.

1921 legte Neuburger sein Amt aus beruflichen Gründen nieder, doch mit dem Rechtsanwalt Ludwig Bäumler rückte ein Mann entsprechender Qualität an die Vereinsspitze. Er hatte vor allem mit der in Deutschland grassierenden Inflation zu kämpfen. Die Durchführung zweier Reisen mit der ersten Mannschaft nach Spanien linderte die akute Geldnot durch den Zufluss dringend benötigter Devisen. Nachdem 1923 die Mitgliedsbeiträge schon wertlos waren, bis sie zum Einzug gelangten, stellte Bäumler sie auf Goldbasis um. Dann machte er

Mit Anteilscheinen, die mit 4,5 % verzinst wurden, brachte der Club 1921 das Geld für die Erweiterung des „Zabo" auf.

den Platz für den Mann frei, der bislang über die Finanzen des Club waltete: Eduard Kartini. Unbestechlich und kompromisslos in der Sache, scharfzüngig und klar denkend hatte sich Kartini schon lange als Schatzmeister des Club einen Namen gemacht. Sein Ruf reichte weit über die Grenzen Nürnbergs hinaus. So war es auch kein Wunder, dass der im Januar 1923 zum Vorsitzenden gewählte Kartini schon nach sechsmonatiger Amtszeit in den Vorstand des Süddeutschen Fußball- und Leichtathletikverbandes berufen wurde. Der Club hatte eine ausgezeichnete Persönlichkeit verloren, der Verband jedoch, dem er schließlich von 1925 bis zu seinem frühen und unerwarteten Tod am 27. Juli 1932 vorstand, einen unermüdlichen Streiter für die Sache gewonnen.

Schulmeister und Lehrer

Nach Kartini begann die Zeit der Schulmeister und Lehrer in der Vorstandsetage. Kein Wunder, denn damals rückte die sportliche Erziehung der Jugend in den Vordergrund der Überlegungen der deutschen Fußballvereine. Den Anfang machte in Nürnberg Dr. Max Oberst im Juli 1923. In seiner dreijährigen Amtszeit fiel das 25jährige Vereinsjubiläum, dessen Ausgestaltung dem Lehrer besonders am Herzen lag. Nach den Feierlichkeiten trieb er die Erweiterung der Sportplatzanlage nach den Plänen des Architekten und ehemaligen Spielführers der ersten Mannschaft, Karl Hertel, voran.

Dem Lehrer Oberst folgte ein anderer Lehrer nach: Dr. Hans Schregle. Schregle war 1907 dem Club beigetreten und einer von vielen, die 1911/12 in der „Akademiker-Mannschaft" des Club an den Spielen um die deutsche Hochschulmeisterschaft teilnahmen und später wichtige Funktionen innerhalb des Vereins übernehmen sollten. Dazu gehörte auch Dr. Hans Pelzner, der Schregle als zweiter Vorsitzender zur Seite stand. Pelzner hatte 1922 die „Club-Zeitung" gegründet, rief 1932 den „Tisch der Alten" ins Leben, gehörte von 1952 bis 1957 noch einmal dem Vorstand an und erhielt 1970 für sein Wirken im deutschen Sport das Bundesverdienstkreuz. Als er 1975 starb war er 75 Jahre Mitglied in seinem geliebten Club. „Der 1. FCN bekundet schon durch die Einrichtung seiner mannigfachen Sportabteilungen, dass er zu allseitiger harmonischer Durchbildung des Körpers anhalten will", schrieb Pelzner in der Festschrift 1925. „Fußballsport für sich allein betrieben" sei, so betonte Pelzner, „nicht die idealste Ausbildung des Jugendlichen". Pelzners und Schregles Ziel war es, den Club als Verein für Leibesübungen aller Art und die Club-Gemeinschaft als Club-Familie auszugestalten und vor allem die Jugendarbeit voranzutreiben. Schon bestehende Abteilungen wurden ausgebaut, neue gegründet: Leichtathletik (erste Anfänge 1902), Ski (1907), Hockey (1908), Schwimmen (1913), Handball (1921), Tennis (1924), Boxen (1925), Rollschuh- und Eislauf (1937). 1930 machte Schregle, der als Sozialdemokrat längst in die Politik gegangen war und dem Club nach Ende des Zweiten Weltkriegs noch wertvolle Hilfestellung leisten sollte, einem Mann Platz, der die Geschicke des Vereins insgesamt 20 Jahre und damit länger als alle seine Vorgänger und bislang auch alle seine Nachfolger leiten sollte: Ludwig Franz.

Der Vereinsführer

Franz war Mitglied der großen Nürnberger Fußballerkanzlei. Sie residierte zunächst in der Ludwigstraße und später in der Königstraße und bestand aus Ludwig Bäumler, dem Club-Vorsitzenden zu Beginn der 20er Jahre, und den jungen Anwälten Karl „Bibi" Müller und eben Ludwig Franz. Franz, eher bescheiden und zurückhaltend, und Müller, eher vital und ungestüm, traten nahezu als Zwillingspaar auf. War der eine erster Vorsitzender, wirkte der andere als sein Stellvertreter und umgekehrt. In ihrer Kanzlei wimmelte es nur so von Fußballinteressierten und Cluberern und dort wurden jahrzehntelang die Geschicke des 1. FCN geleitet.

Nach seiner Wahl zum ersten Vorsitzenden hatte Rechtsanwalt Franz es vor allen Dingen mit der Inflation und dem Siegeszug des Nationalsozialismus zu tun. Franz, der im August 1925 Club-Mitglied geworden war und zuvor bei der zweiten Mannschaft der SpVgg Fürth im Tor stand, galt als klug, gütig und selbstlos. Doch schon im August 1932 musste er hilflos mitansehen, wie das antisemitische Hetzblatt *Der Stürmer* den damaligen jüdischen Club-Trainer Jenö Konrad ins Exil trieb. Nach langen Jahren ohne Trainer hatte sich der Club-Vorstand 1930 nach langwierigen Debatten zum Engagement des ehemaligen Mittelläufers von MTK Budapest durchgerungen. Nun floh er nach Wien und Franz' Sozietätskollege, der zweite Club-Vorsitzende Karl Müller, hielt die Abschiedsrede am Bahnhof: „Mit aufrichtiger Rührung haben wir einen untadeligen Menschen von uns gehen sehen, dem bitteres Unrecht angetan worden ist, an dem der Verein kein Teil hat."

Schon im April 1933, also drei Monate vor der offiziellen Gleichschaltung aller Vereine, hatte der Club unter Regie von Franz und dem NSDAP-Mitglied Karl „Bibi" Müller seine „Stellung zur Judenfrage" geklärt. Alle jüdischen Mitglieder wurden aus der Mitgliederliste gestrichen. Insbesondere Müller, der im Februar 1935 den nicht mehr kandidierenden Franz ablöste, verfasste in der Vereinszeitung eine Ergebenheitsadresse nach der anderen für die nationalsozialistischen Machthaber. Vereinsvize wurde damals der NSDAP-Stadtrat und Rechtsanwalt Gottfried Biemüller. „Der Charakter der Leibesübungen ist nationalsozialistisch, und so bekennt sich unser Verein freudig zum Nationalsozialismus", schrieb Biemüller zum 40-jährigen Jubiläum des 1. FCN. „Die Juden verschwanden aus dem Verein, die Demokraten zogen sich zurück, und die Vereinsführer gaben, um das Eigentum des Vereins nicht zu gefährden, klein bei und heulten in der Folge mit den Wölfen", kritisierte die Vereinszeitung vom März 1948 die damalige Vereinsführung. Obwohl vor allem Müller sich die NS-Sprache angeeignet hatte, zusammen mit der Nürnberger NSDAP-Parteispitze in der Ehrenloge saß und offiziell auch als „Dietwart" für die politische Schulung der Club-Kicker verantwortlich war – ein glühender Nationalsozialist war er nie. Das bestätigten nach dem Krieg auch Hans Hofmann und Hans Schregle, die beide als Sozialdemokraten entschiedene NS-Gegner waren. Trotzdem trauert man auch heute noch beim Club den vielen schönen Pokalen, Meisterschalen und Medaillen nach, die der Verein auf Anweisung von Müller der „Metallspende des deutschen Volkes" im April 1940 zur Verfügung stellte, um daraus Waffen für den Krieg zu schmieden. Bis zum Ende des Zweiten Weltkrieges blieb Müller an der Spitze des Vereins. Eine schlagkräftige erste Mannschaft auch in Kriegszeiten war sein Ziel. Deshalb verpflichtete er auch im Einvernehmen mit dem langjährigen Club-Kassier Adam Winkler, der trotz schwierigster finanzieller Bedingungen grünes Licht gab, die erfolgreich wirkenden Trainer Alv Riemke und „Bumbes" Schmidt.

Hans Hofmann lebte ein Leben für den Club

Der Alt-Cluberer

1945, als die Tribüne im Zabo abgebrannt, der Rasen von Bombentrichtern übersät war, den 1. FCN eine Schuldenlast von rund einer halben Mio. Mark drückte und die Alliierten das Club-Heim beschlagnahmt hatten, übernahm der große alte Mann des Vereins, Hans Hofmann, das Kommando. Mit Hofmann stand nach all den Lehrern und Rechtsanwälten wieder einmal ein begeisterter Fußballer an der Spitze. Als rechter Läufer war er maßgeblich am ersten großen Erfolg des Club, der Bayerischen Meisterschaft 1907, beteiligt. Hofmann war einer der Männer, die sich am 4. Mai 1900 in der „Burenhütte" trafen und hatte auf den verschiedensten Ebenen für den Verein gewirkt: als Zeugwart, ehrenamtlicher Clubwirt, Jugendleiter, Spielausschussvorsitzender, Clubjournalist und eben jetzt als 1.Vorsitzender. Wenn der Spruch „Ein Leben für den Club" jemals angebracht war, dann bei Hofmann. Hofmann sei „mit tausend Fäden seines Ichs an seinen Club gebunden", hieß es schon in der Festschrift zum 25-jährigen Vereinsjubiläum. Hofmann versuchte sein Bestes, den Club unmittelbar nach dem Krieg am Leben zu erhalten. Die von Bumbes Schmidt trainierte schlagkräftige Mannschaft sorgte bereits im ersten Oberliga-Jahr für positive Schlagzeilen und konnte bei so manchem „Fress- und Kalorienspiel" dringend benötigte Materialien wie Zaundraht oder Stoffballen für Trikots einspielen. Ohne die tatkräftige Unterstützung von Hans Schregle, der es mittlerweile zum Regierungspräsidenten von Mittelfranken gebracht hatte, hätte der Club so manche Barriere der US-Behörden nicht überwunden. Als Sozialdemokrat besaß Schregles Wort bei den Alliierten eben Gewicht, das wussten die Mitglieder und wählten den ehemaligen Lehrer in der ersten Mitgliederversammlung nach Kriegsende im April 1946 zum 1. Vorsitzenden. Doch nicht alle Hoffnungen erfüllten sich. Trotzdem schlossen Schregle bzw. Hofmann als Vereinsvorsitzende 1946/47 bzw. 1947/ 48 erfolgreich die erste Wiederaufbauphase ab. Als die Amerikaner dann auch noch nach dem Gewinn der Deutschen Meisterschaft 1948 das Zabo-Gelände freigaben, übernahm Ludwig Franz wieder den Vorsitz.

Die Ära Ludwig Franz

Schon in den 30er Jahren war die Kanzlei Franz und Müller in der Ludwigstraße längst so etwas wie eine zweite Club-Geschäftsstelle geworden. Vor allem zusammen mit seinem Kassier Fritz Arnold versuchte Franz damals, die finanziellen Schwierigkeiten des Club zu meistern und gleichzeitig eine erfolgreiche erste Mannschaft aufzubauen. Was ihm auch gelang. In seiner zweiten Amtszeit machte er es sich zum Ziel, nach dem Wiederaufbau des Vereins den Wiederaufbau der Sportanlage voranzutreiben und wurde dabei von dem späteren Präsidenten Walter Luther maßgeblich unterstützt. Insbesondere der A-Platz im Zabo sollte wiederhergestellt werden, schon allein um die etwa 50.000 Mark Miete pro Jahr für das Städtische Stadion zu sparen. Der Erfolg der Mannschaft 1948 und vor allem der glückliche Umstand, dass im Zuge der Währungsreform im Juni 1948 die Schulden von einer halben Mio. Mark auf 50.000 DM abgewertet wurden, machte die finanziellen Spielräume frei, die nötig waren, um die Renovierung des Zabo endgültig anzugehen. Rechtzeitig zu den Feierlichkeiten zum 50-jährigen Vereinsjubiläum war es dann soweit: der Sportpark Zabo mit neuem Rasenplatz, einer neuen Tribüne, der dem Stadion ein Fassungsvermögen von insgesamt 35.000 Zuschauern sicherte, sowie einem neugestalteten Eingangs- und Kassenbereich konnte feierlich eröffnet werden.

In seinen 14 Jahren ununterbrochener Präsidentschaft baute Franz auf die Jugendarbeit des Vereins. Unterstützt von Karl Luzner, der nahezu alle Spielertalente in Nürnberg kannte und zusammen mit dem Verantwortlichen für den Jugend- und Amateurbereich Andreas Weiß zum Club holte, trug diese Arbeit Früchte. Der Club nahm als Zuschauermagnet in der Oberliga-Süd stattliche Summen an Eintrittsgeldern ein und erwirtschaftete Jahr für Jahr Gewinne in fünfstelliger Höhe. Damals galt der 1. FCN bundesweit noch als Vorzeigeverein. So schrieb der *Rheinische Merkur* noch Anfang 1960: „Der Verein des einstmaligen Deutschen Fußballmeisters reißt seit Jahren gewiss keine Bäume mehr aus… Trotzdem strahlt der Säckelverwalter in voller Zufriedenheit." Mit der jüngsten Mannschaft aller Zeiten wurde der Club 1961 Deutscher Meister und mit seinen 61 Jahren schwenkte Franz auf der Triumphfahrt zum Rathaus den Meisterschaftswimpel des DFB. Neben ihm stand Max Morlock und stemmte die Meisterschale in die Höhe. Ein Jahr nach dem Pokalsieg 1962 machte Franz, später auch DFB-Vizepräsident, seinem alten Sozietätskollegen Karl Müller Platz. Vehement, aber vergeblich hatte sich Franz gegen die Einführung der Bundesliga gestemmt und wollte das „bewährte System" der vier Oberligen beibehalten. 1964 wurde er nach Christoph Heinz zum zweiten Ehrenvorsitzenden des Club ernannt. Franz starb am 7. November 1969. Ein halbes Jahr zuvor war der Club zum ersten Mal in seiner Vereinsgeschichte abgestiegen. Zuvor, im Jahre 1964, musste jedoch Karl Müller den geballten Zorn der Club-Mitglieder über sich ergehen lassen, die ihm das verkorkste erste Jahr in der neu eingeführten Bundesliga anlasteten. Die Entlassung des Meistertrainers Widmayer und die Verpflichtung des wegen

Einer der schönsten Momente für Ludwig Franz: Die Triumphfahrt nach dem Gewinn der Deutschen Meisterschaft 1961

Nach der Einweihung des Neuen Zabo im Oktober 1968 zeichnete Walter Luther den Nürnberger Oberbürgermeister Andreas Urschlechter mit der Ehrenmitgliedschaft aus.

seiner unattraktiven Spielweise ungeliebten Jenö Csaknady stießen den Mitgliedern derart unangenehm auf, dass sie Karl Müller den Laufpass gaben und den Baustoff-Händler Walter Luther zum 1. Vorsitzenden kürten.

Der Meister-Bauer und der Schuldenfeger

Luther kam aus der Tennis-Abteilung des Club. Schon 1949 fungierte er als 3. Vorstand des 1. FCN und blieb all die Jahre in der Vereinsführung aktiv. Als Mitte der 60er Jahre immer deutlicher wurde, daß der alte Zabo den Anforderungen des Zuschauerzustromes und den polizeilichen Auflagen nicht gewachsen war, schmiedete Luther die Pläne für einen „Neuen Zabo". Für ihre Heimspiele zog die Mannschaft ins Städtische Stadion um und das von der Stadt schon seit langem erworbene Gelände an der Valznerweiherstraße wurde nun bebaut. Heute existiert nur noch ein entkernter „Neuer Zabo", denn im Dezember 1973 kaufte die Stadt für knapp 1,1 Mio. DM den Viatisstreifen auf dem Vereinsgelände, um dem Club die Sanierung seiner Finanzen zu ermöglichen. Mit dem Bau des am 31. Oktober 1968 eingeweihten „Neuen Zabo" hatte sich der Club übernommen. Die Hoffnungen, nach dem Gewinn der Deutschen Meisterschaft im gleichen Jahr viel Geld zu erwirtschaften, zerstob angesichts des postwendenden Abstiegs. „Zampano" Max Merkel, der sowieso über die Club-Verhältnisse gelebt hatte, hatte das Meisterteam zerrissen und sich selbst saniert. Im Überschwang der Meisterfeierlichkeiten hatte er dem Club-Schatzmeister Adam Winkler einen Sechs-Jahres-Vertrag abgerungen: „Adam, wir zwei als Gespann, da ist immer das Stadion voll, und das Geld fließt so reichlich, daß wir uns mit dem Hintern gegen die Tür stemmen müssen, um den Tresor zuzubringen." Der Anfang vom stetigen und manchmal auch sehr steilen Abstieg vom Rekord- zum Schulden- und Skandalmeister war damit getan. Immer wieder musste die Stadt Nürnberg dem nahezu zahlungsunfähigen Club die Stadionmiete stunden oder gar ganz erlassen. Bei jedem der Aufstiege in die 1. Liga glaubte man, jetzt müsse endlich die zehnte Meisterschale her und dazu müsse man nur kräftig investieren. Die Liste der Fehleinkäufe ist entsprechend lang. Max Merkel, selbst einer der großen Einkäufer, lästerte einmal über die Nürnberger Transferpraxis: „Der Club hat Spieler eingekauft, die hätte ich nicht einmal zum Kilopreis am Schlachthof geholt." Die Präsidenten hatten nun alle Mühe, dass das schlingernde Club-Schiff nicht Schlagseite bekommt.

Luther machte 1971 dem Schornsteinfegermeister Hans Ehrt Platz. Ehrt war als aktiver Handballer zum Club gekommen, nun übernahm er den Vorsitz eines bereits mit sechs Mio. Mark verschuldeten Vereins. Der Club spielte in der 2. Liga oben mit, aber die Devise hieß Sanierung und das bedeutete bisweilen schmerzhafte Einschnitte. In seiner sechsjährigen Amtszeit hatte Ehrt den Schuldenberg immerhin um zwei Mio. Mark abgebaut. Aber die Zuschauer blieben zu Hause. 10.800 Zuschauer pro Heimspiel in der Saison 1976/77 bedeuteten den niedrigsten Zuschauerschnitt seit dem Abstieg aus dem Oberhaus. Ehrt, der von 1973 bis 1995 als Mitglied des Liga-Ausschusses des Deutschen Fußball-Bundes mit den unrühmlichen Höhepunkten der Club-Finanzen betraut war, zog Ende Oktober 1977 Konsequenzen und kandidierte nicht mehr. Er führte für diesen Schritt „persönliche negative Erlebnisse" an: „Ein mit dem Messer aufgeschlitzter Reifen platzte mir bei 200 Stundenkilometern auf der Autobahn, meine Kinder wurden in der Schule angepöbelt, es folgten Telefonterror und Morddrohungen."

Die Zeit der Unternehmer

Mit dem Ehrt-Nachfolger Lothar Schmechtig führte zum ersten Mal ein Mann den Verein, der nicht im Club groß geworden war. Eine Unternehmerpersönlichkeit, die zwar kein Cluberer war, aber von der sich die Mitglieder den nötigen finanziellen Hintergrund versprachen, um das Schuldendilemma zu lösen und notfalls weiter in die Bresche zu springen. Mit Ausnahme der kurzen Amtszeit des „waschechten Cluberers" Georg Haas von Mai 1994 bis März 1995 sollte dies auch bis heute so bleiben. Lothar Schmechtig, Manager der Firma Foto Quelle, trat seine Vorstandschaft mit der Devise an, der Club solle ein Verein für Leibesübungen bleiben, müsse aber als Wirtschaftsunternehmen geführt werden. Mit seinem Vizepräsidenten, dem Stahlunternehmer Waldemar Zeitelhack und seinem Schatzmeister Bernhard Keltsch wollte Schmechtig den Club wieder in die Bundesliga führen und den nunmehr 4.644 Mitglieder zählenden Verein sanieren.

Das erste Ziel, den Aufstieg, erreichte der Sportfischer Schmechtig. Gegen die Stimmen der Mannschaft hatte er auf den jungen Trainer Werner Kern gesetzt und der schaffte

Schornsteinfegermeister Hans Ehrt kämpfte gegen die Schulden an.

Michael A. Roth hoffte auf den Schatz im Silbersee.

Gerd Schmelzer wollte den Club 2000 bauen – daraus wurde nichts.

den heiß ersehnten Sprung ins Oberhaus. Für die Eliteliga gab Schmechtig die Devise aus, dass Stars, die das Gehaltsgefüge sprengten, „in Nürnberg künftig keine Chance mehr" hätten. Als der Club schon bald in der Abstiegszone festsaß, wurde Schmechtig seinem Grundsatz jedoch schnell untreu und holte den Münchner Alt-Star Uli Hoeneß zum Club. Der Club blieb unten und Schmechtig verknüpfte sein Schicksal mit dem des Trainers. Als Kern nach weiteren Niederlagen nicht mehr zu halten war, trat er im Dezember 1978 zurück.

Sportlich wie finanziell sah es beim Club alles andere als rosig aus. Der Neue Zabo erwies sich als stetige Verlustquelle. Rund 900.000.– DM jährlich betrugen die Unterhaltungskosten einschließlich der Abschreibungen und Zinsen und beim DFB drohte dem Club der Lizenzentzug, weil er das Geschäftsjahr schon zum zweiten Mal in Folge mit einem Verlust von knapp 1,5 Mio. Mark abgeschlossen hatte. Schmechtig kehrte zur Foto-Quelle zurück. Trotz seiner kurzen Amtszeit wurde er 1982 nach Christoph Heinz und Ludwig Franz zum dritten Ehrenvorsitzenden des Vereins ernannt.

Nach einer kurzen Interimspräsidentschaft von Waldemar Zeitelhack setzte sich auf einer turbulenten Mitgliederversammlung im Februar 1979 in einer Kampfabstimmung der Teppichgroßhändler Michael A. Roth gegen den Stahlmagnaten durch. Als Schatzmeister wurde erneut Keltsch gewählt. Der ehemalige Motorsportler, der den Club „als etwas Geheimnisvolles, wie den Schatz im Silbersee" betrachtet, war schon im November 1977 in den Gesamtvorstand berufen worden. Roth sollte nun den Verein fünf Jahre lang führen, um dann 1994 erneut als Präsident die Verantwortung zu übernehmen und den Club vor dem akut drohenden Konkurs zu retten.

Sportlich stieg der Club zunächst ab. Dann schickte Roth den belgischen Trainer Jeff Vliers nach nur drei Spieltagen in die Wüste, bislang die kürzeste Amtszeit eines Trainers beim 1. FC Nürnberg. Nach amerikanischem Manager-Vorbild hieß Roths Devise in seiner ersten Amtszeit „hire and fire". In den fünf Jahren als Präsident „verschliss" er allein acht Trainer. Der DFB wachte inzwischen schon mit Argusaugen auf den Club. Nach Erreichen des Pokalfinales (2:4 gegen Bayern München) wollte Roth den Club in den UEFA-Pokal kaufen. „Ab August wird losgeballert", kündigte er an und mahnte, dass der Club „auf keinen Fall eine graue Maus werden" dürfe. Das ging gründlich schief. Ohne einen einzigen Auswärtspunkt erzielt zu haben, stieg der Club sang- und klanglos ab.

Schon zuvor, am 20. Dezember 1983, hatte Roth für sich persönlich die Notbremse gezogen und war zurückgetreten. „Ich bin keine Melkkuh, auch mein Engagement hat Grenzen. Als ich keinerlei Dankbarkeit mehr zu spüren bekam, da musste für mich einfach Schluss sein", begründete er seinen Abgang. Er machte aber deutlich, wieviel ihm am Club lag: Mit rund 2,5 Mio. aus der eigenen Tasche senkte er die kurzfristigen Verbindlichkeiten des Vereins auf nach eigenen Angaben nurmehr 380.000 Mark und gewährleistete damit die Lizenzerteilung durch den DFB ohne Auflagen.

Der Selbstdarsteller und sein Vize

Im Dezember 1983 trat mit Gerd Schmelzer der jüngste Präsident im bezahlten Fußball sein Amt an. Schon kurz nach seiner Wahl legte Schmelzer ein Geständnis ab: „Ich wollte aus drei Gründen Präsident werden: Mich hat die Aufgabe gereizt, weil ich Cluberer bin, Gruppenmensch, Führertyp. Der zweite Punkt: Eitelkeit. Wer so eine Sache eingeht, muss auch ein gewisses Darstellungsbedürfnis haben, sonst würde er es ja nicht tun. Zum dritten habe ich mir gewisse Vorteile versprochen, einfach aufgrund der Kontakte. Und dazu stehe ich auch. Jeder, der etwas anderes sagt, heuchelt." Selten klare Worte.

Schmelzer wollte den „Club 2000" modellieren: Stadionneubau, Sanierung des Vereinsgeländes und Zukunftssicherung durch Verpachtung eines Filetstücks an eine internationale Hotelkette. Eine nachträgliche Erhöhung des ursprünglichen Kaufpreises für die Nutzung eines Teils des Geländes für den Hotelbau in Höhe von 1,6 Mio. Mark ließ schon einmal den auf zehn Jahre hinaus festgeschriebenen Erbpachtzins sich fast in Nichts auflösen. „Es ist ein schönes Hotel, aber es steht am falschen Platz", brachte Interims-Schatzmeister Willi Hoffmann die Sache auf den Punkt. Natürlich wollte Schmelzer den Club 2000 auch zu einer Spitzenmannschaft formen. 1985 war der Club wieder erstklassig und spielte 1988 gar im Uefa-Cup, doch die finanzielle Talfahrt hatte sich beschleunigt und die sportliche sollte folgen. Es begannen die skandalträchtigsten Jahre des Traditionsvereins, die ihm fast die Existenz gekostet hätten.

Die Skandale sind untrennbar mit einem Namen verbunden: Ingo Böbel. Der unter Schmelzer seit 1986 amtierende Schatzmeister machte aus dem Club einen Selbstbedienungsladen. Schwarze Kassen wurden geführt, Gelder an der Buchführung vorbei abgezweigt und aufwendige Spesen wie private Flugreisen nach Monte Carlo oder Venedig bezahlt. Die Staatsanwaltschaft ermittelte und verurteilte den Club-Schatzmeister, der einst in Saus und Braus lebte, schließlich im September 1994 wegen Veruntreuung von Vereinsgeldern in Höhe von 700.000 DM und wegen Steuerhinterziehung von 675.000 DM zu drei Jahren und sechs Monaten Haft. Im Zuge des Böbel-Verfahrens verhängte die Nürnberger Justiz insgesamt gegen 22 Personen strafrechtliche Sanktionen, darunter auch gegen die ehemaligen Präsidenten Schmelzer, Oberhof und Haas. Die Verteidiger des Ex-Schatzmeisters legten im Prozess Wert auf die Mittäterschaft der Vorstände und Sponsoren. Ihr Fazit: „Man muss zugunsten des Angeklagten berücksichtigen, dass man in schlechte Gesellschaft kommen kann."

Schmelzers Stern begann aber lange vor Böbels Verurteilung zu sinken. Als es mit der Mannschaft bergab ging, hievte Schmelzer Trainer Höher auf eigenen Wunsch auf den Managersessel und verpflichtete Höhers Lehrbuben, Hermann Gerland, als Cheftrainer. Das Experiment ging schief und im Juni 1990 holte Schmelzer den holländischen Vizeweltmeister Arie Haan zum Club. „Nur Erfolgsmenschen können Erfolg vermitteln", sonnte sich Schmelzer im Glanze des Weltmannes Haan. Doch Haan führte den Club nicht nach oben. Als Schmelzer Haan entlassen wollte, zog der Finanzrat des Vereins nicht mit, denn der Club hätte die fällige Abfindung nicht zahlen können. Im Januar 1991 stürzte letztendlich der Präsident Schmelzer über den Trainer Haan. Als Schmelzer abtrat, waren die Schulden auf 15,3 Mio. gestiegen, obwohl man die besten Spieler wie Eckstein, Reuter und Grahammer für teures Geld verkauft hatte. Schmelzers Vize Oberhof, ein in Nürnberg erfolgreicher Rechtsanwalt, rückte an die Spitze des Vereins, doch die Krise des Club spitzte sich zu. Weiterhin wurde weit mehr Geld ausgegeben als eingenommen. Gewagte Konstruktionen bis hin zu ungedeckten Schecks wurden herangezogen, um teure Spieler zu verpflichten, die den sportlichen Niedergang aufhalten sollten. Im März 1992 belief sich der Schuldenstand schon auf 23 Mio. Mark. Dazu kamen die negativen Schlagzeilen wegen allzu großzügiger Geschenke an Schiedsrichter und frisierter Vereinsbilanzen. Der DFB reagierte mit Geldstrafen und Amtsverboten für Club-Funktionäre.

Ein bisschen Dallas und ein „Waschechter"

Als im Juli 1992 Oberhof zurücktrat, erschien der Laufer Unternehmer und CSU-Kommunalpolitiker Gerhard Voack, den Mitgliedern als rettender Strohhalm, hatten sie doch gerade erfahren, dass der Verein von 1983 bis 1992 trotz leerer Kassen insgesamt 25 Mio. Mark in neue Spieler investiert hatte. Voack, den geschäftsführenden Teilhaber an einer Baumarkt-Kette, schreckte das nicht, er fühlte sich zu Großem berufen. Doch die Zeit für den Mann mit der „unnachahmlichen Selbstüberschätzung" (Nürnberger Zeitung), der wegen seines Auftretens als „J.R. von Lauf" bekannt war, war schon am 24.Januar 1994 wieder abgelaufen. Angesichts von Mord- und Bombendrohungen aufgebrachter Club-Anhänger schmiss er das Handtuch. Deren Zorn hatte sich Voack nicht zuletzt dadurch zugezogen, dass er sich – ganz Alleinherrscher – zu sehr in sportliche Belange eingemischt hatte. So verkaufte er in einer Nacht- und Nebel-Aktion den Publikumsliebling Dieter Eckstein an Schalke 04 oder entließ Trainer Willi Entenmann nach einem 2:0-Heimerfolg über den FC Bayern München zu einem Zeitpunkt, als der Club sich sportlich gerade wieder etwas gefangen hatte. Der Club stieg ab, die Schulden blieben.

Nach Voacks Abgang rückte automatisch Vizepräsident Georg Haas an die Spitze. Der Ingenieur stellte sich den Mitgliedern als „waschechter Cluberer" vor, der „jeden Grashalm des Clubstadions" kenne. Haas war schon 1948 dem Club beigetreten und spielte über 400-mal in der 1.Amateurmannschaft. „Ich bin sicher nicht das Idealbild eines Präsidenten" betonte der Ingenieur, er habe sich aber nicht vor der Verantwortung für „seinen" Club drücken wollen. Und so schlitterte Haas ins Unglück und riss den 1. FCN noch ein Stück weiter in die Tiefe. Hoffnungslos überfordert mit der Führung eines Profifußballvereins ließ Haas kaum ein Fettnäpfchen aus. Zudem leistete er seine Unterschriften unter finanzielle Transaktionen „blind", wie er später vor Gericht zugab. Wegen Steuerhinterziehung von etwa 1,3 Mio. Mark für seinen Club wurde Haas schließlich zu einer Bewährungsstrafe und einer Geldbuße verurteilt.

Der letzte Hoffnungsträger

Am 25. Oktober 1994 übernahm schließlich Michael A. Roth wieder das Kommando. Der Teppichgroßhändler, der 115 ARO-Filialen in ganz Deutschland sein eigen nennt, wurde als letzter Hoffnungsträger gefeiert. „Ich fürchte mich vor nichts", bekundete er vor seinem Amtsantritt. Er zog sein Konzept, den Gesamtverein in einzelne unabhängig von einander handelnde Einzelvereine aufzusplitten, durch. Damit wollte er den Amateur- vom Profibereich trennen und das Vereinsgelände auf Dauer vor dem Zugriff der Finanzämter sichern. Dann machte sich Roth an die Entschuldung des Vereins. „Ohne mich wäre der Club schon im Konkurs" behauptete er mit Recht im März 1995. Er schloss langfristige und gut dotierte Werbeverträge mit dem Verein ab, handelte mit den Gläubigern Nachlässe aus, fand die Sponsoren ab, rang mit der Stadt um die Stadionmiete und bürgte für die vom DFB geforderte Liquiditätsreserve von 3,4 Mio. Mark. Nach langem Hin und Her erteilte der DFB schließlich die Lizenz und honorierte damit Roths Bemühungen, den Skandalverein in ruhigere Fahr-

Präsident Michael A. Roth hat den erfolgreichen Vereins-Sanierer Bernhard Kemper wieder zurück ins Boot geholt.

wasser zu bugsieren. Im Oktober 1995 drückten den Verein „nurmehr" 11,6 Mio. Mark Schulden. Sportlich dagegen verdüsterten sich die Wolken, denn der Club stieg im Mai 1996 in die Drittklassigkeit ab. Mit einem Rekordetat von zehn Mio. Mark erzwang man den sofortigen Wiederaufstieg. „Risiko ist das halbe Leben", kommentierte Roth sein Vorgehen. Durch seine rigorose Sparpolitik auch im Personalbereich hatte er den 1. FCN zwischenzeitlich zu einem 1. FC ARO gemacht. „Ich werde alles richten und in einem Jahr werden alle zufrieden sein", verbat er sich jegliche Einmischung.

Ein Jahr später waren auch alle zufrieden. Der Club war wieder zweitklassig und als Höhepunkt der Entwicklung klappte sogar der direkte Durchmarsch in die Bundesliga. Zudem konnte Schatzmeister Bernhard Kemper stolz verkünden, ganze Arbeit geleistet und die langfristigen Verbindlichkeiten des einstmals hochverschuldeten Vereins nahezu abgebaut zu haben. Roth war seinem erklärten Ziel, das 100-jährige Vereinsjubiläum als wirtschaftlich gesunder Erstligist zu feiern, einem gewaltigen Stück nähergekommen, zumal nun die Sponsoren auf der Matte standen und die Vermarktung über die UFA langfristig hohe Einnahmen versprach. „Dem Club ist es seit der Meisterschaft 1968 nicht mehr so gut gegangen wie heute", betonte Roth. Doch dann begannen die Turbulenzen von neuem. Bernhard Kemper zog sich aus der Vereinspolitik zurück, das Präsidium musste umgebildet werden. Aufstiegstrainer Felix Magath trat noch vor Saisonbeginn zurück, sein Nachfolger Willi Reimann agierte glücklos und der Club rangierte auf einem Abstiegsplatz. Erst als Friedel Rausch kam und die Mannschaft mit Köpke und van Eck verstärkt wurde, ging es sportlich bergauf. Umso schlimmer der Schock am letzten Spieltag. Der Abstieg. „Es gibt nichts zu sagen, es ist jetzt alles über den Haufen geworfen", war selbst Roth sprachlos.

Doch nachdem auch noch viele Leistungsträger die Mannschaft verlassen hatten, reagierte Roth mit dem Mut der Verzweiflung. Mit einer neu formierten Elf und dem höchsten Etat aller bisherigen Zweitligisten will der Club den Wiederaufstieg erzwingen. 35 Mio. Mark stehen bereit. Auch die sich zusehends abzeichnenden Risse innerhalb der Vereinsspitze und den daraus resultierenden Rücktritt des gesamten Präsidiums überstand Roth schadlos. Er band die Opposition geschickt in eine „Große Koalition" ein, grenzte die „Störenfriede" aus und holte den erfolgreichen Sanierer Bernhard Kemper („Wir haben bewiesen, dass wir es können.") als Schatzmeister zurück. Die neu formierte Führungscrew wurde von den Mitgliedern mit überwältigender Mehrheit installiert. Als Team will das neue Präsidium nun den Club 2000 zu sportlichem und wirtschaftlichem Erfolg führen. Ein neuer Abschnitt in der langen Club-Geschichte beginnt. Das Ende ist wie immer offen, aber sicher ist: „Des wärd scho widder."

Die Trainer

Die Trainer des 1. FCN

1910 Walker · 1913 Fred Spiksley · 1926-27 Fred Spiksley · 1927-28 Dr. K. Michalke · 1928-30 Hans Tauchert · 1930-32 Jenö Konrad · 1932-33 Toni Kugler · 1933-35 Alfred Schaffer · 1935-36 Dr. K. Michalke · 1936-39 Gyuri Orth · 1939-41 Alv Riemke · 1941-45 B. Schmidt · 1945-46 Alv Riemke · 1946-47 Dr. K. Michalke · 1947-49 Seppl Schmitt · 1949-50 Lori Polster · 1950-51 B. Schmidt · 1951-52 Alv Riemke · 1952-54 Toni Kugler · 1954-60 „Bimbo" Binder · 1960-63 H. Widmayer · 1963-64 Jenö Csaknady · 1964-65 G. Baumann · 1965-66 Jenö Csaknady · 1966 Jenö Vincze · 1966-69 Max Merkel · 1969 Robert Körner · 1969-70 Kuno Klötzer · 1970-71 Barthel Thomas · 1971 Boba Mihailovic · 1971 Fritz Langner · 1971-73 Z. Cajkovski · 1973-76 Hans Tilkowski · 1976-78 Horst Buhtz · 1978 Werner Kern · 1978-79 „Zapf" Gebhardt · 1979 Jeff Vliers · 1979-80 „Zapf" Gebhardt · 1980-81 Horst Heese · 1981 Fritz Popp · 1981 Fred Hoffmann · 1981 Heinz Elzner · 1981-83 Udo Klug · 1983 Rudi Kröner · 1983 Fritz Popp · 1984-88 Heinz Höher · 1988-90 H. Gerland · 1990 D. Lieberwirth · 1990-91 Arie Haan · 1991-93 W. Entenmann · 1993-94 Dieter Renner · 1994-95 Rainer Zobel · 1995 Günter Sebert · 1995-96 H. Gerland · 1996 W. Entenmann · 1997-98 Felix Magath · 1998 Willi Reimann · 1998 Th. Brunner · 1999 Friedel Rausch

Nach dem Triumph des Club über den Lokalrivalen SpVgg Fürth im Endspiel des Jahres 1920 schrieb Hans Hofmann, der große Chronist der ersten Jahrzehnte der Club-Geschichte, voller Begeisterung, dass nun der Beweis geliefert worden sei, „dass eine Mannschaft nicht unbedingt eines Trainers bedarf, wenn sie, von einem verständigen Spielführer geleitet, dazu gebracht wird, ihre ganze freie Zeit dazu zu benützen, sich weiterzubilden und sich in Form zu halten. Die Fürther besaßen um jene Zeit in dem Engländer Townley zweifellos eine hervorragende Trainerkraft, wir hatten nichts als den guten Willen, der bekanntlich Berge zu versetzen vermag. Der Wille war stärker."

Später hat es der Club mit weniger Willen, dafür aber mit umso mehr Trainern versucht. Die Bilanz: 48 verschiedene Fußballehrer kamen im Lauf von 100 Jahren nach Nürnberg, da acht von ihnen gleich mehrmals anheuerten (Michalke und Riemke je 3 x, Spiksley, Kugler, Csaknady, Gebhardt, Popp, Gerland und Entenmann je 2 x), macht das insgesamt 59 Trainer-Verpflichtungen. Am längsten, nämlich sechs Jahre, hielt es „Bimbo" Binder aus (1954–60), am schnellsten, nämlich nach drei Spieltagen, war Jeff Vliers wieder weg (1979).

Viele Titel und kein Trainer

In der Zeit seiner größten Erfolge, zwischen 1919 und 1925 wurde der Club lediglich während der Endrundenspiele von dem Ungarn Dori Kürschner betreut. Der ehemalige Spieler des MTK Budapest hatte sich selbst angeboten, seinen Urlaub auf diese Weise zu verbringen. Ansonsten hielten sich die Spieler unter Anleitung ihres Kapitäns Gustav Bark mit „wildem" Training in Form. Man traf sich regelmäßig am Mittwoch und Samstag und spielte da stundenlang in kleinen oder größeren Gruppen gegeneinander. Allerdings scheint es schon damals einige Faulpelze gegeben zu haben, denen selbst dieses lockere Üben zuviel der Anstrengung war. Aus dem Jahre 1924 datiert eine scharfe Aufforderung Barks in der Vereinszeitung: „Der Geist macht's, meine Herren. Sie müssen den Willen aufbringen, zum Training zu kommen."

Als die Erfolge dann Ende des Jahres 1925 erstmals abnahmen und sich in der Mannschaft deutliche Ermüdungserscheinungen zeigten, gab man dem Drängen des britischen Ex-Profis Fred Spiksley nach, nun endlich den Vertrag zu erfüllen, der ihm nach einem kurzen Engagement vor dem Krieg versprochen worden war. Spiksley strich eine Monatsgage von 1.000 Mark ein, heiratete die Bedienung Rosi aus Stuhlfauths Sebaldusklause und holte den jungen Seppl Schmitt aus der Clubjugend in die 1. Mannschaft. Ansonsten aber war der von seinen Spielern respektos auf den Namen „Spiegelei" getaufte Trainer wenig erfolgreich. Schon nach einem Jahr hatte man beim Club genug von ihm. Das harte Training von Spiksley, so hieß es in der Vereinszeitung vom April 1927, könne von berufstätigen Amateuren nicht geleistet werden. Abgesehen davon sei an eine aus gezieltem Training resultierende balltechnische Verbesserung bei der Klasse der Clubspieler sowieso nicht zu denken.

Nach der Entlassung Spiksleys blieb die Trainerfrage weiter heiß umstritten. Während in England zu dieser Zeit bereits die ersten Trainer-Größen zu mythischen Figuren wurden – Herbert Chapman etwa – engagierte man beim Club Männer, deren Position mit der Machtfülle eines englischen „Managers" in keiner Weise zu vergleichen war. Dr. K. Michalke und Hans Tauchert, die das Training von 1927 bis 1930 leiteten, waren eher sportliche Übungsleiter denn Trainer im heutigen Sinne.

Der Trainer, der nicht bleiben durfte

Als die Erfolge gegen Ende der „Goldenen Zwanziger" dauerhaft ausblieben, wurde die Trainerfrage im Juli 1930 erneut heiß diskutiert. Das Vorstandsmitglied Dr. Hans Pelzner meinte, dass in einer Zeit, in der der Club nicht mehr so viele herausragende Persönlichkeiten besitze, die Verpflichtung eines Trainers sinnvoll wäre: Unter den jungen Talenten könne er „ein Feuer entfachen, an dem sich der alte Clubgeist entzündet".

Da nur die Besten für den Club gut genug sein konnten, beschloss die Vereinsleitung, den künftigen Trainer aus den Reihen des Dreamteams der 20er Jahre, des MTK Budapest, auszuwählen. Die Ungarn hatten damals in Nürnberg immer noch den allerbesten Ruf, denn schließlich hatte Alfred Schaffer, der „Fußballkönig", die Mannschaft 1919 als Spielertrainer ein gutes Stück vorangebracht. Am 28. August 1930 verpflichtete man Jenö Konrad, den man von seiner Glanzvorstellung beim legendären Spiel des Club gegen den MTK am 22. Juli 1919 (3:0 für die Ungarn) noch in bester Erinnerung hatte. Bis zum Ende der Spielzeit 1930/31 musste der Club viele Niederlagen einstecken, dann aber gelang es Konrad allmählich, die Mannschaft auf Vordermann zu bringen. Die Spieler waren begeistert von ihrem Trainer. „Billi" Billmann: „Von ihm habe ich am meisten gelernt. Konrad war einfach ein brillianter Fußballer". Auch in der folgenden Saison hielt die Aufwärtstendenz beim Club an. Man qualifizierte sich für die DM-Endrunde, zog dann allerdings gegen den späteren Meister Bayern München im Halbfinale mit 0:2 den Kürzeren. Die Niederlage wur-

de für den *Stürmer*, das Blatt des „Frankenführers" Julius Streicher, zu einer willkommenen Gelegenheit, gegen den jüdischen Trainer des Club Stimmung zu machen. „Der 1. Fußballklub Nürnberg geht am Juden zugrunde" lautete die Überschrift eines üblen Hetzartikels. Der Beitrag schloss mit der Aufforderung: „Club! Besinn Dich und wache auf. Gib Deinem Trainer eine Fahrkarte nach Jerusalem."

Schweren Herzens entschloss sich Konrad, der sich dem Club tief verbunden fühlte, sofort zu gehen. In der Nacht vom 5. auf den 6. August packte er seine Koffer und verließ mit seiner Frau Grete und seiner dreieinhalbjährigen Tochter Evelyn Nürnberg. Der *Stürmer* vermeldete in der nächsten Ausgabe seinen Erfolg. „Jud Konrad ist abgedampft." Der Club sei „anscheinend froh, den Fremdrassigen so schnell und glimpflich wegzubekommen". Tatsächlich aber war man beim Club überhaupt nicht begeistert von Konrads Weggang. „Die Bemühungen der Vereinsleitung, ihn zum Bleiben zu veranlassen, sind ohne Erfolg gewesen", heißt es in der Vereinszeitung vom August 1932.

Die Farblosen und die Originale

Der erste Trainer nach Jenö Konrad war einer von der Kategorie der Farb- und Namenlosen. Unter Regie von Toni Kugler, dem Meisterspieler der 20er Jahre, setzten die Spieler in der Saison 1932/33 das um, was sie unter Konrad gelernt hatten. Dann verließ er den Club – um genau zwanzig Jahre später wiederzukehren. In der Saison 1952/53 übernahm der ehemalige Klasseverteidiger die undankbare Aufgabe, die nach zweimaligem Scheitern in der DM-Endrunde enttäuschten Kicker moralisch wieder aufzurichten. Wie als Spieler, so arbeitete Kugler auch als Trainer: gewissenhaft und leise. Der große Erfolg allerdings blieb aus. Farb- und erfolglos war auch Lori Polster, der im Herbst 1949 eine angeschlagene Club-Mannschaft wieder auf Vordermann bringen sollte. Am 8. Januar 1950 fand sich der Club als Drittletzter auf einem Abstiegsrang wieder.

Wenig Eindruck hinterlassen haben auch Robert Körner und Günter Sebert. Körner trat 1969 als Ex-Assistent Max Merkels an und war nur wenige Tage im Amt. Sebert kam in der Winterpause 1994/95 als Nachfolger Rainer Zobels und durfte von vornehmerein nur einen mickrigen Halbjahresvertrag unterschreiben. Noch während das ehemalige Spieleridol aus Mannheim gegen den Abstieg aus der 2. Liga kämpfte, verkündete der eben gewählte Präsident Roth, dass in der neuen Saison das Duo Hermann Gerland (Trainer) und Günter Gerling (Manager) die sportliche Verantwortung übernehmen werde. Verhindern konnte Sebert die Katastrophe – Club in der 3. Liga! – nicht. Einzig die Lizenzentzüge für Dynamo Dresden und den 1. FC Saarbrücken sicherten dem 1. FCN ein weiteres Jahr Zugehörigkeit zum Profifußball.

Neben solchen Sportlehrern, die kaum Erinnerungsspuren zurückgelassen haben, gab es beim Club natürlich auch bunt schillernde Vögel. Originale wie Hans Schmidt, Zlatko Cajkovski, Robert Gebhardt – die Männer eben, die es wert waren, dass man ihnen Spitznamen gab: „Bumbes", „Tschik" und „Zapf".

Der ehemalige Meisterspieler Bumbes Schmidt war im Herbst 1941 als Trainer an den Zabo zurückgekehrt. „Wir hätten keinen Besseren finden können", teilte die Club-Führung mit. Er war der klassische Typ des Schleifers, der – mit der Pfeife im Mund – solange Starts und Spurts trainieren ließ, bis den Spielern die Zunge heraushing. Der Haudegen mit den kurzgeschorenen Haaren schärfte ihnen ein, keinen Alkohol zu trinken, vor wichtigen Partien früh ins Bett zu gehen und nicht zu rauchen. Bumbes selbst war Kettenraucher!

Bumbes gelang es, durch geschickte Verhandlungen mit den Kompanieführern von überall her immer wieder gute Spieler zum Club zu lotsen und so in der Kriegszeit eine einigermaßen spielstarke Mannschaft zusammenzukriegen. Die verschiedenen Dialekte der aus allen Ecken Deutschlands stammenden Fußballer zu verstehen, gab er sich allerdings gar nicht erst die Mühe. „Ich verstehe kein Wort von eurem Schmarrn. Ihr habt so zu reden wie wir Nürnberger!" herrschte er die „fremdsprachigen" Spieler an. Das Hauptverdienst von Bumbes

Das „klassische System", in dem der „trainerlose" Club der 20er Jahre spielte, war wie eine auf dem Kopf stehende Pyramide aufgebaut: Torwart - zwei Verteidiger – drei Läufer – fünf Stürmer. Der Mittelläufer – beim Club Hans Kalb – war die zentrale Figur, über die jeder Spielzug aufgebaut wurde. In allen Fußball-Geschichtsbüchern ist zu lesen, dass das Pyramidensystem im Jahr 1930 von Herbert Chapman, dem berühmten Trainer von Arsenal London, revolutioniert worden sei. Er funktionierte den klassischen Mittelläufer zum Stopper um – drei Verteidiger auf einer Linie – und zog die Halbstürmer aus der vordersten Linie zurück. Damit war ein Spielsystem geboren, das wesentlich variablere Spielzüge ermöglichte: das WM-System (vom Torwart aus betrachtet ergibt die Aufstellung der Stürmer ein W, die der Verteidiger und Läufer ein M). Das Foto, das den Club-Sturm (dunkle Trikots) 1924 in einem Spiel gegen den VfR Mannheim in „W-Formation" zeigt, gilt als sporthistorische Sensation: Der Club spielte bereits intuitiv ein WM-System, als dieses noch gar nicht erfunden war! Vielleicht liegt in diesem Vermögen, instinktiv die richtigen Wege zu gehen, das große Erfolgsgeheimnis des Nürnberger Flachpassspiels.

war aber sicherlich, dass es ihm gelang, viele junge Talente zu entdecken und in die 1. Mannschaft zu integrieren. Bumbes genoss unter den Spielern bedingungslosen Respekt. Nach dem Debüt des erst 16-jährigen Max Morlock soll er nur gesagt haben: „War gut so, wird schon noch." Was Titel angeht, war der alte Haudegen mit dem Club allerdings bei weitem nicht so erfolgreich wie mit den Schalkern, die er 1934 und 1937 – jeweils gegen „seinen" Club! – zur Meisterschaft gepowert hatte.

Nach Kriegsende musste Bumbes Schmidt – er war NSDAP-Mitglied – auf Druck der Amerikaner gehen, 1949 kehrte er als frischgebackener Meister-Trainer des VfR Mannheim und Nachfolger von Lori Polster wieder an den Zabo zurück. „Wir suchten beileibe keinen Dompteur für entfesselte Vertragsspieler", betonte man beim Club. Man kenne und schätze eben „die unübertrefflichen Fähigkeiten" von Bumbes. Mit Bumbes kam wieder die gute Laune – die Spieler machten sich einen Spaß daraus, seine Zigarren zu verstecken –, und immerhin arbeitete sich der Club mit Hilfe seiner derben Anweisungen – „Schau' doch du Simpel!" – noch bis zum achten Tabellenplatz hoch. In der darauffolgenden Saison gelangte man sogar in die Endrunde, wo man nur denkbar knapp scheiterte: Der Club hatte einen um nur sieben Hundertstel schlechteren Torquotienten als Preußen Münster! Kurz darauf kündigte Bumbes.

Der ehemalige Weltklassefußballer Tschik Cajkovski, der das Einmaleins des Fußballtrainers unter Hennes Weisweiler erlernte (dessen Standardanweisung: „Tschik, decken, Arschloch!"), trat am 7. 12. 1971 als erste Verpflichtung des neuen Präsidenten Hans Ehrt sein Amt an. Der bei den Bayern so erfolgreiche Trainer vermochte jedoch beim Zweitligisten 1. FCN keine besonders berauschenden Ergebnisse zu erzielen (9. Platz 1971/72, 5. Platz 1972/73). Auch als Original ist er eher jenseits des Weißwurstäquators in Erinnerung – vor allem durch die Worte, mit denen er den größten Torjäger aller Zeiten zunächst abgelehnt hatte: „Was soll ich mit kleines dickes Müller?"

Auch Alt-Cluberer „Zapf" Gebhardt war eine Präsidenten-Erstverpflichtung. Als er von Michael A. Roth im Dezember 1978 ins Rennen gegen den Abstieg geschickt wurde, kündigte er an: „Wir wollen das Unmögliche noch möglich machen." Vor allem Ordnung und Disziplin wolle er der Mannschaft einimpfen, „die Spieler können viel mehr, als sie bisher gezeigt haben". So sehr „Zapf" sich mühte – es reichte nicht aus, um den bitteren Gang in die 2. Liga zu verhindern. Nach einem kurzen Trainer-Zwischenspiel des Belgiers Jeff Vliers wurde der zum „Berater" degradierte „Zapf" wieder zum Cheftrainer – und schaffte noch in derselben Saison den Aufstieg.

Zu den kuriosesten Marotten des Nürnberger Unikums zählte es, dass er sich regelmäßig von einem Spezialisten den Biorhythmus der Spieler erstellen ließ. Wenn ein Spieler „minus drei" hatte, dann hieß es: „Du darfst heute nicht trainieren, das ist zu gefährlich." Horst Weyerich wurde bei „minus drei" einmal ins Tor gestellt, um jedes Risiko zu verhindern. Als er sich dann doch verletzte – er brach sich bei einem scharfen Schuss den Finger –, fühlte sich „Zapf" absolut bestätigt: „Wusste ich doch gleich, heute ist ein schlechter Tag für dich."

Gebhardt war ein rustikaler Trainer, der auf Disziplin großen Wert legte. Aber gelegentlich – und das zeichnete ihn aus – konnte er auch durchaus sanft sein. So berücksichtigte er zuweilen Ratschläge seiner Spieler und gewährte ihnen auch schon mal ein Bier mehr als Gute-Nacht-Trunk.

Clubüblich war das Ende der Trainerkarriere von Gebhardt. Drei Wochen vor dem Bundesliga-Auftakt 1980/81 schickte der eben aus seinem Urlaub zurückgekehrte „Zapf" ein Telegramm an die Geschäftsstelle: „Ich bitte Sie, mich von meinem Vertrag mit sofortiger Wirkung zu entbinden." Grund für diesen Schritt war die hinter seinem Rücken betriebene Entlassung seines Co-Trainers Erich Tauchmann.

Die Kumpeltypen und die Männer von Welt

Unter dem Cajkovski-Nachfolger Hans Tilkowski (2. Juli 1973) bekam das Clubschiff nach langer Flaute endlich mal wieder etwas Wind in die Segel. Mit Ruhe und Umsicht baute der ehemalige Nationaltorwart eine starke Mannschaft um die Korsettstangen Dieter Nüssing und Kurt Geinzer auf, die in der Bundesliga wohl nicht ohne Chancen geblieben wäre. Nachdem er zweimal ganz knapp erst in der Aufstiegsrunde (1974 und 1976) gescheitert war, warf er das Handtuch. Auch wenn es nie reichte: Der Club war unter Tilkowski ein Team, in dem es atmosphärisch stimmte.

Auch den Clubtrainer 1999, Friedel Rausch, kann man zur Sorte „hart aber herzlich" rechnen. Sogar das enfant terrible des deutschen Fußballs, Stefan Effenberg, der in Gladbach unter Rausch trainierte, meinte: „Ich mag die Art vom Friedel Rausch". Es war ja auch tatsächlich nett, wie er den Ex-Fürther Weigl nach dessen gelungenem Comeback lobte: „Ich habe mich gefreut für den kleinen Weigl." Nicht gut Kirschen Essen war mit ihm in der dramatischen Abstiegssaison allerdings, wenn Spieler großen Sprüchen keine großen Taten folgen ließen. So hat er die im Training aufbegehrenden Henning Bürger und Andrej Polunin gnadenlos aussortiert, als sie im Spiel keine entsprechende Leistung brachten.

Ein anderer Typ aus der Kategorie „Kumpel", der hemdsärmelige Hermann Gerland, gelangte im Zuge der langjährigen Bochum-Connection auf den Trainerstuhl in Nürnberg. In seiner neuen Funktion als Manager hatte der Ex-Trainer Heinz Höher den ehemals eisenharten Verteidiger zur Saison 1988/89 verpflichtet. Als der in Sachen Selbstdarstellung eher unbeholfene Gerland von Präsident Schmelzer und der Nürnberger Presse systematisch demontiert wurde, ließ Höher seinen Zögling nicht nur im Stich, sondern schob ihm auch noch die Verantwortung für die sportliche desolate Situation zu: „Es war ein Fehler von mir, ihn nach Nürnberg geholt zu haben. Dieses Boot ist zu groß für ihn." Äußerer Anlass für die Kündigung des Trainers war eine unglückliche Bemerkung Gerlands in einem *Spiegel*-Interview („Der Gerd Schmelzer hätte seine Glatze nicht so oft in die TV-Kamera halten sollen"). Zur Saison 1995/96, diesmal unter dem Präsidenten Roth, kehrte der wackere Hermann noch einmal an den Valznerweiher zurück. Diesmal war der Bochumer, der sich inzwischen als Jugendtrainer des FC Bayern einen hervorragenden Ruf hatte verschaffen können, dazu ausersehen, das Trainer-Karussell endlich einmal wieder eine Zeit lang zum Stehen zu bringen. „Da kann kommen, was will", meinte der Präsident zu Beginn der Zweitligasaison, „Hermann Gerland wird nie zur Debatte stehen." Anfang Mai 1996 war er seinen Job los. Wegen seiner ruppigen Art, so hieß es nun, sei er mit der Mannschaft nicht zurechtgekommen.

Ganz und gar nicht ruppig war der Mann, der Gerland nach seinem Erst-Engagement gefolgt war: Arie Haan. Mangels DFB-Lizenz mit dem Titel eines „Sportdirektors" versehen (die Papiere stellte Assistent Renner), sollte er den Club gemäß der Devise „holländische Weltläufigkeit statt Ruhrpott-Folklore" in die Belle Etage des Fußballs führen. Doch der ehemalige holländische Weltklassespieler, vermochte die Eleganz seiner Erscheinung nicht auf das Clubspiel zu übertragen. Die Mannschaft entging nur knapp dem Abstieg. In der Folge gab's dann einigen Trubel: Präsident Schmelzer, der nach Gerland auch Haan die Gefolgschaft aufgekündigt hatte, verlor die Machtprobe mit seinem ehemaligen Wunschtrainer. Kommissarischer Vize-Präsident wurde Sven Oberhof, und als zusätzlicher Trainer wurde der Schwabe Willi Entenmann geholt. Am Ende dieser turbulenten Saison, in der der Club gerade nochmal das rettende Ufer erreichte, trennten sich der Club und Arie Haan im berühmten „gegenseitigen Einvernehmen".

Von ganz anderem Format als Haan war der Mann, der seit der Saison 1954/55 für internationales Flair auf der Nürnberger Trainerbank gesorgt hatte: „Bimbo" Binder. Der Österreicher, ein Gemütsmensch und Meister aller Kartenspiele, trank auch in Nürnberg gern sein „Schalerl" Mokka: „Mit einem doppelten Zucker, bittschön!" Als ehemaliger berühmter Torjäger von Rapid Wien (in 756 Spielen schoss er 1.006 Tore) hatte er bei seinen Spielern allen Respekt, wegen seines Charmes und seines blendenden Aussehens kam er auch bei der Weiblichkeit sehr gut an. Der Wiener erledigte seine Arbeit immer ruhig und souverän, mit einem „Aber gehn's!" konnte er jede Kritik schon im Keim ersticken. Binder sollte sechs Jahre in Nürnberg bleiben – die längste Zeit eines Oberliga-Trainers beim Club. Unter Binder gelangte der 1. FCN wieder einmal in die Endrunde, darüberhinaus gelang es ihm, die Mannschaft mit vielen jungen Talenten zu verstärken.

Die Künstler und die Lehrer

Mit Kaffeehaus-Atmosphäre – nicht in der Wiener, sondern in der Budapester Variante – war der Club auch vor der Ära Binder schon gut gefahren. Im Spieljahr 1933/34 regierte Alfred Schaffer, der ungarische „Fußballkönig", als Trainer in Nürnberg, 1936/37 wurde erneut ein Ex-Spieler des MTK Budapest als Trainer verpflichtet: Gyuri Orth, ehemals der große Konkurrent des Hans Kalb um den Ruf des besten europäischen Spielers auf der Position des Mittelläufers.

Schaffer begann seine Trainertätigkeit beim Club mit den Worten: „Bittä, kann nicht zaubern. Gebt mir eine gute Mannschaft und ich trainiere sie." Als Klassespieler war er bewundert worden, aber als Trainer war der Ungar mit seiner etwas laschen Berufsauffassung nicht ganz unumstritten. Besonders wenn er im Clubheim beim Kartenspiel saß, wollte er durch unangenehme Trainingsarbeit nicht gestört werden. Wenn die ratlosen Spieler kamen und ihn fragten, was zu tun sei, meinte er nur: „Lauft's a Rund'n!" Unter dem Strich brachte Schaffer den Club dennoch weiter nach vorne. „Mit ihm kam der Erfolg", hieß es in der Vereinschronik, denn Schaffer brachte den 1. FCN 1934 endlich wieder einmal in ein Endspiel (1:2 gegen Schalke 04). Obwohl der wanderlustige Ungar den 1. FCN bereits im Sommer 1935 verlassen hatte, telegraphierte der Sportlehrer Michalke nach dem Triumph im Pokalendspiel am 8. Dezember 1935 – diesmal hatte der Club den Schalkern mit 2:0 das Nachsehen gegeben – seinem Vorgänger: „Herr Schaffer, ich gratuliere, das war ihr Erfolg."

Dr. K. Michalke ist vor allem als gnadenloser Konditionsbolzer in die Club-Annalen eingegangen. Insgesamt dreimal – 1927/28, 1935/36 und 1946/47 – hat man sich in Nürnberg seine Dienste gesichert. Während seines letzten Engagements hatten die Spieler einmal sogar einen Streikversuch gegen sein hartes Training unternommen. Man kann sich vorstellen, wie froh Morlock und die anderen Oberliga-Asse des 1. FCN waren, als der Akademiker beschloss, eine Dauerstellung als Lehrer der unsicheren Trainerlaufbahn vorzuziehen. Zum Ende der

Kondition
+Technik
+Taktik
+Kalorien
=Erfolg!

2:0 gegen die Bayern – dennoch musste Entenmann gehen.

res – auf Anhieb erfolgreich. Riemke brachte es fertig, aus vielen Neulingen eine schlagkräftige Mannschaft zu formen. Im Endspiel des Pokalwettbewerbs 1939, das wegen der Kriegswirrren erst am 28. April 1940 ausgetragen wurde, gewann der Club gegen Waldhof Mannheim mit 2:0.

1945/46 absolvierte Alv Riemke sein drittes Jahr als Clubtrainer. In dieser ersten Oberliga-Saison zeigte die Mannschaft erstmals jene „Überfalltaktik" – urplötzlich schalteten sich bis zu sieben Spieler in den Angriff ein – die lange Jahre für den Club-Stil charakteristisch bleiben sollte. 1952 kehrte Riemke, erneut als Nachfolger von Bumbes Schmidt, zum zweiten Mal an den Zabo zurück. Auch diesmal gelang es ihm, nahtlos an die gute Arbeit seines Vorgängers anzuknüpfen. Der Club kam wieder in die Endrunde, scheiterte aber auch diesmal (1:3 gegen den 1. FC Saarbrücken).

Eine moderne Variante des Trainer-Typs „Lehrer" war der Schwabe Willi Entenmann. Und auch er hatte, wie Michalke und Riemke, nicht nur eine Chance, sein Glück als Club-Trainer zu versuchen. Willi Entenmann, zunächst als Assistent Arie Haans verpflichtet, erhielt zur Saison 1991/92 einen Zweijahresvertrag als Cheftrainer. Obwohl der etwas betuliche, aber bei den Fans sehr beliebte Lehrer (Geschichte), brav und leidlich erfolgreich arbeitete, hatte ihn der neugewählte Präsident Voack, eitel darauf bedacht, allein das Sagen zu haben, schon bald auf der Abschussliste. Nach einer Erfolgsserie und einem 2:0 über Bayern München erhielt der Schwabe in der Hinrunde 1993 den blauen Brief. Sein zweites Engagement hatte Entenmann in der Saison 1995/96 unter dem Präsidenten Michael A. Roth, der zuvor schon Hermann Gerland „zweitverpflichtet" hatte. „Die Mannschaft besitzt keine Hierarchie", kritisierte der Schwabe die Arbeit seines Vorgängers. Aber auch Willi Entenmann konnte das Unfassbare nicht mehr verhindern: Den Abstieg des ruhmreichen 1. FCN in die 3. Liga!

Schulter an Schulter mit der SpVgg Fürth schaffte Entenmann das „Muss": den sofortigen Wiederaufstieg in die 2. Liga. Als sich der Club aber dort nach fünf Spieltagen der Saison 1997/98 mit lediglich drei Punkten auf dem letzten Tabellenplatz wiederfand, ging am Valznerweiher der Spruch um, dass den Aufstieg in die 2. Liga ja sowieso jeder Rentner geschafft hätte. Seine Entlassung war nur noch Formsache.

Mit den Lehrern, so lässt sich zusammenfassen, ist es eine zwiespältige Angelegenheit. Man geht mit ihnen kein Risiko ein, aber zu großen Erfolgen können sie eine Mannschaft in der Regel nicht antreiben – vermutlich deshalb, weil sie ihre Spieler wie Schüler behandeln. Alv Riemke tat das 1964/65, als er „technischer Leiter" des 1. FCN war, sogar mit dem Trainer. Obwohl der Ex-Spieler Gunter Baumann duchaus erfolgreich mit der Mannschaft arbeitete, pfuschte ihm Riemke immer wieder ins Handwerk. Als Präsident Walter Luther im Frühjahr 1965 einige Klauseln in den Vertrag einbauen wollte, die seine Kompetenzen beschneiden sollten, schmiss „Bello" Baumann wütend die Brocken hin: „Ich bin doch kein kleiner Junge mehr!"

Die Erfahrenen und die Frischlinge

Alles andere als ein kleiner Junge war sicherlich auch Kuno Klötzer, der am 12. April 1969 eine sich bereits in Auflösung befindende Mannschaft übernahm. Aber als der 47-jährige kam, war praktisch schon nichts mehr zu retten. Niemand gab „Ritter Kuno" die Schuld am Abstieg des amtierenden Meisters, anders dachte man aber, als er in der Regionalliga nur „halb" erfolgreich arbeitete. 1969/70 scheiterte

Spielzeit 1935/36 hatte sich Michalke nach Zürich verabschiedet. Die Tatsache, dass anschließend erneut ein Budapester Fußball-Künstler verpflichtet wurde, zeigt, dass das ungarische Laissez Faire offensichtlich nicht schlecht nach Franken passte. Am 21. Juni 1936 hatte der Club unter der Betreuung von Hans Kalb im Endspiel gegen Fortuna Düsseldorf (2:1) seinen sechsten Titel unter Dach und Fach gebracht, und Gyuri Orth, der das Training im Herbst übernommen hatte, gelang es, die meisterliche Form der Mannschaft zu konservieren. Der Club zog 1937 wieder ins Finale ein, verlor diesmal jedoch, wieder einmal gegen Schalke, mit 0:2.

Der ehemalige Clubarchivar Andreas Weiß, damals als Jugendlicher unter den Fittichen Orths, weiß einige Anekdoten über den pfiffigen Ungarn zu berichten. Das Ballstoppen erklärte er beispielsweise mit den Worten: „Kinder, passt's auf! Wenn Ball fällt in Buttärfass, bleibt Ball liegen. Also muss nachgeben Fuß wie Buttär." Dann drosch er den Ball in die Luft und fing ihn mit dem Spann „buttärweich" auf. Auf ähnliche Weise erklärte er den Effet: „Ball muss für guten Fußballspieler sein wie Kugel für Billardspieler. Fuß ist sich wie Billardstock. Also kann ich auch schießen und flanken mit Effet." Dann trat er den Ball von der Eckfahne aus ins Tor und verlangte von seinen Schülern, dass sie es ihm nachtäten.

Aber auch Orth entging dem üblichen Trainerschicksal nicht. Nach einer Serie von Niederlagen im Frühjahr 1939 verließ er den Club, und mit der (butter)weichen ungarischen Welle hatte es für immer ein Ende. Nun saß auf der Nürnberger Trainerbank wieder ein Mann, der, ganz anders als die in technische Raffinesse verliebten Magyaren, sein Hauptaugenmerk auf eiserne Kondition und Disziplin legte: Alv Riemke, ein Fußballehrer mit Trainer-Volontariat bei Arsenal London und der englischen Football Association.

Der gebürtige Sachse, ehemals Torhüter bei Fortuna und VfB Leipzig, hatte schon bei seinem Trainerdebüt im Jahre 1934 mit Lausanne Sports in der Schweiz Meisterschaft und Pokal gewinnen können. Ähnliches wollte er auch mit dem Club erreichen, und entsprechend selbstbewusst machte er sich an die Arbeit. Tatsächlich war der Mann mit den vielen Lederjacken – er trug kaum einmal etwas Andeer knapp an der Aufgabe des Wiederaufstiegs – der Club wurde mit einem Punkt Rückstand auf den KSC Dritter. Statt seiner durfte sich in der Saison 1970/71 ein „Frischling" versuchen: Barthel Thomas, der am 1. April 1970 zunächst eigentlich nur als Nachwuchscoach verpflichtet worden war. Obwohl unter seiner Regie eine souveräne Meisterschaft in der Regionalliga Süd erreicht wurde, wollten während seiner Amtszeit die Gerüchte über einen neuen Trainer nie verstummen. Nach dem Scheitern in der Aufstiegsrunde 1971 war das Experiment mit einem völlig unbekannten Trainer wieder zu Ende.

Dasselbe Spielchen – „ersetze einen alten Haudegen durch einen jungen, erfolgshungrigen Frischling" – probierte der Club im Aufstiegsjahr 1977/78.

Als der erfahrene und vielgereiste Horst Buhtz zu Beginn der Saison 1976/77 sein Amt antrat, fand er einen chaotischen Haufen von nicht weniger als 30 Spielern auf dem Trainingsplatz vor! Es folgte eine der schlechtesten Spielzeiten in der Geschichte des 1. FCN, am Ende der Saison wollten, absoluter Minusrekord, nur noch 1.743 Fans sehen, was die sinnlos zusammengekaufte Mannschaft herumstöpselte. In der nächsten Saison gelang dann mit einer neuen Mannschaft sogar der Aufstieg. Der Weltenbummler Horst Buhtz, der die jungen Spieler sehr gut zu führen wusste, erlebte ihn allerdings nicht mehr als Trainer. Zehn Tage vor dem ersten Aufstiegsspiel war der Mann, über dessen Qualitäten man sich beim Club nie einig werden konnte, entlassen worden. Den Ruhm des Aufstiegs erntete schließlich der 32-jährige Werner Kern, der sich als Assistenztrainer bei Bayern München die ersten Sporen verdient hatte und 1977 mit Wormatia Worms in die 2. Liga Süd aufgestiegen war. Aber war er „schuld" am Aufstieg? Sein Vorgänger Buhtz, ein Liebhaber des Weines, hatte schon sehr frühzeitig eine Klassifizierung des „Club '77" vorgenommen: „Das wird ein guter Jahrgang".

Als der Erfolg in der Bundesliga, trotz der nachträglichen Verpflichtung des Nationalspielers Uli Hoeneß, sich nicht einstellen wollte, musste sich der junge Trainer immer häufiger mit dem Vorwurf auseinandersetzen, dass er noch zu „grün" für die 1. Liga sei. Nach weiteren Niederlagen kam bereits im Dezember 1978 das Aus für Kern.

Andersrum – erst jung, dann alt – versuchte es der Club zu Beginn der 80er Jahre. 1980/81 übernahm der 36-jährige Horst Heese das Kommando. Heese, zuvor Trainer der Offenbacher Kickers, hatte viele neue Spieler zu integrieren und wollte die Mannschaft zugleich auf ein modernes Raumdeckungssystem umstellen. Als die Spieler nicht die erwünschte Konstanz in ihren Leistungen zeigten, entließ Präsident Michael A. Roth den Düsseldorfer und ersetzte ihn durch den Amateurtrainer Fritz Popp. Aus Protest gegen diesen 20. Trainerwechsel beim Club seit 1963 trat Norbert Eder von seinem Amt als Kapitän zurück. Auch der DFB legte Protest ein, weil der neue Mann auf der Nürnberger Bank keine Fußball-Lehrer-Lizenz besaß. Mit „Altmeister" Fred Hoffmann schob Präsident Roth in den letzten drei Saisonspielen einen Strohmann vor, mit dem der Club die entscheidenden Punkte zum Klassenerhalt noch einfuhr.

Nach einem kurzen Intermezzo mit Heinz Elzner war dann am Valznerweiher wieder Erfahrung angesagt. Am 8. September 1981 wurde der „alte Hase" Udo Klug verpflichtet. Klug, von dem sich die Frankfurter Eintracht gerade als Manager getrennt hatte, übernahm – ganz im Sinne des von Präsident Roth verkündeten Sparkurses – gleichzeitig den Managerposten. Unter dem fünften (!) Trainer des Jahres 1981 – nach Horst Heese, Fritz Popp, Fred Hoffmann, Heinz Elzner – zeichnete sich beim Club endlich wieder so etwas wie Konstanz ab. „Wir haben noch 29 Spiele", erzählte der Hesse bei seinem Amtsantritt. „Wenn wir aus jedem Spiel einen Punkt holen, schaffen wir es." „Eichhörnchen-Methode" taufte die *Abendzeitung* diesen Plan, der dann am Ende tatsächlich aufging. Die Saison schloss der 1. FCN auf dem 13. Tabellenplatz ab, gleichzeitig erreichte er mit dem Pokalfinale gegen Bayern München den bemerkenswertesten Erfolg seit Jahren.

Nach einer sorgenlosen Saison 1982/83 wollte Klug dann hoch hinaus, das heißt, mit vielen neuen Spielern in den UEFA-Cup. Am Ende kam dann aber eine Bankrotterklärung heraus. Nach 0:34 Auswärtspunkten wurde er zum Manager „befördert" und auf dem Trainerstuhl nahm der Ex-Clubprofi Rudi Kröner Platz.

Notnägel und Missverständnisse

Das Jahr 1981 könnte man in den Annalen des 1. FCN als „das Jahr der Notnägel und Missverständnisse" verzeichnen, als ein Jahr, in dem es sogar zur wohl einmaligen Konstruktion eines „Strohmannes für den Notnagel" – Fred Hoffmann – gekommen ist. Als zur neuen Saison Heinz Elzner verpflichtet wurde, zog sich der Notnagel Popp auf den Assistenten-Posten zurück. Die Verpflichtung des bundesligamäßig unbeschriebenen Blattes Heinz Elzner hingegen muss man unter der Rubrik „Missverständnisse" einordnen. Nach fünf Niederlagen zum Auftakt war das Engagement des 53-jährigen bereits wieder beendet.

Auch die Verpflichtung des Klug-Nachfolgers Rudi Kröner im Dezember 1993 kann wohl kaum anders denn als Missverständnis gewertet werden. Kröner, der mit den Spielern ein irrwitziges Leichtathletik-Training durchgezogen hatte, musste nach nur 41 Tagen schon wieder gehen. Nach einem erneuten Kurz-Einsatz von Fritz Popp begann dann die Ära Höher bzw. Höher/Schmelzer.

Weitere „Notnägel" in der Trainer-Geschichte des 1. FCN waren Dieter Lieberwirth (der Co-Trainer saß als Gerland-Nachfolger für die letzten sieben Spiele der Saison 1989/90, in der immerhin ein 8. Platz herausgesprungen war, auf der Bank), Csaknady-Assistent Jenö Vincze (November/Dezember 1966), Merkel-Assistent Robert Körner (März/April 1969) und zuletzt, nach der Demission Willi Reimanns, Thomas Brunner (Dezember 1998).

Auch die Liste der Missverständnisse ist nicht gerade kurz. Neben den bereits erwähnten Elzner und Kröner wären hier noch Boba Mihailovic und Jeff Vliers zu nennen. Mihailovic, 1971 als „neuer Besen" an den Valznerweiher geholt, erwies sich als einer der eklatantesten Fehlgriffe überhaupt. Nach nur 15 Tagen Amtszeit flüchtete der Jugoslawe bei Nacht und Nebel aus Nürnberg. Ähnlich knapp bemessen war die Amtszeit des Belgiers Jeff Vliers. Nachdem er zur Saison 1979/80 einen Start mit 1:5 Punkten hingelegt hatte, musste er schon die Koffer packen. Mit einem Schuhkarton unter dem Arm und um 60.000 Mark Abfindung reicher verließ der Belgier verärgert den Valznerweiher. Das witzigste Missverständnis datiert aber mit Sicherheit aus dem Jahr 1910. „Walker!" – so hatte sich damals, als es noch nicht einmal einen Zabo gab, ein Engländer beim Club vorgestellt. Dann aber sagte er nur noch „Bier gut!" – weitere deutsche Worte beherrschte er nicht ...

Harte Hunde und gute Kerle

Trainer, die die Spieler hart anpacken konnten, gab es beim 1. FCN sicherlich einige. Der Sportlehrer Michalke, Bumbes Schmidt, Alv

Nach der Revolte: Heinz Höher einsam beim Training

Riemke, Zapf Gebhardt, die Meistertrainer Herbert Widmayer und Max Merkel – sie alle konnten im Training die Peitsche auspacken. Bei dem Mann, der 1971 die Nachfolge des urplötzlich verschwundenen Boba Mihailovic antrat, wussten die Spieler schon vor seiner kernigen Antrittsrede, mit wem sie es zu tun haben würden. Es war der – nomen est omen – „Eiserne Fritz" Langner, der es mit Westfalia Herne bereits zweimal zur Meisterschaft in der Regionalliga West gebracht hatte. Doch der Kasernenhofton währte nur für einen Herbst – schon im Dezember wurde es unter Tschik Cajkovski wieder lustiger.

Ein ähnlicher Ruf wie Langner war auch Felix Magath vorausgeeilt, als er 1998 sein Amt als Nachfolger Willi Entenmanns antrat. Der Spitzname „Saddam" – nach dem irakischen Diktator –, den ihm seine ehemaligen Spieler beim HSV verpasst hatten, ließ Schlimmes erwarten. Präsident Roth frohlockte: „Er ist ein Franke und packt die Spieler mit einer gesunden Härte an. Perfekt für den Job beim Club."

Tatsächlich bestätigte der gebürtige Aschaffenburger auf Anhieb diese präsidialen Vorschusslorbeeren. Er vollbrachte das Wunder, die Mannschaft vom Tabellenende weg direkt in die Bundesliga zu führen. Mit seinem autoritären Führungsstil – Motto: „Qualität kommt von Qual" – impfte er seinen Kickern vor allem körperliche Fitness und taktische Disziplin ein. Aus der schlechtesten Abwehr der Liga (14 Gegentreffer in 5 Spielen) wurde ein schier unüberwindliches Bollwerk, und vorne halfen Geduld und Hartnäckigkeit. Zum Standardergebnis der Nürnberger Kicker wurde das 1:0. Nach dem Aufstieg kam es dann über der Frage, wie teuer Neuverpflichtungen sein dürfen, zur großen Entzweiung zwischen Trainer und Präsident.

Die Nachfolge Magaths trat der unnahbare Willi Reimann an. „Fußball ist ein hartes Stück Arbeit, aber ich bin ein sehr ehrgeiziger Mensch und Angst kenne ich nicht." Ähnlich wie Magath pflegte auch Reimann, der in seiner Trainer-Karriere schon öfter mal als „harter Hund" bezeichnet wurde, einen autoritären Stil. Überraschend räumte er noch vor der Winterpause den Trainerstuhl. Diesmal war kein Streit der Grund, vielmehr kündigte er aus freien Stücken, weil er sich um seine schwerkranke Frau kümmern wollte. Dennoch: auch Willi Reimann kam somit über die magischen 8 Monate – die bis dahin durchschnittliche Verweildauer eines Trainers unter dem Präsidenten Roth – nicht hinaus.

Natürlich gab es in der langen Geschichte des 1. FCN hin und wieder auch Trainer, die es mit der weichen Welle versuchten. Der Religionslehrer Dieter Renner, der 1993 nach der Entlassung Entenmanns vorübergehend den Job an der Seitenlinie übernommen hatte, war z.B. so einer. Und auch sein Nachfolger Rainer Zobel. Das Endergebnis der „sanften Welle": Der Club kuschelte sich am Tabellenende ein, stieg dann auch tatsächlich ab. Zu Beginn der Zweitligasaison 1994/95 hieß der Trainer überraschenderweise immer noch Rainer Zobel. Erst als die sportliche Lage zunehmend prekärer wurde, musste er in der Winterpause seinen Hut nehmen. Sein Nachfolger Günter Sebert und Hermann Gerland zogen die Zügel wieder straffer an – umsonst. Der Club stürzte in die 3. Liga ab.

Die Frage, was dem Club besser tut – die harte oder die sanfte Tour – muss also offen bleiben. Nur in einem Fall wurde sie eindeutig entschieden – als der ehemalige Meisterspieler Seppl Schmitt 1947/48 das Traineramt übernommen hatte. Der einst so brilliante Techniker führte damals die vom Konditionstrainer Dr. Michalke ausgepowerten Mannschaft an der langen Leine und vermittelte ihr so wieder die Lust am Spiel. Am Ende der Saison 1947/48, die dem Club die siebte Meisterschaft eingebracht hatte, gab er den lapidaren Kommentar: „Wir spielen kein System. Wir spielen Fußball. Das ist unsere ganze Zauberformel." Leider hatte die Zauberformel in der Saison 1949/50 ihre Wirkung verloren. Der Club verlor ein Spiel nach dem anderen und Seppl Schmitt widmete sich wieder seiner Totoannahmestelle am Plärrer.

Der Intellektuelle und der Schweiger

Seppl Schmitt war ein Trainer, der sich schwer einordnen läßt. Mit Sicherheit ein völlig unvergleichlicher Einzelfall war Jenö Csaknady, der 1963 die Nachfolge des Meistertrainers Herbert Widmayer antrat. Csaknady war kein Scherzbold wie seine ungarischen Landsleute Schaffer und Orth, sondern er gebärdete sich als Intellektueller, indem er seine Anweisungen zuweilen mit Schopenhauer-Zitaten würzte. Er predigte die Philosophie der Defensive. In seinem System war es den Abwehrspielern strikt verboten, die Mittellinie zu überschreiten, im Training ließ er Befreiungsschläge statt Angriffskombinationen üben. Da sich immer mehr Zuschauer weigerten, den Zerstörungsaktionen der Clubspieler im Stadion beizuwohnen, weinte ihm schließlich in Nürnberg keiner eine Träne nach, als er erklärte, wieder auf Reisen gehen zu wollen.

Als sein Nachfolger, der ehemalige Club-Stopper Gunter Baumann, schon nach einer Saison den Club-Verantwortlichen nicht mehr passte, geschah dann im Mai 1965 das schier Unglaubliche: Jenö Csaknady kam ein zweites Mal!

Wundersamerweise hatten auch einige Spieler für Csaknadys Rückkehr plädiert: Der Ungar hatte nicht nur für Defensive, sondern auch für hohe Siegprämien gesorgt! Schon bald aber bereuten die Spieler ihr Plädoyer für den Philosophen auf der Trainerbank. Der Fußballtheoretiker bevormundete sie derart, dass sie keinerlei Eigeninitiative mehr entwickeln konnten. Menschlich war Csaknady eine symphatische Erscheinung, aber die Trainingslager unter ihm, so Heinz Strehl, hätten einem „Arrest" geglichen. Und weiter meinte der blonde Mittelstürmer: „Der Ungar passte einfach nicht zu uns Franken. Wir haben seit jeher Fußball des Fußballs wegen gespielt. Das theoretisch beste Spielkonzept und die ganzen Malereien an der Wandtafel sind für die Katz, wenn die Freude am Spiel getötet wird." Als der unverstandene Ungar 1966 entlassen wurde und der damalige Amateurtrainer Jenö Vincze das Training übernahm, war der Club so ziemlich am Ende.

Ziemlich ans Ende gekommen war der Club auch unter einem anderen Unikat: dem großen Schweiger Heinz Höher. Der Bochumer hatte nach der Machtergreifung des damaligen Vizepräsidenten Gerd Schmelzer im Winter 1983/84 als Kandidat des neuen Clubchefs das sportliche Kommando übernommen. Höhers Amtszeit verlief zunächst alles andere als verheißungsvoll: Nach einer beispiellosen Negativbilanz (5 Punkte aus 17 Rückrundenspielen), blieb der dennoch mit einem Zweijahresvertrag ausgestattete Trainer auch in der 2. Liga zunächst erfolglos. Nach 13 Spieltagen (14:12 Punkte, 10. Tabellenplatz), war die gesamte Mannschaft, wie der Spieler Stefan Lottermann festhielt, „psychisch am Ende". Der Hintergrund: Höher hatte bis auf die Talente Brunner (22) und Grahammer (20) alle Spieler der Abstiegssaison abgeben wollen, um mit einer jungen Mannschaft ohne Verliererimage den sofortigen Wiederaufstieg anzupeilen. Dann aber blieben einige „Alte", die unverkäuflich waren. Höher habe, so Lottermann, seine Aspiranten deutlich protegiert, und als diese nicht die entsprechende Leistung brachten, wurde die Stimmung immer mieser. Höher zog sich mehr und mehr in sein Schneckenhaus zurück. Horst Weyerich (27), einer der „alten" Spieler: „Höher hat konsequent jedes Gespräch verweigert."

Nachdem alle Versuche gescheitert waren, über Manager Manfred Müller oder Präsident Schmelzer Kritik an Höher heranzutragen, eskalierte die Situation nach einem von dem frustrierten Trainer um 7 Uhr morgens angesetzten Straftraining. Am Montag, dem 29. Oktober 1984, boykottierten mit Ausnahme von fünf jungen Spielern alle Profis das Training. Nach der fristlosen Kündigung für die angeblichen „Rädelsführer" Horsmann, Lottermann, Kargus, Weyerich sowie für Krella und Walz (31.10.) und der Fahrt der „Restmannschaft" zum Auswärtsspiel nach Aachen, das mit 1:2 verlorengeht (2.11.), vollzieht sich dann in den folgenden Wochen und Monaten das schier Unglaubliche: Aus den Trümmern entsteht, wie Phönix aus der Asche, eine neue, blutjunge Mannschaft, die auf Anhieb in die Bundesliga stürmt!

Für Heinz Höher war der Aufstieg offensichtlich keine Überraschung. In einem Gespräch unter vier Augen hatte der Trainer bereits in den Tagen der Oktoberrevolution seinem neuen Spielmacher Hans Dorfner prophezeit: „Wenn alle richtig mitziehen, dann steigen wir noch in dieser Saison in die Bundesliga auf."

Mit Höher immer höher hieß es auch in der Folgezeit, denn die junge Truppe kletterte in der Tabelle von Jahr zu Jahr eine Stufe nach oben: 12. Platz 85/86, 9. Platz 86/87, 5. Platz 87/88. Der Club war wieder im UEFA-Cup! Allerdings schon zu diesem Zeitpunkt hatte Höher hilflos mit ansehen müssen, wie seine Mannschaft zerbröckelt. Als nach Dorfner auch noch Reuter und Grahammer zum FC Bayern gezogen waren, wollte er nicht mehr Trainer sein.

Die Meistertrainer

Die Aufstiegsmannschaft von 1985, die die Fans mit frischem Angriffsfußball zu Begeisterungsstürmen hinriss, spielte wohl den besten Club-Fußball seit Jahrzehnten. Wäre sie länger zusammengeblieben, hätte sie sicher um die Deutsche Meisterschaft mitspielen können – so wie die in vieler Hinsicht vergleichbaren „jungen Wilden" von 1961, die von Herbert Widmayer trainiert wurden.

Als Widmayer gegen Ende der Saison 1959/60 für den zum PSV Eindhoven abgewanderten Binder einstieg, konnte er auf die tolle Vorarbeit des Wieners aufbauen. Der „forsche Draufgängertyp von der Art Eddie Constantines" (so die Autoren Kelber/Wich) führte das Aufwärmen vor den Spielen ein und zog ein hartes, aber abwechslungsreiches Training durch (Gymnastik, Hürdenlauf, Seilspringen, Fangspiele, Sprossenwand, Hantelarbeit). Nach Widmayers Ochsentour besaßen die Spieler eine Bombenkondition, die als mit ausschlaggebend dafür angesehen wird, dass die von Max Morlock angeführte junge Mannschaft 1961 die achte Meisterschaft einfahren konnte. Als besondere Qualität Widmayers hielt sein Lieblingsschüler Wenauer fest: „Widmayer liebte das persönliche Zusammensein mit seinen

Der Meistermacher zusammen mit Udo Jürgens auf der Trainerbank. Kapitän Nandl Wenauer: „Merkel hat es besser als jeder andere verstanden, eine Mannschaft heiß zu machen."

Spielern, die wie eine Eins hinter ihm standen." Trotzdem unter Widmayers Regie auch später noch respektable Erfolge zu verzeichnen waren – Deutscher Vizemeister 1962, Pokalsieger 1962, 1963 erst in den Endrundenspielen gescheitert –, verschaffte ihm der Clubvorstand den fragwürdigen Ruhm, als erster Trainer in der Bundesligageschichte entlassen zu werden.

Der andere Meistertrainer, Max Merkel, hatte auf Initiative des starken Mannes in der Clubführung, Alv Riemke, am 30.12.1966 seine Zelte in Nürnberg aufgeschlagen. Der Wiener, Meistertrainer der Münchner Löwen, sprach eine Sprache, die die von seinem Vorgänger Csaknady verwirrten Clubspieler wieder verstanden. „Mit Zuckerbrot und Peitsche" – so hatte er eines seiner Bücher betitelt – brachte er auch den Club wieder ganz nach oben.

Unter seiner Regie wurde der 1. FCN 1968 mit fast derselben Mannschaft Meister, die in der Saison zuvor noch beinahe abgestiegen wäre. Merkel merkte, daß die Mischung aus Kämpfern („Die müssen beißen") und Technikern („Die müssen spielen") in der Mannschaft stimmt, darüber hinaus predigte er immer wieder seine Kernlehre: „Schneller und direkter spielen und laufen, auch wenn der Ball weg ist."

Merkel war, zumindest in seinem ersten Jahr, bei den Spielern sehr beliebt. Heinz Strehl: „Von ihm ging eine sagenhafte Begeisterung aus; nicht nur im Spiel, auch im Training. Wir konnten oft gar nicht fassen, dass schon Schluss war." Der „Zampano" achtete zwar mit aller Strenge auf Disziplin, aber er konnte auch mal ein Auge zudrücken, wenn ein Spieler etwas über die Stränge schlug.

Als die Mannschaft in der nächsten Saison von einem Misserfolg in den nächsten stolperte, hieß es freilich, dass er sich zu wenig um die Spieler kümmere, ja dass er sie mit seinen harten Methoden „ausgemerkelt" habe. Als schon fast nichts mehr zu retten war, verließ der Wiener das sinkende Schiff. Als amtierender Meister stieg der Club aus der Bundesliga ab.

Bis heute wartet er auf einen neuen Meistertrainer.

Die Club-Fans

Die Begeisterung der Fans ist so alt wie der Fußball selbst. Im Mai 1909 hingen überall in Nürnberg Plakate, die eine Sensation ankündigten: „Sunderland kommt!" Das Gastspiel dieser englischen Spitzenmannschaft, das am 1. Juni 1908 vor rund 3.000 Zuschauern auf dem damaligen Clubgelände in Schweinau stattfand, gab einen ersten Vorgeschmack auf die Massenbegeisterung, die der Fußball in den folgenden Jahren auslösen sollte. Neben solchen Spielen gegen ausländische Klassemannschaften waren es vor allem die Lokalderbys, die die Zuschauer in ihren Bann schlugen. Das erste Derby zwischen dem 1. FCN und der SpVgg Fürth im 1913 neu errichteten „Zabo" wollten ca. 9.000 Zuschauer sehen. In einer Tageszeitung hieß es, dass die Begeisterung rund um das runde Leder vor allem deswegen so stark angestiegen sei, weil die „Formverbesserung der Fürther Mannschaft in den letzten Jahren" zu einer Erhöhung der Spannung geführt habe.

Volle Häuser gab es daher nicht nur beim „Klassiker" Club gegen Kleeblatt, sondern auch beim „echten" Nürnberger Derby FCN gegen ASN, nachdem die Meisterspieler aus dem Zabo im Jahr 1925 eine 2:4-Schlappe gegen die Kicker aus Ziegelstein hatten hinnehmen müssen.

Nicht nur bei den Derbys, die bis in die 70er Jahre, als man einmal sogar einen Spielabbruch provozierte, berühmt-berüchtigt waren für Zuschauerausschreitungen und Randale rund um Ronhof und Zabo, zeigten sich die Clubfans leicht erregbar. Schon 1922, beim „endlosen Endspiel" gegen den HSV in Leipzig floss der Alkohol wegen der extremen Hitze, die in jenen August-Tagen herrschte, bereits während der Anreise im Zug in Strömen. Geradezu panisch müssen die Schlachtenbummler dann ein Bier nach dem anderen in sich hineingestürzt haben, als das Gerücht durchsickerte, dass in Leipzig Kellnerstreik herrsche und deswegen am Spieltag womöglich nichts mehr zu bekommen sei. Tatsächlich gab's dann im Stadion statt Bier nur Sodawasser.

In der Saison 1988/89, beim ersten Europapokal-Auftritt des Club seit der Meistersaison 1968, hatten die im Sonderzug zum Match gegen AS Rom anreisenden Cluberer schlauerweise vorgesorgt. Rund 2.000 Bierdosen hatten sie sich direkt an den Bahnsteig anliefern lassen. Gut gelaunt erlebten sie einen nie erträumten 2:1-Erfolg ihres Club und zogen anschließend jubelnd durch die „ewige Stadt". Zu den erhofften Rangeleien mit den Roma-Fans kam es zur Enttäuschung der rauflustigen Franken dann allerdings nicht. Wie weiland die Fürther, die die Clubfans auf dem Weg in den Ronhof im Poppenreuther Wäldchen abzupassen pflegten, begnügten sich die Römer damit, die Nürnberger aus einem Wäldchen heraus mit Steinen zu bewerfen, um dann, wenn sie verfolgt wurden, sofort wieder zu verschwinden.

Während des Spiels ist es glücklicherweise nicht zu solchen Szenen gekommen wie einst in Leipzig. Bei tropischen Temperaturen schwitzten damals 60.000 Zuschauer in dem Stadion, dessen Fassungsvermögen eigentlich nur für 45.000 berechnet war. Tausende kletterten über den Zaun oder durchbrachen gewaltsam die Eingänge. In dem lebensgefährlichen Gedränge fielen Hunderte in Ohnmacht, überall wurden Leute auf Bahren fortgetragen. Machtlos mussten Polizisten zusehen, wie immer mehr erregte Fußballfans die Aschenbahn stürmten. Die neugebaute Tribüne drohte während des Spiels zusammenzubrechen. Während oben die Gäste aus dem Frankenland mit ungeheurer Aufregung dem Spiel folgten, arbeiteten unten fieberhaft sächsische Pioniere, um die Tribüne mit starken Balken zu stützen und so eine schwere Katastrophe zu verhüten. Viele Fans sahen kaum etwas vom Spielfeld und forderten lautstark die vor ihnen postierte Menge auf, die Sicht freizugeben. Als nichts geschah, warfen sie mit Steinen und Flaschen, bis sich das Ganze zu einem regelrechten Bombardement auswuchs.

Während Raufereien unter Zuschauern so alt sind wie das Fußballspiel selbst, sind Freundschaften wie die zwischen den Clubfans und denen von Eintracht Frankfurt, dem Hamburger SV und vor allem Schalke 04 eine eher neumodische Angelegenheit. Auch die typischen, „fanatischen" Verhaltensweisen, die man heute in jedem Stadion sehen kann, mussten erst erfunden werden. Als sich 1924, bei der großen Endspiel-Revanche gegen den HSV, nur etwa 130 Nürnberger für den Sonderzug nach Berlin gemeldet hatten, machten die Clubfans ihre zahlenmäßige Unterlegenheit dadurch wett, dass beinahe jeder von ihnen während des Spiels einen Wimpel oder eine Fahne schwenkte. Beim nächsten Endspiel, im nächsten Jahr in Frankfurt gegen den dortigen FSV, war das Waldstadion dank der diesmal zu tausenden angereisten Cluberer ein einziges rot-weißes Fahnenmeer. Als die Clubfans 1927 zum Endspiel gegen Hertha BSC nach Berlin fuhren, war das Tragen von Vereinsfarben und -fahnen bereits ein gewohntes Bild. Neu waren für die Nürnberger allerdings die markerschütternden Gesänge („Ha-ho-he, Hertha BSC"), die das übervolle Grunewaldstadion in einen Hexenkessel verwandelten. Bis dahin hatte es nur unorganisiertes Gebrüll und vereinzelte Schlachtrufe gegeben. Aber die Clubfans lernten schnell. Nach dem 2:0-Sieg der Männer in weinrot scholl es durchs Stadion: „Hi-ha-ho, Hertha ist k.o."

Da in den 20er Jahren ja beinahe jede Mannschaft k.o. war, wenn ein Spiel gegen den 1. FCN abgepfiffen wurde, hatten die Clubfans schier endlosen Anlass zum Jubeln. Massenaufläufe gab es natürlich vor allem dann, wenn der Club gerade mal wieder einen seiner vielen Titel errungen hatte. Schon 1920, nach der ersten Meisterschaft des 1. FCN, wurde die siegreiche Mannschaft am Hauptbahnhof von einer 30.000 Köpfe zählenden Menschenmenge erwartet. Ein Jahr später, nach der zweiten Titel, waren es bereits so viele – 50.000 sollen es gewesen sein –, dass der Tross der Sieger, der zur Meisterfeier in den Herkules-Saalbau ziehen wollte, kaum mehr ein Durchkommen fand. Vorher war es schon im Düsseldorfer Stadion zu tumultartigen Szenen gekommen, als die Clubspieler auf den Schultern begeisterter Fans über den Platz getragen worden waren. Ähnliche Szenen gab es dann auch bei allen anderen Meisterschaften des Club: Jubelnde Clubfans stürmten 1968 nach dem Titelgewinn auf den Rasen des Städtischen Stadions, und selbst der Aufstieg aus den Niederungen der Regionalliga wurde 1997 mit einer „Platzbegehung" im Frankenstadion gefeiert.

„Feldschlacht bei Ziegelstein"

Am 26. Januar 1930 traf der Club, der in der Bayerischen Bezirksliga diesmal nur auf dem zweiten Platz hinter der SpVgg Fürth gelandet war, in der sogenannten „Trostrunde", die quasi auf den letzten Drücker noch eine Qualifikation zur DM-Endrunde ermöglichte, auf einen anderen Lokalrivalen: den AS Nürnberg, diesjähriger Drittplazierter und überhaupt die „dritte Kraft" in Mittelfranken. Nach dem Spiel, das der Club auf dem Platz in Herrnhütte mit 5:2 für sich entscheiden konnte, schrieb der *Fränkische Kurier*: „Schon seit Jahren hat sich dieses Spiel zu einem großen Kampf entwickelt, doch noch keines brachte eine derart große Zuschauermenge auf den ASN-Platz wie diesmal." Die Zuschauer kletterten auf Bäume und Masten und funktionierten ihre Autos zu „Tribünen" um. Die *Nürnberger Zeitung* sprach angesichts des Szenarios gar von einer „Feldschlacht bei Ziegelstein", die aber immerhin, ganz anders als man das damals bei den Derbys Club-SpVgg zu erwarten hatte, vollkommen friedlich verlaufen sei. „Der Belagerungszustand ist wieder aufgehoben und auch fußballdesinteressierte Mitbürger und Einwohner von Ziegelstein können wieder die Straßenbahn benützen. Der riesige Autopark, der bis Papa Rüdels Bierklause reichte, hat sich wieder getrollt. Alles ist zufrieden: Der Club, weil er die Punkte und einen feinen Sieg hat. Der ASN, weil er 14.000 Zuschauer beherbergen und kassieren durfte. Die Straßenbahndirektion, weil sie 28.000 Menschen transportieren durfte ... Herrnhütte hat eine Bataille verloren, aber die Bürger waren ruhig und zufrieden. Mehr kann man nicht verlangen." (Bild links)

Ende der 90er Jahre gibt es rund 400 Fanclubs mit knapp über 10.000 Mitgliedern, die, obwohl sie vom Erfolg nicht gerade verwöhnt werden, ihrem Club die Treue halten. Treue - das ist heute wohl die wichtigste Eigenschaft eines Clubfans. Seltsamerweise gab es früher, als der Club noch oben mitspielte, öfter mal heftige Unmutsäußerungen - wie z.B. bei der „0:5-Schlappe" gegen den 1. FC Kaiserslautern in der ersten Bundesliga-Saison 1963/64, als die Fans ihre Fahnen verbrannten -, aber in den mageren Jahren seit dem Abstieg 1969 standen die Treuesten der Treuen im Fanklub „Seerose" und im „Block 4" wie eine Eins hinter ihrem Club. In Nürnberg wird es, so scheint es, auf den Rängen erst dann so richtig laut, wenn sich die Erfolge nicht von selbst einstellen.

In den 20er Jahren, als der Club noch eine Legende war, brauchte niemand an die Treue der Fans appellieren, denn da löste der Name 1. FCN selbst bei unparteiischen Zuschauern Bewunderung aus. Bei einer Tour, die der Club Ostern 1928 durch Oberschlesien machte, hatten die Spieler im weinroten Trikot mit Staunen feststellen können, wie ihnen der Ruhm bereits vorausgeeilt war. Seppl Schmitt erinnerte sich: „Die Einfahrt in Beuthen glich einem Einzug der Gladiatoren. Blumenübersät machte die Stadt, von der bekannt ist, dass sie aus Kohle, Ruß und Arbeit besteht, auf uns den Eindruck, als würde es sich um ein königliches Kleinod handeln ..." Zu dieser Zeit, Ende der 20er Jahre, hatte die glorreiche Clubmannschaft um Stuhlfauth und Kalb ihren Zenit freilich bereits überschritten. Nachdem der 1. FCN 1929 schon im Halbfinale mit 2:3 gegen Hertha BSC ausgeschieden war, machte der Kommentator der Club-Zeitung freilich nicht die schlechte Leistung der Mannschaft, sondern das „schlechte" Berliner Publikum für die Niederlage verantwortlich. Ein Stück Wahrheit steckt in dieser Auffassung freilich insofern, als die Berliner Fans ein „professionelles", sehr modern anmutendes Fanverhalten an den Tag legten: „Abgesehen von der Einseitigkeit seiner Gunst- und Missgunstbezeugung ist die Art, wie der Sport zum 'Klamauk', zur Gaudi, zum Rummel erniedrigt wurde, geeignet, den Fußballsport zu Grunde zu richten. Mit Ratschen, Trompeten, Pfeifen, Hupen, Glocken, Kuhschellen und sonstigem Teufelswerkzeug wurde 2 1/2 Stunden lang ohrenbetäubender Lärm geschlagen, durch den nicht nur die Zuschauer sich selbst in eine gelinde Art von Blutrausch hineintobten, sondern selbstredend die Spieler auf dem Felde so betäubt und 'gedopt' wurden, dass man sich fast wundern könnte, wenn sie nicht öfter die Grenzen des sportlichen Anstandes vergaßen..."

Solche Empfindlichkeiten äußern sich bisweilen noch heute. Am 27. Februar 1999 wurde der Club im Dortmunder Westfalenstadion mit dem Lärm aus 40.000 Tröten konfrontiert, die ein Sponsor an die Borussen-Fans verteilt hatte. Der Club verlor sang- und klanglos mit 0:3 und das Präsidium gleich darauf noch die richtigen Maßstäbe. Man überlegte allen Ernstes, beim DFB gegen die Wertung des Spiels Protest einzulegen, da angeblich die Club-Abwehr die verzweifelten Dirigier-Rufe von Torwart Andy Köpke nicht mehr habe verstehen können. Zum Glück kam dann doch noch die Einsicht, dass man sich damit bundesweit nur lächerlich machen würde. Der 1. FCN beschränkte sich darauf, beim DFB formlos seinen Unmut über die Lärmbelästigung kundzutun.

In den 20er Jahren war, so lässt sich zusammenfassen, schon alles da, was das Fan-Dasein ausmacht: Wut und Begeisterung, Jubel und Trauer, Randale und Ausgelassenheit. Und eines war auch noch da, was heute leider Mangelware ist: Erfolg, der stolz macht, ein Club-Fan zu sein. Neue Meisterfeiern zeichnen sich zum 100-jährigen Jubiläum des Club nicht ab, aber vielleicht gibt's ja wenigstens bald wieder einen Aufstiegsjubel wie 1998 in Stuttgart.

Der Club im Jahr 1901.
Eine von hundert Mannschaften aus hundert Jahren.
Alle hundert Mannschaften auf den folgenden Seiten.

1900

1901

1902

1903

1904

1905

1906

1907

1908

1909

1910

1911

1912

1913

1914

1915

1916

1917

1918

1919

1920

1921

1922

1923

1924

1925

1926

1927

1928

1929

1930

1931

1932

1933

1934

1935

1936

1937

1938

1939

1940

1941

1942

1943

1944

1945

1946

1947

1948

1949

1950

1951

1952

1953

1954

1955

1956

1957

1958

1959

1960

1961

1962

1963/64

1964/65

1965/66

1966/67

1967/68

1968/69

1969/70

1970/71

1971/72

1972/73

1973/74

1974/75

1975/76

1976/77

1977/78

1978/79

1979/80

1980/81

1981/82

1982/83

1983/84

1984/85

1985/86

1986/87

1987/88

1988/89

1989/90

1990/91

1991/92

1992/93

1993/94

1994/95

1995/96

1996/97

1997/98

1998/99

1999/2000

Sammelbilder von Clubspielern aus neun Jahrzehnten. 100 Spieler im Portrait von A–Z auf den folgenden Seiten.

Albrecht, Richard

Geb. 26.5.1936. Beim Club 1957-65. Pokalsieger 1962

Der aus Markt Berolzheim stammende Außenstürmer mit der enormen Spurt-, Schuss- und Kampfkraft kam vom TSV Roth, wo er Torschützenkönig war, zum Club („mein größter Wunsch"). An guten Tagen brachte der trickreiche Flügelflitzer, der 200 mal in der ersten Mannschaft spielte, seine Gegenspieler durch elegante Täuschungsmanöver an den Rand der Verzweiflung. Beim DM-Finale 1961 fehlte Albrecht wegen einer Meniskusverletzung, dafür war er aber 1962 beim Pokalsieg dabei. Nach seiner Zeit beim Club spielte der gelernte Drechsler noch vier Jahre für die SpVgg Fürth, wirkte als Spielertrainer und eröffnete in Laufamholz ein Lotto-Toto-Geschäft.

Bark, Gustav

*30.10.1889. 1910-24. Deutscher Meister 1920, 1921, 1924.

Als der 22-Jährige Schweizer nach Nürnberg kam, um eine Stelle in einer Maschinenfabrik anzutreten, hatte er sich bei seinem alten Verein Old Boys Basel bereits einen guten Namen als Fußballer gemacht. Beim Club konnte der enorm schnelle Spieler zunächst drei Jahre lang als Mittelläufer überzeugen, später glänzte er als Rechtsverteidiger vor allem mit kompromisslosem Einsatz (Spitzname: „Der Unüberwindliche"), aber auch mit hervorragendem Pass- und Aufbauspiel. Der „Gustl", der, wie die Presse vermerkte, manchmal „etwas sehr rauh" sein konnte, „stand wie ein Betonklotz in der wildesten Brandung und es war für jeden Stürmer ein Kunststück, an ihm vorbeizukommen."

Der einzige Gegenspieler, der ihn während seiner langen Karriere verblüffen konnte, war ein Landsmann, der Mittelstürmer Dörfler vom AS Nürnberg („Der Stier von Uri"): Während eines Lokalderbys war es ihm gelungen, den „unüberwindlichen" Bark mit der rechten Hand zu Boden zu stemmen und anschließend ungerührt einzuschießen.

Lange Jahre war der „Gustl", der bereits 1910 sein Debüt in der Nationalmannschaft der Schweiz gegeben hatte, ein souveräner Kapitän und Spielertrainer. Mit lautstarken Zurufen in unverfälschtem Schweizerdeutsch lenkte er das Spiel und immer, wenn es erforderlich war, hielt er die Hitzköpfe mühelos im Zaum. Als der 35-Jährige nach 438 Spielen den Verein verließ, war allen Cluberern klar, was sie an diesem Klassespieler und in jeder Hinsicht vorbildlichen Sportsmann verloren hatten: „Er besaß immer die richtige Einstellung zu den Dingen auf dem Spielfeld und zu Auseinandersetzungen am grünen Tisch, wo sein offenes Wort oft wie mit einem Zauberschlag die Wogen glättete, die Zweifler beruhigte und die Nörgler auf seine Seite brachte. Während der Ära Bark gab es im Club keine Mannschaftskrisen, denn seiner Autorität unterstellten sich alle."

Baumann, Frank

*29. 10. 1975. 1994-99.

Seine Premiere als Profi feierte er im Oktober 1994 im Frankenstadion, beim mageren 1:1 gegen die SG Wattenscheid. Trainer Hermann Gerland, der den Libero der Nürnberger Landesliga-Mannschaft in seinen Zweitliga-Kader berufen hatte, geriet ins Schwärmen: „Der Junge kann Situationen erahnen und richtig einschätzen, was andere nie lernen werden. Er ist heute schon so weit wie andere Spieler mit 30."

An jenem Herbstsamstag stand Frank Baumann, ein technisch beschlagener, mit viel Übersicht auftrumpfender Abwehrspieler, unmittelbar vor seinem 19. Geburtstag. Dass trotz dieses hervorragenden Einstands noch knapp vier Jahre verstrichen, ehe er am 15. August 1998 beim 1:1 gegen den Hamburger SV sein erstes Bundesliga-Spiel bestritt, nennt der gebürtige Würzburger, der in seiner Schülerzeit beim TSV Grombühl dem Leder hinterherjagte, „sicherlich ungewöhnlich". Der Libero legte eine heute kaum mehr zeitgemäße Vereinstreue an den Tag, als er den Club auch in der schwärzesten Stunde der 100-Jährigen Vereinsgeschichte, nach dem Absturz in die Regionalliga 1996, nicht verließ. Alle rieten sie ihm zu einem Wechsel zu einem der Bundesligisten Werder Bremen oder 1. FC Köln, die ihm lukrative Angebote ins Haus geschickt hatten – der Vater, die Freundin, seine ehemaligen Trainer Zobel und Gerland. Auch er selbst grübelte lange, um sich dann zu entscheiden – gegen die Bundesliga, für den Club. Eine „Mitschuld am Abstieg" habe er empfunden, erklärt er. „Außerdem hat es mich gereizt, den Club wieder nach oben zu führen."

Der vielerorts mit Kopfschütteln aufgenommene Entschluss (Baumann: „Er hat mich eine Stange Geld gekostet") erwies sich als goldrichtig. Wo so mancher seiner Mitspieler aus der deutschen U-21-Nationalmannschaft in seinem Verein auf der Ersatzbank „versauerte", da sammelte er beim Club fleißig Spielpraxis. „Und dann", sagt er, „haben wir die Spiele in der Regionalliga ja auch nicht gerade im Schongang gewonnen." Für seine persönliche Entwicklung sei es „auf jeden Fall optimal" gewesen, noch zwei Jahre auf die Erfüllung seines größten Jugendtraums zu warten: „Der Club und die Bayern, das waren meine Lieblingsvereine", erzählt Baumann, „in dieser Reihenfolge." Doch kaum hatte der zurückhaltende Abwehrspieler, der nichts mehr hasst als Schlagzeilen, sein Ziel erreicht, war der Club auch schon wieder abgestiegen. Baumann ging nach Werder Bremen – schweren Herzens: „Bei der Entscheidung wegzugehen, hat die Vernunft über das Herz gesiegt. Ich war stets nicht nur Club-Spieler, sondern auch Club-Fan und letzteres werde ich mit Sicherheit immer bleiben." Besonders nachgegangen ist es Baumann, dass er es war, der den Klassenerhalt

hätte sichern können: „Diese von mir in der 89. Minute vergebene Chance wird jahrelang vielen Leuten im Gedächtnis bleiben, mit diesem Vorwurf muss ich leben."

Nun setzt Club-Fan Baumann seinen Weg im hohen Norden fort und dass er seinen Weg machen wird, davon ist Hannes Löhr, Trainer der U21, immer überzeugt: „Er bringt fußballerisch alles mit, auch das Talent, sich für noch höhere Aufgaben anzubieten."

Baumann, Gunter

*19.1.1921. 1949-56.

Baumann lief bereits als 16-jähriger als Mittelstürmer beim VfB Leipzig auf. Nach Kriegsende wäre er als Gefangener der Briten beinahe Profi bei Sheffield United geworden – doch deren Vereinspräsident wollte keinen deutschen Kriegsgefangenen haben. So kickte „Bello", so Baumanns Spitzname, zunächst ein Jahr bei den Stuttgarter Kickers und wechselte 1949 zum Club: „Ich kam in eine Klassemannschaft, die einen hervorragenden Flachpass spielte." Baumann war zunächst Halbstürmer, danach Außenläufer und dann später Kennemann-Nachfolger auf dem Mittelläufer-Posten.

G. Baumann (mitte)

Im November 1950, beim ersten Länderspiel nach dem Krieg in Stuttgart gegen die Schweiz, hatte Baumann sein Debüt in der Nationalmannschaft. Bei seinem zweiten Einsatz fünf Monate später wieder gegen die Schweiz zählte er zu den Besten. Doch sein steter Kleinkrieg gegen Fritz Walter kostete ihn den Einsatz bei der WM 1954. Auf den USA-Reisen des Club in den 50er Jahren brillierte Baumann durch hervorragende Englisch-Kenntnisse. Bis tief in die Nacht unterhielt er sich mit den Barkeepern. Als temperamentvoller Dickschädel war der exzellente Mittelläufer, der fünf Jahre lang Pächter der Vereinsgaststätte im Alten Zabo war, bei den Trainern nicht immer beliebt. „Geradheit wird am ersten krummgenommen", musste Baumann oft erfahren. Später wurde „Bello" dann selbst Trainer, 1964 sogar für ein Jahr beim Club. Als Präsident Luther ihm seine Kompetenzen beschneiden wollte, warf er das Handtuch: „Ich bin doch kein kleiner Junge mehr."

Beierlorzer, Bertram

*31. 5. 1957. 1977-81.

1977 tauchte der spindeldürre Abwehrspieler aus Neunkirchen am Brand erstmals am Valznerweiher auf. „Verschwiegen wie ein Geheimagent" sei der Neue, schrieb die *Abendzeitung*, weil Beierlorzer den Namen seiner Freundin nicht verraten wollte. Aufgrund seiner Vielseitigkeit erkämpfte sich der elegante Techniker schnell einen Stammplatz, den er nach dem Bundesliga-Aufstieg 1978 verteidigte. „Kameradschaft wird bei uns noch großgeschrieben", sagte er. „Das war auch unser Erfolgsgeheimnis in den Aufstiegsspielen gegen Essen. Eine verschworene Gemeinschaft wie wir es sind, lässt sich so leicht nicht erschüttern."

Drei Jahre später hörte sich alles ganz anders an: 1981 wechselte der B-Nationalspieler (ein Länderspiel 1980 gegen Frankreich) zum FC Bayern, „weil ich das Kasperltheater in Nürnberg satt habe. Da plagt man sich die ganze Woche, puscht sich innerlich auf, und wenn dann etwas schiefgeht, pfeift das Publikum. Da könnte man sich selbst zerfleischen."

Schon im dramatischen Pokalfinale von 1982, das der Club unglücklich mit 2:4 verlor, stand er in den Reihen des Gegners. Danach holte er sich mit den Münchnern zweimal die Deutsche Meisterschaft, ehe er seine Profikarriere beim VfB Stuttgart ausklingen ließ.

Später stieg Beierlorzer für kurze Zeit ins Trainerfach um, wurde Assistent Günter Gerlings bei der SpVgg Fürth, und, bis zur Fusion mit dem TSV Vestenbergsgreuth, deren Cheftrainer. Heute lebt er wieder in Neunkirchen und arbeitet als Vertreter für Klinikbedarf.

G. Bergner

Bergner, Gerhard

*19.7.1927. 1939-56.
Deutscher Meister 1948.

Der immer anspielbare Bergner war ein Außenläufer mit Spielübersicht, Ausdauer und Zweikampfstärke. 1947 rückte er in die erste Mannschaft und dann noch 415-mal. Mit seinen 156 Zentimetern war er dort stets der Kleinste, wuchs aber oft über sich hinaus und düpierte nicht selten seine Gegenspieler beim Kopfballspiel. 1951 setzte Sepp Herberger ihn beim B-Länderspiel gegen Österreich ein. Da der Bundestrainer aber groß gewachsene Spieler favorisierte, blieb Bergner eine Karriere in der Nationalmannschaft verwehrt. Bergner, der äußerst schlagfertig war und zumeist gute Laune verbreitete, blieb bis 1956 beim Club. Dort brillierte er bei den einst traditionellen Weihnachtsfeiern der Mannschaft als Schauspieler in der Rolle des Petrus. Aus beruflichen Gründen zog Bergner dann nach Mainz und spielte noch drei Jahre beim FSV Mainz 05. Als Rentner spielt er Tennis und widmet seine freie Zeit seiner Modelleisenbahn und seinem Computer.

B. Beierlorzer

Billmann, Willy

*15.1.1911. 1930-49. Deutscher Meister 1936, Pokalsieger 1935, 1939.

„Ich kam als Jüngster in die Mannschaft und verließ sie als Ältester. Ich fing als Halbstürmer an und hörte als Verteidiger auf." Willy Billmann machte 623 Spiele und damit mehr als Heiner Stuhlfauth und seiner Rechnung nach hat er nicht elf, sondern sogar zwölf Länderspiele absolviert. Doch das eine Spiel hin oder her, das ist unbedeutend. In den fast zwanzig Jahren zwischen 1930 und 1949 war Billmann schlichtweg nicht aus der Club-Mannschaft wegzudenken.

Willy Billmann schnürte seine Fußballstiefel zunächst beim Arbeitersportverein Leonhard-Schweinau, wo er als Mittelstürmer eingesetzt war. Der jüdische Club-Trainer Jenö Konrad, ein begnadeter Fußballer aus dem Dreamteam des MTK-Budapest, der 1930 vor der Judenhetze des „Stürmer"-Herausgebers Julius Streicher, nach Wien floh, holte den schussgewaltigen und durchsetzungsfähigen Billmann 1929 zum Club. Damals war „Billi" gerade mal 18 Jahre alt. „Konrad war ein brillanter Fußballer und ein sehr guter Trainer. Von ihm habe ich am meisten gelernt." Und Billmann hat sehr viel gelernt.

Schon Ende 1930 musste er für den verletzten Hans Kalb einspringen. Seitdem spielte Billmann, der schon in jungen Jahren wenig Haare auf dem Kopf hatte, in der Verteidigung. „Ich war ein harter Knochen, bin aber nie in meinem Leben vom Platz gestellt worden", charakterisiert Billmann sich selbst.

Im DM-Finale 1934 gegen Schalke 04 spielte Billmann, obwohl er sich den Mittelhandknochen gebrochen hatte, mit starken Schmerzen und mit einem Büschel Gras um die verkrampfte Hand bis zum Schlußpfiff weiter. Umso untröstlicher war der Mittelläufer, als der Club einen 1:0-Vorsprung in den letzten drei Minuten noch verspielte. Ein Jahr später im Pokal klappte es dann besser. 1936 als der Club dann endlich wieder Deutscher Meister wurde und 1940 zum zweiten Mal den Pokal holte, war Billmann stets einer der Besten. „Weder Szepan noch Kuzorra kamen gegen uns zum Zug", lobte Billmann sich und die damalige konsequente Club-Deckung.

Zu diesem Zeitpunkt spielte Billmann, der als Techniker bei Siemens arbeitete, schon längst in der Nationalmannschaft. 1937 debütierte er gegen die Schweiz. Den Augenblick, als er am 20. März 1938 im Nationaltrikot ins Nürnberger Stadion vor 50.000 Zuschauern gegen Ungarn auflief, wird er ebensowenig vergessen wie sein letztes Länderspiel am 5. Oktober 1941 in Stockholm gegen Schweden. „Wir sollten uns dem schwedischen König Gustav Adolf einzeln namentlich vorstellen. Als ich an der Reihe war, sagte ich: ‚Billmann, Nürnberg.' Zu meiner und unser aller Verblüffung gab der König mir die Hand und erwiderte: ‚Ah, aus Nürnberg. Wir müssen uns noch sprechen.' Während des Festbanketts wurde ich dann zum König geführt und plauderte mit ihm. Er fragte mich beispielsweise, ob ich ihn bei seinem Besuch anlässlich des Gustav-Adolf-Jahres in Nürnberg gesehen hätte." Willy Billmann war damit der einzige Club-Spieler, der jemals eine Audienz bei einem König erhielt.

Kurz darauf wurde Billmann eingezogen. Er spielte zunächst bei der berühmten Pariser Soldatenelf und als er nach Berlin zur Luftwaffe dienstverpflichtet wurde, schloss er sich für ein Jahr Hertha BSC an. Anfang 1945 kam er wieder nach Nürnberg zurück und spielte für den Club. „Während der Spiele hatten wir immer Angst, dass Flugzeuge kommen und ihre Bomben abwerfen könnten."

Nach dem Krieg war Billmann gleich wieder dabei – bei den Fressspielen und natürlich in der Oberliga-Süd. Der Schnellredner und mit allen Wassern gewaschene Kartenspieler brachte als eisenharter Verteidiger und Club-Spielführer die gegnerischen Stürmer ins Schwitzen. Ein Ellbogencheck des Schweinfurter Paul Gorski brachte Billmann um die Finalteilnahme 1948. Ein Kieferbruch fesselte ihn während des Endspiels ans Krankenbett. Seine Karriere war damit fast beendet.

Im Rückblick ist Billmann noch immer tief beeindruckt von der mannschaftlichen Harmonie, die beim Club damals vorherrschte. Dass sein Sohn Jürgen es auf 13 Einsätze in der Bundesliga-Mannschaft des Club brachte, machte ihn ganz besonders stolz. „Er war eben ein guter Läufer und Stürmer."

Brungs, Franz

*4.12.1936. 1965-68 und 1971/72. Deutscher Meister 1968.

Sein Name wird ewig mit einem der größten Siege in der langen Geschichte des 1. FCN verbunden bleiben. Franz Brungs, das steht für den 2. Dezember 1967, für das legendäre 7:3 des Club über den FC Bayern. Fünf der sieben Tore erzielte er damals. „Es war ein Spiel, in dem alles gepasst hat", sagt er heute, „das i-Tüpfelchen auf meiner Karriere". Fünf Tore gegen Maier, Beckenbauer, Schwarzenbeck und Co., und kein einziger Kopfball dabei, das gab's wirklich nur selten im Fußballer-Leben des Mittelstürmers, der 1965 von Borussia Dortmund nach Nürnberg gekommen war.

Im Münchner Rückspiel am 18. Mai 1968 köpfte er den Club mit seinem 25. Saisontor zum 2:0-Sieg und zum neunten Deutschen Meistertitel. „Jetzt lasse ich mir mein Köpfchen vergolden", versprach er aus Jux und versicherte sich so einen Spitznamen für alle Zeiten. Die Torjägerkrone, die der Kölner Hannes Löhr mit 27 Treffern gewann, verpasste das „Goldköpfchen" nur hauchdünn.

Unter nach wie vor undurchsichtigen, ja dubiosen Umständen verließ er den frischgebackenen Meister und heuerte bei Hertha BSC an. Nicht einmal 200.000 Mark Ablöse strich der Club für den Torjäger ein, den die Berliner aus einem laufenden Vertrag herauskauften. „Um es hier noch einmal klipp und klar zu sagen: Ich wollte nicht weg", behauptet er. „Alter Bomber", habe Max Merkel zu ihm gesagt, „in meinem Konzept für die neue Saison sieht's für dich nicht mehr so gut aus. Ich will Dieter Nüssing und Erich Beer als Mittelstürmer aufbauen, und ich kann noch nicht sagen, ob du weiterhin erste Wahl bist." Die Gerüchte, Merkel habe den Wechsel in die Wege geleitet, um daran mitzuverdienen, konnten nie ausgeräumt werden. „Ich weiß wirklich nicht, was da gelaufen ist", erzählt Brungs, „doch ich weiß nur eins: Wenn der Club mich nicht verkauft hätte, wäre er niemals abgestiegen. Die paar Tore, die zum Klassenerhalt fehlten, hätte ich hundertprozentig gemacht." So aber ließ er sich noch 24mal als Torschütze für die Hertha feiern, deren Trikot er drei Jahre lang trug. 1971 kehrte er zum Club zurück und lief noch 28mal in der Regionalliga auf (sechs Tore), dann holte ihn seine Berliner Vergangenheit ein: Die Aufdeckung des Bundesliga-Bestechungsskandals führte zu einer zweijährigen Sperre und setzte seiner Karriere (97 Bundesliga-Tore insgesamt, 208 Spiele für den Club) ein abruptes Ende.

Nach seiner Zeit als Profi trainierte er erfolgreich diverse Zweitligaklubs und Regionalligisten, vorwiegend im süddeutschen Raum, so Kickers Offenbach, die SpVgg Fürth, die SpVgg Bayreuth, Hessen Kassel, den MTV Ingolstadt und Schweinfurt 05. Ganze Mannschaften hielten sich den Bauch vor Lachen, wenn der hervorragende Alleinunterhalter seine ehemaligen Trainer, allen voran Helmut „Fiffi" Kronsbein bei Hertha BSC, imitierte, oder aber eine seiner Anekdoten zum Besten gab. Jene aus der Meistersaison 1967/68 zum Beispiel. „Für jeden Sieg gab's damals 1.000 Mark", berichtet er, „die wurden am Montag oder Dienstag nach einem Spiel in bar ausbezahlt. Du musstest an Merkels Zimmer anklopfen, dann zog er ein Kuvert aus dem Schreibtisch mit der Kohle drin. ‚Für dich habe ich heute kein Kuvert', hat er manchmal zu mir gesagt, wenn ich schlecht gespielt hatte. ‚Hast du überhaupt mitgespielt? Ich hab' dich nicht gesehen auf dem Platz.' Ich war sauer, die anderen hatten ihre Kohle schon, und ich musste erst noch zu Schatzmeister Winkler und mir die 1.000 Mark dort abholen. So hat mich Merkel für den nächsten Samstag heißgemacht."

Inzwischen hat Brungs auch seine Trainer-Karriere beendet. Der gebürtige Rheinländer ist in Nürnberg hängengeblieben; in der Südstadt betreibt er ein Lotto-, Toto- und Schreibwarengeschäft, in dem er täglich mindestens einmal vorbeischaut. Auch am Wochenende hat er regelmäßig einen festen Termin: Im Frankenstadion, bei den Club-Heimspielen.

Brunner, Thomas
*10. 8. 1962. 1980-96.

Mit 15 Jahren schon kam er nach Nürnberg. Thomas Brunner, ein schüchterner Naturbursche aus Blaibach im Bayerischen Wald, feierte schon sehr früh seine ersten großen sportlichen Erfolge. 1979 spielte er, 17 Jahre jung, im Auswärtsspiel in Köln erstmals in der Bundesliga-Mannschaft des Club. 1981 holte er mit der deutschen Jugend-Nationalelf und Mitspielern wie dem Leverkusener Torhüter Rüdiger Vollborn, den Dortmundern Michael Zorc und Ralph Loose, dem Frankfurter Ralf Falkenmayer und dem Duisburger Roland Wohlfarth im eigenen Land den Titel eines Europameisters, später, im fernen Australien, sogar den eines Weltmeisters. Beim 4:0-Endspielsieg gegen Katar wurde er eingewechselt; übrigens zählte damals noch ein zweiter Club-Spieler, Martin Hermann, zum Aufgebot des DFB-Trainers Dietrich Weise.

Sein wichtigstes Tor im Trikot des FCN hätte „Tom" um ein Haar nicht mehr erzielen können: Bevor er den Club 1985 mit seinem Alleingang zum 2:0 im letzten Saisonspiel gegen Hessen Kassel wieder in die Bundesliga schoss, war der gelernte Stürmer im Zuge der „Oktoberrevolution" im Jahr zuvor kurzzeitig schon einmal entlassen worden. Brunner zählte zu den fünf Club-Spielern, die eines Nachmittags Ende Oktober 1984 in den Sportredaktionen der Nürnberger Zeitungen auftauchten. Zusammen mit Udo Horsmann, Stefan Lottermann, Rudi Kargus und Horst Weyerich übergab er den Journalisten einen „Offenen Brief", in dem die Club-Mannschaft einstimmig die Ablösung von Trainer Heinz Höher forderte. Nachdem sich zum Training am nächsten Tag wirklich nur fünf Profis einfanden, rief Präsident Gerd

T. Brunner (rechts)

Schmelzer jeden einzelnen Spieler zu sich, redete mit ihm und sprach danach fünf Kündigungen aus, für eben jene fünf „Rädelsführer" der Rebellion. Dann erst erinnerte sich Schmelzer, dass der Club seinen Profi Brunner als Sicherheit (Wert: 800.000 Mark) an die Hausbank in Wunsiedel überschrieben hatte und nahm diese eine Kündigung zurück. Die vier anderen Spieler mussten gehen, mit ihnen Manfred Walz und Detlev Krella.

Brunner also blieb, den Kurzaufstand gegen seinen Kumpel und Geschäftspartner Höher aber vergaß ihm Schmelzer nie. Mal versuchte er den Oberpfälzer hinter dessen Rücken an Borussia Mönchengladbach zu verscherbeln, mal handelte er ihn bei Vertragsgesprächen so stark nach unten, dass der unermüdliche Kämpfer drauf und dran war, zu Blau-Weiß 90 Berlin zu wechseln. „Schmelzer hat immer die Leute gedrückt, die lange beim Verein waren", erinnert sich Brunner. „Der hat bei den Verhandlungen einen Zirkus und eine Hinhaltetaktik betrieben, wie es schlimmer nicht ging. Und für den Spieler kam am Schluss trotz vieler Versprechungen nichts raus." Doch auch Schmelzer schaffte es nicht, ihn aus Nürnberg hinauszuekeln: Bis zum Abstieg 1994 bestritt der längst zum Manndecker umgeschulte Profi, zuletzt als Kapitän der Mannschaft, die unangetastete Rekordzahl von 328 Bundesligaspielen für den Club – eine Bestmarke, die vielleicht nie mehr übertroffen wird. „Der Club ist ein Teil meines Lebens", meint er, „und kommt gleich nach meiner Familie."

Erst nach dem bitteren Abstieg in die Regionalliga 1996 hängte er die Stiefel an den Nagel. Brunner schaffte den Umstieg zum Co-Trainer unter Willi Entenmann, Felix Magath und Willi Reimann; im Dezember 1998, beim 0:2 in Hamburg, durfte er sich für 90 Minuten sogar „Interimstrainer" nennen. Auch zuletzt unter Friedel Rausch gehörte er dem Trainerteam an. Im Gegensatz zu vielen anderen Ex-Profis juckt es ihn heute nicht mehr in den Füßen, wenn er das Leder rollen sieht. „Ich bin froh, dass ich nach wie vor dabei bin", sagt er, „aber ich spüre überhaupt kein Kribbeln mehr."

Längst ist aus dem schüchternen Jungen aus dem Bayerischen Wald ein Nürnberger Urgestein geworden – auch wenn er mit seiner Frau Lotte und den beiden Kindern Tobias und Sina draußen in Postbauer-Heng wohnt. Fast logisch also, dass „Tom" inzwischen auch den fränkischen Dialekt aus dem Eff-Eff beherrscht. „Wassd ja selber!" lautet einer seiner Lieblingssätze.

Carolin, Heinz

*2.2.1911. 1934-41.
Deutscher Meister 1936,
Pokalsieger 1935, 1939.

Carolin kam von Wacker Leipzig zum Club und hatte nur ein großes Vorbild: Hans Kalb. Dank seiner Qualitäten setzte er die Nürnberger Mittelläufer-Tradition fort. Der „Mann mit der Zigarre" war ein perfekter Flachpass-Spezialist. Seine Pässe kamen „einen Zentimeter unter der Grasnarbe" exakt zum Mitspieler. Vor den Spielen trank der gelernte Kürschner stets einige Tassen „Bliemchenkaffee". Aus der Ruhe bringen ließ er sich in seinen 280 Spielen so gut wie nie. So auch Weihnachten 1934, als der Club sensationell gegen

S. Ciric

H. Carolin

die Stadtauswahl von Madrid mit 5:1 gewann und Carolin zu den Besten gehörte. Die Presse lobte seine „überlegene Ruhe auch im härtesten Kampfgetümmel" sowie seine „weiten, exakten Vorlagen" auf die Club-Stürmer. Nach seiner aktiven Zeit als Spieler und als Trainer u.a. von der SpVgg Fürth und Hertha BSC zog er sich in die Oberpfalz nach Weiden zurück, arbeitete im Kreiswehrersatzamt und diskutierte am Stammtisch über die alten Zeiten beim Club.

Cebinac, Zvezdan

*8. 12. 1939. 1967-69
Deutscher Meister 1968.

Von ihm schwärmen die Kiebitze am Valznerweiher heute noch. „Zick-Zack-Cebinac", der Rechtsaußen der Meisterelf von 1968, gilt als einer der besten Außenstürmer, die der Club je hatte; ein Dribbelkünstler auf dem Flügel, der Mittelstürmer Franz Brungs die Bälle maßgerecht auf den Kopf servierte. Ein Schlitzohr, auch außerhalb des Platzes: Mehr als einmal schlich er sich heimlich aus dem Trainingslager. In der Abstiegssaison 1968/69 spitzten sich seine Auseinandersetzungen mit Max Merkel zu. Im Trainingslager im Kleinen Walsertal vor der Saison konnte die Mannschaft die Risse zwischen „Tschebi" und dem Trainer noch einmal kitten, in der Rückrunde kam es zum endgültigen Bruch. „Herr Merkel hat mich Trottel, Simulant, Eselstreiber und Schaschlikbrater genannt", klagte der Jugoslawe und wechselte zum Konkurrenten Hannover 96, wo er noch zwei Jahre spielte, jedoch nie mehr an seine Leistungen aus dem Meisterjahr anknüpfen konnte (38 Spiele, zwei Tore). Seither lebt er in der Schweiz, wo er als (Spieler-)Trainer bei Nordstern Basel und verschiedenen unterklassigen Mannschaften arbeitete.

Ciric, Sasa

*11. 1. 1968. 1997-99.

Ein Mann aus Mazedonien? Ein Mittelstürmer, der bis dahin in der Schweizer Nationalliga A auf Torjagd gegangen war? Nicht wenige Club-Fans rümpften die Nase, als Trainer Felix Magath in der Winterpause der Saison 1997/98 einen Angreifer aus Aarau für rund eine Million Mark nach Nürnberg holte. Als er im ersten Spiel gegen Gütersloh enttäuschte, fragte die *Abendzeitung* prompt: „Ciric ein Millionen-Flop?" Doch der kopfballstarke Torjäger wischte die Vorbehalte binnen kürzester Zeit vom Tisch. Schon in seinem zweiten Spiel im Club-Trikot erzielte er (im Sitzen) den Siegtreffer zum 1:0-Erfolg in Freiburg, acht weitere Saisontreffer ließ der bullige, stets fröhliche Mazedonier, der in seiner Nationalmannschaft die Binde des Spielführers trägt, folgen. Auch in der Bundesliga zeigte er sich in seiner ersten Saison überaus treffsicher, obwohl er wegen einer schweren Gesichtsverletzung nach einem Zusammenprall mit dem Stuttgarter Pablo Thiam wochenlang zuschauen musste.

Doch auch die Tore des im Januar 1999 von Trainer Friedel Rausch zum neuen Kapitän gekürten Ciric reichten nicht, dass der Club sein 100jähriges Jubiläum in diesen Tagen als Bundesligist feiern kann.

Noch unmittelbar nach dem Abstieg sicherte der Mazedonier zu, für den Club auch in der 2. Liga auf Torejagd gehen zu wollen. „Ich kann mir gut vorstellen, meine Karriere hier zu beenden und in Franken heimisch zu werden", sagte er. Doch das Bundesligageschäft ist kurzlebig. Vertragspoker hin, Zukunftsplanungen des Vereins her – der Club ließ Ciric für rund 3,5 Millionen Mark Ablöse zu Tennis Borussia Berlin ziehen.

Z. Cebinac

P. Derbfuß (links)

Derbfuß, Paul

*8.10.1937. 1959-64. Deutscher Meister 1961, Pokalsieger 1962.

Derbfuß und Hilpert waren zu Beginn der 60er Jahre das Verteidigerpaar beim Club und die Garanten für Meisterschaft und Pokalsieg. Derbfuß kam von 1860 Schweinau über den VfB Bayreuth zum Club. „Es war einfach überwältigend, plötzlich neben Max Morlock, den wir schon als Kinder bewundert hatten, in der ersten Mannschaft zu spielen." Der rechte Verteidiger überzeugte in seinen 175 Einsätzen durch seine ruhige und bedachtsame Spielweise, nur selten ließ er sich von Hektik anstecken. Machte er einmal einen Stellungsfehler, glich er ihn durch seine enorme Schnelligkeit wieder aus. Statt der von ihm ungeliebten Grätsche bevorzugte er es, dem Gegner den Ball abzulaufen. Manchmal musste Wenauer aber den Liebhaber von Brecht und Tucholsky ermahnen, doch mal ein bisschen härter zur Sache zu gehen.

Als mit Beginn der Bundesliga der Vollprofi eingeführt wurde, entschied sich Derbfuß für seine Arbeit beim Arbeitsamt. Er spielte noch ein Jahr in der Club-Reserve und wechselte 1965 zur SpVgg Fürth. Nachdem er sich im Januar 1969 bei einem Trainingsspiel auf schneeglattem Boden den rechten Unterschenkel gebrochen hatte, hörte er auf. 17 Jahre lang trainierte er noch verschiedene Amateurvereine. Wenn ihm neben seiner Vorstandstätigkeit beim ESV Flügelrad noch Zeit bleibt, widmet sich Derbfuß seinem Lieblingshobby, der Literatur.

Dittwar, Jörg

*1. 8. 1963. 1987-94.

Noch nie konnte sich ein Club-Spieler die Torjägerkrone der Bundesliga aufsetzen. Immerhin, zu Beginn der Saison 1990/91 stand ein Nürnberger dank vier verwandelter Strafstöße bis zum siebten Spieltag ganz oben in der Torschützenliste: Jörg Dittwar. Der Abwehrspieler aus dem oberfränkischen Stadtsteinach reifte unter Trainer Hermann Gerland nicht nur zu einem sicheren Elfmeterschützen, sondern auch zu einem erstklassigen Manndecker, der die Stürmer das Fürchten lehrte. „Gerland hat mir alle Tricks und Kniffe beigebracht", erklärte er.

Nach einer schweren Knieverletzung musste er seine Karriere 1994 viel zu früh beenden, arbeitete danach kurzzeitig als Jugendtrainer beim Club. Sein Traum von der Nationalmannschaft blieb ebenso unerfüllt wie der, auf der Speisekarte seines Lieblingsitalieners, dem „Piemonte" in Zabo, einmal eine „Pizza Dittwar" zu finden. Heute besitzt er zusammen mit einem Partner das Sportgeschäft „Vierländersport" in seinem Heimatort.

Dorfner, Hans

*3. 7. 1965. 1984-86 und 1991-94.

Lange vor Beginn der Saison 1984/85 stand fest, dass der FC Bayern seinen jungen, schmächtigen Stürmer an den Club ausleihen würde: Hans Dorfner. Dann bestritten die Münchner das erste Ablösespiel für ihren nach Italien gewechselten Torjäger Karl-Heinz Rummenigge bei Inter Mailand; der 19jährige Angreifer machte ein Superspiel und versetzte seinem Bewacher Bergomi einen Beinschuß. Prompt wollte Bayern-Trainer Udo Lattek den „Charly" nicht mehr ziehen lassen. Erst nach zähen Verhandlungen erreichte Manfred Müller, der damals sein kurzes Zwischenspiel als Club-Manager gab, die Freigabe.

Es wurde die turbulenteste Saison in der ereignisreichen Karriere des Hans Dorfner. Eine Saison, die der Mann, der mit den Bayern dreimal die Meisterschaft errang, im Halbfinale des Europapokals der Landesmeister gegen Real Madrid stand und sieben Mal das Trikot der deutschen Nationalmannschaft trug (auch im entscheidenden Qualifikationsspiel zur Weltmeisterschaft 1990, beim 2:1 gegen Wales in Köln) noch heute als „schönste meiner gesamten Laufbahn" bezeichnet.

Club-Trainer Heinz Höher schulte den Stürmer zunächst zum Manndecker um. Dorfner spielte entweder in der Verteidigung oder im Mittelfeld gegen den gegnerischen Spielmacher. Für ihn persönlich lief's recht gut, für den Club als Mannschaft überaus schlecht. Nach dem 13. Saisonspiel, einem 1:1 gegen Rot-Weiß Oberhausen vor nicht einmal mehr 8000 Zuschauern im Stadion, breitete sich sogar so etwas wie Abstiegsangst aus in den Reihen des als Aufstiegsfavoriten gestarteten Club.

Als Heinz Höher schließlich verärgert ankündigte: „Morgen früh um sechs Uhr wird trainiert", wuchs sich die Abneigung vor allem der älteren Spieler gegen den bis dahin völlig erfolglosen Trainer zum Aufstand aus. Die „Oktoberrevolution" nahm ihren Lauf, sechs Spieler wurden entlassen und Dorfner von Höher in dessen Büro gerufen. „Charly", sagte der Fußball-Lehrer, „du bist ab sofort mein Spielmacher, um dich herum möchte ich eine große Mannschaft aufbauen. Und wenn alle mitziehen, steigen wir noch in dieser Saison in die Bundesliga auf."

Noch heute erinnert sich Dorfner an seine Gedanken, als er die Treppe wieder hinunterlief: „Ich und Spielmacher? Aufstieg? Der spinnt wirklich ein bisschen." Doch Höher behielt recht. Dank einer begeisternden Rückrunde mit 29:9 Punkten galoppierten die jungen Club-Fohlen in die Bundesliga; Stefan Reuter, Dieter Eckstein und der überragende Regisseur Hans Dorfner selbst schafften den Sprung in die Nationalmannschaft. „Mit dem Dieter habe ich mich blind verstanden", erzählt er.

In der Bundesliga blieb der König des schnellen Kurz- und Doppelpaßspiels nur noch ein Jahr beim Club, um dann, nach einem monatelangem Versteckspiel, erneut zu den Bayern zu wechseln, wo er seine größten Erfolge feierte. 1991 kehrte er noch einmal zurück und trug, trotz großer Verletzungsprobleme nach einem üblen Foul des Wattenscheiders Hans-Werner Moser gleich im ersten Spiel, mit dazu bei, den Club vor dem Absturz in die 2. Bundesliga zu retten.

Nach zwei weiteren Jahren im Zeichen des Abstiegskampfes ereilte ihn 1994 das Aus: Nach nur vier Saisonspielen und der letzten von insgesamt neun Operationen warf „Charly" das Handtuch und beantragte die Sportinvalidität, von der auch der Club profitierte: 1,5 Millionen Mark erhielt der Verein von der Versicherung.

Dorfners Ehefrau Johanna und die Kinder Julia und Maximilian sehen ihren Hans heute fast noch seltener als zu seinen aktiven Zeiten als Fußballprofi. In einem Einkaufszentrum in Regensburg führt er eine Fußball-Boutique, in der er, klarer Fall, in erster Linie Fan-Utensilien des 1. FC Nürnberg und des FC Bayern verkauft. In den Ferien betreibt er seine „Hans-Dorfner-Fußballschule", er fungiert als Technischer Berater bei seinem Heimatverein ASV Undorf und er trainiert an drei Abenden der Woche den Bayernligisten SG Post/Süd Regensburg. Der Clou an der Sache: Der Star in der Mannschaft des Trainers Hans Dorfner heißt – Dieter Eckstein.

D. Eckstein (rechts)

Eckstein, Dieter

*12. 3. 1964. 1984-89 und 1990-93.

Eigentlich hat er nur noch einen einzigen Wunsch. „Wir wollen endlich zur Ruhe kommen", sagt Dieter Eckstein und blinzelt hinüber zu seiner Frau Ute, die zustimmend nickt. 17 Mal sind die beiden umgezogen in der Karriere des Torjägers, fast immer mit Sack und Pack, die drei Söhne Marc, Steve und André im Schlepptau. „Jetzt muss mal Schluss sein."

Bad Abbach, Kurort vor den Toren Regensburgs – die vorerst letzte Station einer turbulenten Karriere. Begonnen hat alles in Kehl am Rhein, wo er aufwuchs. Schon mit 13 Jahren machte ihn ein Verkehrsunfall zum Vollwaisen, und nur sein überragendes fußballerisches Talent verhinderte einen Sturz ins Bodenlose. Hubert Müller, Trainer der Club-Amateure, holte den pfeilschnellen Stürmer nach Nürnberg und entwickelte sich zu einer Art Vaterersatz. „Ihm habe ich fast alles zu verdanken", sagt „Eckes". Sein erstes Jahr als Profi verlief mehr als stürmisch: Die Saison 1984/85, das Jahr der „Oktoberrevolution". Eckstein bildete mit Reiner Geyer, Fred Klaus, Rudi Stenzel und Frank Nitsche das Quintett der Spieler, die sich zwei Tage nach dem Spiel gegen Rot-Weiß Oberhausen (1:1) trotz des ausgerufenen Boykotts gegen Trainer Heinz Höher zum Training meldeten.

Der Mann, der im Spiel immer volles Risiko ging, hatte diesmal auf die richtige Karte gesetzt. Die Revolution wurde niedergeschlagen, und Höhers blutjunge „Fohlenelf" galoppierte von Erfolg zu Erfolg. Drei Jahre lang ging's stetig bergauf: 1985 zog „Eckes" mit dem Club in die Bundesliga ein, im Oktober 1986 machte er beim 2:2 gegen Spanien in Hannover das erste seiner sieben Länderspiele, 1988 stürmte er in den UEFA-Cup. „Was hatten wir damals für eine Mannschaft", meint er noch heute kopfschüttelnd. „Köpke, Reuter, Grahammer, Wagner, Schwabl, Andersen und ich. Dazu noch zwei, drei Verstärkungen, und wir hätten um die Meisterschaft mitgespielt." Es kam alles ganz anders. Stefan Reuter und Roland Grahammer erlagen dem Lockruf des Geldes der Bayern, Jörn Andersen wurde von Manager-Lehrling Heinz Höher in die Wüste geschickt, der „Meister von morgen" rutschte ab in die Bedeutungslosigkeit. Im bislang letzten UEFA-Pokalspiel des 1. FCN, beim 1:3 nach Verlängerung gegen den AS Rom, verwandelte Eckstein noch einmal einen Elfmeter. Dann starb sein Sohn Dennis, sechs Wochen jung, am „plötzlichen Kindstod", und der Torjäger wechselte zu Eintracht Frankfurt.

Doch er kam wieder. Am Ende seiner zweiten Saison bei der Eintracht bat er um die Freigabe und kehrte an den Valznerweiher zurück, „weil ich mich hier einfach zu Hause fühle". Auf 189 Bundesliga-Spiele und 66 Tore schraubte er seine „Nürnberger" Bilanz; nur Heinz Strehl (76) hat mehr Bundesliga-Treffer für den Club erzielt als er. In einer Nacht- und Nebelaktion verschacherte ihn Präsident Gerhard Voack dann im Herbst 1993 gegen den Willen von Trainer Willi Entenmann erneut – für 1,5 Millionen Mark an Schalke 04. Mit eines Bundesliga-Präsidenten unwürdigen Worten versuchte Voack seine beispiellose Fehlleistung zu rechtfertigen: Eckstein sei in einem „körperlich furchtbar schlechten Zustand", zudem „in einem Vierteljahr ohnehin ein Sozialfall".

Am Saisonende stieg der Club ab, für Schalke traf „Eckes" in 30 Spielen viermal. West Ham United (für das er wegen eines Lochs in der Ferse allerdings kein einziges Spiel bestritt), Waldhof Mannheim, FC Winterthur und FC Augsburg (dort wurde er Torschützenkönig der Regionalliga Süd) sind die Vereine, für die er von 1995 bis 1998 die Stiefel schnürte. Nun wohnt er also in Bad Abbach, spielt Fußball beim Bayernligisten SG Post/Süd Regensburg, arbeitet im Vermietungsbereich eines großen Finanz-Dienstleistungs-Unternehmens und – denkt an den 1. FC Nürnberg. „Der Club sollte sich ein Beispiel an anderen Bundesliga-Vereinen nehmen", sagt er, „an den Bayern oder am HSV. Die binden ihre verdienstvollsten und beliebtesten Spieler von früher in irgendeiner Weise in den Verein ein." Dieter Eckstein, der erst 1998 von den Club-Fans zum beliebtesten Spieler der achtziger Jahre gewählt wurde, als Jugendtrainer am

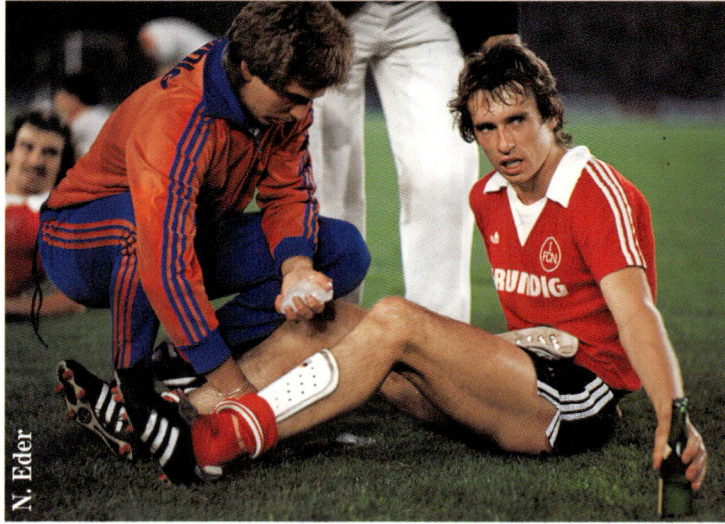

N. Eder

Valznerweiher? „Na klar, warum nicht?" antwortet er. Und für einen Arbeitsplatz beim Club, da würde er sogar noch ein 18. Mal umziehen.

Eder, Norbert

*7. 11. 1955. 1974-84.

„Fußball", sagt Norbert Eder, „ist die schönste und einfachste Sache der Welt. Die besten Elf eines Vereins müssen spielen, nur Leistung darf zählen, sonst nichts." So sei der Fußball gewesen zu seiner Zeit, „und mich", fährt er fort, „musste auch kein Trainer motivieren". Über die Entwicklung seitdem kann er nur lachen: „Wie die Spieler behandelt werden und wie sie sich geben, da passt nichts mehr zusammen."

Bei ihm, da passte alles. Obwohl er erst mit zwölf Jahren in seinem Heimatverein, dem VfR Bibergau bei Würzburg, mit dem Fußballspielen begann, legte er so etwas wie eine Bilderbuch-Karriere hin. Im Dezember 1973 besorgte ihm der damalige Club-Geschäftsführer Willi Kallert eine Lehrstelle als Kfz-Mechaniker in Nürnberg. Er wechselte in die A-Jugend des FCN, die 1974 die Deutsche Meisterschaft errang. Über die Amateurmannschaft kämpfte sich der harte, aber (fast) immer faire Vorstopper in den Lizenzspieler-Kader vor, und im Januar 1975, beim 2:2 gegen den FC Augsburg, schickte ihn Hans Tilkowski erstmals mit den Profis aufs Feld. Bis 1984 trug er das Club-Trikot, kurze Zeit lang sogar als Kapitän. Als am Faschingsdienstag des Jahres 1981 Horst Heese entlassen wurde, legte er sein Amt als Spielführer nieder. „Ich hatte mich darauf eingestellt, meine Karriere in Nürnberg zu beenden", erzählt er. Nach dem Abstieg 1984 aber passierte es: Als er nach einer Leistenoperation im Krankenhaus lag, rief ihn Bayern-Manager Uli Hoeneß an; drei Tage später unterzeichnete „Meister Eder" einen Zweijahresvertrag in München.

An seine zehn Jahre in Nürnberg hatte er damals mehr negative als positive Erinnerungen: „In der Bundesliga haben wir ja doch meistens gegen den Abstieg gespielt." Heute denkt er anders. „Mein Herz hängt nach wie vor am Club", sagt er. Obwohl er in München seine sportlich erfolgreichste Zeit erlebte und dreimal Deutscher Meister wurde und obwohl er auf seine alten Tage, als knapp 31jähriger, sensationell noch den Sprung in die Nationalmannschaft schaffte. Kurz vor Beginn der Weltmeisterschaft 1986 berief ihn Teamchef Franz Beckenbauer in seinen Kader. Eder flog mit nach Mexiko, bestritt dort alle sechs Spiele bis zum Finale gegen die Argentinier, das mit 2:3 verloren ging.

1990 musste er seine Karriere wegen eines Muskelrisses im Oberschenkel beenden.

Eiberger, Max

*25.9.1908. 1933-40. Deutscher Meister 1936, Pokalsieger 1935, 1939.

Der dribbelstarke und antrittsschnelle Stürmer, der oft auch von den gegnerischen Fans Szenenapplaus erhielt, begann seine sportliche Karriere als Turner und Langstreckenläufer. Das Fußballspielen musste „Muckl" vor seinen Eltern verheimlichen, die waren strikt dagegen. Dann überzeugte er sie von seinen Qualitäten und wirbelte für Schwaben Augsburg. Der Chauffeur wurde von Bayern München und dem Dresdner SC umworben, entschied sich aber für den Club. „Sind wir froh, dass er weg ist, er hat ja eh zuviel gedribbelt", verabschiedete ihn der Augsburger Vereinsvorsitzende 1933 nach Nürnberg. Im DM-Finale 1936 gegen Fortuna Düsseldorf in Berlin erzielte der Halbrechte drei Minuten vor Schluss den Ausgleich und erzwang so die Verlängerung. Er schoss das Tor mit dem linken Fuß, obwohl er eigentlich Rechtsfüßer war: „Das ging blitzschnell, so dass ich gar nicht gemerkt habe, dass ich mit dem linken eigentlich gar nicht kann." 1940 holte er mit seinen beiden Treffern gegen Waldhof Mannheim nahezu im Alleingang den Pokal. Insgesamt spielte er 339-mal in der ersten Mannschaft.

Ferschl, Karl-Heinz

*7. 7. 1944. 1962-68. Deutscher Meister 1968.

Als lauf- und zweikampfstarker rechter Außenverteidiger besaß der 1962 von der DJK Süd Nürnberg zum Club gekommene „Charly" einen unumstrittenen Stammplatz in der 68er Meisterelf. Beim 1:0-Vorrundensieg über den späteren Tabellendritten Borussia Mönchengladbach gelang ihm sein wichtigstes Tor für den Club. Seinen Wert für die Mannschaft erkannten viele erst, als er nach dem Titelgewinn zusammen mit Franz Brungs zu Hertha BSC nach Berlin wechselte, wo er bis 1972 spielte, ehe ihn der Bundesliga-Skandal stoppte. Der Club-Abstieg 1969 also blieb ihm erspart, nicht jedoch die bitteren neunziger Jahre, als er längst wieder im Fränkischen wohnte. „Die Geschichte ist so traurig, dass ich keine Worte finde", erklärte er nach dem Absturz in die Regionalliga 1996. Mit dem modernen Profifußball hat er nichts mehr am Hut. Ferschl widmet sich voll und ganz seinem florierenden Lotto-, Toto- und Schreibwarenladen in Schwaig.

Flachenecker, Gustav

*28.10.1940. 1952-66. Deutscher Meister 1961, Pokalsieger 1962.

Der schussgewaltige Halbstürmer gehörte zu der Garde der „jungen Wilden", die Anfang der 60er Jahre für Furore sorgten. Flachenecker war nicht mal zehn Jahre alt, als ihn die Späher des Club bei Johannis 88 entdeckten. Damals bekam der „Gustl" von seinem Vater noch für jedes Tor 50 Pfennig. Nachdem seine Mannschaft gerade gegen Boxdorf mit 36:0 gewonnen und Flachenecker allein 20 Tore erzielt hatte, sagte er zu seinem Vater: „Heute wird's teuer." Anstandslos zahlte der Vater die fälligen zehn Mark. Beim Club schoss sich Flachenecker 1959 in die erste Mannschaft. Der Kicker nannte ihn den „Mann mit dem Dynamit in den Beinen", weil er oft auch aus unmöglichen Lagen unhaltbar einschoss. Bei Freistößen drehten sich die gegnerischen Spieler in der Mauer manchmal sogar um, so sehr fürchteten sie Flacheneckers Schuss. Zur 61er Meisterschaft steuerte er 16 Tore bei. Den sensationellen 3:1-Sieg gegen Benfica Lissabon im Europapokal 1962 schoss der gelernte Kfz-Mechaniker fast alleine heraus. Zwei Tore erzielte er selbst, das dritte legte er mustergültig Strehl auf. Flacheneckers Motto bei seinen 225 Spielen im Club-Trikot war: „Ein bisschen frech muss man sein und man darf sich nichts gefallen lassen." Er meckerte oft gegen Schiedsrichter-Entscheidungen, flog jedoch nie vom Platz. Nach einer Serie von Verletzungen hörte Flachenecker beim Club auf. Er eröffnete eine Lotto-Toto-Annahmestelle in der Rothenburger Straße und arbeitete als Trainer im Amateurlager.

Friedel, Georg

*6.9.1913. 1926-40. Deutscher Meister 1936, Pokalsieger 1935, 1939.

Schon mit 13 Jahren kam der Nürnberger zum Club. Das war 1926. Fünf Jahre später stand „Schorsch" als Mittelstürmer in der ersten Mannschaft, denn der schmal aufgeschossene Mann hatte einen enormen Torinstinkt und eine unglaubliche Treffsicherheit. Über 400 Tore hat der lange Blonde in seinen 325 Spielen für den Club erzielt. Vor wichtigen Spielen polsterte er stets seine Schienbeine mit zusammengerollten Romanheften.

Kein Wunder, dass der Mechanikermeister mit einer Vorliebe für extravagante Kleidung und vor allem weiße Schuhe schon in jungen Jahren äußerst selbstbewusst auf dem Platz auftrat. Respekt vor großen Namen war ihm gänzlich fremd. Selbst die beiden Schalker Ausnahme-Fußballer Fritz Szepan und Ernst Kuzorra fürchteten den Stürmer als „Schalke-Schreck", denn ausgerechnet gegen die in den 30er Jahren schier allmächtigen Gelsenkirchener machte Friedel stets die entscheidenden Tore.

1934, als es gegen die Königsblauen in Berlin um die Deutsche Meisterschaft ging, brachte Friedel den Club mit einem plazierten Schuss in der 53. Minute in Führung. Die hielt bis zur 87. Minute, dann drehte Schalke das Spiel um und gewann seinen ersten Meistertitel. Die Enttäuschung saß auch bei Friedel tief, doch er ließ sich nicht entmutigen. Seine Extraklasse stellte er an Weihnachten 1934 unter Beweis. Beim 5:1-Erfolg des Club gegen eine Madrider Stadtauswahl traf er gleich dreimal.

1935 hieß der Club-Gegner im Pokalfinale wieder Schalke 04 und wieder war Friedel zur Stelle. Während sich die Experten stritten, ob ein- oder zweimal, stellte Friedel seine Rolle beim 1:0 gleich nach dem Schlusspfiff klar: „Der Muckl Eiberger hat ihn reingemacht, ich habe nur mitgeholfen." Zweifelsfrei erzielte Friedel aber das Tor zum 2:0-Endstand. Schalkes Torwart Mellage konnte einen scharfen Schuss von Gußner nicht festhalten und Friedel war aus vier Metern zur Stelle. Der Weg zur Deutschen Meisterschaft 1936 führte im Halbfinale wieder über Schalke 04. Mit diesem Spiel in Stuttgart entpuppte sich Friedel endgültig als Schalke-Schreck. Er allein schoss den 2:0-Endstand heraus.

Seine Vollstreckerqualitäten blieben natürlich Reichstrainer Otto Nerz nicht verborgen. Er holte Friedel am 31. Januar 1937 zum Länderspiel gegen Holland in Düsseldorf. Das Spiel endete 2:2. Dass kein Sieg daraus wurde, lag zu keinem geringen Anteil an „Schorsch". Machte er beim Club aus jeder halben Chance ein Tor, vergab er gegen Holland allein in der zweiten Halbzeit dreimal frei stehend vor dem Kasten. Es blieb Friedels einziger internationaler Einsatz.

Der Beginn des Krieges bedeutet fast das Ende seiner Karriere. Nur am 1. Dezember 1940, der Club stand in Berlin im Pokalfinale gegen den Dresdner SC, lief Friedel noch einmal auf. Man hatte ihn extra von seinem Truppenteil nach Berlin geholt. Doch ihm gelang kein Treffer, der Club verlor 1:2 nach Verlängerung. Von seinen Einsätzen an der Front berichtete das Stürmer-As in den „Feldpostbriefen", wie die Club-Vereinszeitung Mitte 1941 hieß. Er schrieb „aus Afrikas Gluthitze über beispielhafte Tapferkeit seiner italienischen Waffengefährten". „Bei einem Sandsturm und bei 70 Grad Temperatur vermisst er schwer das Bier", ließ er die Vereinsmitglieder wissen.

Nach dem Krieg spielte Friedel jahrelang in der Altherren-Mannschaft des Club und erzielte noch in hohem Alter so manches Tor.

Gebhardt, Robert

*20.9.1920. 1939-50. Deutscher Meister 1948.

Gebhardt ist ein waschechter Cluberer, dessen Vorname Robert längst in Vergessenheit geraten ist. „Zapf" hieß er schon, als er als kleiner Junge in der elterlichen Gastwirtschaft „Zum Hippel" den Zapfhahn bediente, und dabei blieb es.

Der stets etwas übergewichtige Außenläufer kam von der Clubjugend und brachte es schnell in die erste Mannschaft. Schon bei seinem Debüt als 19-Jähriger im Jahre 1939 bestach er durch Technik, Übersicht und Schussstärke. Sein Ballgefühl hatte er sich auf der Straße angeeignet in stundenlanger täglicher Übung zusammen mit seinem Schulfreund, dem späteren Club-Mittelstürmer Hans Pöschl.

1944, Zapf war als Soldat nach Hamburg beordert worden, spielte er für den Luftwaffen-Sportverein Hamburg. Mit dessen Soldatenmannschaft stand Zapf im Endspiel um die Deutsche Meisterschaft in Berlin gegen den Dresdner SC auf verlorenem Posten (0:4).

Nach Kriegsende kehrte Zapf nach Nürnberg zurück. Für den Club war er nicht nur auf dem Rasen wertvoll. In Zeiten der Lebensmittelknappheit und -rationierung waren seine Beziehungen zum Schlachthof Gold wert. Gegen Freikarten für Club-Spiele bekam der Schwarm der Mädchen Extra-Fleisch-Rationen für die Kicker. Das Fleisch wurde dann gleich nach Schlusspfiff in der elterlichen Wirtschaft gebraten.

Als der Club 1948 souverän Meister der Oberliga Süd wurde, scheiterte der Anlauf zur siebten Deutschen Meisterschaft beinahe ausgerechnet an dem bis dahin beständigsten Cluberer. Im Halbfinale gegen den FC St. Pauli fiel Gebhardt durch viele Abspielfehler unangenehm auf und verschoss sogar einen Elfmeter. So musste es Gebhardts Kumpel Pöschl in der Verlängerung richten (3:2).

Im Finale war Zapf dann wieder ganz der Alte. Ungewohnt für den ansonsten sehr offensiv ausgerichteten Läufer stellte Trainer Seppl Schmitt seinen Kapitän gegen den Stürmer-Star von Kaiserslautern, Fritz Walter. Zapf schaltete Walter vollkommen aus. Bundestrainer Sepp Herberger schrieb als Kommentator des *Sportmagazins*: „Es ist zu einem großen Teil sein Verdienst, dass der Sturm der Kaiserslauterer diesmal nicht so gut wie sonst zum Zuge kam."

Auf dieses Lob aus berufenem Munde war Gebhardt besonders stolz. Doch das Tor zur Nationalmannschaft blieb ihm versperrt. „Vor dem Krieg war ich zu jung dafür und danach zu alt." So lautete Gebhardts Begründung.

Zwei Jahre später wechselte Zapf dann nach 283 Spielen für den Club das Trikot. Er, dem die Harmonie und Ausgeglichenheit der Nachkriegself des Club besonders fasziniert hatte, ging für drei Jahre nach Hamburg zum FC St. Pauli und noch ein Jahr zu Bremerhaven 93. Dort beendete er seine Karriere als Aktiver und schlug die Trainer-Laufbahn ein.

Unter dem Motto „Hart, aber gerecht" verlangte er seinen Spielern alles ab und das zahlte sich aus. Von 1960 bis 1962 brachte er hintereinander den SV Solingen, den FC Augsburg und den Wuppertaler SV in die jeweilige Oberliga. Dann rettete er zuerst den MSV Duisburg (68/69) vor dem Abstieg (dafür stieg der Club damals ab!), ein Jahr später Werder Bremen. 1973 wurde Gebhardt mit Wacker Innsbruck Österreichischer Meister und Pokalsieger und zog mit den Innsbruckern ins Viertelfinale des Europapokals der Landesmeister ein.

1978 kehrte er wieder zu „seinem Club" zurück. Er wurde Interims-Coach nach der Trennung von Werner Kern, Gebhardt ritt die „harte Welle". Mit der Devise, „das Unmögliche doch noch möglich zu machen", ging er ans Werk. Vergeblich. „Diese Mannschaft ist ein Trümmerhaufen" bilanzierte Gebhardt, um dann mit diesem Trümmerhaufen immerhin 17 Punkte aus 18 Spielen zu holen – vier Punkte zuwenig für den Klassenerhalt. In der darauffolgenden Saison stand er dann wieder bereit, als Trainer Jeff Vliers schon nach drei Spieltagen die Koffer packte und mit 60.000 Mark Abfindung in der Zigarrenkiste verschwand. Gebhardt führte den Club wieder zurück ins Oberhaus. Die Ernüchterung folgte auf dem Fuß. Da er seine Arbeit vom Präsidium nicht genügend gewürdigt sah, kündigte Zapf drei Wochen vor dem Bundesliga-Auftakt.

Giske, Anders

*22.11.59. 1983/84, 1985-89.

Leider war schon kaum mehr etwas zu retten, als der unerbittliche, aber immer fair agierende Manndecker im November 1983 von Brann Bergen verpflichtet wurde, um die unübersehbaren Lücken in der Abwehr des Bundesligisten 1. FCN zu stopfen. Trotz Giske beendete der Club die schlechteste Saison seiner Vereinsgeschichte (nur 14 Punkte auf der Habenseite, bei 85 Gegentreffern!) auf dem 18. Tabellenplatz und musste zum dritten Mal aus der Bundesliga absteigen. Erfolgreicher konnte er, nach einem kurzen Intermezzo bei Bayer Leverkusen, seinen zweiten Auftritt in Nürnberg gestalten: Nachdem der in der Winterpause zurückgeholte Abwehrkünstler seine Gegner in der Rückrunde der Saison 1985/86 gleich serienweise zu Statisten degradiert hatte, belohnte Trainer Heinz Höher den besten Spieler der damaligen Clubmannschaft mit der Kapitänswürde. Auch in den folgenden Jahren erwies sich der sympathische Norweger, der lange Jahre eine unverzichtbare Stütze der Nationalmannschaft seines Heimatlandes war (bedeutendster Gegenspieler: Diego Maradona!), erwartungsgemäß als Vorbild.

Zapf Gebhardt trainierten Wuppertaler SV. Auf Vermittlung von Dettmar Cramer wurde er dann Trainer der thailändischen Nationalmannschaft, mit der er auf Anhieb den Asienpokal gewann. 17 Jahre lang blieb Glomb Nationaltrainer. In Thailand lernte er seine Österreicherin kennen, heiratete sie und blieb mit ihr noch 18 Jahre in Asien, bis er sich in Bad Sauerbrunn nahe der Wiener Neustadt niederließ und dort bei den Alten Herren weiterkickte.

Glomb, Günter

*17.8.1930. 1951-59.

Der gebürtige Oberschlesier kam über Tuspo Nürnberg zum Club. Zumeist spielte er Mittelstürmer, wusste aber auch auf beiden Außenpositionen zu überzeugen: „Ich spielte bis auf Torwart eigentlich alles." Sein bestes Spiel seiner 306 Einsätze für den Club (Glomb selbst hat 364 gezählt) machte der Siemens-Ingenieur in der DM-Endrunde 1958 gegen den 1. FC Köln in Berlin. Glomb schoss drei Tore und der Club gewann 4:3.

Ein Jahr zuvor hatte „Glombers" sein einziges B-Länderspiel gegen Holland. 1959 wechselte Glomb, der bereits in Köln seinen Trainerschein machte, zum SV Wiesbaden. Zwei Jahre später zog es ihn zu dem von

Grahammer, Roland

*3. 11. 1963. 1983-88.

Sein Vorbild hieß Adriano Celentano. Immer locker, immer lässig, immer gutgelaunt. So trat der aus dem FC Augsburg hervorgegangene vielseitige und technisch starke Abwehrspieler auch in Nürnberg auf, wo er in der Saison 1985/86 groß herauskam. „Der Lächler" nannten ihn seine Mannschaftskameraden. 1988 wechselte er im Paket mit Stefan Reuter zum FC Bayern München, mit dem er 1989 und 1990 Deutscher Meister wurde. 1994 beantragte er die Sportinvalidität, was den B-Nationalspieler (ein Länderspiel 1986 gegen Schweden) nicht daran hinderte, drei Jahre später beim oberpfälzischen SV Seligenporten im Abstiegskampf auszuhelfen. Noch heute hält er sich dreimal

die Woche in Nürnberg auf: Grahammer führt ein großes Volvo-Autohaus in der Witschelstraße, dazu besitzt er zusammen mit seiner Ehefrau Irene eine Sportmarketing-Firma. Fast hätte er auch die Zukunft des 1. FCN entscheidend mitbestimmt: Seine Berufung zum Teammanager des Club scheiterte im Dezember 1998 erst in letzter Sekunde.

Gußner, Karl
*10.6.1908. 1924-41. Deutscher Meister 1936, Pokalsieger 1935, 1939.

Gußner kam 1924 als 16-Jähriger vom FC Stein. Er war ein ausgezeichneter Leichtathlet, sprintete die 100 Meter in 10,8 Sekunden und sprang 6,88 Meter weit. Sein Debüt in der ersten Mannschaft gab Gußner, den seine Mitspieler „Räber" nannten, 1930. Zumeist bildete er zusammen mit Muckl Eiberger den rechten Flügel. Der gelernte Flaschner und Lagerist war pfeilschnell, technisch versiert, für seine Gegenspieler schwer ausrechenbar und schussgewaltig. Genau das sicherte dem Club 1935 den Pokalsieg. Seinen scharfen Schuss in der 85. Minute konnte Schalkes Torhüter Mellage nicht festhalten, Friedel staubte zum 2:0-Endstand ab. Beim DM-Finale 1936 spielte Gußner mit gebrochenem Finger weiter und schoss 25 Sekunden vor Abpfiff der Verlängerung den Siegtreffer gegen Fortuna Düsseldorf – ein scharfer, plazierter Schuss aus 30 Metern Entfernung. Sein Treffer zum zwischenzeitlichen 1:1 im Pokalfinale gegen den Dresdner SC 1940 reichte jedoch nicht zum erneuten Titelgewinn. Eine schwere Kriegsverwundung, er verlor fast das Augenlicht, beendete seine Karriere.

Haseneder, Kurt
*22.4.1942. 1954-63. Deutscher Meister 1961, Pokalsieger 1962.

Der kleingewachsene Stürmer aus der Club-Jugend konnte auf allen Positionen spielen, sogar im Tor. 1960 kam er in die erste Mannschaft. 1961 war er der Jüngste in der Meisterelf und zeigte keinerlei Respekt vor großen Namen. Im Finale gegen Dortmund stellte er mit seinem Flugkopfball die Weichen bereits in der 6. Minute auf Sieg. Auch zum Pokalsieg 1962 steuerte er einen Treffer bei. „Ich hab 'net lang gefackelt", begründet Haseneder heute seine hohe Trefferquote. Er wurde oft als „Abstauberkönig" bezeichnet, was er jedoch nicht auf sich sitzen lässt: „Es hat mich nie einer zu der Stelle, von der aus ich den Ball versenkt habe, hingetragen, ich musste schon hinlaufen." Zusammen mit dem 60er Brunnenmeier wurde Haseneder in der Saison 62/63 mit 24 Treffern (er selbst hat 25 gezählt) Torschützenkönig der Oberliga-Süd. Kurz vor dem Start der Bundesliga wechselte der hochtalentierte 21-Jährige sensationell zu Schwaben Augsburg in die Regionalliga Süd. Er verschwand vom Trainigslager weg, um gerade noch rechtzeitig kündigen zu können: „Ich wollte nicht mehr länger von Trainer Widmayer zum Sündenbock gestempelt werden." Für Schwaben Augsburg und später den FC Augsburg schoss Haseneder weiter seine Tore, bevor er nach einer Serie von Verletzungen 1971 seine Karriere beendete.

Heck, Werner
*21.4.1955. 1980-84.

Ob Heinz Strehl oder Dieter Eckstein, ob Franz Brungs oder Georg Volkert – samt und sonders waren sie Publikumslieblinge, die Stürmer, die die meisten Bundesliga-Tore für den 1. FCN erzielten. Er nicht. Der Mann, der in der vereinsinternen Torschützenliste des Club seit 1963 an fünfter Stelle auftaucht, hamsterte auch im Nürnberger Stadion mehr Pfiffe ein als Beifall. 34-mal traf Werner Heck zwischen 1980 und 1984 ins gegnerische Netz, „und doch", so erkannte er selbst, „wird alles, was ich anfange, negativ gesehen." Für eher bescheidene 400.000 Mark holte ihn der Club 1980 aus Saarbrücken. Nach durchwachsenem Beginn blühte er unter Trainer Udo Klug richtig auf und schoss allein in der Saison 1981/82 14 Tore, als er zusammen mit seinem Freund Werner Dreßel das Angriffsduo der „Werner-Brothers" bildete. „Die schönste Zeit, die ich je erlebt habe", so Heck, endete, als Heinz Höher das Kommando am Valznerweiher übernahm. Vom neuen Trainer schon nach einem Vierteljahr aus dem Kader geworfen, flüchtete er 1984 zu Waldhof Mannheim. Über Edenkoben und Herxheim landete er wieder in seinem Heimatort Haßloch; für den dortigen VfB schnürt er noch heute die Stiefel.

H. Heidenreich (links)

Heidenreich, Herbert

*15.11.54. 1978-84.

Zum Thema, wie nahe beim Fußball Glück und Unglück beieinander liegen, kann der aus Euben bei Bayreuth stammende Linksaußen einiges erzählen. Bei einem Spiel in Leverkusen Ende der Saison 1980/81, als Reinhold Hintermaier den Ball so scharf hereingeflankt hatte, „dass ich ihm nicht mehr aus dem Weg gehen konnte", sicherte er dem Club mit dem einzigen Kopfballtreffer seiner Karriere einen entscheidenden Punktgewinn im Abstiegskampf (Endstand: 1:1). Ein Jahr später hingegen, als er während des Pokalfinales gegen Bayern München das womöglich vorentscheidende 3:1 auf dem Fuß hatte, knallte der Ball an den Pfosten, und im direkten Gegenzug erzielte Wolfgang Kraus den 2:2-Ausgleich.

Der Franke Heidenreich hatte bereits 1971/72 ein kurzes Gastspiel in der Clubjugend gegeben, machte aber als Lizenzspieler erst einen großen Umweg über die SpVgg Bayreuth, Borussia Mönchengladbach (25 Einsätze im Meisterjahr 76/77) und TB Berlin, ehe er nach dem Aufstieg 1978 zum Club zurückkehrte (171 Spiele/26 Tore). Zwar war der stolze Träger eines gezwirbelten Schnurrbartes als Linksaußen alter Prägung gekommen, entwickelte sich aber zu einem wesentlich flexibler spielenden offensiven Mittelfeldspieler. Obwohl ein reiner Linksfuß, gelangen ihm – „merkwürdigerweise", wie er selbst sagt – auch einige Tore mit dem rechten Fuß. Bei einem Auftritt im Aktuellen Sportstudio im April 1982, als er im Torwandschießen gegen Günter Netzer nur knapp mit 2:3 unterlag, hatte er es allerdings wie gewohnt mit links versucht. Heute ist der in Nürnberg wohnende Versicherungskaufmann erfolgreicher Trainer des FSV Bad Windsheim.

Herbolsheimer, Helmut

*18.5.1925. 1940-56. Deutscher Meister 1948.

Herbolsheimer, das „Herbala", war der Busenfreund von Max Morlock. Beide bildeten schon 1940 in der Club-Jugend den rechten Flügel. Herbolsheimer war auch zusammen mit Morlock in Schwabach beim Militär. Als schlechter Schütze schindete er oftmals Ausgang zum Optiker, um hernach mit Fensterglas im Brillengestell wiederzukommen. Auf dem Fußballplatz war der quirlige Rechtsaußen, der vom FSV Gostenhof 83 zum Club gekommen war, kaum zu bremsen. Nur eine TBC-Erkrankung setzte ihn 1947 zeitweilig außer Gefecht. Herbolsheimer gilt als einer der größten Techniker, die der Club je hervorgebracht hat. Er liebte es filigran: „Es ist schöner die Latte zu treffen als ins Tor." Er spielte jedoch nie in der Nationalelf, obwohl sogar in der Zeitschrift des Westdeutschen Fußballverbandes zu lesen war: „Was faszinierende Technik und reine Ballkunst, Direktspiel und trickreiches Dribbeln, Täuschen und Kurven angeht, dafür ist Herbolsheimer, Deutschlands bester Rechtsaußen, ein leuchtendes Beispiel." Zusammen mit Schorsch Kennemann war der „Oberschwanzer" Herbolsheimer die Stimmungskanone im Club-Team. „Schau hie, die ham scho duscht", kommentierte er den Zustand der Spieler des AC Florenz nach dem Aufwärmen. Der Club siegte unaufgewärmt mit 6:2. 1956 wechselte Herbolsheimer nach 552 Spielen im Club-Trikot für eine Saison zu Viktoria Aschaffenburg. Danach eröffnete der begeisterte Kartenspieler in der Fürther Straße in Nürnberg ein Lotto-Toto-Geschäft und trat auf der Bühne als Komiker in dem Duo „Die Zwetschgenmännla" auf.

Hilpert, Helmut

*20.9.1937. 1952-68. Deutscher Meister 1961, 1968, Pokalsieger 1962.

Der robuste Kämpfer überzeugte jahrelang als konsequenter Verteidiger. Als 14jähriger stieß „Helmes" zum Club und kämpfte sich nach und nach in die erste Mannschaft. Als er wegen einer Verletzung Uckos 1959 kurzfristig in die Mannschaft kam, war sein Gegner kein Geringerer als Weltmeister Helmut Rahn. „Was willst denn du gegen mich", begrüßte Rahn den jungen Hilpert. Der nahm die Herausforderung an, und Rahn sah für den Rest des Spieles keinen Ball mehr. Hilpert aber erhielt einen langfristigen Vertrag und viele Stürmer lernten fortan, den eisenharten Verteidiger mit dem hellblonden Haar zu fürchten. Nur mit dem Flutlicht hatte er seine Probleme. Ohne Erfahrung mit der hellen Beleuchtung stand er im Europapokalspiel bei Benfica Lissabon 1962 ganz allein mit dem Ball vor der Außenlinie und drosch ihn zur Ecke. Er hatte seinen eigenen Schatten für einen Gegenspieler gehalten. Als stolzer Tankstellenbesitzer war

H. Herbolsheimer

Hilpert zu Bundesliga-Zeiten wegen Arbeitsüberlastung bei so manchem Spiel nicht dabei. Max Merkel stellte Hilpert kaum mehr auf, so dass dieser nach 353 Spielen für „seinen" Club zu Waldhof Mannheim in die zweite Liga wechselte. In Nürnberg machte er noch ein paar Jahre als Spielertrainer bei Amateurvereinen und übernahm einen Schreibwarenladen mit Lotto-Toto in der Tafelfeldstraße.

Hintermaier, Reinhold

*14. 2. 1956. 1979-84, 1992/93 und 1994/95.

„Nein", schrie Peter Stocker noch, da war's auch schon zu spät. Reinhold Hintermaier hatte abgezogen mit seinem linken Fuß, aus exakt 38,5 Metern. Der Ball flog und flog, wurde lang und länger, und landete schließlich genau im Winkel. „Ich habe viele Tore aus größerer Distanz gemacht", erzählt er, „aber das war mein schönstes." Es war das 1:0 für den 1. FCN im Frankfurter Pokalfinale 1982 gegen

H. Hilpert (rechts)

H. Hintermaier (mitte)

den FC Bayern. „Eine Begegnung, von der ich noch heute, fast zwanzig Jahre danach, noch immer jede Situation, jeden Ball weiß." Das Spiel der Spiele wäre es geworden für den Österreicher, hätte der Club seine 2:0-Pausenführung über die Zeit retten können. So aber siegten die Bayern, auch dank eines Elfmetergeschenks durch Schiedsrichter Hennig (nach bühnenreifer Flugeinlage des Münchners Wolfgang Kraus) noch mit 4:2. Das Spiel, das einen der ganz großen Höhepunkte in seiner Laufbahn markiert, endete mit einer seiner bittersten Niederlagen.

1979 verschlug es den gelernten Dekorateur für 350.000 Mark Ablöse von Voest Linz in die Noris. „Von meinem dritten Lebensjahr an hab' ich fast jeden Tag stundenlang Fußball gespielt", erzählt er. „Ich wohnte gleich neben dem Freibad und dem Sportplatz. Wir waren eine verrückte Clique. Morgens um sechs haben sie mich manchmal aus dem Schlaf geholt: Komm, mach' mer a Match. Oft wurde ein ganzer Spieltag daraus." Der Erfolg: Hintermaier, der den Ball wie ein rohes Ei zu behandeln wusste, erwies sich als bester Einkauf seit seinem Landsmann Gustl Starek. Fünf Jahre lang verzückte der überragende Techniker die Zuschauer im Städtischen Stadion mit herrlichen Tricks, zentimetergenauen Pässen und kernigen Schüssen. 1982 mischte er mit der österreichischen Nationalmannschaft in allen fünf Begegnungen der WM in Spanien mit; auch im „Skandalspiel" von Gijon, das Deutschland nach einem „Nichtangriffspakt" mit 1:0 gewann, war er dabei.

Die Experten lobten ihn über den grünen Klee, nur einer teilte die allgemeine Begeisterung nicht: Hintermaier selbst. „Anfangs war ich richtig entsetzt, wenn ich mich im Fernsehen laufen gesehen habe", erzählte er. „Ich fand mich fürchterlich schwerfällig, ich rannte ja wie ein Ackergaul. Deswegen habe ich intensiv mit Schnelligkeitsübungen meinen Laufstil zu verbessern versucht. Bis zu einem gewissen Grad ist mir das, glaube ich, gelungen. Aber noch immer gefalle ich mir nicht. Wäre ich Trainer oder Teamchef, ich würde den Hintermaier auf keinen Fall aufstellen."

Genauso dachte offensichtlich auch Gerd Schmelzer. Mit dem Übergangspräsidenten des Club war Hintermaier schon während dessen Zeit als Präsident des TuSpo Nürnberg aneinandergeraten: „Herr Schmelzer hatte in aller Öffentlichkeit über die Verträge seiner Handballer geplaudert, und ich kann einfach den Mund nicht halten, wenn mir etwas gegen den Strich geht." Nach dem mit 2:3 verlorenen Heimspiel gegen Bayer Leverkusen im Januar 1984 also übte Schmelzer herbe Kritik an der Leistung des Nationalspielers. Der feuerte prompt zurück: „Der einzige, der das Recht hat, meine Leistung zu kritisieren, ist der Trainer. Was führt sich Herr Schmelzer eigentlich so auf? Der ist doch schließlich nur einige Wochen im Amt!" Ein fataler Trugschluss. Knapp zwei Monate später wurde Schmelzer offiziell zum Präsidenten gewählt; der Anfang vom Ende. Anfang April lieferte Hintermaier dem neuen Club-Boß einen Vorwand für seine Ausbootung und wurde zusammen mit Werner Heck und Rüdiger Abramczik „wegen mangelnder Loyalität" vom Training suspendiert. „In Wirklichkeit hat Schmelzer eine persönliche Sache auf dem Rücken des Vereins ausgetragen", sagt Hintermaier heute.

Dem Rauswurf folgte eine achtjährige Wanderschaft über die Stationen Eintracht Braunschweig, 1. FC Saarbrücken, SV Hallstadt, SF Schwäbisch Hall und Frankonia Nürnberg (!), das er als Spielertrainer von der C- in die B-Klasse führte. Im Sommer 1992 kehrte er als Trainer der Amateurmannschaft zum Club zurück und feierte im Mai 1993 ein sensationelles Comeback. Fast acht Jahre nach seinem 99. Bundesligaspiel machte er die Hundert voll; beim 0:0 zwischen dem Club und den Bayern bot der Österreicher eine herausragende Leistung als Libero. „Wenn man ein Schlitzohr ist", meinte er, „kann man auch mit 37 noch gut mitspielen." Was er denn auch in den restlichen vier Spielen der Saison 1992/93 bewies, in denen er die von Willi Entenmann trainierte Mannschaft zum Klassenerhalt führte. Im letzten Saisonspiel, beim 4:1 gegen Saarbrücken, erzielte er sein neuntes und letztes Bundesliga-Tor. „Dieser Treffer war die Krönung seines unglaublichen Comebacks", meinte Torhüter Andreas Köpke.

1995 sorgte er, inzwischen Co-Trainer beim Club, noch einmal für Aufsehen, als ihn Trainer Günter Sebert beim 2:0 gegen den SV Meppen als vierten Ausländer einwechselte. Auch sein Spruch „Ich fühle mich doch längst als Deutscher" half nichts, die Punkte gingen an den Gegner.

Bis Januar 1997 stand der „Reini" als Talentsichter in Diensten des 1. FCN, danach verdient er sein Geld als Jugend- und Amateurkoordinator beim Rivalen SpVgg Greuther Fürth. Was nichts ändert: „Die frühen achtziger Jahre beim Club", sagt er, „in einer Mannschaft, in der alles stimmte, das war die schönste Zeit meines Lebens."

Hochgesang, Georg

*3.11.1897. 1923–28. Deutscher Meister 1924, 1925, 1927.

Der 1,74 m kleine Halbstürmer glänzte auf dem Platz weniger mit Sprintqualitäten (Motto: „Langsam kommt man auch ans Ziel"), sondern mit einer hervorragenden Balltechnik. Er war „ein Meister im Körpertäuschen" und habe, so hieß es, die Bälle magnetisch angezogen und auf seinem Körper mit einzigartiger Eleganz schweben lassen. Der Journalist Josef Michler war besonders begeistert von seiner Art des Passspiels: „Er sprang hierbei steil und beträchtlich in die Höhe und gab – gleicherweise nach links wie rechts – vom Gipfel dieses Sprungs einen Langpass an den betreffenden Flügel. ... Diese Passart war Hochgesangs ausschließliches Eigentum."

1927 war wohl das erfolgreichste Jahr in der Karriere des „Schorsch". Im Februar hatte er einen ganz großen Tag, als der Club die Münchner Bayern locker mit 5:2 vom Platz fegte. Weitere Höhepunkte des Jahres waren dann noch ein 4:2-Sieg gegen die englischen Profis aus Burnley, zu dem er zwei Tore beitrug, der Meisterschafts-Triumph über Hertha BSC (2:0), sowie im Oktober ein 6:2-Erfolg im Länderspiel gegen Norwegen, als er zwei seiner insgesamt vier Treffer im Nationaldress erzielte.

1933 wurde Hochgesang, bereits dreifacher Meister im Clubdress und Schütze des wichtigen 1:0 gegen den HSV im Endspiel 1924, als 36-Jähriger mit Fortuna Düsseldorf nochmals Deutscher Meister.

G. Hochgesang (rechts)

Kalb, Hans

*3.8.1899. 1911-34. Deutscher Meister 1920, 1921, 1924, 1925, 1927.

„Bester Mann des Club und Deutschlands bester Mittelläufer" (Richard Kirn), „bester deutscher Fußballer seiner Zeit" (Sepp Herberger) – so und ähnlich lauteten die Urteile der Experten über den kraftstrotzenden Riesen (1,85 m), der nicht nur als souveräner Abwehrchef ‚sondern auch als umsichtiger Dirigent des Clubspiels zu überzeugen wusste. Kalb, so Heiner Stuhlfauth, war „die große Spielerpersönlichkeit, der individuelle Spieler, der es versteht, seine Kameraden mitzureißen und selbst aussichtslose Spiele noch zu gewinnen."

Während der bereits im Jahr 1918 zum Stammspieler avancierte Ausnahmekönner in der Defensive mit hervorragendem Kopfballspiel und unerbittlicher Härte alles wegräumte, was auf ihn zukam, entwickelte dieser „Zauberer des Lederballs" in der Offensive spielerische Qualitäten, die denen der großen europäischen Stars dieser Zeit (Kada von Sparta Prag und Orth von MTK Budapest) gleichkamen. Aufgrund seines ausgeprägten taktischen Verständnisses und weil er den Ball spielen konnte „wie eine Billardkugel" (Seppl Schmitt), war er der unumschränkte Mittelpunkt des berühmten Nürnberger Flachpassspiels. Oft genug gelang es ihm, hinten dicht zu machen und zugleich das Spiel nach vorne unermüdlich anzukurbeln – so im Endspiel 1924, als er dem HSV-Star Harder den Schneid abkaufte und „trotzdem noch genug Muße" fand, „seinen Sturm zusammenzufassen und vorzuwerfen".

Da in den Glanzzeiten des 1. FCN die Qualität des Clubspiels mit Kalb stand oder fiel, machte schon bald der Satz die Runde: „Club ohne Kalb – halb." Im Jahr 1922 fiel der Mittelläufer kurz vor den Endspielen wegen eines Schienbeinbruchs aus und prompt konnte sich der Club in den Endspielen gegen den HSV nicht durchsetzen. Hätte Kalb sich damals nicht verletzt, hätte der Club heute aller Wahrscheinlichkeit nach zehn Meisterschaften auf seinem Konto. Und wäre er im Frühjahr 1927 nicht ausgefallen, so wäre dem 1. FCN vermutlich auch eine der blamabelsten Vorstellungen seiner Vereinsgeschichte erspart geblieben. 0:5 hieß es am 10. April dieses Jahres – gegen die SpVgg Fürth! Nürnbergs Journaille war entsetzt: „Heute wurde wieder einmal die alte Binsenweisheit bewiesen – die Seele der Mannschaft ist der Mittelläufer! Der Club spielte ohne Kalb! Heute wurde es den Nürnbergern klar vor Augen geführt, was Kalb für sie ist – wem sie die prächtigen Siege der Letztzeit verdanken – eben zur Hauptsache ihrem Mittelläufer Kalb!" Auch die auswärtigen Journalisten waren überzeugt, dass ein Kalb alleine Spiele entscheiden konnte. Als der Club einmal beim VfL Neckarau, bei dem ein Mann namens Ochs Mittelläufer spielte, mühelos mit 3:0 obsiegte, titelte die örtliche Tageszeitung lakonisch: „Ochs kein Kalb!"

Alle Gegner hatten Respekt vor dem überragenden Spielmacher des Club, gefürchtet aber war der hünenhafte „Dokter" – Kalb legte 1927 sein Staatsexamen in Zahnmedizin ab – vor allem wegen seiner beeindruckenden „Kanonenschüsse": Wenn er zu einem seiner Freistöße Anlauf nahm, die er mit ungeheurer Wucht abzufeuern pflegte, gingen alle vor Schreck in Deckung. Als er in der 5. Minute des Endspiels 1927 einen Freistoß zum 1:0 versenkte, schien es, als seien die Abwehrspieler von Hertha BSC freiwillig aus der Schussbahn gegangen.

Zum unverwechselbaren Markenzeichen Kalbs wurde im Laufe der Zeit die seiner Figur entsprechende Stimmgewalt. Wenn er auf dem Platz war, blieb es garantiert nicht still. Er brüllte seine Mitspieler an, zankte sich mit dem Schiedsrichter oder stritt mit dem Publikum. Berühmt geworden ist die Ankedote von dem Vater, der seinen Sohn zum ersten Mal mit zum Fußball nehmen will. Die beiden verspäten sich etwas, und als sie sich gerade auf der Höhe der Zerzabelshofer Apotheke befinden, dringt aus dem Zabo ein gewaltiger Lärm herüber. „Siggst' das", sagt der Papa, „des is der Hans Kalb."

Am Ende seiner Karriere machte sich bei dem Mann, der lange Jahre mit seinem Motto „Lieber langsam und gescheit als schnell und dumm" so viel Erfolg gehabt hatte, die abnehmende Kondition auch durch eine exzessive Zunahme des lautstarken Protestierens kenntlich. Sein internationaler Abschied war wenig rühmlich: Beim Spiel gegen Uruguay (1:4) während des Olympischen Turniers in Amsterdam (3. Juni 1928), wurde der „Dokter" in der 37. Minute wegen Reklamierens – diesmal, damit's der ägyptische Schiri auch versteht, auf Englisch vorgetragen! – vom Platz gestellt und in ein Arrestlokal gesperrt. Verbittert verließ er anschließend und unentschuldigt die Mannschaft und wurde seitdem nie mehr zu einem Länderspiel eingeladen.

Als der Club 1930 in Pforzheim antrat, konnte der Kalbs Hans sportlich noch brillieren, hatte aber, wie der neunjährige Hans Blickensdörfer sehen konnte, schon arg mit seinem Körpergewicht zu kämpfen: „Viel gelaufen ist der Kalb ja nicht, und man hat keine Brille gebraucht, um zu merken, warum. Unter dem verwaschenen weinroten Nürnberger Trikot ist nämlich ein ziemlich dicker Bauch gesteckt, und man hat gemerkt, dass ihm ein Bier schon mehr schmecken möchte als Rennen. Aber man hat auch gesehen, dass er die Bälle viel besser und geschickter verteilt als die anderen."

Das Nachlassen Kalbs hatte freilich nicht nur mit zuvielen Pfunden zu tun. Es machte auch deutlich, dass sich eine ganze Fußballepoche ihrem Ende zuneigte. Die Zeit der Passpyramide und des Mittelläufers, der sich als sechster Stürmer ins Offensivspiel einschaltete, war vorbei. Stattdessen kam das WM-System und mit ihm der Stopper, der als fünfter Verteidiger die Defensive verstärkte. „Mit dem System des Mauerns", wetterte Kalb, „diktiere ich dem Dreh- und Angelpunkt einer Mannschaft: Mauert um jeden Preis, auf dass ihr ja nicht verliert!" Seine Worte wirken heute wie ein Vermächtnis des alten, erfolgreichen und schönen Club-Stils: „Bei Fußball muss man auf Sieg spielen. Nur im Wettstreit um den Sieg und ohne Kapitulationsangebot von vorneherein wird in einem fairen und ritterlichen Gefecht der Bessere ermittelt. Als wahrer Sportler soll man auch verlieren können – nur blamieren darf man sich nicht! Das ‚Mauern' aber ist Blamage."

Als der schwergewichtige Mann nach 681 Spielen für den Club von der Fußballbühne abtrat, hatte er sich nicht nur als Fußballer, sondern auch als „Spezialist der drei B's" einen Namen gemacht: Biertrinken, Billard und Beinbrüche (dreimal in der Karriere). Der ob seiner Trinkfestigkeit gerühmte Lebemann („Er hatte wahrlich kein schlechtes Köpfchen", so der mit Kalb befreundete HSV-Spieler Ali Beier) frönte auch noch weiteren Hobbys: Er war begeisterter Tennisspieler, Skiläufer und Wanderer, und hatte, natürlich, auch am Schafkopfen seine Freude. Sein Biograf Wilhelm Fanderl schrieb: „Mit Schmunzeln werden sich seine Freunde an die martialische Kraft erinnern, die der von Herzen gutmütige Riese am ‚Karteltisch' entfaltete, wenn er beim Schafkopfspiel die Trümpfe auf die Platte knallte."

Hans Kalb, der Schrecken aller Mittelstürmer und Schiedsrichter, starb am 5. April 1945 „in Ausübung seines Dienstes als Militärarzt" an einer Blutvergiftung.

Kargus, Rudi
*15. 8. 1952. 1980-85.

Die Angst des Torwarts vorm Elfmeter – er kannte sie nicht. Insgesamt 23 Strafstöße hielt er in seinen 15 Erstligajahren, weit mehr als jeder andere Torhüter der Bundesliga. Im Auswärtsspiel des Club beim VfB Stuttgart in der Saison 1982/83 meisterte er gleich zwei Strafstöße von Ohlicher und Sigurvinsson. Doch Rudi Kargus war viel mehr als ein „Elfmetertöter".

Dass der Club in der Saison 1982/83 dem Abstieg entging, verdankte er in erster Linie seinem Kapitän – dem ungemein reaktionsschnellen Mann zwischen den Pfosten.

Im Oktober 1984 nutzte Präsident Gerd Schmelzer die Chance, den mit einem gutdotierten Vertrag ausgestatteten Torhüter billig loszuwerden, stempelte ihn zu einem der Anführer der Rebellion gegen Trainer Heinz Höher und entließ ihn. Nach weniger erfolgreichen Jahren beim Karlsruher SC, Fortuna Düsseldorf und dem 1. FC Köln wurde er 1990 wegen einer Hüftverletzung zum Sportinvaliden. Kargus kehrte zu seinem ersten Bundesliga-Klub, dem Hamburger SV, zurück, wo er fünfeinhalb Jahre lang als Torwarttrainer sowie Jugend- und Amateurkoordinator arbeitete. Seit 1997 trainiert der Hausmann und Vater zweier Söhne den Amateurklub USC Paloma Hamburg und malt vielbeachtete Aquarelle. „Ohne kommerzielle Interessen", verrät er, „einfach, weil es mir Spaß macht".

Kennemann, Georg
*21.4.1913. 1939-49.
Deutscher Meister 1948.

„Schorsch" Kennemann ist als klassischer Typ des kompromisslosen Ausputzers berühmt geworden. In den ersten Jahren seiner Karriere spielte er jedoch zumeist linker Verteidiger. Erst als „Bubi" Sold Ende der Saison 1939/40 in seine Heimat nach Saarbrücken zurückkehrte, wurde der 27-Jährige, der mit hervorragender Übersicht und beinahe fehlerlosem Stellungs- und Kopfballspiel zu überzeugen wusste, auf seine künftige Standardposition berufen. Weithin sichtbares Markenzeichen des „Schorsch" waren die später berühmt gewordenen, knielangen „Kennemann-Hosen". Die trug er nicht etwa, wie er später begründete, weil er sich für seine dünnen Storchenbeine geschämt hätte, sondern „weil sie in England Mode waren und dort bekanntlich der Fußball erfunden worden war".

Der gebürtige Johanniser, der das Fußballspielen zusammen mit Zapf Gebhardt auf der Deutschherrnwiese gelernt hatte, machte erst einen Umweg über Fürth, bevor er sich beim Club in 310 Spielen seinen Ruf als eisenharter Stopper erarbeitete. Wie ein „Sherlock Holmes des Spielfeldes" so heißt es, sei der Kriminalbeamte im Strafraum hin- und hermarschiert und habe kompromisslos „aufgeräumt". Zu seinen Gegenspielern pflegte er zu sagen: „Mit mir werst du heit net fertig, mei Guter." Mit seiner Spezialität, den Karambolagen („den Gegner erstmal durchschütteln"), kaufte er fast allen Stürmern gleich bei Spielbeginn den Schneid ab. Als ihn einmal der westdeutsche Mittelläufer Otto Tibulski vor einem Auswahlspiel West gegen Süd fragte, wie er denn mit dem schnellen August Gottschalk fertigwerden wolle, hatte der Schorsch kurz nach Spielbeginn per Karambolage dafür gesorgt, dass sein Gegner vom Platz getragen werden musste. Danach lief er zu Tibulski und fragte ihn, wann denn endlich dieser vielgerühmte Mittelstürmer komme. Trotzdem ist er nur einmal vom Platz geflogen, beim VfB Stuttgart, als er seinen Gegner per Kinnhaken ausschaltete. Spätestens seit diesem Vorfall war Kennemann so gefürchtet, dass sein Name von schwäbischen Müttern erfolgreich zur Kindererziehung eingesetzt wurde: „Hano, wenn's Büble net pariert, wenn's bös ist und sich schlecht aufführt, droh ich, weil sonst nix helfe kah: ‚Büble, ich sag's dem Kennemah!'".

Natürlich hatten auch die Schiedsrichter bei ihm nicht viel zu lachen. Jeden Freistoß, der wegen seines harten Einsteigens verhängt wurde, quittierte er mit heftigen Protestieren. Oft schimpfte er auch mit den Zuschauern. „Wo ich gespielt habe, da war immer was los", meinte der derbwitzige Unterhaltungschef des Club-Ensembles. So zum Beispiel bei einem Spiel gegen den BC Augsburg. Wieder einmal war er vom Publikum wegen seines harten Einsteigens ausgepfiffen worden, da lief er nach einem Ausball plötzlich zu den Buh-Rufern und schrie: „Und ohsteig'n dout ihr doch!"

Der humorvolle Mann, der privat gerne Operetten besuchte, war auch außerhalb des Platzes als Stimmungskanone der Mannschaft berühmtberüchtigt. Besonders übel hat er es mit dem jungen Max Morlock getrieben. Nach dessen ersten beiden Toren gegen Schwaben Augsburg gab er den Journalisten einen falschen Namen an: „damit der Bub nicht größenwahnsinnig wird!" 1946, vor einem Freundschaftsspiel in Pforzheim, verführte er den unbedarften Nachwuchsstar zum Schnapstrinken. Nachdem er ihm in ein geheimnisvolles Haus gefolgt sei, so erzählte Morlock später, habe ihn der Schorsch mit den Worten beiseitegenommen: „...Klanner, wir sind im Hause von zwei Schwarzhändlern und kriegen etz an wunderbaren Schnaps. Und wenn du Lauser net trinkst, dann wirst nie ein Fußballer." Ein Schnaps nach dem anderen wurde getrunken. Doch während Scherzbold Kennemann das Trinken nur vorgetäuscht hatte, war dagegen Morlock stockbesoffen: „Ich durfte dann am nächsten Tag bis kurz vor Anpfiff ausschlafen, wurde von Trainer Michalke von Kopf bis Fuß angezogen, er band mir auch die Schuhe zu. Ich schoss dann vier der fünf Tore zum 5:1-Sieg."

Einmal immerhin, während einer privaten Fahrt der Clubspieler an den Tegernsee, ist auch der Schorsch selbst Opfer eines Schabernacks geworden. Der wasserscheue Kennemann, der Flüssigkeiten nur in gebrauter Form vor sich sehen konnte, hatte bei einem Bootsausflug nicht mitmachen wollen und war daher im Hotelzimmer geblieben. Schließlich aber zeigte er doch noch unerwarteten Mut, als er vom Linksaußen der 48er Meistermannschaft, Schorsch Hagen, unsanft aus dem Mittagsschlummer gerissen wurde: Die ganze Mannschaft sei im Tegernsee ertrunken, meldete der in völlig durchnässten Kleidern vor ihm stehende Hagen. Kennemann stutzte einen Moment, dann befahl er seiner Frau: „Emma, mei Bodhus'n!"

Knoll, Adolf

*30.11.1924. 1941-50 und 1955-58. Deutscher Meister 1948.

Der gelernte Mechaniker war ein technisch hervorragender Verteidiger mit dem öffnenden Pass nach vorne. Mit seinem Debüt in der ersten Mannschaft 1942 ging für „Adi" ein Traum in Erfüllung: „Der Club, das war das Höchste." Das sollte für 369 Spiele so bleiben, und vor allem im Endspiel um die Deutsche Meisterschaft 1948 in Köln.

Zusammen mit Abel Übelein und Torwart Edi Schaffer bildete Knoll ein wirksames Bollwerk gegen den Kaiserslauterer Wundersturm mit Fritz und Otmar Walter. Den Empfang, den etwa 100.000 Nürnberger der Meisterelf schon am Hauptbahnhof bereiteten, wird Knoll nie vergessen: „Das war einfach unglaublich, so eine Begeisterung in dieser schweren Zeit."

Jahrelang war Knoll der Elfmeterschütze vom Dienst, er verwandelte jeden Strafstoß. „Ich habe immer voll draufgehalten." Knoll war eine feste Größe in der Club-Elf. Als aber nicht er, sondern Gunter Baumann 1950 den Zuschlag für die Pacht des Vereinsheims erhalten hatte, verließ er den Club verärgert. Ein geplanter Wechsel zum HSV zerschlug sich, also heuerte Knoll bei der SpVgg Fürth an. Für den Wechsel zu den Kleeblättlern hatte man ihm ein Handgeld von 5.000 Mark versprochen. Doch alles kam anders. „Als ich dann nach Fürth ging", erzählt Knoll, „wollte der Präsident von dieser Abmachung plötzlich nichts mehr wissen. Schließlich bekam ich 2.000 Mark."

Knoll blieb drei Jahre in Fürth, wechselte zu Schwarz-Weiß Essen und kehrte 1955 wieder zum Club zurück. Als Stopper war er maßgeblich am Aufbau der jungen Meistermannschaft von 1961 beteiligt. Als dann Ende 1958 Nandl Wenauer immer öfter auf seiner Position spielte, bat Knoll um die Auflösung seines Vertrags. Bis 1975 trainierte er dann eine Vielzahl von Vereinen. Adolf Knoll starb am 28. Juli 1999.

Köhl, Georg

19.11.1910. 1929-41. Deutscher Meister 1936, Pokalsieger 1935, 1939.

Der gebürtige Nürnberger löste 1930 die Torwart-Legende Heiner Stuhlfauth ab. Er kam zwei Jahre zuvor vom Nürnberger SC Borussia zum Club und wurde schon 1929 ein paar Mal in der ersten Mannschaft eingesetzt. Köhl war nicht nur auf der Linie stark, er beherrschte auch den ganzen Strafraum. Oft spielte er den dritten Verteidiger und sein gutes Auge sowie seine Schnelligkeit ließen diese Ausflüge weit vor das Tor zumeist erfolgreich verlaufen.

Köhl bestach durch eine große Fangsicherheit, nur selten wehrte er einen Ball mit der Faust ab. Von seinem großen Selbstbewusstsein zeugt, dass er bei Freistößen nie eine Mauer zuließ. Seinen Spitznamen „Hauptmann" erhielt er, da seine Art, besonders geschmeidig durch den Torraum zu fliegen, die Zuschauer an den damals berühmten Ozeanflieger Hauptmann Köhl erinnerte, der mit seiner Junckers als erster den Atlantik überquert hatte.

Auch außerhalb des Platzes war der städtische Angestellte eine auffallende Erscheinung. Er trug stets modische Anzüge und hatte Mühe, seine Naturwellen im Haar in den Griff zu bekommen. Überall, wo er hinkam, flogen ihm die Herzen der Frauen nur so zu.

Wenn Köhl im DM-Finale 1934 nicht von Szepans rechten Arm daran gehindert worden wäre, einen hohen Flankenball wie zigmal zuvor herunterzupflücken, wäre der Club dank seiner Paraden vielleicht schon damals Meister geworden. Dafür klappte es dann im Pokal ein Jahr später. Im Finale gegen Schalke hielt Köhl alles. Selbst als die Schalker nach der Nürnberger Führung alles auf eine Karte setzten, ließ sich Köhl nicht aus der Ruhe bringen. Bravourös klaubte er alle Eckbälle herunter und begrub auch die schärfsten Schüsse unter seinem Körper. Die Schalker Stürmer rauften sich zur Freude von „Muckl" Eiberger die Haare. „Ihr könnt heut schießen so viel ihr wollt, gegen den Schorsch bringt ihr sowieso nix rein", stachelte er den Schalker Kuzorra noch zusätzlich auf.

Reichstrainer Otto Nerz belohnte Köhls Leistungen und berief ihn 1937 zum Länderspiel in Luxemburg. Wegen einer Verletzung von Nationalkeeper Jakob aus Regensburg kam der Nürnberger auch zum Zug und sicherte einen knappen 3:2-Erfolg. „Nach verschiedenen vergeblichen Anläufen ist dem ‚Hauptmann' nun doch Gerechtigkeit widerfahren", schrieb der Kicker über Köhls Nominierung. „Es wird ja schließlich auch Zeit, das darf ich doch dazu bemerken", kommentierte Köhl seine Berufung und konnte seine Genugtuung darüber kaum verbergen.

Schon 1932 war er als Ersatzmann für Jakob mit der deutschen Nationalmannschaft nach Budapest zum Länderspiel gegen Ungarn gefahren (1:2). Doch er kam nicht zum Zuge und das sollte auch die nächsten Jahre so bleiben. Da Köhl die schweren und schwersten Bälle hielt, aber von relativ kleiner Statur war, traute Nerz ihm nicht so recht über den Weg und nominierte ihn nicht mehr. „Du kannst dich anstrengen wie du willst, du bist einen Kopf zu klein für den Nerz", versuchte ihn Mannschaftskamerad Oehm zu trösten. Auch der Kicker hatte Trost parat: „Eines wissen wir bestimmt. So gut wie Sonnrein, Buchloh, Abromeit, und wie die Ersatztorwarte der Nationalmannschaft alle heißen, ist Köhl auch."

Beim Club genoss Köhl stets höchstes Vertrauen. So gehörte er beim kläglich mit 0:2 verlorenem DM-Finale 1937 gegen Schalke 04 erneut zu den Besten. Das tröstete den „Hauptmann" aber wenig: „Wir haben noch nie so schlecht gespielt wie in dieser Begegnung."

Am 26. September 1943 stand Schorsch Köhl zum letzten Mal im Clubtor. Nach Beendigung eines kurzen Fronturlaubs musste er wieder in den Krieg und starb am 15. Januar 1944 an den Folgen einer schweren Kriegsverletzung. Er hatte einen Durchschuss am Arm erlitten, die Wunde hatte sich stark entzündet. Nur eine Amputation hätte ihn retten können. Doch die Fortsetzung seiner bereits 14 Jahre andauernden Torwartkarriere im Sinn, weigerte sich Köhl, den Arm abnehmen zu lassen. Er starb an den Folgen der schweren Infektion.

Köpke, Andreas

*12. 3. 1962. 1986-94 und seit 1999.

Köpcke, Köpke oder wie? Als er zum ersten Mal nach Nürnberg kam, kannte ihn kaum einer. Als Nummer zwei hinter Stammtorhüter Herbert Heider verpflichtete der Club 1986 für 125.000 Mark (plus ein Ablösespiel, das nie stattfand) einen Mann, der soeben mit Hertha BSC Berlin aus der 2. Bundesliga abgestiegen war. Umgekehrt konnte auch Andreas Köpke mit seiner heutigen Heimatstadt zu Beginn nur wenig anfangen. „Lebkuchen, sonst nichts" verband er mit Nürnberg, als er 1986 im Jahr der Weltmeisterschaft in Mexiko seinen ersten Vertrag beim FCN unterschrieb.

Gute Chancen, mittel- oder langfristig zwischen den Pfosten des Club-Tores hin- und herzufliegen, rechnete sich der gebürtige Kieler schon aus, „schließlich stand da kein Toni Schumacher im Kasten". Doch dann ging alles viel schneller als erwartet: Wegen einer schweren Schulterverletzung wurde Heider zum Sportinvaliden und der Neue zur Nummer eins. Seine ersten Spiele im Tor des Club verliefen wenig erfolgreich. Bei seiner Bundesliga-Premiere beim 3:5 in Bremen kassierte er fünf Tore in der zweiten Halbzeit, es folgte ein 3:3 zu Hause gegen Bochum. Acht Gegentore in zwei Spielen: „Es hat ziemlich holprig angefangen", räumt er heute ein. Nichts, rein gar nichts deutete zu jenem Zeitpunkt darauf hin, dass ausgerechnet Köpke die große Torhüter-Tradition beim Club fortsetzen würde. Schon hatte der Kölner U-21-Nationaltorhüter Bodo Illgner einen Vertrag in Nürnberg unterzeichnet, als sich Toni Schumacher mit seinem Buch „Abpfiff" aus dem Tor der Westdeutschen schrieb. Illgner erhielt keine Freigabe, Köpke blieb im Club-Tor, und plötzlich ging's nur noch bergauf. „Nach und nach habe ich mir das Vertrauen der Mannschaft, des Trainers und der Fans erarbeitet."

Vor allem dank seines überragenden Schlussmannes zog der Club in der Saison 1987/88 zum bislang letzten Mal in den UEFA-Pokal ein, vor allem dank Köpke entging er in den fünf folgenden Jahren dem Abstieg, wenngleich meist erst in letzter Minute. Sein erstes Länderspiel bestritt der ruhige, besonnene „Andi", der so wohltuend anders ist als viele andere Torhüter, im Mai 1990 beim 1:0-Sieg gegen Dänemark in Gelsenkirchen. Bei der WM in Italien trat er, ohne aufzumucken, wieder ins dritte Glied hinter Illgner und dem Münchner Raimond Aumann zurück, auch wenn viele in ihm längst Deutschlands wahre Nummer eins sahen. Unmittelbar vor der WM 1994 entschied sich Berti Vogts erneut gegen Köpke, als er seinen Stammtorhüter für das Turnier in den USA kürte. Der bittere Bundesliga-Abstieg des Club in der Saison 1993/94 („Der absolute Tiefpunkt meiner Karriere, danach herrschte absolute Leere in mir") ließ Illgner ein weiteres Mal triumphieren; erst viel zu spät, nach dem Viertelfinal-K.o. gegen Bulgarien, erkannte der Bundestrainer, dass er aufs falsche Pferd gesetzt hatte. „Enttäuscht war ich auch nicht darüber, dass Illgner zu WM-Beginn im Tor stand", erzählt Köpke rückblickend, „sondern dass Vogts während des Turniers, als es nicht lief, den Wechsel nicht vollzogen hat."

Nach acht turbulenten Jahren, 264 Bundesligaspielen und zwei Elfmetertoren – eins davon gegen Bodo Illgner – brach Köpke 1994 Richtung Frankfurt auf, obwohl er noch ein Jahr zuvor beim Club einen langfristigen, nur für die Bundesliga gültigen Vertrag unterschrieben hatte, obwohl er in Nürnberg die Frau seines Lebens, seine zweite Ehefrau Birgit kennengelernt hatte. Aus der Traum, eines Tages mit dem Club die Deutsche Meisterschaft zu holen. „Wenn die Mannschaft von 1988 zusammengeblieben wäre, hätten wir gute Chancen gehabt", glaubt er, „aber so haben wir im Jahr nach dem Einzug in den UEFA-Pokal direkt gegen den Abstieg gespielt." Ein kompetenter Manager habe damals gefehlt, „einer mit einem guten Namen, der die sportliche Seite im Griff hat. Wir aber hatten Präsidenten, die wollten unbedingt in die Zeitung stehen und haben sich in sportliche Bereiche eingemischt, obwohl sie nicht einmal ihren eigenen Bereich, das Finanzielle, im Griff hatten".

1996 verlor er auch mit der Eintracht den Kampf um den Klassenerhalt in der Bundesliga. Im gleichen Jahr feierte er seinen größten internationalen Erfolg, als er mit der deutschen Nationalelf in England Europameister und als „Held von Wembley" gefeiert wurde. Vor der Saison 1996/97 sagte er, inzwischen 34-Jährig, zunächst beim VfB Stuttgart zu, liebäugelte dann mit dem FC Barcelona und wechselte schließlich zu Olympique Marseille, wo er „zwei wunderschöne Jahre" erlebte.

1998 in Frankreich hütete er, endlich, endlich, das deutsche Tor bei einer WM. Ein Turnier unter einem unglücklichen Stern: In seinem 56. Länderspiel, dem zweiten Gruppenspiel gegen Jugoslawien, unterlief ihm vor dem 0:2 der allererste grobe Fehler in seiner langen Karriere im Trikot mit dem Bundesadler. Nach dem Ausscheiden im Viertelfinale gegen Kroatien („Dieses Spiel hat gezeigt, wie brutal Fußball sein kann") machte er den Weg frei für den vehement nach vorne drängenden Bayern-Torhüter Oliver Kahn und verkündete seinen Rücktritt aus der Nationalmannschaft.

In der Saison 1998/99 dann begann Marseilles exzentrischer Trainer Rolland Courbis aus unerfindlichen Gründen mit einem zermürbenden Torhüter-Theater: Mal stellte er Köpke in den Olympique-Kasten, mal die Nummer zwei namens Porato. Sechs Monate lang sah sich der 59malige deutsche Nationaltorwart das Possenspiel an, dann packte er seine Siebensachen. Nachdem sich ein Wechsel zu den Glasgow Rangers zerschlagen hatte, landete Köpke wieder dort, wo er groß wurde, beim Club. Diesmal kannten sie ihn alle. Die Verpflichtung des größten Nürnberger Idols der Bundesliga-Zeit löste eine grenzenlose Euphorie aus am Valznerweiher; 3000 Zuschauer strömten zum ersten Training nach der Winterpause, um ihren „Andi" zu begrüßen.

Er ist wieder da, und nun wird er dem Club erhalten bleiben: Köpkes Vertrag als Profi läuft bis ins Jahr 2001; danach wird er ins Management des Vereins wechseln, an dem, wie er sagt, „mein Herz auch in den Jahren hing, in denen ich anderswo gespielt habe. Der Club, das ist nicht irgendein Verein für mich." Keine leeren Worte. So bitter der neuerliche Abstieg 1999 für ihn auch war, ebenso klar war es aber für Köpke, weiterzumachen. „Ich werde auch in der Knochenmühle der Zweiten Liga meinen Mann stehen", verkündete der Weltklassetorhüter, dem keinerlei Schuld am Abstieg traf. „Als Absteiger möchte ich meine Karriere nicht beenden, sondern mit einem Erfolg", begründete er seinen Schritt. Er will mithelfen, dass der Club möglichst schnell wieder nach oben kommt und erst dann seine Laufbahn in Nürnberg beenden.

Köpke, Köpke oder wie? Eine große Karriere klingt dort aus, wo sie so richtig begonnen hat – beim Club.

Köpplinger, Emil

*19.12.1897. 1909-28. Deutscher Meister 1927.

Der geradlinige, schnelle und einsatzfreudige Außenläufer war, trotz seiner 393 Einsätze, häufig nur Ersatzmann. Köpplinger, ein fleißiger und zäher Terriertyp à la Berti Vogts, der auch schon mal „wöi a Metzgä" (O-Ton Fürth) einsteigen konnte, erwies sich während seiner langjährigen Karriere als ein Ergänzungsspieler, auf den immer Verlass war. Obwohl er beim Club nicht immer erste Wahl war, brachte es der Chauffeur zu zwei Endspielteilnahmen (1922 und 1927) und sogar zu einem Länderspieleinsatz. „Keine Sorge, Professor, mir bringa unsern Emil Köpplinger mit" sagte Heiner Stuhlfauth zum Nationaltrainer Glaser, als dieser im Jahr 1927 vor dem Länderspiel gegen Norwegen Personalsorgen hatte. Köpplinger enttäuschte nicht: Das Spiel endete 6:2 für Deutschland. Damals hatte beim Club eben praktisch jeder Spieler internationales Format!

Kugler, Anton

*28.03.1898. 1914-28. Deutscher Meister 1920, 1921, 1924, 1925.

Kugler, der beim Endspiel 1920 noch rechter Läufer gespielt hatte, trat im folgenden Jahr die Nachfolge des wegen seiner Fairness gerühmten Linksverteidigers Dr. Jean Steinlein an. Mit Bark zusammen bildete der schnelle und schlagsichere Abwehrspieler die Standardverteidigung des Club bis Mitte der 20er Jahre. Der drahtige Lockenkopf bestach durch ein hervorragendes Stellungs- und Kopfballspiel. Ein Journalist bezeichnete „das beobachtende Mitgefühl mit den Ereignissen" sowie sein „stetes zur-Stelle-Sein" als „lobenswerteste Eigenheiten", ein anderer meinte kurz und knapp: „Von keinem wird er im Dazwischenfahren erreicht."

Im Jahr 1922 fiel Kugler, der ansonsten in seinen 668 Spielen eher unauffällig agierte, dreimal besonders auf: Im März, als er sich während der Fahrt des Clubs nach Spanien darüber wunderte, dass in Frankreich jeder Ort „sortie" heißt, im Juli, als ihm im ersten Endspiel gegen den HSV mehrere Zähne ausgeschlagen wurden, sowie im August, beim zweiten Endspiel in Leipzig, als er trotz einer schweren Knieverletzung so lange auf dem Platz herumhumpelte, bis er wirklich nicht mehr stehen konnte. Trotzdem ihm diese Verletzung während seiner ganzen weiteren Karriere schwer zu schaffen machte, leistete er im Endspiel 1924 in imponierender Manier doppelte Arbeit, nachdem sein Verteidigerkollege Bark hatte ausscheiden müssen. 1925 noch einmal in gewohnter Zuverlässigkeit im Endspiel dabei, musste er dann vor dem Endspiel 1927 seinem geschundenen Körper Tribut zollen. An seiner Stelle errang Georg Winter die fünfte Meisterschaft des 1. FCN.

Nach seiner aktiven Karriere hatte der Toni noch zweimal ein kurzes Engagement als Clubtrainer. Auch an der Seitenlinie verhielt sich der Goldschläger so, wie es seinem Beruf entspricht: gewissenhaft und bedächtig.

Kund, Willi

*11.3.1908. 1926-34 und 1938-46. Pokalsieger 1939.

Kund gilt neben Sutor als bester Linksaußen des Clubs aller Zeiten. Im September 1930 wurde auch Reichstrainer Nerz auf den dribbelstarken Mann, der aus vollem Lauf flanken konnte, aufmerksam und nominierte ihn für das Länderspiel gegen Dänemark in Kopenhagen. „Kuni" revanchierte sich auf seine Weise. Er steuerte in der 37. Minute den Anschlußtreffer zum 2:3 bei (Endstand 3:6). Ein Jahr später war aber seine internationale Karriere schon wieder vorbei. Beim Club aber noch längst nicht – er brachte es insgesamt auf 408 Einsätze. Im DM-Finale 1934 gegen Schalke 04 gab der schnelle, schussstarke Stürmer die Vorlage zum Führungstreffer. Nach der knappen, deprimierenden 1:2-Niederlage zog der gelernte Kaufmann aber nach Dresden, um dort einen Restaurantbetrieb zu übernehmen und zusammen mit Helmut Schön beim Dresdner SC zu kicken. Zum Jahreswechsel 38/39 kehrte Kund wieder zum Club in die erste Mannschaft zurück. Im Pokalfinale 1939 gegen Waldhof Mannheim bereitete Kund das entscheidende 2:0 in der 87. Minute vor.

Leupold, Horst

*30.1.1942. 1952-72. Deutscher Meister 1968.

Leupold war der Manfred Kaltz der 60er Jahre. In vielen gemeinsamen Gesprächen mit Cebinac kreierte er den Prototyp des Offensivverteidigers auf der rechten Seite. „Leo" schlug schon Bananenflanken, als dieses Wort noch nicht existierte. In der Meistersaison 1967/68 lief er zur Höchstform auf. Leupold, der noch nicht ganz zehn Jahre alt war, als er in der Schülermannschaft des Club kickte, und 1961 in die erste Mannschaft kam, war ein Cluberer durch und durch. Auch noch so verlockende Angebote selbst aus dem Ausland konnten ihn nicht weglotsen. „Ich bin nicht der Typ des Wandervogels, in Nürnberg gefällt es mir sehr gut." Bis zu seinem Abschied 1972 hatte er noch nie bei einem anderen Verein gespielt. Kein Wunder, dass ihm der Abstieg 1969 („Das war allein Merkels Schuld") an die Nieren ging. Das Bild des hemmungslos weinenden Verteidigers ging damals durchs ganze Land. 1972 hörte er beim Club nach 402 Spielen auf, spielte noch sieben Jahre beim ASV Herzogenaurach und wirkte auch als Trainer. Schon 1963 eröffnete er in der Frankenstraße ein Schreibwarengeschäft mit Toto-Lotto.

Lieberwirth, Dieter

*13.1.1954. 1975-89.

Etwas zu behäbig, aber technisch versiert und immer bienenfleißig – so und ähnlich lauteten die ersten Presse-Urteile über den von Norbert Eder für den Club entdeckten Mittelfeldspieler aus Fürth, der trotz zweier schwerer Verletzungen (1980 und 1982) eine erstaunlich lange Karriere hinlegte. Der Joghurt-Liebhaber, der von Manfred Rüsing während eines Trainingslagers wegen seiner „joghurtfarbenen" Haut auf den Namen „Jogi" getauft worden war, gestand denn auch zu, dass er wohl „etwas explosiver spielen" müsse. Anfangs wegen seines Phlegmas bei den Fans nicht besonders beliebt, wurde er dann durch konstante Leistungen immer mehr zu einer unverzichtbaren Größe im Clubteam. Vor allem im Aufstiegsjahr 1977/78 konnte der solide und zuverlässige Jogi mit hervorragenden Leistungen glänzen. Auch im nächsten Jahr zeigte er tolle Spiele – u.a. bei einem 4:2-Triumph gegen Bayern München —, trotzdem hieß es für ihn und

den Club am Ende der Saison: „Zurück in die 2. Liga!" 1980, nach dem sofortigen Wiederaufstieg, meinte er: „Die Rückkehr in die Bundesliga war natürlich eine tolle Sache – aber den ersten Aufstieg werde ich trotzdem in angenehmerer Erinnerung behalten." Als größtes sportliches Erlebnis seiner bis 1989 während Karriere (270 Ligaspiele, 39 Tore) nennt er das Pokalendspiel 1982: Es sei ein „überragendes" Gefühl gewesen, als er von Trainer Udo Klug in der zweiten Halbzeit eingewechselt wurde.

Abseits des Platzes gab sich der gelernte Starkstromelektriker in der Regel sehr wortkarg. „Muss das sein?" lautete beispielsweise seine Antwort, als er in der Saison 1985/86 ins ZDF-Sportstudio eingeladen wurde. Dass man es aber auch mit Zurückhaltung – Motto: „Ich schau', dass ich mei' War' richtig mach' und mag es nicht, auf die Pauke zu haun" – weit bringen kann, zeigte er dann aber auch in seiner zweiten Karriere an der Seitenlinie. In den Jahren von 1987 bis 1991 wirkte er als Trainer der Clubjugend und Co-Trainer bei den Profis, bei denen er, nach der Entlassung von Hermann Gerland, vorübergehend sogar die alleinige Verantwortung innehatte. Dass die Vereinsführung seinen Vertrag nicht verlängern wollte, war für ihn zwar eine große Enttäuschung, doch in seinem Ehrgeiz konnte ihn auch dies nicht bremsen. Ende 1991 übernahm er vom Ex-Clubprofi Herbert Heidenreich die SG Quelle Fürth und startete mit seinem neuen Verein einen Durchmarsch von der Landesliga in die Regionalliga, wo dann in der Saison 1996/97 ein großer Gegner wartete: Der eben in die Drittklassigkeit abgestiegene 1. FCN.

Lindner, Georg

*6.5.1921. 1944-47.

Der erfolgreiche Leichtathlet und exzellente Feldspieler zeichnete sich als Torwart durch ein glänzendes Stellungsspiel, Fangsicherheit und schier unglaubliche Reflexe aus. Max Morlock bezeichnete ihn als „Mann mit den magnetischen Händen", der alle Bälle magisch anzog. Ein Zauberer im Tor, der die Tradition von Heiner Stuhlfauth und „Hauptmann" Köhl nahtlos fortsetzen sollte. Morlock erinnert sich noch genau an einen scharf und platziert geschossenen Elfmeter im Spiel gegen Schweinfurt 05: „Wie an einem Seil gezogen segelt unser Schorsch in die Ecke und angelt den Ball aus dem Dreieck heraus. Er hat ihn fest in seinen Händen."

Lindner, der mit Vorliebe amerikanische Schlager hörte, im Mannschaftskreis entsprechende Soloeinlagen zum Besten gab und in den Hungerwintern auf wundersame Weise immer wieder rare Artikel wie Zigaretten, Kaffee, Kakao oder Schokolade anbrachte, wurde nur 26 Jahre alt. Am 28. Juli 1947, der Club war gerade Meister der Oberliga Süd geworden, starb er an TBC. Bis drei Wochen vor seinem Tod hatte er noch das Club-Tor gehütet.

Majkowski, Jan

*20.10.52. 1971-81.

Der talentierte Flügelflitzer, der 1971 zusammen mit anderen Clubtalenten wie Albert Bittlmayer, Rudi Sturz und Peter Geyer in der 1. Mannschaft debütierte, wurde oft gelobt für seine geschmeidige Art, um den Gegner herumzutanzen. Später zeigte er sich als enorm fleißiger, lauf- und konditionsstarker Rackerer im Mittelfeld, der häufig mit langgezogenen Spurts zu beeindrucken wusste. Einige Zeit als Hoffnungsträger gehandelt, wollte ihm der große Durchbruch, nicht zuletzt wegen seiner mangelnden Torgefährlichkeit, dann doch nicht gelingen.

Wegen „Unstimmigkeiten" mit der Vereinsführung – es ging natürlich um finanzielle Dinge – stieg der langjährige Leistungsträger zum Ende der Saison 1976/77 aus dem Profigeschäft aus. Während der „Jasch" im besten Fußballeralter von 27 Jahren als Amateur kickte, gelang seinen Ex-Kameraden der Aufstieg in die Bundesliga. Wie gut er noch war, zeigte er wenig später, als er wieder zum Club, diesmal allerdings zu den Amateuren, zurückgekehrt war. In der Aufstiegssaison 1979/80 war er mehrmals als „Aushilfskraft" für die Profis am Ball, und in der darauffolgenden Spielzeit konnte er gegen den FC Schalke 04 seinen ersten und einzigen Bundesligaeinsatz verbuchen.

Nach dem Ende beim Club – insgesamt brachte er es auf 288 Einsätze in der 1. Mannschaft – startete der Facharbeiter (Federungstechnik) eine zweite Karriere als Spielertrainer bei Amateurvereinen: Noch als 44-Jähriger kickte er höchstpersönlich in der Bezirksoberliga mit. „Im Nachhinein", sagt der heutige Co-Trainer der Clubamateure, „war es natürlich ein Eigentor, nicht Profi geblieben zu sein." Angebote hatte es gegeben, u.a. von Borussia Dortmund, deren Späher er bei den gescheiterten Aufstiegsspielen 1976 überzeugen konnte, aber wegen der Familie habe er jedoch nicht aus der Region wegziehen wollen.

Mirsberger, Alfred

*13.08.27. 1947-56.

Als der 20-Jährige von Frankonia zum Club kam, wurde er erst einmal umgetauft: „Die Betreuer", so erzählt er, „kamen mit meinem Namen nicht zurecht und nannten mich immer wieder Meßtaler statt Mirsberger. Und davon ist der Taler übriggeblieben." Nach dem Gewinn der Meisterschaft 1948 kam er in die 1. Mannschaft, blieb Stammspieler bis 1956 und kam außerdem auf drei Berufungen in die B-Nationalmannschaft. In diesen Jahren hat sich der kompromisslose Verteidiger, der oft mit Fallrückzieher-Einlagen zu glänzen wusste, tatsächlich als wahrhaft „goldener Taler" für den Club erwiesen, zuletzt als gefürchteter Elfmeterschütze. „In einer Saison, als Morlock und Kennemann bereits Elfmeter verschossen hatten, bin ich gegen Schwaben Augsburg von Trainer Bumbes Schmidt abkommandiert worden: ‚Jetzt schau', dass du mal da hingehst!' Ich hab' getroffen. Aber man muss nicht denken, dass die Alten jetzt mich jungen Spieler gelobt hätten. Der Kennemann hat nur gesagt: ‚Das war dein Glück, dass du den reingebracht hast'. Seitdem hab' ich immer wieder Elfmeter geschossen."

Seine beste Leistung, so erzählt der langjährige Stammspieler auf der rechten Verteidigerposition (292 Spiele), habe er in einem Freundschaftsspiel bei Atletico Bilbao gegen den berühmten Augustín Gainza geliefert, der damals als weltbester Linksaußen gehandelt wurde. Vor dem Spiel hatte der Rundfunkreporter Ludwig Maibohm gemeint, dass der „Taler" von diesem Dribbelkünstler sicherlich schwindlig gespielt werde. Dann aber gelang Gainza kein Stich gegen den Club-Verteidiger und verließ nach einer Stunde völlig entnervt das Spielfeld. Nach dem Spiel lief der „Taler" feixend zu Maibohm: „Wie hieß der jetzt nochmal, gegen den ich da grad' gespielt habe?" Umgekehrt sah es allerdings immer wegen seinen Angstgegner Blessing vom VfB Stuttgart aus. „Gegen den brauch' ich gar nicht erst anzutreten", hatte Mirsberger Bumbes Schmidt vor einem Spiel angefleht. Die Lösung des Trainers: „Also gut. Kein Problem. Spielst du heute eben mal linker Verteidiger."

Nach seiner Fußballerkarriere, die er bei Viktoria Aschaffenburg ausklingen ließ, eröffnete Alfred Mirsberger einen Zigarrenladen in der Königstraße. Bis Mitte der 70er Jahre wirkte er als Nachwuchstrainer beim 1. FCN. In dieser Zeit lockte er den bei Frankonia Nürnberg kickenden Manfred Drexler an den Valznerweiher und betreute Talente wie Horst Weyerich, Günter Dämpfling und Peter Sommer. Für seine Tätigkeit als Schüler- und Jugendtrainer hat er nie etwas verlangt: „Mir ging es nicht ums Geld", sagt er, „sondern ausschließlich um die Sache." Lange Jahre betreute der verdiente Cluberer darüber hinaus eine Altliga-Truppe ehemaliger Oberligaspieler.

Für den modernen Profifußball mag sich der Mann, der jahrelang einer der gefürchtetsten Verteidiger Deutschlands war, nicht mehr so recht begeistern: „Die heutigen Spieler interessiert ja nur noch das Geld."

Morlock, Max

*11.5.1925. 1941-64. Deutscher Meister 1948, 1961, Pokalsieger 1962.

„War gut so, wird schon noch." Gerade mal 16 Jahre war Morlock alt, als er am 30. November 1941 gegen Wacker München zum ersten Mal in der ersten Mannschaft des Club auf den Platz lief. Der damalige Trainer Bumbes Schmidt, ein alter Haudegen, der mit Lob mehr als sparsam umging, war zufrieden mit dem Debütanten. Zum letzten Mal lief Morlock am 14. Mai 1964, also mehr als 22 Jahre später, im Club-Trikot auf – das war gegen den FC Nacional Montevideo.

Dazwischen lagen 900 Spiele für den 1. FC Nürnberg, 26 Länderspiele und unzählige Tore. Morlock beendete seine Karriere als Weltmeister, zweifacher Deutscher Meister und Pokalsieger, als Fußballer des Jahres 1961 und Träger des Bayerischen Verdienstordens – eben als Denkmal des 1.FCN. Als Straßenfußballer im Zabo fing „Maxl" seine Laufbahn an. Zwei Kellerfenster waren dabei die Tore, das Spielgerät ein „Flecklas-Ball", ein aus alten Lumpen mit einigen Metern Schnur zusammengezogenes, meist ovales ballähnliches Knäuel. Im Winter spielten die Jungs im Viertel auf dem gefrorenem Valznerweiher Eisfußball, „die Krone aller Sportarten" (Morlock).

Zumeist stand der kleingewachsene Junge beim Wählen der Mannschaften als letzter noch da. „Den Klann dou, den könnt ihr a noch ham", hieß es und diejenigen, die ihn so bereitwillig zum Gegner abgeschoben hatten, sollten sich hinterher stets gewaltig ärgern.

Die Zahl der zerborstenen Fensterscheiben auf seinem Schulweg zum Scharrer-Schulhaus sind nicht überliefert, auch die kaputten Schuhe, zerrissenen Hosen und zerschundenen Knie nicht. „Dös hört ma jetzt auf", sagte sein Vater, ein Werkmeister, mehr als nur einmal zum jungen Maxl. „Dann muss i halt zu an Verein", entgegnete der Max und hatte seinen Vater damit überzeugt.

Zwar hatte es ihn schon in frühen Jahren zum ruhmreichen Club gezogen. Als Ballnrussla hatte er immer hinter dem Tor von „Hauptmann" Köhl herumgelungert und dessen kühne Paraden bewundert. Doch sein erster Verein wurde die Eintracht Nürnberg. Dort lehrte er dem Club-Nachwuchs bald das Fürchten. Sein Talent blieb den Club-Spähern nicht verborgen. Am 1. Mai 1940 wurde Morlock ein Cluberer mit der Mitgliedsnummer 17071.

„Mein erster Sieg im berühmten weinroten Club-Trikot war mit der B-Jugend gegen Vorra. Wir gewannen 5:4 und als Anerkennung bekam jeder einen Sprudel mit Geschmack." Schon ein Jahr später dann die Premiere des 16-Jährigen in der 1. Mannschaft. Morlock war sehr aufgeregt, als Bumbes Schmidt ihm seinen Einsatz verkündet hatte. Schweißgebadet wachte er am Morgen des Spiels auf und zog sich in der Jugendkabine um. „Bumbes kam und redete mir wie einer kranken Kuh zu. Am liebsten wäre ich kurz vor Spielbeginn davongelaufen." Als die Mannschaft aber mit Beifall der Zuschauer empfangen wurde, war es vorbei mit Morlocks Nervosität und er spielte das, was er konnte: Ausgezeichneten Fußball. Er schoss zwar kein Tor, steuerte dafür aber bei seinem zweiten Einsatz, die- ses Mal ging es gegen Schwaben Augsburg, gleich zwei Treffer zum 4:0-Sieg bei. Es verging von nun an kaum ein Spiel ohne Morlock-Tor. Schon im April 1942 hatte sich Morlocks Ausnahmetalent in ganz Deutschland herumgesprochen. Reichstrainer Sepp Herberger lud den nicht einmal ganz 17-Jährigen zum Lehrgang für Nationalspieler ein. Mit 18 wurde Morlock zum Militär eingezogen. Sofort nach Kriegsende stand er wieder für den Club auf dem Platz. Er war nicht nur beim Start der Oberliga im September 1945 dabei, sondern auch noch bei ihrem Abpfiff 18 Jahre später – das machte ihm kein anderer Oberliga-Akteur nach. 451 Einsätze in der Oberliga-Süd und stolze 286 Tore lautete seine Bilanz – beides einsamer Rekord.

Doch Morlock machte sich nicht nur als Fußballer um seinen Club verdient. Als er 1947 wegen seines Sports Krach mit seinem Vorgesetzten hatte, kündigte er kurz entschlossen bei Noris-Zündlicht, machte seinen Führerschein und kutschierte fortan mit seinem Eineinhalb-Tonner die Club-Mannschaft durch die Stadt.

Auf dem Fußballfeld spielte Morlock stets auf halbrechts. Oft überragte er alle seine Gegenspieler beim Kopfball und ließ mit seinen strammen, platzierten Schüssen den Torhütern keine Chance. In seinen ersten drei Oberliga-Spielzeiten war Morlock stets Rekordschütze des Club mit 24, 25 und 30 Toren. 1950/51 und 1951/52 wurde er mit 28 bzw. 26 Treffern jeweils Oberliga-Torschützenkönig.

Doch Morlock war kein Torjäger, Morlock war mehr. Er war Spielmacher und Ballschlepper, ein unermüdlicher Ankurbler des Nürnberger Spiels. Und Morlock war auch schlagfertig. Beim Länderspiel in Köln gegen Österreich im März 1953 wurde jeder Spieler der Reihe nach dem Bundespräsidenten Theodor Heuss vorgestellt. Morlock stand als letzter in der Reihe: „Als ich Heuss die Hand schüttelte, sprach er mich an: ‚Und Sie sind sicher der Torwart?' Ich überlegte blitzschnell. Sollte ich Nein sagen und damit eine vielleicht peinliche Situation heraufbeschwören? Lieber nicht. ‚Ja, Herr Bundespräsident', sagte ich einfach, ich bin der Torwart.' "

Die Meisterschaft 1948 wurde zu einem unvorstellbaren Erlebnis für den 23-jährigen Morlock. Als auf der Heimfahrt von Köln im Zug die Weinflaschen kreisten, wollte er sich gar von einem Fenster zum anderen hangeln, aber die anderen zogen ihn mit vereinten Kräften wieder in den fahrenden Zug hinein. 1954 dann Morlocks größter Erfolg: die Weltmeisterschaft mit seinem Anschlußtor zum 1:2 gegen die Ungarn. In Nürnberg wurde Morlock triumphal empfangen und beendet nach der Ehrung im Clubhaus seine Dankesworte mit dem Satz: „Ich habe jetzt nur noch einen Wunsch: Ich möchte mit dem Club nochmals eine Deutsche Meisterschaft holen." Sieben Jahre sollte Morlock noch warten müssen.

Die zahlreichen hochdotierten Angebote ausländischer Vereine, die ihm nun ins Haus flatterten, ließ er unbeachtet. Die „unverbrüchliche Kameradschaft" beim Club und in der Nationalmannschaft hatte bei ihm einen höheren Stellenwert als das Geld. Überhaupt war Sepp Herberger sein bester Lehrer. „Ich hatte nie einen Besseren" lobte er ihn über den grünen Klee. 1960 war Morlock dann lange verletzt. Keiner fand den Grund heraus, bis man bei ihm einen Senkfuß feststellte. Mit entsprechenden Einlagen in den Schuhen war er wieder der Alte und führte anschließend die „jungen Wilden" des Club zum Triumphzug. Als Senior hatte er die Garde der Nachwuchskicker zur Deutschen Meisterschaft geführt.

Morlock war mit 36 Jahren mit Abstand der Älteste. Das Durchschnittsalter der Mannschaft betrug knapp 24 Jahre. Als Anerkennung für Morlocks Bestleistungen vor allem in der DM-Endrunde kürten ihn die Sportjournalisten 1961 zum Fußballer des Jahres. Von 444 Stimmen erhielt Morlock allein 305. Der Zweitplazierte, Uwe Seeler, bekam nur 80.

„Ein Mensch ist keine Maschine", pflegte Morlock oft zu sagen. „Man ist nicht den einen Tag so gut wie den anderen. Und schließlich und endlich brennt auch der beste Motor einmal aus." Erst 1964 war es bei Morlock so weit. Er hängte seine Fußballschuhe an den Nagel und kümmerte sich um sein Lotto-Toto-Geschäft in der Pillenreuther Straße, seine Familie und um sein neues Hobby: Tennis. „Maxl" Morlock starb am 10. September 1994.

Müller, Heiner
*18.2.1934. 1954-67. Deutscher Meister 1961.

Der Linksaußen behandelte den Ball so elegant, wie man es sonst nur bei Südamerikanern sieht. Das musste sich Müller in seiner Kindheit abgeschaut haben, denn die verbrachte er von 1938 bis 1942 in Peru. In Deutschland frönte der junge Müller zunächst dem Radrennsport, bevor er sich dem runden Leder zuwandte.

Zunächst beim TSV Roth, wo er mit seiner Ballkunst schnell zum Publikumsliebling avancierte. Sein Talent blieb nicht lange unentdeckt. Club-Spion Muckl Eiberger holte „Heini" 1954 zum Club. Gleich in seinem ersten Spiel in der ersten Mannschaft, einem Freundschaftsspiel 1956 gegen Montevideo, machte er nach sieben Minuten mit einem Volleyschuss sein Tor und gehörte von da an zur Stammformation. An der Seite von Max Morlock reifte Müller zu einem Halblinken der Extraklasse. Gute Ideen, schnelle Reaktion und überlegtes, präzises Abspiel zeichneten ihn aus. „Ich spiel' halt lieber a bissle, als dass ich die Außenlinie entlangrenn'", lautete seine Devise.

Müller liebte es, etwas zurückgezogen für Druck zu sorgen und seine Kondition auszuspielen: „Ich war wie ein VW. Einmal aufgezogen bin ich gelaufen und gelaufen." Das imponierte auch Sepp Herberger. 1957 kam Müller in zwei B-Länderspielen gegen Österreich und Holland zum Einsatz. Beim DM-Finale 1961 gegen Borussia Dortmund spielte der mit 27 Jahren Zweitälteste der jungen wilden Truppe nicht nur „a bissle". Müller machte das Spiel seines Lebens. Er bereitete das 3:0 von Strehl mustergültig vor, das 2:0 schoss er selbst. „Wenn nicht so viele Leute da wären, tät ich am liebsten a bissle weinen", sagte der ergriffene Müller nach dem Schlußpfiff. Auch für seinen unermüdlichen Einsatz als Antreiber des Nürnberger Sturms hatte er eine Erklärung: „Vielleicht die einzige Deutsche, die du mitmachst, hab' ich gedacht, da hab ich mich halt reingehängt."

Müller freute sich nicht nur über den Gewinn der Meisterschaft, sondern auch über ein Victoria-Rad, das die Firma jedem Club-Spieler geschenkt hatte. Damit drehte er noch Jahre später seine Runden.

Hatte Müller noch im Pokal-Halbfinale 1962 mitgeholfen, Eintracht Frankfurt mit 4:2 auszuschalten, fehlte er im Finale gegen Fortuna Düsseldorf. Er musste seinen Platz ebenso wie im DM-Finale 1962 gegen den 1.FC Köln für Gettinger bzw. Wild räumen. „Die Entscheidung des Trainers kann ich heute noch nicht nachvollziehen."

Aber Widmayer blieb ja nicht mehr lange Trainer beim Club. So setzte sich Müller auch in der Bundesliga durch und schoss entscheidende Tore – nach seiner eigenen Statistik insgesamt 141 Stück. Im Sommer 67 war jedoch seine Karriere nach 313 Spielen für den Club zu Ende. Max Merkel wusste zwar von den fußballerischen Qualitäten des Automechanikers, er hielt ihn aber für zu alt. „Wenn es eine Verjüngungsspritze gäbe, würde ich dir eine aus meiner eigenen Tasche bezahlen", sagte Merkel zu Müller.

Im Anschluss daran betreute Müller fünf Jahre die Club-Amateure, dann die Jugend des TSV Roth. Längst hatte er sich schon in Roth ein Gartenfachgeschäft aufgebaut, das ihn heute noch ausfüllt. Daneben beobachtet er jedoch noch genau das Geschehen in Nürnberg. „Ein Herz für den Club hatte ich schon immer und werde ich immer haben."

Müller, Ludwig
*25. 8. 1941. 1964-69. Deutscher Meister 1968.

Es ist eine alte (Fußball-)Weisheit: Erfolge, Titel und Meisterschaften werden aus einer stabilen Abwehr heraus errungen. In der Meistersaison 1967/68 verfügte der Club über eine solche Deckung, die in den 34 Spielen nur 37 Gegentore zuließ. Großen Anteil daran hatte er, der eisenharte Verteidiger, den Trainer Max Merkel meist mit Erfolg auf den gegnerischen Torjäger ansetzte.

Neben dem Titel 1968 hamsterte „Luggi" noch zwei weitere ein: Nach der 0:3-Niederlage beim 1.FC Köln am 7. Juni 1969, die den Abstieg besiegelte, unterschrieb er nach 226 Spielen für den Club noch in Köln auf der Kühlerhaube eines Autos einen Vertrag bei Borussia Mönchengladbach. 1970 und 1971 holte er mit den „Fohlen" die Schale, 1972 wechselte er für drei Jahre zu Hertha BSC Berlin, ehe es ihn zurück in seine Heimatstadt Haßfurt zog, wo er mit seiner Frau Margot ein Damen-Konfektionsgeschäft führt. Eine kurze Karriere als Trainer beim FC Haßfurt und dem FC Bamberg beendete er abrupt. „Ich möchte mich nicht mehr ärgern."

Müller, Manfred
*28. 7. 1947. 1976-79 und 1986/87.

Er zählte nie zu den Fliegern im Kasten: Manfred Müller bevorzugte stets das sachliche, solide Torhüterspiel ohne große Showeinlagen. Dennoch galt der gelernte Sportartikel-Kaufmann aus Essen, der von 1976 bis 1979 und dann noch einmal in einem Spiel der Saison 1986/87 zwischen den Pfosten des FCN stand, zu seiner Zeit als bester Club-Torwart seit Roland Wabra. Er ging als „Held von Essen" in die Club-Geschichte ein, als er 1978, ausgerechnet in seiner Heimatstadt, im entscheidenden Aufstiegsspiel bei Rot-Weiß einen Elfmeter von Horst Hrubesch und damit das 2:2 hielt.

In den achtziger Jahren erwarb er sich weitere Verdienste als Manager, vor allem aber als Torhütertrainer von Andreas Köpke. Dass er im Pokalfinale 1982 auf der „falschen", der Bayern-Seite einlief, trübt den guten Eindruck, den er in Nürnberg hinterließ, nur wenig. Nach seiner Karriere gründete er eine Video- und Fernsehproduktionsfirma, die immer mehr expandiert und derzeit kräftig im Bundesliga-Geschäft mitmischt.

Munkert, Andreas
*7.3.1908. 1923-38. Deutscher Meister 1936, Pokalsieger 1935.

Zusammen mit Schorsch Köhl und Willi Billmann bildete Munkert die Verteidigung beim Club in den 30er Jahren. Zeitweise galten als bestes Abwehrbollwerk in Deutschland, spielten aber nie zusammen in der Nationalmannschaft. Munkert, genannt „Sterz", war sehr kopfballstark und hasste Befreiungsschläge. „Jede Abwehr ist der Start zu einem neuen Angriff", war seine Devise. 1930 kickte Munkert noch Seite an Seite mit Luitpold Popp. 1935 in Pokalfinale rettete er akrobatisch auf der Torlinie und sicherte damit den Pokalsieg. Im gleichen Jahr debütierte er in der Nationalmannschaft. Beim sensationellen 2:1-Erfolg über Spanien 1936 in Barcelona brachte der Verteidiger die spanischen Stürmerstars zur Verzweiflung. Ein Leichtsinnsfehler, der im Spiel gegen Italien 1936 schon in der 2. Minute die Deutschen in Rückstand brachte (Endstand 2:2), beendete Munkerts internationale Karriere. 1938 verließ er den Club und wurde 1939 zum Militär eingezogen. Das bedeutete, nach 297 Spielen, das Ende seiner Karriere. Erst 1947 kehrte der kaufmännische Angestellte aus der Gefangenschaft zurück.

Nüssing, Dieter
*15.8.49. 1968-77.

In den so mageren Zweitligazeiten der 70er Jahre avancierte der noch von Max Merkel geholte Rheinländer zum Idol der Fans. Wenn er als vorbildlicher Club-Kapitän unermüdlich marschierte, seine Mitspieler immer wieder antrieb und aufmunterte, auch noch die letzten Reserven zu mobilisieren, hallte ein lang gezogenes „Die-ter Nüs-sing" von den Rängen. Zusammen mit dem Ästheten Kurt Geinzer und dem schussgewaltigen Dani Petrovic sorgte der kampfstarke und torgefährliche Antreiber im Club-Mittelfeld der siebziger Jahre zeitweise für Bundesligaformat. Obwohl sich der große Traum Bundesliga für ihn in Nürnberg nie verwirklichte, hat er

stieg gescheitert. Der Frust hat sich derart festgesetzt, dass ich beschlossen hab', nach der Saison den Verein zu wechseln." Geärgert aber hat er sich nicht, als der Club dann nur ein Jahr später tatsächlich aufstieg: „Zu den Aufstiegsspielen 1978 bin ich extra aus Berlin eingeflogen. Ich war auch beim 2:2 in Essen hinterher in der Kabine. Mich hat es wirklich gefreut, dass der Club wieder in der Bundesliga war." Beim Gastspiel seiner Herthaner im Nürnberger Stadion, das der Club mit 2:1 für sich entschied, konnte er dann auch noch seinen ehemaligen Kameraden zum ersten Bundesliga-Sieg gratulieren.

Seine aktive Karriere beendete Nüssing nach einer erfolgreichen Zeit bei Hertha BSC (Pokalfinale, Halbfinale des UEFA-Pokals) in der Schweiz. Nach langen Trainer-Jahren beim SC Feucht coacht er heute zusammen mit Jan Majkowski die Amateure des 1. FCN.

Oechler, Marc

*11.2.1968. 1988-99.

Zeitweise war der in der Clubjugend großgewordene Sohn eines Feinkosthändlers aus Zabo der einzige waschechte Nürnberger bei den Profis des 1. FCN. Während seiner ersten Amtszeit in Nürnberg entdeckte Hermann Gerland den schnellen und technisch starken Mittelfeldspieler, der zu großen Hoffnungen Anlaß gab: „Wenn er in der nächsten Saison nicht Stammspieler in der Bundesliga wird, dann bin ich bereit, die Hälfte seines Grundgehaltes aus eigener Tasche zu zahlen."

Oechler brachte es zwischen 1988 und 1994 zu 145 Einsätzen in der Bundesliga, danach ist er zweimal abgestiegen und zweimal wieder aufgestiegen. 1999 feierte der „Ö" sein 25-Jähriges Jubiläum beim Club und ist damit absoluter Bundesliga-Rekordhalter in Sachen Vereinstreue. In seinen Profijahren ist er nicht immer Stammspieler gewesen, aber er hat sich immer wieder herangekämpft, so zuletzt auch unter Friedel Rausch.

Als er sich unter Hermann Gerland seinen Platz in der 1. Mannschaft ergattert hatte, wusste der Abiturient bereits, was ihn erwarten würde: „Der Profifußball ist ein knallhartes Geschäft. Es findet pausenlos eine Auslese statt. Wer nicht mithält, der fällt eben durch." Prinzipiell, so seine Ansicht, habe es ein „Eigengewächs" schwerer, sich im Profifußball durchzusetzen: „Spieler, die von anderen Vereinen verpflichtet worden sind, haben eher eine Chance, denn man muß ja zeigen, dass sich die Investition gelohnt hat."

Zum Ende der Saison 1998/99 wurde der dienstälteste Club-Profi (25 Jahre!) ausgemustert. Das bei den Fans sehr beliebte und traditionell „O" gerufenen Urgestein aus Zabo wechselte auf Vermittlung seines Ex-Trainers Ari Haan zum griechischen Erstligisten AO Kavala.

Oehm, Richard

*22.6.1909. 1929-39. Deutscher Meister 1936, Pokalsieger 1935.

Schon als Zwölfjähriger kam Oehm vom VfR Mögeldorf in die Schülermannschaft des Club. Seinen Namen „Tipfi" verdankte er seinem langsamen Wachstum in früher Kindheit: Er sah lange wie ein „I-Tüpfelchen" aus. Trotz seiner späteren stattlichen Größe von 1,81 Meter behielt er seinen Spitznamen.

Schon 1929 spielte er neben Stuhlfauth und Kalb in der Läuferreihe der ersten Mannschaft. Oehm war ein hervorragender Techniker, spielte elegant, war oft mit überraschenden Fernschüssen erfolgreich und galt als Elfmeter- und Freistoßspezialist. Oehm war der einzige Akademiker in der Mannschaft. Böse Zungen behaupten, dass er deswegen nur ungern zum Kopfball hochsteigen wollte. Für sein Studium zum Gartenbauarchitekten zog er nach München um, schlug jedoch alle Angebote von Münchner Vereinen aus und reiste lieber zu jedem Spiel mit dem Zug an. Als Reichstrainer Prof. Otto Nerz ihm bei einem Lehrgang riet, er müsste nur noch sein Kopfballspiel verbessern, erwiderte Oehm: „Das wird mir schwerfallen. Bei uns in Nürnberg spielen wir nur flach." Immerhin brachte er es auf drei Länderspiele, sein erstes war die Begegnung gegen Schweden 1932 in Nürnberg. Der linke Läufer stand im erweiterten Kader zur Weltmeisterschaft 1934, kam jedoch nicht zum Zuge. Oehm, der mit Vorliebe Karl Valentin imitierte, war später im Club-Vorstand als Spieler-Obmann tätig.

Petrovic, Slobodan
*2.10.1948. 1972-79.

Der zusammen mit seinem Bruder Miodrag von Partizan Belgrad zum Club gekommene Spielmacher hatte es nicht leicht als Zögling von Tschik Cajkovski: „Der Tschik verlangte von mir, dass ich in jedem Spiel der beste Mann auf dem Platz sein sollte." Derart unter Druck gesetzt, blieben die Leistungen des sensiblen „Dani" anfangs recht schwankend. Völlig mit den Nerven am Ende war er 1974, als nach dem geschafften Aufstieg das Gerücht die Runde machte, er und einige andere Spieler hätten sich nicht ernsthaft um den Erfolg bemüht.

In den nächsten Jahren, als er zu einem nahezu unersetzbaren Leistungsträger geworden war, mauserte sich Petrovic zu einem Publikumsliebling. Im Aufstiegsjahr 1977/78, mittlerweile Kapitän und zu einem echten Cluberer geworden („Wenn man so lange bei einem Verein spielt, dann sieht man darin mehr als nur einen Arbeitgeber"), war er mit seiner hervorragenden Technik und gewaltigen Schussstärke einer der wichtigsten Spieler. Zurückgeworfen durch eine Infektion des Zehennagels kam der Aufstiegsheld in der Bundesliga dann nur noch zu drei Einsätzen. Als Petrovic den Club verließ, hatte er 377-mal das Trikot der 1. Mannschaft getragen.

Pfänder, Alfred
*1920. 1938-41. Pokalsieger 1939.

Dem Allround-Talent gelang am Karfreitag 1938 in einem Freundschaftsspiel gegen Hertha BSC der Durchbruch. Der 18jährige „Pipo" musste für den verletzten Mittelläufer Carolin einspringen und begeisterte die Zuschauer. „Mit Pfänder ist dem Club ein neuer Kalb entstanden", schlagzeilte die Presse.

Pfänder spielte zunächst Verteidiger, dann aber im Sturm. In vielen Spielen war er der Motor der Club-Offensive. Beim Pokalfinale 1940 gegen Mannheim war Pfänder mit Abstand der beste Mann auf dem Platz: Er war schier überall, kämpfte wie besessen und schoss im richtigen Augenblick. „Für mich war Pfänder der überragende Mann auf dem Platz", bekundete der damalige Reichstrainer Nerz und berief ihn für das Länderspiel gegen Rumänien im Juli 1940 in den Kader. Der damals 20-jährige kam jedoch nicht zum Einsatz. Im Dezember 40 spielte der gelernte Mechaniker noch einmal im Pokalfinale im Berliner Olympiastadion gegen den Dresdner SC (1:2), bevor er zur Front beordert wurde. Ein Feldpostbrief aus Stalingrad ist 1944 das letzte Lebenszeichen von Pfänder.

Philipp, Ludwig
*20.12.1889. 1904-19.

Schon um die Jahrhundertwende hatte sich der Jugendliche „Fips" auf der Deutschherrnwiese herumgetrieben und versucht, den „Großen" vom gerade gegründeten 1. FCN nachzueifern. Als er 1904 vom damaligen Spielertrainer Fritz Servas zum Club geholt wurde, konnte er es kaum fassen: „Ich ging fast ein vor Freude und Stolz." In seinen Jahren beim Club entwickelte sich Philipp, so der *Kicker*, zu einem „saugroben Spiel- und Sturmführer", der seine Angriffskollegen Haggenmiller und Steinmetz, später dann Träg und Gräbner, mit Kraftausdrücken mehrmals zur Bayerischen Meisterschaft trieb. 1910 avancierte der wendige Spielmacher und Torjäger, den, so der *Kicker*, „eine gerade, doch elastische Haltung mit viel Hüftenbeweglichkeit" auszeichnete, zum ersten Nationalspieler Bayerns.

Als der etatmäßige Mittelstürmer, der in seinen beiden Länderspielen gegen die Schweiz und Holland als Linksaußen aufgelaufen war, wegen einer lang andauernden Verletzung von Gustav Bark im Jahr 1913 als Verteidiger aushelfen musste, bewies er seine großartige Vielseitigkeit.

Seit 1912 bereitete der perfekte Allrounder – in der Bayern-Auswahl spielte er auf der halblinken Position – als Spielertrainer junge Leute wie Heiner Träg auf künftige Erfolge vor. Philipp selbst verpasste allerdings Meisterschaftsehren, weil er im Mai 1919 aus Zorn über zu dürftige Spesen zum Lokalrivalen Nürnberger FV gewechselt war. Seine persönliche „Rache" am Club: 1920 schlug der alte Haudegen mit seinem neuen Verein den amtierenden Deutschen Meister mit 1:0. Die Führung, vom Fips in der 30. Sekunde nach Abschlag und blitzschneller Balldurchgabe erzielt, wurde in einer 89-minütigen Abwehrschlacht erfolgreich verteidigt. Seine lange Karriere, in der er Jahr für Jahr gleichbleibend gute Leistungen gezeigt hatte – beim Club in 285 Spielen –, beendete der „Fips" im September 1924.

Pöschl, Hans
*11.7.1921. 1938-50.
Deutscher Meister 1948.

Der Außenläufer des FSV 83 Gostenhof wurde schon 1938 von Club-Spähern entdeckt und für ein Paar nagelneuer Fußballstiefel an den Zabo gelockt. Dort musste der Schalke 04-Fan Pöschl erst einmal seine blau-weißen Ringelstrümpfe ablegen, mit denen er bei den Gostenhofern stets aufgelaufen war. 1939 stand er mit 17 Jahren zum ersten Mal in der ersten Mannschaft. Nach dem Krieg fehlte dem Club ein Mittelstürmer. „Hans, das machst du jetzt", hieß es und Pöschl machte es mit Bravour. Der wegen seiner Schnelligkeit „Windhund" genannte Stürmer war kaum zu bremsen. Lange galt er als Deutschlands bester Mittelstürmer, in der Nationalmannschaft durfte er dies jedoch nie unter Beweis stellen. Bei Sepp Herberger war Fritz Walter auf dieser Position gesetzt.

1947 wurde Pöschl mit 38 Toren Schützenkönig aller deutschen Oberligen. Sein Treffer in der Verlängerung gegen St. Pauli zum 3:2 öffnete dem Club das Tor zum Finale. Auch dort, gegen den 1. FC Kaiserslautern machte der „blonde Hans" sein Tor: Den Siegtreffer zum 2:1-Endstand. Im Frühjahr 1949 wechselte Pöschl als erster deutscher Fußballer in der Nachkriegszeit ins Ausland, zu Grashoppers Zürich in der Schweiz. Das Intermezzo dauerte nur knapp ein halbes Jahr. Da er keine Spielgenehmigung erhielt, kehrte er wieder zum Club zurück. Doch nur für kurze Zeit.

Eine große Bremer Tabakfirma lockte damals mit stattlichen 15.000 Mark Handgeld sowie einer beruflichen Perspektive und das Stürmer-As wechselte an die Weser. Für Werder Bremen bestritt Pöschl noch bis 1957 insgesamt 258 Spiele. Danach erwarb er in Köln sein Trainerdiplom und trainierte unterklassige Vereine. Seine Hobbys waren Tennis, Ägyptologie und Bergsteigen. Hans Pöschl starb am 8. Juli 1999.

Popp, Fritz

*20. 11. 1940. 1962-72.
Deutscher Meister 1968.

Er setzte die Nürnberger Tradition der „gesunden Härte" nahtlos fort. 1962 wechselte der „blonde Fritz" vom TV 60 Schweinau zum Club, für den er zehn Jahre lang die Stiefel schnürte und 424 Spiele bestritt. Nicht nur die Gegner fürchteten den „Eisenfuß" der 68er Meistermannschaft; auch für die FCN-Profis galt es schon mal ein paar Zentimeter höher zu hüpfen, wenn er im Training mit seinen Alustollen unter den Schuhen angeflogen kam. Der Schalker Nationalspieler Reinhard „Stan" Libuda, so erzählt man sich, soll sich vor jedem Duell mit ihm vor Angst übergeben haben.

Von 1972 bis 1979 spielte er beim ASV Herzogenaurach, ehe es ihn in den verschiedensten Funktionen zum Club zurücktrieb. Popp wirkte als Amateur- und Jugendkoordinator, als Amateur-, Co- und, in der Saison 1980/81, sogar als Cheftrainer. Nur die fehlende Fußball-Lehrer-Lizenz verhinderte damals eine Vertragsverlängerung. Heute hat er eine Lizenz in der Tasche – die eines offiziellen Spielervermittlers des Weltfußball-Verbandes FIFA. Als solcher arbeitet er seit März 1997 eng mit der Club-Führung zusammen.

Popp, Luitpold

*7.3.1893. 1917-35. Deutscher Meister 1920, 1921, 1925, 1927.

Zusammen mit seinem Bruder Michael vom FC Pfeil gekommen, begann der „Boitl" seine lange Club-Karriere als enorm treffsicherer Halbstürmer – was in Nürnberg niemand wunderte, denn schließlich sei ja sein Beruf (Postbote) ein gutes Training gewesen: Wie der Briefträger das Kouvert in den Schlitz, so muss der Fußballer das Runde ins Eckige senden. „Er brauchte sich auch den Ball nicht zurechtlegen", heißt es in einer Eloge auf ihn, „er schoss ihn, wie er kam, ob links oder rechts, ob weit oder nah, er traf fast immer das Rechteck." Für Luitpold Popp und sein Pendant auf der linken Seite, Heiner Träg, stehen mehr als 1.000 Club-Treffer zu Buche.

Später, nach dem Ausscheiden Barks, startete der Boitl eine zweite Laufbahn als Verteidiger. Sie war nicht weniger erfolgreich als die erste: „scharf und forsch an den Mann gehend, sicher im Schlag und glänzend im Stellungsvermögen" – so lautete eine Kritik, und in einer anderen hieß es, dass er die Bälle aus den Füßen der Gegner habe herausholen können „wie ein Zahnarzt Watte aus gebohrtem Zahn". Nach dem Endspiel 1925 hieß es in der Presse: „Popp ist wohl der technisch beste Verteidiger Süddeutschlands. Prächtig ist bei ihm das Ziehen des Balles über den Kopf mit wuchtigem, gezickten Schlag."

Gerühmt wurde der defensiv wie offensiv enorm kopfballstarke Club-Crack und Nationalspieler (5 Länderspiele, 1 Tor) auch als ein Mann mit sagenhaftem Appetit. „Popp ist ein Spieler", so hieß es, „der nur mit vollem Magen seine Hochform als Verteidiger erreicht. Vor manchem Spiel verdrückt er wortlos eine Kalbshaxe von anderthalb Pfund, als wäre es nur ein Appetitbrötchen." Seinen Fressrekord lieferte er während der ersten Spanienreise 1922 in Irun. Von sieben Gängen, die den Clubspielern präsentiert worden waren, ließ er nicht einen Bissen übrig, und danach leerte er auch noch die Teller seiner Mannschaftskameraden, die mit ihren Riesenportionen nicht fertig geworden waren. Vor diesem Hintergrund ist es wenig erstaunlich, dass ein Versuch des vielbegabten Mannes, sich mit einer Hühnerfarm eine Existenz aufzubauen, kläglich scheitern musste. Das Federvieh landete nicht als Verkaufsware auf dem Markt, sondern in gegrillter Form im Magen des gefräßigen Lebemannes. „Döi hob i alli gessn!" antwortete der „Boitl" seinen Freunden, als diese fragten, warum auf seiner Farm – ursprünglich 300 Hennen – nur noch einige verstreute Hühner herumliefen.

Popp war nicht nur ein Freund des Essens, er trank auch gern mal eine Maß Bier (mehr), und darüber hinaus qualmte er wie ein Schlot. Vom dem Zigarrenliebhaber war bekannt, dass er in dem Laden, den er zusammen mit seinem Clubkameraden Wieder betrieb, selber der beste Kunde war. Erstaunlicherweise wurden ihm seine Laster fußballerisch nicht zum Verhängnis. Kein Spieler hat bis 1933 mehr Endrundenspiele um die Deutsche Meisterschaft bestritten als der „Dauerbrenner" Luitpold Popp (29 Einsätze, 13 Tore). Noch 1934, gegen Schalke, stand er als ein mittlerweile 41-Jähriger, schlanker, ranker und konditionsstarker Mannschaftskapitän in einem Endspiel. Vor dem Spiel hatte er in der ihm eigenen kulinarischen Metaphorik prophezeit, dass der Club gewinnt („Das ist doch klar wie Kloßbrühe!"), konnte dann aber letzendlich genausowenig wie seine Kameraden Munkert und Köhl verhindern, dass der Club am Ende mit 1:2 das Nachsehen hatte. Korrigieren wollte er sich hinterher trotzdem nicht: „Es ist kein Wunder, dass wir verloren haben! Mit zehn solchen Anfängern! Die sind doch alle noch unter 30 und grün um die Ohren. Aber sie lernen's schon noch!"

1935, nach 19 Jahren und 870 Spielen im Club-Trikot, beendete der Lothar Matthäus der 20er Jahre seine Karriere beim 1. FCN. Nach dem Krieg kehrte der gebürtige Wolnzacher in seine Heimat Oberbayern zurück. Bis zuletzt blieb der Unverwüstliche sportlich ambitioniert. 1960 tauchte er noch einmal in der Geschäftsstelle des 1. FCN auf und verlangte seinen Spielerpaß: Er müsse ab und zu in der 1. Mannschaft eines kleinen Vereins aushelfen – mit 67 Jahren! Die 9. Meisterschaft im Jahr 1968 erlebte er noch mit, kurz darauf kam er bei einem Autounfall ums Leben.

Reinhardt, Alois

*18. 11. 1961. 1979-84.

„Der Fußball", sagt er heute, „fehlt mir schon sehr." Bis Mitte der neunziger Jahre stand das Leben des gelernten Sanitär-Installateurs voll und ganz im Zeichen des runden Leders. In der Aufstiegssaison 1979/80 kam der Vorstopper zu seinem ersten Profieinsatz im Trikot des 1. FCN, dem er zwischen 101 Bundesligaspiele folgen ließ. Reinhardts Kopfballstärke, sein geschicktes Tackling und das gute Auge, das es ihm erlaubte, seine Gegenspieler fast ohne Fouls zu bekämpfen („Ich habe eine andere Auffassung vom Fußball als etwa Jürgen Kohler"), erregten das Interesse anderer Bundesliga-Vereine.

1984 wechselte der große Schweiger nach Leverkusen Teamchef Franz Beckenbauer berief ihn viermal in die Nationalelf. Vom Verletzungspech geprägt schließlich war seine Zeit bei Bayern München, für das er zwischen 1991 und 1993 nur zehnmal zum Einsatz kam. Reinhardt beantragte nach zwei Operationen am Sprunggelenk die Sportinvalidität, schulte um zum Masseur, baute in seinem Heimatort Höchstadt/Aisch ein Haus für sich, seine Frau Anita und die Kinder Dominik und Denise und versuchte sich als Trainer bei Jahn Forchheim und dem TSV Höchstadt. Dort trieb ihn der mangelnde Trainingseifer seiner Schützlinge schon nach fünf Spielen zur Aufgabe. „So unterklassig werde ich nie mehr arbeiten", meint er. Den Traum von einer Rückkehr zum Club als Jugendtrainer träumt er weiter.

Reinmann, Baptist

*31.10.1903. 1925-35. Deutscher Meister 1927.

„Man nehme junge, begeisterungsfähige Spieler aus dem näheren Umkreis von Nürnberg, lasse sie unter Führung eines engagierten Trainers reifen und schmecke sie durch viel Training am Ball zu einem fußballerischen Genuss ab" – so schwärmte der begeisterte Hobbykoch Baptist Reinmann, der als Fußballobmann dereinst die erfolgreiche Mannschaft um Max Morlock mit aufgebaut hatte. Als er noch selbst aktiv am Ball war, gab der technisch versierte Außenstürmer Reinmann für die Zuschauer selbst einen solchen Genuss ab. 1925 zum Club gekommen, trat er die Nachfolge des flinken Wolfgang Strobel auf dem rechten Flügel an und brachte seine Gegner nach dem Motto „ein Stürmer muss tricksen, nicht rennen" reihenweise zur Verzweiflung. Sein beliebtester Trick ging so: Er täuschte im vollen Lauf ein Zurückziehen des Balles an; wenn der Gegner dann darauf hereinfiel und abstoppte, war Reinmann, der einen unheimlich schnellen Antritt hatte, schon auf und davon.

Der Rechtsaußen, der beruflich nach Steuersündern fahndete, erachtete mangelndes Ballgefühl als größte fußballerische Sünde. Für ihn selbst war der Umgang mit dem runden Leder so selbstverständlich wie Autofahren – da müsse man schließlich auch nicht dauernd auf die Pedale gucken. Seine größten Erfolge konnte der brilliante Techniker im Jahr 1927 feiern. Im April, beim Spiel gegen die englischen Profis aus Burnley, war er der beste Mann auf dem Platz. Er spielte, so die Presse, „ungeheuer zügig und wirksam", schlug permanent gefährliche Flanken, und mit seinem bemitleidenswerten Gegenspieler Dougall machte er, was er wollte. Im Juni glänzte er in der Mannschaft des Deutschen Meisters, schließlich bestritt er noch im selben Jahr sein erstes Länderspiel.

Als Höhepunkt seiner Karriere nennt Reinmann die Teilnahme am Olympiaturnier 1928 in Amsterdam. Dass er es zu nicht mehr als vier Länderspielen brachte, hatte einen ganz bestimmten Grund: Im Herbst 1929 trat er lieber für den Club in Prag an, statt der Einladung zu einem Länderspiel zu folgen; der DFB ließ daraufhin nie mehr etwas von sich hören. Bis 1935 (281 Spiele) gehörte Baptist Reinmann, der Mann, der den Blick immer für seine Mitspieler frei hatte, weil er nie auf die Füße gucken musste, zum Stamm der 1. Mannschaft.

Reisch, Stefan

*29.11.1941. 1955-67. Deutscher Meister 1961, Pokalsieger 1962.

Reisch wurde 1960 von Herbert Widmayer in die erste Mannschaft geholt. Schnell wurde der in Ungarn geborene Lockenkopf zum Publikumsliebling. Wegen seiner Haartolle wurde er der „James Dean" des 1.FCN genannt und umschwärmt. Manchmal eiferte „Steff" zu stark seinem Idol nach: Kaltschnäuzigkeit geriet bisweilen zu nachlässiger Arroganz. Für seine artistische Ballbehandlung und einfallsreichen Täuschungsmanöver, mit der er mangelnde Grundschnelligkeit und Schussstärke ausglich, erntete er oft Beifall auf offener Szene und erhielt den Beinamen „Rastelli". Ein ehemaliger Teamgefährte charakterisierte ihn mit den Worten: „Der Steff würde am liebsten die Ecke treten, nach innen laufen und dann noch gleich das Tor machen."

1962 debütierte Reisch neben Strehl in der Nationalmannschaft. Das Abschiedsspiel von Sepp Herberger gegen Schottland in Hannover 1964 war auch der neunte und letzte Auftritt von Reisch im Nationaltrikot. 1967 überwarf er sich mit Max Merkel, dessen Umgangston ihn störte. Merkel musterte ihn aus. Reisch kehrte nach 277 Spielen dem Club den Rücken und ging in die Schweiz zu Xamax Neuchatel, dann zum FC Brügge nach Belgien und wieder zurück in die Schweiz zum FC Basel. Nach dem Ende seiner Laufbahn eröffnete der gelernte Maschinenschlosser in der Sulzbacher Straße ein Schreibwarengeschäft mit einer Lotto-Toto-Annahmestelle und wirkte bei vielen Amateurvereinen als Trainer.

Reuter, Stefan

*16.10.1966. 1984-88.

Irgendwie lief alles rund in seinem Leben. Nicht nur bei seinem ersten Profiverein, dem Club, wo er es auf die runde Zahl von 100 Bundesliga-Spielen (und 10 Tore) brachte.

Stefan Reuters herausragendes Talent blitzte schon in frühester Jugend durch. Ob in der Leichtathletik, im Sprint, im 800-Meter-Lauf und im Weitsprung, oder aber im Fußball: Der im malerischen Dinkelsbühl geborene Spross einer Sportlerfamilie setzte früh zu großen Sprüngen an. Mit zwölf Jahren schließlich stürzte er sich voll und ganz aufs runde Leder; die richtige Entscheidung, wie sich erweisen sollte.

Jugendleiter Günter Gerling, später kurzzeitig auch Manager beim Club, lockte das wieselflinke Sport-As 1982 nach Nürnberg. Bereits im zweiten B-Jugend-Jahr kickte Stefan in der A-Jugend, und dann ging's Schlag auf Schlag: Im Mai 1984 holte er sich mit der deutschen U 16 (unter Trainer Berti Vogts) durch ein 2:0 gegen die UdSSR den Titel eines Europameisters. Im Oktober des gleichen Jahres, neun Tage vor seinem 18. Geburtstag, feierte er beim 3:2-Auswärtssieg des Club in Offenbach seinen Einstand in der Profi-Elf. Im Juni 1985 stieg der junge Libero mit dem FCN nach einer dramatischen Aufholjagd und einem 2:0-Sieg im letzten Saisonspiel gegen Hessen Kassel in die Bundesliga auf. „Es war ein absoluter Traum", erinnert er sich. „Wir waren eine total verschworene Truppe, wie es sie heute wahrscheinlich im gesamten Profifußball nicht mehr gibt, jeder hat sich tausendprozentig für den anderen eingesetzt."

Im Oktober 1985 lud ihn Teamchef Franz Beckenbauer erstmals zu einem Lehrgang der Nationalmannschaft ein, eineinhalb Jahre später, am 18. April 1987 bestritt er beim 0:0 gegen Italien in Köln das erste seiner 59 Länderspiele („Ein unglaubliches Erlebnis"). Mit dem Einzug in den UEFA-Pokal in der Saison 1987/88 krönte er seine Zeit in Nürnberg – und beendete sie. Stefan Reuter, der Leitwolf der „Fohlen" von Trainer Heinz Höher, die Symbolfigur des jungen Club (Manfred Schwabl: „Du bist für Nürnberg, was Franz Beckenbauer einst für Bayern war"), wechselte im Paket mit Roland Grahammer für 5,8 Millionen Mark zum FC Bayern München. „Die Bayern haben uns das Herz herausgerissen", meinte Präsident Gerd Schmelzer, dem Reuter die

S. Reuter (links)

Schuld für seinen Schlagzeilen trächtigen Wechsel in die Schuhe schob: „Er hat sich bei den Verhandlungen mit mir nicht ehrlich verhalten."

Von da an ging's bergab mit dem Club. Die folgenden Jahre standen voll und ganz im Zeichen des Abstiegskampfes. Reuter hingegen setzte seinen Höhenflug fort. Mit der deutschen Nationalmannschaft ließ er sich 1990 in Italien als Weltmeister feiern; im Finale gegen Argentinien in Rom (1:0) spielte er, für Thomas Berthold eingewechselt, die letzten 17 Minuten. „Das war der absolute Wahnsinn", sagt er noch heute. Auch im Vereinstrikot sammelte er Meisterschaften wie andere Menschen Briefmarken. 1989 und 1990 holte er den Titel mit den Bayern, 1995 und 1996 mit Borussia Dortmund, wo er noch einen Vertrag bis zum 30. Juni 2000 besitzt.

Den Club aber hat er nie aus den Augen verloren. „Über den Wiederaufstieg 1998 habe ich mich riesig gefreut", sagt er. „Und irgendwann wollen wir, meine Frau Birgit und ich, auf jeden Fall zurück nach Nürnberg." Auch zurück zum Club? „Das könnte ich mir sehr gut vorstellen, ob nun als Spieler oder in einer anderen Funktion." Klar: Wenn eine lange, überaus erfolgreiche Karriere dort endet, wo sie begonnen hat, dann wäre das schon wieder so eine runde Sache.

Riegel, Carl

*6.9.1896. 1914-26. Deutscher Meister 1920, 1921, 1924, 1925.

Unter den Zuschauern im Zabo herrschte Einigkeit: „Ja, unser Koarla is aaner!" „Koarla", der Riegels Carl, war Stammspieler auf der Position des linken Läufers. Während auf der rechten Läuferposition vor der Zeit von Bumbes Schmidt keine Fußball-Ästheten wirkten – 1920 spielte hier der brave Toni Kugler, 1921 der großgewachsene, etwas unbewegliche Michael Grünerwald, 1922 der kleine Terrier Emil Köpplinger –, so lagen die Dinge bei dem großen, hageren Riegel ganz anders: Er wurde geradezu gerühmt für sein elegantes „schottisches" Spiel, das „eine Augenweide für die Zuschauer" sei. Harmlos wirkend, krumm wie ein Fragezeichen, stand der dürre Mann in seinen viel zu weiten Hosen auf dem Platz, aber „dieses Fragezeichen", so hieß es einmal „konnte keiner lösen".

Er konnte den Ball wie ein rohes Ei behandeln, führte oft auf kleinstem Raum verblüffende Kunststücke auf und verstand es, den Gegner mit einer einzigen Körperbewegung dumm dastehen zu lassen. Um die Lacher auf seine Seite zu bringen, legte dieser Tausendsassa des Lederballs oft ganze Serien von Kabinettstückchen hin.

Wenn er den Ball gerade mal nicht unter dem Jubel des Publikums an einem Gegner vorbeijonglierte, dann zog Riegel – Spitzname: „die Spinne" – zusammen mit Kalb auch die Fäden des Spiels. Als einer der besten Vertreter des berühmten flachen Kombinationsspiels fütterte er die gefürchtete Angriffsreihe des Club mit präzisen, butterweichen Vorlagen. Riegel war ein Läufer, der seine Stürmer „wie am Schnürchen" führte und mit verwirrenden Passfolgen jeden Gegner einzuwickeln verstand. Einziger Schwachpunkt des Gentlemans, der mit seiner Spielintelligenz und seiner Balltechnik auch in der Nationalmannschaft zu brillieren wusste: dass er, trotz seiner Körpergröße, beinahe jeden Kopfball geradezu ängstlich vermied.

Riegel war der „gute Geist" der Mannschaft, der regelmäßig für Stimmung sorgte, so z.B. vor dem Endspiel 1920 gegen die SpVgg Fürth. Als sich die Mannschaften vor dem Spiel während eines Bummels durch die Frankfurter Innenstadt zufällig trafen und ihn ein Fürther nach seinem Endspiel-Tip fragte, öffnete der Meister der Psychologie stumm seinen Gehrock auf und zeigte auf einen eingenähten weißen Flicken. 2:0 stand darauf. Kurz vor dem Anpfiff setzte er dann nochmal eins drauf. Während sich die Spieler in einer Bretterbude umkleideten, fand Riegel heraus, dass sich in der Mauer unter der Decke ein Ofenloch befand, durch das man die Fürther beobachten konnte, ohne selbst gesehen zu werden. „Die gewinnen net!" rief er triumphierend seinen Kameraden zu: „Schaut's amol, wie die zittern!"

C. Riegel

Außerhalb des Spielfeldes genoss er den Ruf eines unterhaltsamen, immer zu Späßen aufgelegten „Fachmannes für innere Befeuchtung" (so der Ausdruck eines Trinkgenossen). Bereits im Dezember 1924 wurde er in der Vereinszeitung vor den Folgen seiner Lebenslust gewarnt: „Wenn er nicht trainiert wie ein Besessener, so sagen wir ihm binnen Jahresfrist einen Spitzbauch, ein Ringkämpfergenick und ein Doppelkinn voraus, und dann ade du schönes Läuferspiel."

Gut ein Jahr später, nach 370 Spielen im Club-Trikot, scheint es dann tatsächlich vorbei gewesen zu sein mit der Kondition. Der 29-Jährige konzentrierte sich auf seinen Beruf, zog dann, als Generalvertreter einer Edelstahlfirma, nach München. In seiner Freizeit widmete er sich einer Reihe von Hobbys, die für Fußballer wohl eher unüblich sind: Klassische Literatur, Theater, Konzerte, Kunstausstellungen. Auch dem Sport blieb er verbunden: Noch bis kurz vor seinem Tod im Jahr 1970 nahm er mit seiner Frau an vielen Tennisturnieren teil.

B. Rosenmüller

Rosenmüller, Benno

*21.10.1899. 1923-31.

Obwohl er als Elfmeter-Töter einen überregionalen Ruf genoss – zwölf Elfer hielt er in Folge! –, hatte der drahtige Torwart als ewiger Kronprinz im Schatten Stuhlfauths kein leichtes Leben. Bei jedem anderen Verein wäre er vermutlich mühelos die Nr. 1 geworden, der treue Ersatzmann jedoch zog die Devise vor, lieber beim Club der Zweite zu bleiben – auch wegen der tollen Kameradschaft. „Der Stuhlfauth", so erzählt er, „war die ‚Kanone', und mein Spitzname war ‚Kracherla', das war halt so. Er hat bei mir seine Kohlen gekauft und ich in seiner Weinstube an der Sebalduskirche meinen Wein."

Trotz seiner immerhin 101 Spiele für den Club gelang es dem „Kracherla" nur selten, die Torhüter-Legende für einen Moment vergessen zu lassen. Einen seiner größten Tage hatte er am 7. August 1927 in einem Pokalspiel gegen Fürth. Trotz einer 0:1-Niederlage lobte ihn die *Allgemeine Sportzeitung*: „Rosenmüller war der Held des Tages, ein absolut vollwertiger Stuhlfauth-Ersatz, der schon längst das Licht an der Sonne verdient hätte."

Sane, Souleymane

*26.2.1961. 1988-90.

Er war der schnellste Stürmer der Bundesliga. Souleymane Sane, der 1988 als Torschützenkönig der 2. Bundesliga vom SC Freiburg an den Valznerweiher kam, sprintete die 100 Meter in 10,7 Sekunden. 12 Tore in 57 Bundesligaspielen für den Club beweisen, dass der „Sammy" auch ganz gut zielen konnte. 1990 schickte ihn Sportchef Arie Haan in die Wüste, was gerade die weiblichen Club-Fans bedauerten, die den in Frankreich aufgewachsenen senegalesischen Nationalspieler wegen seiner pechschwarzen Haut und der fantasievollen Haarfrisuren liebten.

Sane wechselte nach Wattenscheid und brachte es dort bis 1994 auf weitere 39 Bundesliga-Tore. Über den FC Tirol und Lausanne Sports landete er 1997 wieder in Wattenscheid, wo er in der abgelaufenen Saison kaum mehr eingesetzt wurde. Der 38-Jährige gilt zu Hause in Senegal als Volksheld.

„Wenn ich heute den Staatspräsidenten anrufe, habe ich morgen einen Termin", sagt der gelernte Bäcker, der in der Hauptstadt Dakar eine Konditorei, ein Reisebüro und eine Fußball-Schule besitzt.

Schade, Horst

*10.7.1922. 1953-56.

Schade war ein begnadeter Mittelstürmer. Er war schnell, wendig, durchschlagskräftig und besaß enorme Vollstreckerqualitäten. Zunächst schoss er für den Dresdner SC und dann für die SpVgg Fürth Tore wie am Fließband. In der Oberliga-Saison 1949/50 wurde er mit 21 Treffern Torschützenkönig, ein Jahr später war er mit 27 Toren knapp hinter Max Morlock (28) zweiter und 1952/53 erneut Torschützenkönig der Oberliga-Süd. Der Club lockte Schade mit dem Angebot, den Warenbestand seines verschuldeten Sportgeschäfts in der Fürther Innenstadt aufzukaufen, über die Stadtgrenze. Helle Empörung bei

den Fürther Vorständen war die Folge. Schließlich vereinbarten beide Vereine, sich zukünftig gegenseitig keine Spieler mehr abzuwerben. Als Schade zum Club wechselte, hatte er schon zweimal im Nationaltrikot gespielt. Als Cluberer bestritt er dann noch ein Länderspiel: 1953, als es in der WM-Qualifikation gegen Saarland ging. Nach zwei Morlock-Toren machte Schade mit seinem Tor zum 3:0-Endstand den Nürnberger Triumph perfekt. Auch in der Oberliga traf Schade weiter. 1953/54 wurde er mit 22 Treffern zweitbester Schütze der Oberliga-Süd. Seine Stürmerkarriere ließ er in Bayreuth ausklingen.

Schaffer, Alfred

*24.8.1893. 1919/20.

Alfred „Spezi" Schaffer, der „Fußballkönig", galt als einer der herausragendsten Ballvirtuosen seiner Zeit. 1919, nach einem Gastspiel der damaligen Supermannschaft MTK Budapest, hat sich der ungarische Nationalspieler zusammen mit Peter Szabo dem Club angeschlossen und der aufstrebenden Mannschaft den letzten Schliff verpasst. „Welch ein Zuwachs für den Club!" schrieb Theo Riegler in seinem Fußballbuch über diese Zeit. Mit Schaffer kam der beste Mittelstürmer, den man bis dahin gesehen hatte, ein Spieler, der gleichzeitig als Trainer wirkte und seine Kameraden in die Geheimnisse ungarischer Fußballkunst einweihte: Er übte mit den Clubspielern das Stoppen, Passen, Schießen; er führte ihnen das Repertoire seiner Täuschungsmanöver vor; er zeigte ihnen, wie man auf der Grundlage durchdachten Stellungsspiels mit einem Minimum an körperlichem Aufwand ein Maximum an Wirkung erzielen kann.

Besondere Übungsstunden hielt er mit dem jungen Hans Kalb ab, als dessen „Entdecker" er gilt. Er förderte seine Technik, seine Beweglichkeit und seine Gewandtheit, bis er das beidfüßige Fußballspiel wie im Traum beherrschte. Während er die Flügelstürmer anwies, vorne zu lauern und sich freizulaufen, machte er Kalb vor, wie man schnelle Mitspieler mit langen Steil- und Diagonalpässen effektiv einsetzen kann.

Während Schaffer selbst – keineswegs bescheiden – feststellte, dass er in Nürnberg „direkt vergöttert" worden sei und ihm die Mannschaft quasi alle späteren Erfolge zu verdanken habe, haben es ihm andere Cluberer damals nicht verziehen, dass er den Zabo noch vor Beginn der DM-Endrunde „schnöde verlassen" hat – wegen des Mammons. Doch auch ohne Schaffer eilte der Club in der Folge von Sieg zu Sieg. Statt seiner stürmte der kleinwüchsige Willi Böß, ein Mann, für den die Kommentatoren den Begriff des „Verbindungsstürmers" erfanden: Er war selbst wenig torgefährlich, konnte aber, als Bindeglied zwischen den Halbstürmern, so manches Tor der Popp und Träg vorbereiten.

Den geschäftstüchtigen Fußballstar Schaffer zog es zum FC Basel, wo er eine prozentuale Beteiligung an den Zuschauereinnahmen erhielt. Als die Zuschauer – nicht zuletzt wegen ihm – strömten, Schaffer sich dumm und dämlich verdiente, und der Vereinsvorstand die Vereinbarung nicht mehr einhalten wollte, weil er „mehr als der Schweizer Bundespräsident verdiene", zeigte sich der Ungar gewitzt: „Ja, einen neuen Bundespräsidenten können Sie alle Tag' wählen, aber an neuen Fußballkönig krieg'ns so schnell nimmer."

Gemäß dem Motto „König von Fußball muss, bittaschön, auch bezahlt werden wie Fürst" immer auf der Suche nach einem Verein, der ihm mehr bot, machte der Fußballstar auf dem halben Kontinent die Runde. Der „Fußballkönig" war nicht nur der erste Spieler außerhalb Englands, der den Profigedanken voll verinnerlicht hatte, sondern „der wohl attraktivste europäische Spieler seiner Zeit" *(Wiener Fußball-Lexikon)* war auch eine schillernde Figur, immer gut für Showeinlagen und Anekdoten. Als er bei den Wiener Amateuren angeheuert hatte, rannte der von den Jungen verherrlichte und von den Frauen umschwärmte Fußballkönig häufig mitten im Spiel zur Ehrentribüne. „Ich wette", brüllte er dann zu den dort sitzenden vermögenden Honoratioren, „dass ich jetzt das Siegtor schießen werde. Wer setzt dagegen?" Schaffer gewann fast immer.

Im Jahr 1933 kehrte Schaffer als Trainer an den Zabo zurück, 1934 wurde er mit seinem alten Verein Vizemeister. 1938, nach weiteren Stationen mittlerweile Trainer von Wacker München, trat der Spezi immer noch gern in der Altherrenmannschaft an. Wollte er früher schon nur wenig laufen – er habe seine Kräfte für den günstigsten Augenblick geschont, „um dann seine Chance rücksichtslos voll und ganz auszunützen" –, so spielte er jetzt nur noch aus dem Stand. Er verlangte immer, dass ihm die Bälle maßgerecht serviert wer-

stand er stets zwischen den Pfosten, ob im Fußball oder Handball. Während des Krieges spielte er zusammen mit Uebelein I und II in der Soldatenelf „Burgstern Noris" und fiel da schon mit seinen weiten Abwürfen bis zur Mittellinie auf. Die ersten Kontakte zum Club waren damit bereits geknüpft. Doch nach seiner Kriegsende kehrte Schaffer erst nach Karlsbad zurück, spielte dann in Neustadt/Aisch und in Neustadt bei Coburg, wo ihn der spätere Club-Trainer Alv Riemke in die Bayern-Auswahl berief.

1947 war es dann soweit. „Edi" kam zum Club und war der einzige „Zugereiste" in der aus lauter waschechten Nürnbergern bestehenden Club-Elf. Doch dank seiner hervorragenden Leistungen war der „Preuße" schnell integriert. Schon bei seinem Debüt, einem 2:1 gegen Schalke 04, überzeugte Schaffer mit prächtigen Reflexen und Paraden.

Ein Jahr später dann schon sein größter Erfolg. Schaffer wurde mit dem Club Meister – oder besser gesagt: Der Club wurde dank Schaffer Meister. Ein ums andere Mal rettete er die Nürnberger Führung und hielt gegen die Kaiserslauterer Wunderstürmer Fritz und Otmar Walter seinen Kasten sauber. „Torhüter Schaffer holt die schwersten Bomben aus den Ecken", titelte hernach anerkennend die Zeitung *Die Rheinpfalz*. Club-Chronist Hans Hofmann sah dies ähnlich: „Wenn die Torhüter vertauscht gewesen wären, hätte wohl Kaiserslautern das Spiel gewonnen."

Nach dem Triumph im DM-Finale war Schaffer lange verletzt: Aduktorenabriss. Als der Club dann auch noch Rudi Fischer vom VfB Mühlburg als Torhüter verpflichtete, fühlte sich der Garant von 1948 zu Unrecht zur Nummer zwei degradiert. Erst als Fischer den Club verließ, war Schaffer wieder die Zuverlässigkeit in Person. Nicht nur in der Oberliga, sondern bei den Auslandsgastspielen des Club in den USA (1953 und 1955) und in Spanien Weihnachten 1951 wuchs Schaffer über sich hinaus.

Schon beim ersten Spiel gegen Atletico Bilbao (4:2 gewann der Club) sind die spanischen Zuschauer begeistert von Schaffers Glanztaten. Mehr noch zwei Tage später, als der Club in Barcelona gegen den ruhmreichen FC, den amtierenden spanischen Meister, antrat und keiner einen Pfifferling auf den in seiner Heimat in der Oberliga mehr schlecht als recht kickenden Club setzte. Doch der Club gewann mit 2:0, dank Schaffers Paraden. Einmal wurde er dabei von einem spanischen Stürmer getroffen und ging zu Boden. „Auf den Rängen wurde es mäuschenstill. ,Was ist mit dem Aleman?' Als sich Schaffer wieder die Mütze ins Gesicht zog und seinen Posten auf der Torlinie einnahm, brauste der Jubel für den Torsteher auf, der ganz Barcelona faszinierte", schrieb die *Nürnberger Nachrichten*. Schaffer war der Held des Tages und wurde wie ein König gefeiert. „Es ist schon einmalig, wenn man so im Ausland anerkannt wird", schwärmt er noch heute von den Club-Reisen.

Erst als 1957 eine Verjüngung der Club-Mannschaft anstand und mit Roland Wabra ein Nachfolger gefunden war, rückte Schaffer, der 1951 zwei B-Länderspiele absolvierte, ins zweite Glied. Eine Saison lang sprang er noch für Wabra ein, wenn der verletzt war, dann beendete er nach 413 Spielen für den Club seine Karriere als Torwart.

Im Gegensatz zu vielen seiner Mitspieler konnte Schaffer einer Trainer-Laufbahn nichts abgewinnen. „Das hat mich nie gereizt", bekennt der langjährige kaufmännische Angestellte bei Siemens, der jetzt als Rentner die Arbeit im Garten seines Hauses in Heuchling, das Wandern und Pilzesuchen liebt. Häufig ist er bei den Heimspielen des Club zu sehen. „Mein Herz schlägt immer für den Club."

Schmidt, Hans
*23.12.1893. 1922-29. Deutscher Meister 1924, 1925, 1927.

Das fußballerische Einmaleins bekam der Straßenfußballer aus Fürth, der im Jahr 1903 das Kicken auf dem Schießanger kennenlernte, von keinem Geringeren als dem großen Will Townley vermittelt. Der pfeifenrauchende Engländer, der damals die SpVgg trainierte, hatte in Fürth den Grundstein für die berühmte, auf trickreichen Flachpass-Kombinationen beruhende „Süddeutsche Schule" gelegt. Der Ex-Profi von Blackburn Rovers, dem das Kunststück gelungen war, in einem Cup-Finale einen Hattrick zu erzielen, war, so erzählte der „Bumbes", ein perfekter Techniker: „Er machte jede Übung vor. Er zeigte uns in den Trainingsspielchen, wie wir den Ball laufen lassen sollten. Im Winter zog er ein abwechslungsreiches Hallentraining auf. Wir trainierten dreimal in der Woche. Ich arbeitete damals als kaufmännischer Angestellter in der Spielwarenbranche. Nach Geschäftsschluss wetzte ich in den Ronhof. Und zwar im Laufschritt, damit ich ja keine Minute von Townleys Training versäumte." 1911 debütierte der 17-Jährige in der 1. Mannschaft der Kleeblättler, im Mai 1913 bestritt er sein erstes Länderspiel, 1914 hatte er es auf seinem Stammplatz – rechter Läufer – erstmals zu Meisterehren gebracht.

Nach drei Jahren beim TV 1860 Fürth war er, als er 1922 in den Zabo wechselte, sowohl als zäher und drahtiger Außenläufer wie als versierter Kartenspieler eine wesentliche Verstärkung für das Clubteam. Nicht selten konnte der „Prachtkerl" mit seinem „Löwenherz" und seiner „Gaulslunge" Spiele allein entscheiden. Wie ein „überglückliches Kind" fühlte er sich nach einem seiner größten Spiele, als ein überragender Club die berühmte Sparta am 1. Oktober 1922 in Prag mit 3:0 vom Platz fegte. Vielen Zeitgenossen galt das lauf- und kampfstarke Konditionswunder als der wahre „Meistermacher" des Club. Bis zur letzten Minute kämpfte er unermüdlich und erlief für die weniger laufstarken Riegel und Kalb jeden Ball. Im Endspiel 1927 gegen Hertha BSC war er der beste Mann auf dem Platz. Er schaltete Hanne Sobeck aus, rettete für den geschlagenen Stuhlfauth auf der Linie, stürmte bei jeder Gelegenheit nach vorne und ließ Bombenschüsse aufs Hertha-Tor ab.

Nach 297 Spielen und drei Meisterschaften im Club-Trikot erzielte der „Bumbes" später auch als Trainer erstaunliche Erfolge. An der Seitenlinie stehend, eine Virginia nach der anderen paffend, zuweilen mit groben Ausdrücken um sich werfend, führte er den FC Schalke 04 innerhalb von vier Jahren in sieben Endspiele. Trotz seiner Appelle – „Der Club-Dress verpflichtet! Ihr müsst alles tun, dass un-

ser Verein wieder einmal in die Endrunde kommt!" – konnte er sich später als Clubcoach nicht durch Meistertitel verdient machen. Dafür entdeckte er einen späteren Meisterspieler. Als er den kleinen Max Morlock bei der Nürnberger Eintracht sah, sagte er sofort „Der muss unbedingt zu uns." 1949 wurde der Trainer Schmidt mit dem krassen Außenseiter VfR Mannheim nochmals deutscher Meister. Seine alten Tage verbrachte der Bumbes dann hauptsächlich in seinem Stammcafé „Vaterland" beim Binocle.

Apropos „Bumbes": Sein Spitzname lautet nicht, wie fälschlicherweise oft angenommen, Bumbas, sondern Bumbes mit „e". Und das kam so: Als er noch in der Schülermannschaft der SpVgg spielte, rempelte den kleinen Lauser ein kräftiger Gegner derart, dass er in weitem Bogen davonkullerte. Da rief einer der Zuschauer, der den Kleinen wegen seiner Fußballkünste bereits bewunderte: „Schaut's nur den kleinen Bumbes oh!". Und Bumbes – das ist auf gut fränkisch nichts anderes als jenes kleine Lüftchen, das ab und an dem Darm entfleucht.

Schaffer, Eduard
*13.12.1921. 1947-58. Deutscher Meister 1948.

„Edi" Schaffer hütete nach dem Tod von Lindner das Tor und setzte die Torwart-Tradition des Club nahtlos fort. Der in Dux geborene Schaffer war ein geborener Schlussmann: „Ich hätte nie einen anderen Posten spielen mögen." Schon in seiner Heimat

J. Schmitt (links)

Schmitt, Josef
*21.3.1908. 1924-37.
Deutscher Meister 1927, 1936, Pokalsieger 1935.

Wie so viele war auch Seppl Schmitt ein waschechtes Eigengewächs des Club. Vorübergehend hatte der Jugendliche wegen einer Verletzung das Fußballspielen schon aufgeben wollen, hatte sich deswegen in der Schwimmabteilung als Wasserballer versucht. Dann aber zog es ihn wieder zum Fußball zurück und tatsächlich entpuppte er sich in 605 Clubspielen als eleganter Techniker und intelligenter Stürmer. Der zart gebaute Spieler, der mangelnde Robustheit mit perfekter Technik und Spielwitz auszugleichen wusste, debütierte 1926 als Mittelstürmer. Sein erstes großes Spiel hatte er beim sensationellen 9:1 über den HSV im Juli 1926. Im Endspiel 1927 begeisterte er mit Technik und Spielwitz.

Nachdem er vom Altmeister „Spezi" Schaffer seinen endgültigen Schliff erhalten hatte, reifte er zum Spielmacher und Mannschaftskapitän der Clubmannschaft der 30er Jahre. Er war Kopf und Seele der Pokalsieger-Mannschaft von 1935, beim Hitze-Endspiel 1936 brillierte der Angriffsstratege mit perfekten Pässen und Dribblings. Ein Jahr später allerdings, als der Club wiederum gegen Schalke 04 ins Endspiel einzog, wurde er in der 60. Minute wegen Nachtretens vom Feld verwiesen. Ähnlich wie Heiner Träg – er hatte 1927 „rot" gesehen – beendete der sonst so ruhige und besonnene Spieler ausgerechnet mit einem Platzverweis seine Karriere.

Nach dem Krieg sprang der „Seppl" beim Club als Trainer ein, obwohl er mit seinem florierenden Zigarrengeschäft am Plärrer, das damals den Treffpunkt der Clubfans bildete, genug zu tun hatte. So stand er 1948, bei der siebten Meisterschaft des 1. FCN, eher ungewollt an der Seitenlinie. Neben der Freude über den Titel konnte Schmitt auch noch darüber frohlocken, dass er sich zusammen mit seinem Bruder Fritz schon vor der Währungsreform die staatliche Genehmigung zur Durchführung von Fußball-Wetten gesichert hatte: Die Saison 1947/48 war die erste Toto-Saison der Bundesrepublik. In den folgenden Jahren bauten die Brüder Schmitt ihr Geschäft am Plärrer zu einem „Mekka" des Toto-Lotto aus. Wenn der Seppl seine Toto-Scheine verkaufte, vergaß er natürlich nie, von den alten Zeiten zu schwärmen – unter anderem davon, dass die alten Clubspieler wesentlich mehr Alkohol vertragen hätten als die heutigen. Auch die Mahnung vergaß er nicht: „Die heutigen Spieler sollen das nicht als Ermunterung ihrer Wünsche auffassen. Sie vertragen ihn meist nicht."

Schober, Gustav
*6.12.1927. 1947-60.

Der blonde Gustl wurde von Club-Spionen bei der Schnieglinger SC Germania entdeckt. Auf den Plätzen in der Rosenau und der Deutschherrnwiese spielte er seine Gegner oft schwindlig. „Ich war nie der Schnellste, drum hab ich halt a weng viel gschwanzt." Den Cluberern war's recht. Sie holten den technisch versierten Läufer mit dem präzisen Zuspiel und im August 1947 machte Schober sein erstes Spiel in der ersten Mannschaft – der Gegner hieß

G. Schober

damals Rotweiß Frankfurt. Erst als die Altstars wie Kennemann und Übelein I aufhörten, hatte Schober seinen Stammplatz inne – insgesamt in knapp über 300 Spielen.

Bei aller Fußballerei vergaß er aber nicht, das Leben zu genießen. Er schwang das Tanzbein, trank gerne den einen oder anderen Schluck, liebte das Wedeln auf der Skipiste und galt als Naturtalent, wenn es ums Erzählen von Witzen ging. Auf dem Platz aber hatten Schobers Gegner kaum etwas zu lachen. Das musste sogar Pelé erleben, als der Club im Sommer 1958 – Brasilien war gerade Weltmeister geworden – gegen den FC Santos im Städtischen Stadion antrat. Der 19-Jährige brasilianische Jungstar wurde von Schober ein ums andere Mal geschwanzt und getunnelt. 1960 war die Zeit für Schobers Kabinettstückchen jedoch abgelaufen. Mit 33 Jahren beendete er seine Karriere, trainierte noch vier Jahre lang die Club-Amateure und eröffnete eine Toto-Lotto-Annahmestelle in der Allersberger Straße.

R. Schöll

Schöll, Reinhold
*23.10.1955. 1974-80.

Hans Tilkowski ließ schon den Jugendspieler (Deutscher Meister 1974) bei den Profis mittrainieren, aber der gelernte Eisenbahner musste trotzdem noch einige Jahre lang am Bahnhof Dutzendteich die Fahrkarten der Clubfans zwicken, bevor er endlich im Aufstiegsjahr 1978 unter Horst Buhtz zu seinem Debüt in der 1. Mannschaft kam. Zum Markenzeichen des kraftvollen, dynamischen und taktisch disziplinierten „Wasserträgers", der Sonderaufgaben verantwortungsbewusst, fleißig und zuverlässig erledigte, wurde die heraushängende Zunge. In technischer Hinsicht zwar nicht der große Meister, war er durch seinen unerbittlichen, allerdings nie rücksichtslosen Einsatz („Ich mache nichts ohne Ball") für jeden Stürmer ein absolut unbequemer Gegner.

Als „überragenden Höhepunkt" seiner Karriere nennt er das Duell gegen Europas Fußballer der Jahre 1978 und 1979, den HSV-Star Kevin Keegan. Die größte Enttäuschung war für ihn, dass er, obwohl bis dahin immer Stammspieler, ausgerechnet beim Pokalfinale 1982 die Bank drücken musste. Mit seinem Sportgeschäft, das er in seinem Heimatort Allersberg betreibt, feiert Reinhold Schöll im Jahr 2000 20-jähriges Jubiläum.

Schwabl, Manfred
*18.4.1966. 1986-89 und 1992-94.

Satte 133 Bundesligaspiele hat er für den Club bestritten, doch erinnert sein Name immer nur an eine einzige

M. Schwabl

Partie. Der Elfmeter, den er am 23. April 1994 im Münchner Olympiastadion beim FC Bayern (1:2) verschoss, stürzte den Club nach neun Bundesliga-Jahren zurück in die Zweitklassigkeit. Das wegen Thomas Helmers „Phantomtor" angesetzte Wiederholungsspiel gewannen die Bayern mit 5:0. Dabei hatte sich die Verbindung Schwabl/1. FCN so gut angelassen: Bei seinem ersten Gastspiel zwischen 1986 und '89 stieg der technisch starke und „giftige" Mittelfeldspieler zum Nationalspieler auf, auch nach seiner Rückkehr vom FC Bayern 1992 wurde er sofort wieder zum Leistungsträger. Nach dem Abstieg gab er ein kurzes Gastspiel in Innsbruck, wechselte dann zu den Münchner „Löwen", wo er 1997 nach einem Zerwürfnis mit Trainer Lorant seinen Hut nehmen musste. Inzwischen hat es Schwabl zum erfolgreichen Geschäftsmann gebracht: In seiner Heimatstadt Holzkirchen hat er sich ein großes Tenniszentrum aufgebaut, an mehreren Firmen ist er beteiligt.

F. Servas

Servas, Fritz
*um 1870. 1901-05.

Der Berliner, den es aus beruflichen Gründen nach Nürnberg verschlagen hatte, war im Sommer 1901 bei den Kickern des 1. FCN auf der Deutschherrnwiese aufgetaucht. Bereits in seinem ersten Spiel erwies sich der Mann, der „eher wie ein handfester Gebirgler denn ein Spreewälder" aussah (Joseph Michler), als „Turm in der Schlacht": Bei diesem denkwürdigen 0:6 gegen den FC Bayern war er der einzige, der mit den überlegenen Münchnern mithalten konnte. Servas fiel nicht nur durch seine „herkulische" Statur auf, sondern glänzte auch mit einer hervorragenden Technik.

Nach dieser Blamage brachte der rotblonde Berliner, der seine Fußballkünste angeblich in Ungarn erlernt hatte, den noch von der Rugby-Spielweise beeinflussten Cluberern die Grundprinzipien der Ballbehandlung bei. Galt bis dahin noch derjenige als bester Kicker, der den Ball mit der Fußspitze am weitesten stoßen konnte, so zeigte Servas, dass es beim Fußball vor allem auf das Stoppen und Schießen mit der Innenseite ankommt. Auch das bis dahin vollkommen unbekannte Kopfballspiel wurde unter seiner Anleitung nun regelmäßig geübt.

Stocker, Peter

*30.6.1953. 1975-83.

1973 stellte sich der kantige Verteidiger aus Burghausen erstmals am Valznerweiher vor. Nach einem Probetraining schickte ihn der damalige Club-Trainer Hans Tilkowski mit den Worten „ungeeignet für den Profifußball" wieder nach Hause. Stocker steckte nicht auf. 1975, im zweiten Anlauf, klappte es. Er wechselte zum FCN, wo er acht Jahre lang einen unumstrittenen Stammplatz in der Deckung behauptete (248 Ligaspiele) und die Aufstiege von 1978 und 1980 miterlebte. „Eisenfuß" Stocker, der stets nur Einjahresverträge abschloss, war in der Mannschaft als geizig verrufen, obwohl er einen Porsche fuhr. „Vielleicht lag's daran, dass ich nur eine einfache Kunststoffjacke trug, als ich in Nürnberg ankam, während die anderen alle in echtem Pelz rumliefen." Schon 1983 übernahm der gelernte Raumausstatter das Möbelhaus seiner Eltern in Burghausen. 1992 gab er ein kurzes Zwischenspiel als Lizenzspieler-Obmann beim Club. Nach sechs Monaten warf er das Handtuch, weil, wie er erklärte, „der Verein nicht intakt ist".

P. Stocker

Strehl, Heinz

*20.7.1938. 1954-69. Deutscher Meister 1961, 1968, Pokalsieger 1962.

Sein Vorbild hieß Max Morlock, und dies nicht nur, weil beide im Nürnberger Stadtteil St. Peter geboren wurden. „Nie hätte ich gedacht, dass ich zusammen mit dem Maxl einmal in der ersten Club-Mannschaft spielen würde", sagte er später. Doch Heinz Strehl schaffte den Sprung, ja, er schaffte noch viel mehr.

Als B-Jugendlicher verschlug es ihn 1954 vom TV Glaishammer zum Club. 1956 stürmte er, zunächst noch als Rechtsaußen, neben „Nandl" Wenauer und Helmut Hilpert in der A-Jugendelf, die Süddeutscher Meister 1956 wurde. Schon zwei Jahre später berief ihn „Bimbo" Binder in die 1. Mannschaft. Geführt von seinem großen Idol Morlock entwickelte sich der wuchtige Blondschopf zu einem der besten Mittelstürmer, die je das weinrote Club-Trikot trugen. Strehl, obschon alles andere als ein Sturmtank, sondern ein technisch versierter und ungemein lauffreudiger Angreifer, schrieb ein großes Stück Nürnberger Fußballgeschichte. Vor allem das so wichtige erste Tor eines Spiels ging verblüffend häufig auf sein Konto, so dass die Club-Fans reimten: „Wer schießt die Nummer eins? Natürlich unser Heinz!" 534 Begegnungen bestritt er für den Club, mit dem er zweimal die Deutsche Meisterschaft und einmal den Pokal gewann; allein in seinen 174 Bundesligaspielen gelangen ihm 76 Tore. In der Saison 1961/62 wurde er mit acht Treffern Torschützenkönig des Europapokals der Landesmeister, obwohl der Club bereits im Viertelfinale gegen den späteren Pokalsieger Benfica Lissabon die Segel strich.

Da konnte ihn selbst Sepp Herberger nicht gänzlich links liegenlassen. Der Bundestrainer berief ihn jedoch nur zu vier Länderspielen, in denen es Strehl auf stolze vier Treffer brachte; allein drei gelangen ihm bei seinem ersten Auftritt im Nationaltrikot, beim 3:2-Sieg gegen Jugoslawien kurz nach der Weltmeisterschaft 1962 in Chile. „Natürlich wurmt es mich im nachhinein, dass ich nicht öfter in die Nationalelf berufen wurde", erzählte er einmal. „Aber schließlich war ja da noch ein Uwe Seeler vor mir, der nun eben Weltklasse als Mittelstürmer war. Sicher wäre meine internationale Karriere anders gelaufen, wenn ich schon damals Halbstürmer gespielt hätte, neben Uwe. Das wäre wohl der richtige Platz für mich gewesen."

1968 durfte er die Meisterschale als Kapitän (und 18maliger Torschütze) in die Luft strecken. „Es war ein hartes Stück Arbeit", erklärte er nach dem Saisonfinale, dem 2:1-Sieg gegen Borussia Dortmund. „Gegen uns als Spitzenreiter wollte jeder sein bestes Spiel der Saison liefern. Dieser Titel entschädigt uns für vieles, was wir uns damals anhören mussten, als keiner mehr einen roten Heller für uns gegeben hat. Wer ermessen will, was wir geleistet haben, muss sich immer in Erinnerung rufen, dass wir mit fast derselben Mannschaft Meister wurden, die eineinviertel Jahre zuvor noch in höchster Abstiegsnot schwebte."

So viele Worte wie in dieser Stunde seines letzten großen Erfolgs flossen ihm nur ganz, ganz selten von den Lippen. „Er läuft lieber zehn Runden um die Aschenbahn, als den Mund aufzumachen", schrieb der *Kicker* treffend. Nicht nur für den langjährigen Jugendleiter Andreas Weiß aber zählte der große Schweiger zu den „sympathischsten und liebenswertesten Club-Fußballern überhaupt". Auch Max Morlock nannte ihn „einen untadeligen Sportsmann und eine Seele von Mensch".

Nach dem bitteren Bundesliga-Abstieg 1969, den auch Strehl zuallererst auf den Verkauf von Franz Brungs vor der Saison zurückführte („Es hat mich fast vom Stuhl gehauen, als ich bei meiner Rückkehr aus dem Urlaub die Nachricht von seinem Wechsel nach Berlin serviert bekam"), schnürte er noch in neun Regionalliga-Spielen (zwei Tore) die Stiefel für den Club. Danach betreute er als Trainer den SV Schwaig, den SV Gaustadt, den SC Grundig Fürth und den SV Seukendorf. Sein Geld verdiente er wie Roland Wabra mit einer eigenen Versicherungsagentur. Wie so viele Club-Spieler der großen sechziger Jahre, verstarb auch Heinz Strehl viel zu früh. Im August 1986 erlag der Vater zweier Söhne, gerade einmal 48 Jahre alt, einem Herz- und Kreislaufversagen.

Strobel, Wolfgang

*17.10.1896. 1917-26. Deutscher Meister 1920, 1921, 1924, 1925.

Der schnelle Stürmer galt als das „Wiesel der Mannschaft" (Hans Hofmann). Sein Spiel war effektiv, aber in der Regel leicht auszurechnen: „An der Linie warten, mit dem Ball durchbrennen, hereindrücken und flanken, das war sein ganzes Programm, aber das spielte er aus dem Effeff herunter." Er war kein großer Techniker, dafür aber unglaublich schnell. Wenn Kalbs Stimme über den Platz schallte („Wolferl, lauf!") oder wenn das Kommando des Rechtsverteidigers Bark ertönte („Wolfl!"), dann rannte er los wie die Feuerwehr, um den prompt erfolgenden Pass zu erreichen. Trotz seiner wenig flexiblen Spielweise wurde er zum Standard-Rechtsaußen der Meistermannschaften der 20er Jahre (421 Einsätze) und brachte es darüber hinaus auf vier Berufungen in die deutsche Nationalauswahl. Seinen größten Moment hatte er im Endspiel 1924 gegen den HSV, als er seinem Bewacher durchbrannte und nach einem tollen Solo zum spielentscheidenden 2:0 vollendete.

H. Strehl

W. Strobel

Stuhlfauth, Heiner

*11.01.1896. 1916-33.
Deutscher Meister 1920, 1921, 1924, 1925, 1927.

Auf dem Fußballrasen erkannte man die Torhüter-Legende des 1. FCN am immergleichen grauen Pullover und eine tief in die Stirn geschobene Schiebermütze. Wie populär Stuhlfauth in den „Goldenen Zwanzigern" war, erfuhr der Nürnberger Journalist Hanns Schödel während eines sonntäglichen Spaziergangs auf der Deutschherrnwiese: „Zwei kleine Mädchen und ein kleiner Junge hauen auf einem schwarzen Gegenstand herum. Zwischen zwei Bücherranzen steht ein menschliches Wesen von der Größe eines ausgewachsenen Erdflohs. Der Erdfloh hat eine unförmig große Sportmütze auf dem Kopf, dass man die Ohren überhaupt nicht mehr sehen kann. Man sieht zur Not noch das Mündchen und eine Rotznase. Der schwarze Gegenstand, auf dem die drei Spielgenossen herumbolzen, entpuppt sich bei eingehender Betrachtung als hausgemachter Fußball aus alten Pantoffeln und Militärtuchresten. Wie der hausgemachte Fußball einmal vor meine Füße fliegt, schieße ich auf das Tor, in dem der Erdfloh seines Amtes waltet. Die Sportmütze zwischen den beiden Bücherranzen erwischt meinen raffiniert geschossenen Ball und brüllt aus voller Lunge: ‚Su an klaana Schuss halt i fraalieh! Ich als Stuhlfauth! Dös sengs doch scho on meine großn Kappn! Wäi da Stuhlfauths Heinaah! Niet?'" Im Jahr 1956, als Stuhlfauths Ruhm (fünf Endspiele ohne Gegentor!) bei den Jugendlichen allmählich verblasst war, war er, einer vom Kicker durchgeführten Abstimmung zufolge, immer noch der populärste deutsche Fußballer.

Ursprünglich hatte der spätere Meistertorwart Radfahrer werden wollen. Weil ihm das von seinen Eltern verboten worden war – als Rennfahrer bekäme man die Schwindsucht –, wurde er Fußballer. Beim FC Franken begann er als Halblinker, erst nach dem Abgang des Stammkeepers wurde der 1,84 m große Schlaks ins Tor gestellt. „Du bist der Längste und musst ins Tor!" hatte der Vorstand befohlen. Nach einem Intermezzo beim FC Pfeil wurde dann dieser zufällig zwischen die Pfosten geratene Mann im Trikot des Club zu einem der ersten großen Stars des deutschen Fußballs.

Auf der Linie glänzte der Heiner mit Übersicht, Stellungsspiel, blitzschnellem Reaktionsvermögen und legendärer Fangsicherheit: „Was der Heiner einmal zwischen seinen Pranken hielt", so schrieb der Kicker, „das ließ er nicht mehr los! Immer wieder hatte man das Gefühl, dass so ein Fußball eigentlich zu klein für den großen Mann wäre!" Beim Fangen halfen Stuhlfauth allerdings nicht nur seine Hände, die groß „wie Bratpfannen" gewesen sein sollen, sondern auch gewitzte Tricks. So trug er zum Beispiel an Regentagen immer wollene Handschuhe. „An diesen", so seine Begründung, „findet ein nasser Ball den nötigen Widerstand und bleibt hängen."

Die berühmteste Spezialität Stuhlfauths war allerdings zweifellos die Fußabwehr. Wenn es die Situation irgendwie erlaubte, brauste er aus dem Tor heraus und fuhr dem Gegner als „dritter Verteidiger" zwischen die Beine: „Ich bin dem Ball oft zwanzig und dreißig Meter entgegengelaufen und habe den Angriff unterbunden, indem ich den Ball weggeschlagen habe. Ich würde jedem Torwächter empfehlen", so Stuhlfauths Rat, „in seinem Verein in unteren Mannschaften auch Stürmer zu spielen, denn ein Tormann soll auch das Spiel im Feld miterleben. Bevor ich ins Tor ging, habe ich in meiner Jugend einige Jahre Linksverbinder gespielt."

Der Heiner konnte Spiele allein entscheiden – „Stuhlfauth schlägt Norwegen!" titelte eine Zeitung nach einem Länderspiel im September 1928 –, aber gerade als Nationalspieler wurde er wegen seiner gewagten Ausflüge ins Gelände auch oft kritisiert. Bei seinem letzten Länderspiel im Frühjahr 1930 (gegen Italien in Frankfurt/M, 0:2), soll er mit unnötigem Herauslaufen viel zur Niederlage beigetragen haben. Der Heiner, der im Jahr vorher beim sensationellen 2:1 gegen Italien noch als „Held von Turin" begeistert hatte – „Gott selbst stand im Tor" hatte eine italienische Zeitung getitelt –, rechtfertigte sich hinterher einigermaßen sauer mit den Worten: „Ich aber sage: Die Partie wurde durch Glücksumstände zu Gunsten der Italiener entschieden."

War das Herauslaufen eine Eigenart, die positiv wie negativ wirken konnte, so hatte Stuhlfauth zumindest eine wirkliche Schwäche: Das Abtauchen nach rechts. Wenn es irgend ging, versuchte er sie durch Tricks wieder wettzumachen. In einem Spiel des Jahres 1920 (gegen Frankfurt war's) hielt er einen Elfmeter nach dem Prinzip: Rechts antäuschen, links halten. In anderen Fällen stürzte er auf den Schützen zu, um so den Schusswinkel kleiner zu machen (damals wurde es noch nicht abgepfiffen, wenn sich der Torwart von der Linie wegbewegte).

Vielleicht hat Stuhlfauth seine berühmte Maxime – „Ein guter Torwart wirft sich nicht!" – nur erfunden, um eine Schwäche zu vertuschen?

Wie dem auch sei – die Klasse des Clubtorhüters war jedenfalls in ganz Europa unumstritten. Auf die Frage „Wer war besser, Stuhlfauth oder der Spanier Zamora?" antwortete der Österreicher Karl Kanhäuser, dem gegen beide Schlussmänner Tore gelungen waren: „Stuhlfauth übertraf den ‚Schaumann' Zamora um eine Klasse. Ich habe gegen Zamora in einem Spiel drei Tore geschossen, bei Stuhlfauth war man froh, wenn man einen Treffer erzielte. Er wirkte auf die Gegenspieler und den Ball wie ein Hexenmeister." Was die gegnerischen Stürmer am meisten frappierte, war wohl durch nichts zu erschütternde Nervenstärke des „Erzengels" zwischen den Pfosten des Club-Tores. Nervosität kannte er nicht. Einmal saß er noch eine halbe Stunde vor dem Anpfiff eines wichtigen Spiels im Schankraum seiner Sebaldusklause, dann erst schwang er sich aufs Motorrad und erschien in allerletzter Minute in der Kabine mit den Worten: „Dou bin i".

Außerhalb des Spielfelds war die Torwart-Legende vor allem bekannt als Wirt und Pächter der Sebaldusklause. Prominente Schauspieler, Künstler, Politiker und Fußballspieler – unter anderem der englische Starstürmer Dixie Dean – gingen dort ein und aus und plauderten über die alten Zeiten. Seinen Freunden und Bekannten versicherte Nürnbergs Torwart-Legende immer wieder: „Wir nahmen kein Spiel auf die leichte Schulter, sondern knieten uns auch im unbedeutendsten Freundschaftstreffen hinein. Eine Niederlage sahen wir als eine Blamage für uns und unseren Verein an und darüber hinaus als Schande für unsere Heimatstadt."

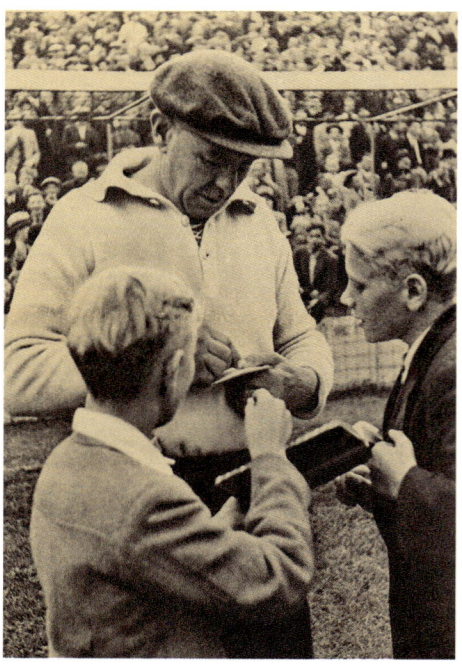

Einen letzten großen Dienst für seinen geliebten Club leistete der Heiner, als er während seiner Tätigkeit als Schulsportlehrer den jungen Max Morlock förderte. Er war der Spieler, der die „goldene Lebensregel" Stuhlfauths im weinroten Trikot fortleben ließ: „Vernünftig leben! Eisern trainieren! Den Kopf nicht verlieren, wenn's einmal schiefgeht!" Und, nicht zu vergessen: Nie den Spaß an der Sache zu kurz kommen lassen! Dass der Heiner, der nach dem Krieg sein Auskommen als Werbeleiter bei der Shell AG fand, auch Humor hatte, zeigte sich 1953, während der USA-Tournee des Club. Max Morlock erzählt: „Einmal spielten wir barfuß Fußball. Heiner Stuhlfauth stellte sich in ein gedachtes Tor und schloss mit uns Wetten ab, dass ihm keiner von uns einen Ball ins Tor jagen könnte. Die Wetten wurden getätigt, und zwar in Höhe von zwei bis zehn Dollar, aber hineingebracht haben wir dem Heiner wirklich nichts. Sobald ein für ihn unerreichbarer Ball kam, brüllte er ‚Aus' oder ‚Hoch'. Auf unsere Beteuerungen, dass das Tor doch größer sein müsse, antwortete er, das könnten wir Lauser nicht verstehen, denn schließlich und endlich müsse er ja wissen, wie groß ein Tor sei."

Heiner Stuhlfauth starb am 12 Juli 1966.

Sturz, Rudi

*18.1.1952. 1968-77.

Mit 16 Jahren wurde der gebürtige Ansbacher von den Talentspähern des 1. FC Nürnberg in die Clubjugend geholt. 1971 scheiterte die Truppe – zu seinen Mitspielern zählten u.a. Peter Geyer, Jan Majkowski und Albert Bittlmayer – in den Endspielen um die deutsche Jugendmeisterschaft nur knapp am 1. FC Köln. Schon im Jahr darauf konnte er sich in der 1. Mannschaft des Club einen Stammplatz als rechter Verteidiger sichern. Bei den Gegnern war der laufstarke und technisch versierte Rudi vor allem wegen seiner außergewöhnlichen Offensivstärke gefürchtet. In den Punkt- und Aufstiegsrundenspielen der Saison 73/74 gelangen dem Pendler zwischen den Strafräumen sage und schreibe 18 Tore! 1977, nach 189 Spielen im Clubtrikot, wechselte der zweitligamüde Goalgetter in die Bundesliga zum FC St. Pauli, im Jahr darauf zu 1860 München. Nach einer tollen Zeit an der Seite von Spielern wie Rudi Völler ließ er seine Karriere unter Ex-Clubtrainer Fred Hoffmann beim FSV Bad Windsheim ausklingen. Heute ist der selbstständige Kaufmann, der ein Toto-Lotto-Geschäft im Nürnberger Karstadt betreibt, noch in der AH des 1. FCN aktiv und kann auf eine vieljährige Karriere als Trainer zurückblicken.

Sutor, Hans

*28.6.1895. 1920-26. Deutscher Meister 1921, 1924, 1925.

Der im Jahr 1922 von Sportjournalisten in die Weltelf gewählte Stürmer war ein „Wanderer zwischen Rednitz und Pegnitz": Im Endspiel 1920 war der gebürtige Nürnberger noch auf Seiten der Kleeblättler angetreten. Als er dann, den Ungarn Szabo ersetzend, für den Club seine Tore erzielte, erregte er nochmals Aufsehen, als er eine Fürtherin ehelichte; die gemeinsame Tochter schließlich entpuppte sich dann wiederum beim Club als exzellente Eiskunstläuferin. Die Charakteristika des „elegantesten Linksaußen, den der Club jemals besessen hat" (Richard Kirn), der zuweilen wie „perlender Champagner" über das Feld „gequirlt" sei: technisch ausgereift, herausragendes Dribbling, spurtstark, haargenaues Zuspiel, präzise Flanken, trockener, platzierter Schuss. Wenn alle anderen im Sturm einmal versagten, dann habe Sutor sein „formschönes Außenballett" (Hanns Schödel) aufgegeben und sei „steilzackig" in den Strafraum gestürmt, um die Tore selbst zu schießen. Auch wenn es zwischen dem Halblinken Träg und dem Linksaußen Sutor beim Linienspiel manchmal Missverständnisse gab, die dann von Heiner Träg kräftig kommentiert wurden, so war der linke Flügel doch eine der größten Stärken der Club-Meisterelf in den 20er Jahren. Hans und Heiner waren ein Traumpaar, wie es im Clubsturm nicht mehr wiederkehrte.

Täuber, Jürgen

*12.4.1955. 1976-84.

Brüderpaare gab's viele in 36 Jahren Bundesliga, doch erst ein einziges Brüdertrio: Jürgen, Klaus und Stephan Täuber aus Erlangen. Jürgen, der Älteste der drei, unterschrieb 1976 seinen ersten Lizenzspieler-Vertrag beim Club. In siebeneinhalb Profijahren (in der Rückrunde der Saison 1980/81 wurde er an Schalke 04 ausgeliehen, weil er sich mit Trainer Horst Heese überworfen hatte) machte er sich einen Namen als energischer Sonderbewacher der gegnerischen Spielmacher. Nach dem Abstieg 1984 verließ er Nürnberg endgültig und ließ seine Karriere beim 1. FC Bamberg, bei 1860 München, dem FC Starnberg und dem FC Garmisch-Partenkirchen ausklingen. In Starnberg bereitete er auch bereits seinen Umstieg in die Zeit nach dem Fußball vor: Heute lebt er in München und verdient sein Geld in der Immobilien-Branche. Sein Bruder Klaus, den sie in der Bundesliga nur „Boxer" nannten, wurde in Nürnberg lange verkannt und kam erst beim FC Schalke 04 groß heraus. In Leverkusen dann feierte der bullige Torjäger mit dem Gewinn des UEFA-Pokals 1988 seinen größten sportlichen Erfolg, als er im Elfmeterschießen des Finales gegen Espanol Barcelona den entscheidenden Strafstoß verwandelte. Seit 1995 trainiert er die Schalker Amateurmannschaft. „Benjamin" Stephan schließlich zählt seit 1998 zum Lizenzspielerkader des 1. FCN.

Träg, Heiner

*3.1.1893. 1911-27. Deutscher Meister 1920, 1921, 1924, 1925, 1927.

Heiner Träg, im Jahr 1911 von den Sportfreunden Nürnberg gekommen, begann als Linksaußen, hatte dann einen Stammplatz als „Linksinnen", und beendete seine Karriere, nachdem Sutor den Club verlassen hatte, wieder auf dem Linksaußenposten. Er war „ein ungewöhnlich wendiger und kraftvoller Spieler, untersetzt und bullig" (Theo Riegler).

Obwohl er nicht besonders groß war, ließ sich der wuchtige „Durchreißer", der sich oft wie ein Karnickel durch den Strafraum wühlte, auch von den schwersten Gegnern nie umrempeln. Eine große Stärke des ansonsten eher langsamen Träg war sein außerordentlich schneller Antritt: Er lauerte permanent auf Steilpässe, und kamen die maßgerecht, dann brach er – „schmuck- und schnörkellos, geradlinig, ungeheuer wuchtig" – nach links durch und hielt mit dem linken Schlappen drauf. In dieser Einseitigkeit lag zugleich die Stärke und die Schwäche des kernigen Stürmers. Blieben die Vorlagen aus, dann war Träg, der kein besonders guter Dribbler war, in der Regel mattgesetzt. Tatsächlich scheinen lediglich drei Spieler in der Lage gewesen zu sein, ihm die Bälle auf dem Tablett zu servieren: Böß, Schaffer und vor allem Sutor. Mit anderen Spielern kam er in der Regel nicht zurecht, so dass er in Länderspielen oft keine besonders gute Figur machte. Dann sah man einen Träg, der, statt das Tor des Gegners mit Kanonenschüssen zu bombardieren, seine Mitspieler mit Schimpfkanonaden bedachte.

Brachte Träg seinen „linken Schlappen" zum Einsatz, dann konnte es vorkommen, dass er von der Wucht seines Schusses selbst mit umgerissen wurde: So zum Beispiel bei seinem Treffer zum 2:0 im Endspiel 1924, als er auf dem Boden sitzend jubeln musste. Wie die Schusskraft war auch die Zielsicherheit des Clubstürmers geradezu legendär. Zu seinem 10-jährigen Spielerjubiläum schrieb der Journalist F. Richard: „Träg hat Sehorgane an den Füßen." Auch wenn diese physiologisch fragwürdige Aussage leider nicht bewiesen werden kann, so ist doch immerhin belegt, dass der treffsichere Stürmer seine Füße in Schuhe hineinzwang, die zwei Nummern zu klein waren. Dies war offensichtlich eine taugliche Methode, die Schusskraft zu verbessern: Noch Buffy Ettmayr, Scharfschütze des VfB Stuttgart in den Anfängen der Bundesliga, sollte mit diesem Rezept den gegnerischen Torhütern das Fürchten lehren. Trägs Torrekorde jedenfalls können sich sehen lassen: 1919 erzielte er gegen Jena sieben Tore, 1921 gegen Düsseldorf sechs, im Frühjahr 1922 gegen Phönix Ludwigshafen deren vier, und in den 18 Endrundenspielen, an denen er beteiligt war, markierte er nicht weniger als 16 Treffer.

Die große Schwäche Trägs war das Kopfballspiel. Nur 1921, im Endspiel gegen Vorwärts Berlin, gelang ihm einmal ein Treffer per Kopf. Heiner Stuhlfauth: „Da hat Träg aus Versehen einen Köpfler geschossen. Der Ball ist ihm auf den Kopf gefallen und von da ins Tor gesprungen."

Ähnlich wie Hans Kalb oder später Schorsch Kennemann legte sich der zum Jähzorn neigende Halbstürmer gerne mit dem Schiedsrichter und dem Publikum an. Die Karriere des Mannes, von dem es hieß, dass er es in Wortgefechten nie „an urwüchsiger Gestaltungskraft" habe fehlen lassen, endete 1927 erwartungsgemäß mit einem Platzverweis. Im Endspiel gegen Hertha BSC hatte sich der Heiner immer wieder über die häufigen

Abseits-Entscheidungen von Schiri Guyenz erregt. Als er sich kurz vor Schluss zu einem Revanchefoul an seinem Gegenspieler Leuschner hinreißen ließ und dann auch noch – nach Aussage Stuhlfauths – den Pfiff des Schiedsrichters mit dem Götz-Zitat belegte, hatte Guyenz genug. Ein unrühmlicher Abgang für den erfolgreichen Stürmer, der eben noch mit seinem 2:0 den fünften Triumph des Club sichergestellt hatte. Zu vermuten ist, dass nicht zuletzt auch die Presse ihr Scherflein zu seinem Abschied beigetragen hat: In fast allen Zeitungsberichten über dieses Endspiel war zu lesen, dass der „Hitzkopf" wegen seines „unwürdigen" Benehmens endlich aus der Mannschaft entfernt werden müsse. Träg kehrte dann tatsächlich nicht mehr in die Mannschaft zurück. So widmete sich der Heiner fortan seiner Tätigkeit als Kaufmann in der Heizungsbranche. Am 13. Oktober 1976 starb er in seiner Heimatstadt Nürnberg.

Ucko, Kurt

*29.2.1924. 1949-61.

Das erste Mal sah Ucko den Club 1936 in Breslau und war äußerst angetan. „Die haben uns begeistert wie heutzutage die Brasilianer in ihren besten Spielen." Der Club gewann damals 5:3 und der 12-jährige Ucko hatte sein Ziel. Zunächst spielte der zuverlässige, vielseitige Spieler jedoch lange Jahre in Schweinfurt. 1949 wollte der Halbstürmer von dort weg, traute sich aber nicht zum Club. Deswegen wollte er zunächst zur SpVgg Fürth, wurde aber doch vom Club überedet, zum Zabo zu kommen. „Das war mir natürlich lieber, weil ich es nicht so weit nach Hause hatte", stapelte der damals in Feucht wohnende gelernte Schlosser tief. Beim legendären 2:0-Sieg 1951 gegen den FC Barcelona in Spanien schaltete Ucko den gegnerischen Spielmacher, den ungarischen „Rastelli" Kubala vollständig aus. In diesem Jahr spielte er auch zweimal in der B-Nationalmannschaft. Besonders beeindruckt haben Ucko die Spanien- und USA-Reisen des Club und das hervorragende Mannschaftsklima: „Kameradschaft und Gaudi wurden bei uns großgeschrieben." Nur beim Schafkopfen hatte er enorme Probleme. So warf er einmal auf einer Bahnfahrt zu einem Auswärtsspiel in einem Tunnel die Karten zum Fenster hinaus. Mit 37 Jahren hörte Ucko 1961 nach 509 Spielen auf. Ins Stadion geht er heute nicht mehr: „Das halten meine Nerven nicht aus."

Übelein, Hans

*2.3.1914. 1934-51. Deutscher Meister 1936, 1948, Pokalsieger 1935, 1939.

Der Stern des „Abel" Übelein, als Ältester der drei beim Club spielenden Brüder der Einfachheit halber Übelein I genannt, ging beim Pokalfinale 1935 auf. Er hatte zwar schon ein paar Mal in der Läuferreihe der ersten Mannschaft gespielt, so richtig durchsetzen konnte er sich noch nicht. Dann aber im Finale gegen Schalke 04 versetzte der Alleskönner am Ball aber den Schalke-Star Fritz Szepan ein ums andere Mal. Er schnappte dem Nationalspieler den Ball vor der Nase weg und ließ ihn auf dem Weg nach vorne durch eine geschickte Körpertäuschung stehen.

Das filigrane Spiel mit Ball hatte Übelein von klein auf gelernt. Auf dem Weg vom Elternhaus in Zabo zur Scharrerschule gab es für ihn und dann später auch für seine beiden Brüder Julius und Baptist nur eines: Den Ball von Randstein zu Randstein zu spielen. Auch nachmittags wurde immer Fußball gespielt. Die Eltern waren davon nicht begeistert. Verständlich, denn die Schuhe der Brüder waren stets lädiert. Den Spitznamen aus der Schulzeit, „Abel", wurde Übelein I auch später nie los. Eine Anspielung auf den biblischen Zweikampf der Brüder Kain und Abel, denn mit dem zwei Jahre jüngeren Julius geriet sich Hans oft in die Haare. Dennoch hielten die Brüder stets zusammen. „Wenn ich einmal gefoult worden bin, dann hat sich der Abel den Übeltäter vorgenommen", erinnert sich Julius „Uttla" Übelein.

Spätestens mit dem DM-Endspiel 1936 gegen Fortuna Düsseldorf wurde Übelein I in ganz Deutschland bekannt. Als Mittelläufer Carolin nach einem Zusammenprall schwer verletzt worden war, rückte Übelein in die Mitte. Er kämpfte für zwei und wurde zum Garanten des knappen Nürnberger Sieges. Auch Reichstrainer Otto Nerz wurde auf den einsatzfreudigen Läufer aufmerksam und lud ihn zu Lehrgängen der Nationalmannschaft ein. Zum Einsatz kam Übelein I jedoch nie. „Nerz war sauer gewesen, dass ich auch bei dem Lehrgang mein gewohntes Bier getrunken habe", vermutete er. Bei der Osterreise des Club 1938 nach Berlin zur Hertha bewies Übelein I seine Vielseitigkeit. Als „Hauptmann" Köhl nach einem fehlgeschlagenen Rettungsversuch verletzt am Boden liegen blieb, eilte kurzentschlossen Übelein I ins Tor. Was ihm gegen die tiefstehende Sonne noch fehlte, war eine passende Mütze. Kurzerhand bat er die hinter ihm stehenden Zuschauer, ihm eine Mütze zu leihen. Ein Dutzend Mützen flogen über die Barriere, aber keine wollte passen. Da warf ihm einer einen Hut zu. Lächelnd probierte Übelein I auch diesen. Er passte. Aber er behielt ihn doch nicht auf. Übelein I spielte einen hervorragenden Torwart und der Club gewann gegen Hertha BSC mit 4:2. 1939 wurde der gelernte Buchdrucker zur Artillerie eingezogen. Die beiden fußballverrückten Kompaniechefs in Schwabach, Lichtenstern und Oldenburg, holten sich den Mittelläufer für ihre Soldatenelf „Burgstern Noris".

Auch nach dem Krieg, ob in der Oberliga oder bei den sog. Fressspielen, war Übelein I als Verteidiger gesetzt. Keine Frage also, dass er auch im DM-Finale 1948 gegen den 1.FC Kaiserslautern zum Einsatz kam. In der Nacht vor dem Finale hatte im Club-Quartier in Königswinter bei Köln ein Schäfer den Spielausgang prophezeiht: „Der Sieger wird drei Tore schießen, jedoch eines wird von Übel sein." Und so kam es auch. Alle drei Tore erzielten Club-Spieler. Nach der 2:0-Führung fälschte Übelein I in der 62.Minute einen Schuss mit dem Knie ins eigene Netz ab. Endstand 2:1 und ein Tor davon war von Übel(ein). Bis 1951 stand Übelein I in der ersten Mannschaft. Dann, inzwischen schon knapp 37 Jahre alt und 487 Spiele für den Club absolviert, hing er seine Fußballschuhe an den Nagel.

Übelein, Julius

*17.2.1916. 1935-49. Pokalsieger 1939.

Julius Übelein war der zweitälteste der drei Übelein-Brüder, so hieß der Stürmer der Einfachheit halber Übelein II oder „Uttla". Über Eintracht Zabo kam er zum Club und spielte schon 1935 in der ersten Mannschaft. In seinem ersten Jahr war der gelernte Offsetdrucker, der als Rechtsaußen, Linksaußen und Halbrechter eingesetzt werden konnte, auf Anhieb Torschützenkönig in Bayern. Sein schönstes Tor erzielte er gegen Schweinfurt. Der Abstoß des gegnerischen Torwarts landete genau auf Übeleins Kopf und ging postwendend ins Tor: „Ich wollte mich noch wegducken, aber schaffte es nicht mehr ganz. Von meiner Stirn flog der Ball in hohem Bogen ins Tor." Seine Zeit beim Arbeitsdienst und gleich anschließend beim Militär verhinderten weitere Einsätze beim Club. Übelein II stürmte jedoch erfolgreich für die Soldatenelf „Burgstern Noris".

Nach dem Krieg galten die beiden Außenläufer Gebhardt und Abel Übelein sowie die beiden Halbstürmer Übelein II und Morlock als das „magische Viereck". Wegen einer TBC-Erkrankung musste Übelein II beim DM-Finale 1948 pausieren. Übelein II, der für den Club 284 Spiele bestritt, eröffnete Anfang der 50er Jahre eine Lotto-Toto-Annahmestelle in der Wodanstraße und ist am liebsten in seinem Haus in der Hersbrucker Schweiz.

Volkert, Georg

*28.11.1945. 1965-69 und 1980/81. Deutscher Meister 1968.

Ob rechts oder links, der dribbelstarke Ansbacher ließ seine Gegenspieler auf beiden Flügeln stehen. Max Merkel verordnete dem Liebhaber des körperlosen Spiels 1967 ein spezielles Einzeltraining. „Ich musste täglich Zweikämpfe gegen unseren Eisenfuß Fritz Popp bestreiten", erzählt Volkert. „Fritz mit 16-Millimeter-Alustollen, ich mit Noppenschuhen." Der Erfolg gab Merkel recht. Der „Schorsch" stieg zum Nationalspieler auf und entwickelte plötzlich Torjägerqualitäten: Nur Strehl, Brungs und Eckstein erzielten mehr Bundesliga-Treffer für den Club als er. Auch beim Hamburger SV zeigte er sich später sehr torgefährlich, ehe er seine aktive Zeit beim SV Hummelsbüttel bendete. Weniger erfolgreich ließ sich seine zweite Karriere als Manager an: Er versuchte sich beim FC St. Pauli, beim HSV, dem VfB Lübeck und zuletzt beim Club, wo er im Dezember 1998 entlassen wurde.

Wabra, Roland

*25.11.1933. 1956-69. Deutscher Meister 1961, 1968, Pokalsieger 1962.

Kennen Sie den? „Eine Mutter hatte drei Söhne. Der eine war Torwart, der zweite Linksaußen, und der dritte war auch nicht normal." Jaja, Torhüter und Linksaußen – Roland Wabra konnte beides spielen. Im Punktspiel der Saison 1966/67 gegen Schalke 04 etwa verließ er wegen einer Fingerverletzung kurz nach der Halbzeit das Tor. Nachdem damals noch nicht ausgewechselt werden durfte, stellte sich Mittelfeldspieler Reinhold Adelmann in den Kasten, doch Wabra kam wieder: Zehn Minuten lang als Torwart, danach als Feldspieler. Obwohl er sich hervorragend schlug, unterlag der Club mit 0:4.

In die Geschichte des FCN jedoch ging der Mann mit der „linken Klebe" als vielleicht bester Torwart nach Heiner Stuhlfauth ein. Während der Saison 1957/58 löste der gelernte Schneider aus Unterreichenbach „Edi" Schaffer im Kasten ab und verteidigte diesen Platz bis 1969, in 523 Spielen. Mit „Nandl" Wenauer, Heinz Strehl und Helmut Hilpert bildete er das Quartett, das bei allen drei Titelgewinnen der sechziger Jahre mitmischte. „Alle drei kamen unerwartet", sagte er und erzählte besonders gerne eine Geschichte, die sich vor dem Endspiel 1961 gegen Dortmund ereignete: „Vor dem Anpfiff kamen uns Borussen-Fans entgegen und fragten, ob wir denn einen zweiten Torhüter mitgebracht hätten, weil ihre Mannschaft den ersten, also mich, schon bis zur Halbzeit ‚erschossen' hätte." Von wegen, der Club gewann 3:0.

Wabra verquickte gutes Stellungsspiel mit Fangsicherheit und Reaktionsschnelligkeit zu einer perfekten Mischung. Den Weg in die Nationalmannschaft versperrte ihm ausnahmsweise nicht Sepp Herberger, sondern seine eigene Unbeherrschtheit. Gleich dreimal wurde der „Rolli" wegen Foulspiels vorzeitig in die Kabine geschickt. Auch mit der Pünktlichkeit hatte er so seine Probleme. „Nach dem Rolli", pflegte Max Merkel zu frotzeln, „kannst du deine Uhr stellen. Aber nur die Sonnenuhr, um Mitternacht."

In der Meistersaison 1967/68 lief er noch einmal zur Höchstform auf, im Jahr darauf kam das Aus. Wegen eines Muskelabrisses im rechten Arm, der erst Wochen später entdeckt wurde, musste er seine Karriere beenden und wurde Sportinvalide. In den letzten vier Monaten der Abstiegssaison stand Jürgen Rynio im Kasten. Ob ein Roland Wabra im Tor den Absturz verhindert hätte? „Ich weiß nicht, ob es mit mir besser gelaufen wäre", meinte er bescheiden, „ich brachte in dieser Zeit einfach keine Topform mehr."

Dank seiner zwei Söhne verlor Wabra nie den Kontakt zum modernen Profifußball. Der ältere der beiden, Rudolf, spielte in Dortmund, Nürnberg und Köln, ohne den Sprung in die Bundesliga zu schaffen. Der jüngere, Klaus, schnupperte ein einziges Mal Erstliga-Luft: 1983/84 im Trikot des 1. FC Nürnberg, 25 Minuten lang. Ausgerechnet im Spiel beim VfB Stuttgart, das dem Club die höchste Bundesliga-Niederlage aller Zeiten bescherte (0:7), wurde er in der 65. Minute eingewechselt.

Nach seiner Vertragsspieler-Laufbahn kickte „Rolli" noch acht Jahre für seinen Heimatverein SV Unterreichenbach, als Linksaußen, versteht sich, und baute in der Nürnberger Ludwigstraße die Generalagentur einer großen Versicherung auf. Plötzlich lernte er sogar, pünktlich zu sein. „Es sei denn", schränkte er ein, „ich sitze mit meinen Freunden von der Meistermannschaft zusammen und wir plaudern über die guten alten Zeiten beim Club." Roland Wabra starb im Oktober 1994 bei einem Frontalzusammenstoß mit einem Geisterfahrer.

Walitza, Hans

*26.11.1945. 1974-79.

Der kopfballstarke Mittelstürmer wurde 1974 von Hans Tilkowski für die Schnaps-Ablöse von DM 666.666 zum Valznerweiher geholt. Da er sich gleich beim ersten Training verletzte, hatte er in seinem ersten Jahr nur wenig Erfolg und wurde bereits als Fehleinkauf kritisiert. Dann aber traf in drei aufeinanderfolgenden Spielzeiten (74/75-76/77) je 21 mal ins Schwarze, mehrmals erzielte er gleich drei Tore in einem Spiel. In der Aufstiegssaison 1977/78 lief es wieder schlechter, er erzielte lediglich 4 Treffer. Trotzdem prophezeite der 1976 schon einmal auf der Ziellinie Gescheiterte bereits im Mai: „Ich glaube, dass wir es heuer packen, denn die jungen Spieler werden vielleicht besser mit der nervlichen Belastung fertig als wir damals gegen Borussia Dortmund." Rechtzeitig zu den entscheidenden Spielen gegen RW Essen kam er wieder in Form und stellte mit zwei Treffern den Aufstieg höchstpersönlich sicher. Der artistische „Scherenschlag per Außenrist" zum 2:1 im Rückspiel an der Essener Hafenstraße war wohl der sehenswerteste Treffer, den er je erzielt hat.

In der Bundesliga bildete der privat stets gut gekleidete Stürmer zusam-

men mit Siggi Susser ein bei den Fans sehr beliebtes Sturmduo. Der sofortige Wiederabstieg ließ sich trotzdem nicht vermeiden. Wieder einmal schwer verletzt, löste der Mann aus dem Kohlenpott im Frühjahr 1979, nach 15 Profijahren, vorzeitig seinen Vertrag („Man muss wissen, wenn die Zeit gekommen ist") und eröffnete, mittlerweile in Nürnberg heimisch geworden, einen Toto-Lotto-Laden. Vorübergehend als Trainer tätig (Röttenbach), ist er nach einigen Versuchen als Gastwirt (u.a. „Café Hadla", „Nachtwächter") inzwischen wieder nach Bochum zurückgekehrt.

Wenauer, Ferdinand

*26.4.1939. 1958-72.
Deutscher Meister 1961, 1968, Pokalsieger 1962.

Das große Real erkannte seine Extraklasse sehr früh. 1963, nach den Europapokalspielen des Club gegen Atletico Madrid (2:1 und 0:2), schickten ihm die „Königlichen" ein lukratives Angebot als Nachfolger Santamarias ins Haus. Er lehnte ab, „weil mir der Mut und der nötige Biss fehlten". Im eigenen Land hingegen galt der Prophet wenig. Wie Mittelstürmer Heinz Strehl oder die Außenläufer Joe Zenger und Steff Reisch musste auch der aus dem ASV Süd hervorgegangene „Nandl" erfahren, dass Bundestrainer Sepp Herberger nicht auf Nürnberger Spieler baute. Obwohl die Nationalelf in den Partien mit ihm als Mittelläufer nur zwei Gegentore kassierte, blieb es bei vier Einsätzen zwischen 1960 und 1962.

In Nürnberg hielt Wenauer, ein Meister des fairen, sauberen Tacklings, vierzehn Jahre lang, in 706 Spielen (!), die Abwehr zusammen; nur Max Morlock und Luitpold Popp haben mehr Spiele für den Club absolviert. Den Pokalsieg von 1962 und die Meisterschaften 1961 („Mein schönstes Erlebnis, denn am gleichen Tag wurde mein Sohn Ferdinand junior geboren") und 1968 durfte er sich an seine Fahnen heften, wobei ihn vor allem der letzte Titelgewinn überraschte: „Von der Qualität her waren wir damals sicher nicht die Spitzenmannschaft, aber Max Merkel hat uns so hochgetrimmt, dass es reichte." Besser als jeder andere seiner vielen Trainer habe es der Österreicher verstanden, die Mannschaft „heiß zu machen".

1969 stieg Wenauer mit dem Club ab. Der Absturz eines Meisters, ohne Parallele in der langen Geschichte der Bundesliga. So unglaublich, so unfassbar, dass selbst die direkt Beteiligten keine Erklärung fanden; Wenauer selbst hat's wenigstens versucht. In seinem Buch „Alle meine Trainer – Aufstieg und Fall des 1. FC Nürnberg", einem Werk übrigens, das es in keiner Buchhandlung mehr zu kaufen gibt, schreibt er: „Dieser jähe Sturz kam nicht von ungefähr. Das Gravierendste war die Demontierung der Meisterelf. Das ist der einzige Fehler, den ich Merkel anlasten möchte: Der Verkauf von Brungs, Ferschl und Sta-

rek war nicht zu verkraften. Ein Jahr lang mussten wir experimentieren, um die Lücke zu schließen, die der Außenläufer Ferschl hinterließ. Im Sturm fehlte Franz Brungs. Es war keiner mehr da, der die Flanken von Volkert und Cebinac verwertete. Und Bayern München schätzte sich glücklich, einen Spielmacher vom Format des Gustl Starek erhalten zu haben."

Bis 1972 trug der „Nandl" das Clubtrikot durch die Niederungen der Regionalliga. Dann wechselte er zum FC Herzogenaurach, wo er 1975 auch seine Trainerlaufbahn begann, und betrieb sein Lotto- und Totogeschäft in der Äußeren Laufer Gasse. Die Bilanz seiner 17 Jahre mit dem Club fiel zwiespältig aus: „Meistens ist es drunter und drüber gegangen", erinnerte er sich, „Ruhe war eigentlich nur zwischen 1961 und 1962 unter Adam Winkler als Schatzmeister. Der hat das Geld behütet, wie wenn es sein eigenes gewesen wäre. Ich weiß noch, bei der Deutschen Meisterschaft 1961 – da haben wir beim Adam betteln müssen, dass er für die Mannschaft noch zehn Flaschen Wein ausgibt. Wie der Max Merkel Trainer war im Meisterjahr 1968, da ist auch noch Geld dagewesen. Dann ist es rapide abwärts gegangen."

Eineinhalb Jahrzehnte lang trainierte der bodenständige Familienvater verschiedene mittelfränkische Amateurmannschaften. Sein letzter Erfolg: Mit dem TSV Katzwang stieg er 1992 in die Landesliga auf. Wenige Wochen später, mit nur 53 Jahren, starb er völlig überraschend an Herzversagen.

Weyerich, Horst

*13.8.1957. 1975-85.

„Beim Club hatte ich in der Schüler und Jugend meine schönste Zeit", sagt der langjährige Club-Libero Horst Weyerich. „Da hat man einfach noch spielen können. Es stand immer der Ball im Mittelpunkt." In der Jugend hatte er auch seine erfolgreichste Zeit: Auf sechs Schüler- und elf Jugendländerspiele hat er es gebracht, 1974 stand er in der Mannschaft, die zum ersten und bis heute zum letzten Mal eine Deutsche Jugendmeisterschaft nach Nürnberg holte.

1976 debütierte der 18-Jährige bei den Profis, in der Saison darauf war er Abwehrchef der jungen Mannschaft, die der neunjährigen Zweitliga-Zeit beim Club ein Ende machte. Weyerich schwärmt noch heute von der Stimmung in dem Team, in dem sich bis auf die „Alten" Walitza und Petrovic fast alle schon von der Jugend her kannten. „Damals waren fast alle Nürnberger. Die haben sich alle mit dem Verein total identifiziert." Natürlich sei dann der sofortige Abstieg ärgerlich gewesen, aber die gute Stimmung habe das nicht getrübt: Alle hätten damals daran geglaubt, dass der Club umgehend wieder hochkommt. Was ja auch tatsächlich geschah. Doch nach dem Wiederaufstieg 1980 ging es dann mit dem Investitionen los. Neue, „fertige" Spieler wurden gekauft, da man den jungen Eigengewächsen nichts zutraute. So zerfiel die „alte junge Mannschaft" mehr und

mehr, 1984 war Horst Weyerich als letzter der „Helden von '78" übriggeblieben. „Wenn man die Mannschaft zusammengehalten hätte", meint er rückblickend, „wäre manches bestimmt besser gelaufen."

Obwohl es beim Club nicht so optimal lief, lehnte der überzeugte Franke sogar ein Angebot des damaligen Top-Vereins HSV ab. Er habe nicht von Nürnberg weggehen wollen, so seine Begründung, selbst wenn er beim Jahr für Jahr abstiegsgefährdeten Club eher einen rustikalen Ausputzer denn einen spielenden Libero zu geben hatte. „Von der Karriere her hätte mir ein Wechsel sicher gutgetan", sagt er heute. „Aber ich trauere dem nicht nach."

Weyerichs langjähriges Engagement beim Club – 445 Spiele! – endete mit der berühmten „Oktoberrevolution" des Jahres 1984. Als Mitglied des Spielerrates hatte er nach einer miserablen Vorrunde in einer öffentlichen Erklärung Kritik an dem introvertierten Trainer Heinz Höher geübt. Der damalige Präsident Gerd Schmelzer kannte keine Gnade und sprach ihm wie den Spielern Horsmann, Lottermann, Kargus, Walz und Krella „wegen Verletzung der Treuepflicht" die fristlose Kündigung aus. Trotzdem resümiert der damalige „Rebell": „Insgesamt kann ich sagen, dass ich vierzehn schöne Jahre hatte beim Club. Das Ende hätte dann natürlich schöner sein können." Nach der Entlassung beim Club spielte er zwei Jahre bei der SpVgg in Fürth, anschließend hängte er noch ein Jahr in Zirndorf dran.

Horst Weyerich arbeitet heute bei der Lebenshilfe in Fürth. Auslöser für diese Berufsentscheidung war sein Zivildienst: „Da habe ich gemerkt, dass mir das Spaß macht." Und was ist heute mit dem Fußball? „Als eingefleischter Nürnberger weiß ich zwar, wie der Club gerade in der Tabelle steht, aber eigentlich habe ich mit Fußball nicht mehr viel zu tun." Das heißt, nicht ganz: Seit 1994 – Anlaß war das 20-jährige Jubiläum – trifft sich die letzte (Jugend-)Meistermannschaft des 1. FCN alljährlich zu einem Spiel, um die alten Zeiten wiederaufleben zu lassen.

Wieder, Ludwig

*22.3.1900. 1919-34. Deutscher Meister 1924, 1925, 1927.

„Wöi haßt'n der? Gell, dös is der Widder?" „Du Schoaf! Dös is der Kalb!" - dieser Dialog soll sich dereinst während eines Lokalderbys auf der Fürther Tribüne abgespielt haben. Tatsächlich zählte der Mittelstürmer Ludwig Wieder zu den weniger berühmten Meisterspielern des 1. FCN. Vermutlich nicht zuletzt deshalb, weil er, ähnlich wie sein Vorgänger Willy Böß, nie als ein ausgesprochener Torjäger galt. Zwar lobten die Experten die gute Technik und das hervorragende Zuspiel des im Jahr 1922 vom TV 1860 Schweinau gekommenen, sehr bedächtig agierenden Stürmers, kritisierten aber immer wieder, dass er „nicht zu Alleingängen prädestiniert" sei.

Im Endspiel 1925 gegen den FSV Frankfurt erzielte er allerdings nach einem feinen Solo in der Verlängerung den entscheidenden Treffer. Sein Mannschaftskamerad Riegel entband in daraufhin von der Pflicht, noch weitere Tore für den Club zu erzielen. Diesen Vorschlag scheint er beherzigt zu haben, denn in der Folgezeit galt er dem Nürnberger Publikum als einer, der beim Abschluss regelmäßig in unbeholfener Weise scheiterte. 1931, als er gegen 1860 München wieder einmal als Sturmführer aufgestellt war, hatten die Fans allen Anstand verloren. Club-Chronist Hans Hofmann: „Kaum hatte das liebe Publikum die Aufstellung gemerkt, als es zu lachen anfing. Ein erhebendes Gefühl für einen Spieler, vom eigenen Publikum verhöhnt zu werden! Im Laufe des Spiels aber zeigte Wieder, dass die Zuschauer gar keine Ursache zum Lachen hatten, denn er zeigte sich an diesem Tage als recht gewandter Sturmführer."

Wiesinger, Michael

*27.12.1972. 1993-99.

Als vierjähriger Knirps malträtierte Michael Wiesinger zum Leidwesen seiner Eltern permanent den heimischen Rasen, bevor er seine Fußball-Leidenschaft auf den Plätzen des DJK Emmerting und dann beim SV Gendorf auslebte. Ob in der E- oder in der A-Jugend, Wiesinger war stets der Kleinste in der Mannschaft und damit besonders gefordert, sich mit Spurts und Spielwitz gegen die körperliche Überlegenheit seiner Gegner durchzusetzen. Schon als 17-Jähriger wechselte der Oberbayer zu 1860 München und danach zum FC Starnberg. Von dort kam er dann im Julii 1993 als viel versprechendes Talent zum Club, um Fußballprofi zu werden.

„Das Gefühl werde ich nie vergessen", erinnert sich Wiesinger noch gerne an seinen ersten Auftritt im Frankenstadion. Nicht nur weil der Club gegen den 1. FC Köln mit 1:0 gewann und er dabei restlos überzeugte. Die Anfeuerung von den Rängen, wenn Tausende seinen Nachnamen ins Stadionrund hinausschreien, haben bei ihm einen bleibenden Eindruck hinterlassen.

Allerdings stand der Beginn seiner Profikarriere am Valznerweiher unter keinem allzu guten Stern, denn in seinen ersten drei Profijahren stieg der Flitzer am rechten Flügel dreimal in Folge ab. 1993/94, nach seiner ersten Saison im FCN-Trikot, verabschiedete sich der Club aus der Bundesliga. Ein Jahr später war der 1.FCN sportlich aus der 2. Liga schon abgestiegen, blieb jedoch aufgrund der Lizenzentzüge von Dynamo Dresden und dem 1. FC Saarbrücken noch einmal zweitklassig. 1996 dann der Sturz in die Drittklassigkeit. „Natürlich", sagt Wiesinger heute, „hatte ich mir meinen Einstand im Profifußball ganz anders vorgestellt". Obschon von diversen Bundes- und Zweitligaklubs umworben, blieb er dem Club auch in der Regionalliga treu. Das Umfeld, die Trainingsmöglichkeiten, das tolle Stadion – da überlegt man es sich zweimal, ob man so etwas aufgibt." Seine Entscheidung, mit dem Club das tiefe Tal zu durchwandern, hat er nicht bereut, zumal er bei den folgenden Aufstiegen des Club zur tragenden Figur der Mannschaft wurde.

Auch in der mannschaftsinternen Hackordnung kletterte Wiesinger dank seiner konstanten guten Leistungen Stufe für Stufe nach oben: vom stellvertretenden Spielführer zum Kapitän. Er führte den Club zurück in die Bundesliga, „wo dieser Verein einfach hingehört". Als Mannschaftsführer begann Wiesinger auch das Abenteuer Bundesliga und wurde wegen seiner starken Leistungen von den Medien als nationalmannschaftswürdig eingestuft. Doch nach all den Jahren der Ab- und Aufstiege weiß Wiesinger dies zu beurteilen: „Man wird schnell hochgejubelt und ebenso schnell wieder fallengelassen." Nachdem Friedel Rausch den Trainerposten übernommen hatte, gab Wiesinger seine Kapitänsamt an Sasa Ciric ab. Nicht weil er die Verantwortung loswerden, sondern weil er sich auf seine Leistung und sein Spiel konzentrieren wollte. Ein Knöchelbruch mit zweifachem Bänderriss durchkreuzte jedoch dieses Vorhaben. Zur Saison 1999/2000 wechselte der flinke „Wiesel" zum FC Bayern. Obwohl Wiesinger schon einen Vertrag mit Bayern München in der Tasche hatte, kam ihm der Abstieg des Club am letzten Spieltag sehr hart an. „Tatenlos zusehen zu müssen, wie es bergab geht, diese bittere Erfahrung möchte ich niemandem empfehlen." Aus Verbundenheit mit dem Club wurde Wiesinger am Tage, als er nach München ging, Mitglied des 1. FCN.

Wild, Tasso

*1. 12. 1940. 1959-67. Deutscher Meister 1961, Pokalsieger 1962.

„Tassilo" tauften ihn seine Eltern, doch alle Welt nannte und nennt ihn nur „Tasso". Der von TuSpo Nürnberg über die Jugend der SpVgg Fürth zum Club gekommene Mittelfeldspieler bestach durch sein gutes Auge und die Fähigkeit zum entscheidenden Pass.

Sein wichtigstes Tor erzielte der hervorragende Techniker 1962 zum 2:1-Sieg in der Verlängerung des Pokalendspiels gegen Fortuna Düsseldorf in Hannover. Seine Hoffnungen auf einen Länderspiel-Einsatz erfüllten sich nicht, was Wild auch auf eine Geschichte zurückführt, die sich bei einem Lehrgang der Nationalmannschaft abspielte. „Wir Nürnberger kamen ein bisschen spät", erinnert er sich. „Und da im Speisesaal kein Platz mehr frei war, musste ich mich zu Sepp Herberger an den Tisch setzen. Das Getränk war uns freigestellt, also bestellte ich mir ein Bier. Als der Bundestrainer das sah, erklärte er mir, dass Alkohol hier fehl am Platze sei." Vor der Meisterschaftssaison 1967/68 wurde Wild von Max Merkel ausgemustert und wechselte nach Berlin zur Hertha. Der Bundesliga-Skandal beendete 1971 seine Karriere. „Tasso" kehrte in seine Heimatstadt Nürnberg zurück, wo er als Geschäftsführer einer Großbäckerei arbeitet. Ab Oktober 1995 bestimmte er als Vizepräsident die Geschicke des 1. FCN wieder entscheidend mit.

Winterstein, Konrad

*17.7.1927. 1945-55.
Deutscher Meister 1948.

Trotz seiner Torgefährlichkeit wurde dem Stürmer, der von Wacker Nürnberg zum Club kam, immer wieder mangelnde Beidfüßigkeit vorgeworfen. Mit dem rechten Fuß brachte Winterstein nicht allzu viel zustande, doch sein „linker Schlappen" war in ganz Deutschland berühmt und gefürchtet. Beim DM-Finale 1948 gegen den 1. FC Kaiserslautern steuerte „Conny" jedoch per Kopf den Treffer zum 1:0 bei. Der Polizeibeamte war begeistert von der „großen Familie", die der Club damals gewesen sei. „Bei uns war nur wichtig, dass Tore fielen. Wenn ich sie nicht geschossen habe, dann besorgten dies eben andere." Er lehnte sämtliche Angebote, die ihm der FC Bayern München oder der VfL Wolfsburg unterbreitet hatten, ab, und blieb ein Cluberer. „Fußball muss Spaß machen", lautete seine Devise. Als 1955 sein Vertrag nach 409 Spielen nicht mehr verlängert wurde, wechselte Winterstein zu Jahn Regensburg, kehrte jedoch bald nach Nürnberg zurück, um als Spielertrainer in Adelsdorf und Langenzenn zu wirken. Auch er betrieb eine Toto-Lotto-Annahmestelle.

Zarate, Sergio Fabian

*14.1.1969. 1990-92 und 1993/94.

Drei Jahre lang raste „el raton", die schnellste Maus Argentiniens, in den frühen Neunzigern durchs Frankenstadion. Zarate verzückte die Nürnberger Zuschauer mit schnellem Antritt, genialen Tricks und tollen Toren. Seine wallende pechschwarze Lockenmähne ließ auch die Herzen der weiblichen Club-Fans höherschlagen. Nach dem Abstieg 1994, den 13 Zarate-Tore nicht verhindern konnten, wechselte er zum Hamburger SV, für den er allerdings nur elf Spiele bestritt. Spektakulär seine Spielweise, spektakulär auch sein Abgang aus der Bundesliga: Weil er beim Club angeblich Schwarzgeld in sechsstelliger Höhe eingesackt hatte, wurde er zu einer Geldstrafe von 100.000 Mark verurteilt. 1995 flüchtete „die Maus" nach Mexiko, wo er bei Deportivo Necaxa und America Mexico seine sportlich erfolgreichste Zeit erlebte: Dreimal, zuletzt 1998, holte er sich den mexikanischen Meistertitel.

Zeitler, Walter

*19.9.1933. 1952-60.

Als die Club-Spione 1949 das Talent vom ASN zum Zabo holten, spielte Zeitler noch rechter Halbstürmer. Im Laufe seiner Karriere orientierte er sich immer mehr nach hinten – er spielte zunächst Außenläufer, dann rechter Verteidiger. Im August 1952 schaffte er es zum ersten Mal in die erste Mannschaft und war danach nicht mehr aus der Stammformation wegzudenken. Der stämmige Spieler, der es auf 306 Einsätze für den Club brachte, verteidigte verbissen seinen Ruf, der größte Esser in der ganzen Mannschaft zu sein. Als der Club 1953 in New York weilte sorgte Zeitler eines Nachts für Aufregung: Als Club-Trainer Alv Riemke zu später Stunde die Zimmer kontrollierte, lag Zeitler als einziger noch nicht in seinem Bett. Trotz üppigen Abendessens hatte er noch einmal Hunger bekommen und war auf der Straße zum nächstbesten Hähnchenbrater gelaufen. Mit einem Gigala in der Hand kam er wieder ins Hotel zurück und lief Riemke direkt in die Arme.

Zenger, Josef

*17.11.1935. 1956-62.
Deutscher Meister 1961.

Der gelernte Maurer, der vom FC Herzogenaurach zum Club kam, galt als Stratege im Mittelfeld, wusste aber auch als Stürmer zu überzeugen. Zenger war nicht besonders schnell, aber enorm ausdauernd: „Ich wurde nie müde und verlor in einem Spiel vier Kilo." „Joe" Zenger liebte Ausflüge bis an den gegnerischen Strafraum und

war mit seinen Weitschüssen oft erfolgreich. Er trainierte verbissen, hatte aber mit Verletzungspech zu kämpfen. Viermal war er von Sepp Herberger zu Lehrgängen der Nationalmannschaft eingeladen, jedes Mal musste er wegen einer Zerrung absagen. Im DM-Finale 1961 war Zenger einer der Besten. 1964 löste er seinen Vertrag auf, weil der damalige Trainer Csaknady ihm den Spaß am Fußball verdorben hatte. „Ich habe nie geglaubt, dass das jemand schafft, aber der hat uns Anti-Fußball beigebracht." Zenger trainierte dann u.a. die Jugend des FC Herzogenaurach. Dort entdeckte und förderte er ein großes Talent: Lothar Matthäus, der auf seine Empfehlung hin in die deutsche Jugend-Nationalmannschaft kam. Neben seiner Arbeit als Speditionskaufmann ist Zenger heute ein leidenschaftlicher Tennisspieler und Skiläufer.

Anekdoten und Vermischtes

Fußball! Der 1. F. C. N. sucht zur Verstärkung seiner Mannschaft **geübte Rugbyspieler.** Dieselben werden nebst solchen Herren, welche sich diesem Sport widmen wollen, höfl. eingeladen, sich Dienstag, den 30. April abends 8 Uhr, im Billardsaal des Cafe Zeughaus einzufinden. Spielzeit Freitag Abend und Sonntag Vormittag Deutschherrnwiese.

Elf Narren sollt ihr sein

Auf einem Nürnberger Holzstich (um 1530) finden sich „Aylff Narren", die einander „die Wahrheit" sagen. Damals gab es zwar noch keinen Fußball, aber dass die Zahl elf und das Spiel mit dem runden Leder etwas miteinander zu tun haben, ist allgemein bekannt: Schließlich wird es „elf gegen elf" gespielt. Um die Wahrheit zu sagen: Tatsächlich hat das Fußballspiel und die Tatsache, dass es mit Mannschaften von je elf Spielern gespielt wird, etwas mit Narretei zu tun. In der christlichen Fastnacht fungiert die Elf als ein Hinweis auf die Sünde. Elf ist „eine böse Zahl" heißt es bei Schiller, „Elfe überschreitet die zehn Gebote". Die Zahl elf steht für die Menschen, die - wie eben z.B. beim unsittlichen Fastnachtstreiben - die gegebene Norm übertreten. Seit 1533, so belegen die Quellen, war in Großbritannien der Faschingsdienstag der wichtigste Termin für ein Spiel namens „Football". Was liegt da näher als die These, dass der Ur-Fußball aus einem närrischen Treiben hervorging? In Nürnberg hatte man im 16. Jahrhundert zwar noch keine Ahnung von dem Spiel mit dem runden Leder, aber es gab bereits elf Narren, die sozusagen auf den ersten Ballkontakt warteten - wie noch heute so mancher Clubspieler.

Glassplitter, Nägel und Rasensprenger

Dass Spiele wegen Eis, Schnee und Regen abgesagt werden müssen, kam in der Geschichte der Bundesliga hundertfach vor. In München wurde einmal ein Spiel wegen eines Tribünenbrandes abgesagt, in Kaiserslautern wegen einer defekten Flutlichtanlage. Alles verständlich und nachvollziehbar. Völlig absurd ist aber die Ursache für die Absage der Partie 1. FCN - Borussia Dortmund am 24. Februar 1990. Um den durchnässten Rasen besser bespielbar zu machen, hatte man vor dem Anpfiff etliche Fuhren Sand auf dem Spielfeld ausgebracht. Was jedoch keinem aufgefallen war: der „Sand" bestand zur Hauptsache aus Glassplittern und Nägeln. Wie in Schilda mußten sich die Zuschauer im Stadion auch Anfang der 90er Jahre vorgekommen sein. Plötzlich ging die Rasensprenger-Anlage los und die Spieler konnten eine öffentliche Dusche nehmen.

Silvester 1935

Fasching 1980

Volksfest 196[?]

Nikolaus 1965

Trainingslager 1993/94

BEIM HIPPEL

Die halbe Sau

Kurz nach dem Gewinn der siebten Meisterschaft 1948 reiste der Club nach Alt/Neuötting am Inn. „Zapf" Gebhardt, der seinen Mitspielern nach dem Training in der elterlichen Wirtschaft „Zum Hippel" besonders große Portionen servierte (v.l.n.r. Winterstein, Reiser, Bergner, Niemann, Gebhardt, Schober, Übelein II), hatte das Spiel ausgehandelt. Drei Zentner Schweinefleisch ohne Knochen, drei Zentner Weizenmehl und 1.500 DM in bar in der neuen Währung sowie eine dreistöckige Torte waren als Antrittsprämie vereinbart. Drei Stunden vor Spielbeginn machte sich dann in den beiden Städtchen am Inn die Hiobsbotschaft breit: „Da Club spuit net, s'Fleisch habns net beinand!" „Zapf", gelernt ist gelernt, hatte von den drei Zentnern Fleisch auch noch die kleinsten Knochen herausgeschnitten, und so war man beim Nachwiegen auf „nur" 282 Pfund gekommen, also 18 Pfund zu wenig. „Wenn die 18 Pfund bis Spielbeginn net da sin, tret ma net an", drohte Zapf unmißverständlich. 4.380 Zuschauer aus dem ganzen Landkreis warteten schon auf den Spielbeginn. Da rückten die Alt/Neuöttinger noch ein Spanferkel heraus, das eigentlich für eine Silberhochzeit vorgesehen war, und der Club trat an.

Ellbogen-Check und Steinwurf

Anfang Juli 1947 in dem noch immer stark zerstörten Essener Stadion an der Hafenstraße trifft der Club auf seinen alten Rivalen aus den 30er Jahren, auf Schalke 04. Im Tor steht „Schorsch" Lindner trotz seiner schweren Krankheit. Er hat TBC und stirbt drei Wochen später. In seinem Buch „Anpfiff in Ruinen" schildert Hans Dieter Baroth die dramatischen Ereignisse: „In der Nacht vor dem Spiel gegen Schalke zittert der junge Lindner in seinem Bett vor Kälte. Er hat Fieber. Während des Spiels wird der Nürnberger Torwart ständig von dem Mittelstürmer der Königsblauen, Dargaschewski, attackiert. Der weiß nichts von der Krankheit des Keepers Lindner. Willi Billmann interveniert bei dem Schalker: ‚Lass den Jungen in Ruhe, oder ich mache dich fertig.' Die Drohung bleibt wirkungslos. Dar- Lindner läuft einem Angriff entgegen, gaschewski setzt nach, Billmann bringt seinen Ellbogen ein, mit einer blutenden Wunde über dem Auge muss der Schalker das Essener Spielfeld verlassen. Aber ein Schalker bleibt nicht ungerächt. Nach dem Abpfiff ziehen die verschwitzten Spieler am Rest der Tribüne vorbei in die bescheidenen Umkleidekabinen. Hoch oben sitzt ein junger Mann, der gezielt einen Stein auf Billmann fallen lässt. Mit einer schweren Kopfverletzung erreicht der Nürnberger die Kabine." Die Narbe sieht man noch heute über der Stirn von Billmann.

Ohne Ziffern

Zum Saisonauftakt 1948/1949 hatten die Ziffern auf den Rücken der Spieler im Spiel von Bayern München gegen Schweinfurt 05 Premiere. Eine Neuerung, die sich schnell durchsetzte, nur nicht beim Club. Der weigerte sich noch im Sommer 1950 standhaft, seine Elf mit Rückennummern auflaufen zu lassen. In der Geschäftsstelle hieß es, man lasse alle Zuschriften dazu in den Papierkorb wandern. „Wenn die Einsender Club-Trikots mit Rückennummern wünschen, dann sollen sie dem 1. FCN eben welche kaufen", zitiert Werner Skrentny in seinem lesenswerten Geschichtsbuch zur Oberliga Süd ein Schreiben der Club-Geschäftsstelle.

DER BIERKRUG VOM HANS KALB

Wäsche und Schuhe

Die berühmteste Aufsichtsperson über die Clubwäsche war wohl „Mutter" Böhm. Sie hütete die alten weinroten Meistertrikots wie ihren Augapfel und wusste auch mit nackten Clubspielern umzugehen. Als sie einmal einen jugendlichen Spieler nach dem Duschen überraschte und dieser seine Blöße erschrocken mit einem Handtuch abdeckte, meinte sie trocken: „Brauchst'n net zu verstecken - ich hab' schon dem Kalbs Hans sein g'sehn." Stellvertretend für die vielen Betreuer und Helfer, die sich jahrelang für den Club verdient gemacht haben, seien noch genannt: Hans Meyer, zunächst Platzwart am Alten Zabo, dann Zeugwart der Profis am Neuen Zabo, sein Nachfolger Willy Spieß und seine Frau Sofie, die sich um die Wäsche kümmerte, schließlich Betreuer Toni Eckert, der bei mehr als 800 Spielen die Club-Kicker mit einem „Hello Jungs, alles o.k.?" begrüßte sowie Klaus Majora, die „gute Seele" der Mannschaft in den 80er Jahren, der in seinen „Warsteiner Stuben" am Hauptmarkt Gastgeber vieler Club-Feten war.

Altnürnberger Gemütlichkeit

Der Ungar Alfred Schaffer, der „Fußballkönig", der 1919 in die Frankenmetropole gekommen war und den Kickern vom Zabo soviel beigebracht hatte, dass aus dem 1. FC Nürnberg binnen kurzem der berühmte „Club" wurde, war ein gern gesehener Gast in Stuhlfauths Sebaldusklause. Schaffer war von dem gemütliche Ambiente - Butzenscheiben, Zinnkrüge, Holztäfelung - so angetan, dass er nicht zuletzt wegen seiner freundlichen Gaststuben Jahre später als Trainer nach Nürnberg zurückkehrte. Lang ist die Liste der Geschichten, die sich in den legendären Räumen von Stuhlfauths Lokal zutrugen. In den 20er Jahren feierten die Spieler in Weinrot hier ihre Siege und Meisterschaften, hier lernte der englische Club-Trainer Fred Spiksley seine spätere Frau, die Bedienung Rosi, kennen, hier zog sich der HSV-Verteidiger Ali Beier einen Rausch zu, dass er später nicht mehr zu sagen wusste, wie er ins Hotel gekommen war, hier plauschte der berühmte „Dixie" Dean, der 1927/28 in der englischen Liga einen nie mehr erreichten Rekord von 60 Treffern in 39 Spielen aufstellte, mit den fränkischen Meisterspielern über die Geheimnisse des Fußballs. Kein Wunder, dass der „Sebaldusklausner" selbst oft Mühe hatte, vom Tresen wegzukommen. Oft saß er noch bis kurz vor dem Anpfiff eines Spiels im Schankraum, dann erst schwang er sich auf sein Motorrad und erschien in allerletzter Minute in der Kabine, seine aufgeregten Kameraden mit den Worten beruhigend: „Dou bin i scho."

"Komme gleich Wieder!"

In den Zeiten, als eine offizielle Bezahlung von Fußballern nicht statthaft war, musste sich die Vereinsführung des 1. FCN auf andere Weisen der Entlohnung besinnen. So war sie den Meisterspielern Sutor, Wieder und Popp dabei behilflich, im Tabakwarengeschäft Fuß zu fassen. Ob allerdings Wieder & Popp in ihrem Laden ein entsprechendes Auskommen gefunden haben, mag bezweifelt werden. Vom Zigarrenliebhaber Popp war bekannt, dass er seine Regale am liebsten selbst plünderte, und zudem soll das Geschäft auch nur recht selten geöffnet gewesen sein. An der Tür hing meist ein Schild mit der Aufschrift: „Komme gleich Wieder!"

Geschichte des Nürnberger Totos

Der Meisterspieler Seppl Schmitt und sein Bruder Fritz, der seine Fußballerkarriere schon als 20jähriger wegen einer Knieverletzung hatte beenden müssen, gründeten 1934 am Nürnberger Plärrer einen Tabakladen, der sich schon bald als städtische Diskussionszentrale der Clubfans etablieren sollte. Das Thema „1. FCN" sorgte für eine treue Kundschaft, die das Geschäft florieren ließ.

Nach dem Krieg, als der Laden zerstört war, begann man in einer Baracke am Plärrer von Neuem. Nun wollten die Brüder, angeregt vom Erfolg des englischen Fußball-Totos, nicht mehr ausschließlich Tabak, sondern auch Wettscheine verkaufen. Noch vor der Währungsreform sicherten sie sich zusammen mit fünf weiteren Bayern die staatliche Genehmigung zur Durchführung von Fußball-Wetten. Die Saison 1947/48, die der 1. FCN als Deutscher Meister abschloss, war auch die erste Toto-Saison. Für eine Reichsmark konnten die Ergebnisse von 10 Spielen, und, falls es zu Spielausfällen kommen sollte, auch zwei Ersatzspiele getippt werden. Obwohl dem Toto wenig Chancen eingeräumt wurden, wurde es zu einem großen Erfolg. Schon die zweite Saison hatte durch unerwartete Resultate erstaunlich hohe Gewinne in „harten" DM gebracht, so dass das Interesse an den Wetten in der nächsten Saison sprunghaft anstieg. Mit 59 Mio. DM Umsatz war der Bayerische Fußball-Toto der Größte in Deutschland.

Bis zur bundesweiten Einführung des Lotto im Jahr 1955 liefen die Toto-Wettscheine aller deutschen Fußballfans in Bayern und Nürnberg zusammen. Nach Jahren fetter Gewinne musste die Nürnberger Bezirksstelle jetzt deutliche Einbrüche im Toto-Geschäft verzeichnen, doch man reagierte rechtzeitig und forcierte den Ausbau des Lottogeschäfts. In den 70er Jahren stieg Peter Schmitt, der das Geschäft von Vater Fritz und Onkel Sepp übernommen hatte, aus dem Tabakhandel aus und voll in die Lotteriebranche ein. Heute leitet er rund 200 Annahme- und Verkaufsstellen für Toto-Lotto, von denen einige immer noch von ehemaligen Meisterspielern des 1. FCN betrieben werden.

Sportleute! **Mitglieder!**
Deckt Euren Weihnachtsbedarf an
Zigarren, Zigaretten und Tabaken
im
Zigarrenhaus Wieder & Popp, Nürnberg
Ludwigstraße 32 (am Weißen Turm).
Bestellungen rechtzeitig erbeten.
Karten-Vorverkauf für alle Spiele.
Neu aufgenommen: **Branntwein und Liköre.**

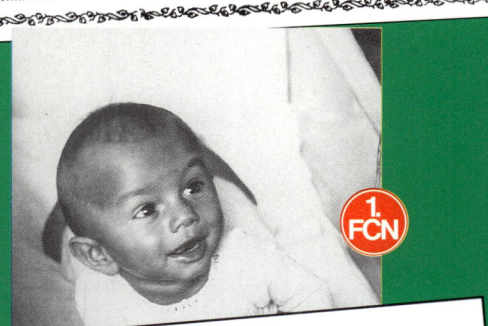

Ein Gully im Zabo

Im alten Zabo stehen im Mittelfeld schon seit Jahrzehnten keine schwarzrot gekleideten Herren mehr herum, niemand wetzt an einer Außenlinie entlang. Im Zabo stehen heute viereckige Halbhochhäuser mit Eigentumswohnungen und einer Ertragssteuerermäßigung. Höchstens kann jemand dort, wenn er sich in der Endress'schen Gaststätte zufriedenstellend abgefüllt und auf einen Gully gelegt hat, legendäre Namen rauschen hören. Kennemann vielleicht, oder Stuhlfauth, Kalb, Zapf Gebhardt, Übelnemann vielleicht, oder Stuhlfauth, Kalb, Zapf Gebhardt, Übelein I, Übelein II, Ucko, Schweinberger, Schaffer, Morlock, Leupold, Derbfuß oder Strehl. Anscheinend hat man damals für eine Fußballmannschaft Menschen gebraucht, einige Schwanzkisten, Holzhacker, Biertrinker, ein Trainingslager in der Sängerlust, Schafkopfkartler. Dann noch einen Ball, zwei Tore mit Maschendraht...

Die Seele des 1. FC Nürnberg ist ganz bestimmt in Zabo zubetoniert. Dort unten in der Gruft unter dem Gully weiß man infolgedessen nichts von den neuen Errungenschaften im Fußball. Man braucht nämlich nicht mehr elf Menschen, sondern viele gut funktionierende Hampelmänner. Man muss zu zwanzig Millionen Mark ein Verhältnis haben wie früher zu einer Scheibe Preßsack.

Früher sind auf den weinroten Trikots nach einer halben Stunde schöne kreisrunde Schweißflecken aufgetaucht. Jetzt stehen dort jedes Jahr andere erhabene Namen drauf wie Aro, Trigema, Reflecta, Puma oder Pleite. Oft lesen wir auch auf der Hose einen einträglichen Schriftzug, so dass man diese nicht mehr wie früher der Schobers Gustl während des Spiels kurz lüften und vor dem Publikum seine Meinung in Gestalt eines fahl leuchtenden Hinterns mitteilen darf.

Auch wenn man den alten Zeiten nicht nachtrauern darf - manchmal wünscht sich ein alter Club-Depp doch, daß von einem Traditionsverein ein bißchen mehr übrigbleibt als nur etliche Millionen Mark Schulden."

(Klaus Schamberger, Lokalchef der Abendzeitung und als „Spezi unterwegs" öfters mit dem Club befaßt.)

Die Meister-Mechaniker oder Die Berufe der Meisterspieler:

Bark, Gustav	Maschinenbauingenieur
Bergner, Gerhard	Beamter
Billmann, Willy	Techniker
Carolin, Heinz	Kürschner
Derbfuß, Paul	Sachbearbeiter
Eiberger, Max	Kfz-Mechaniker
Flachenecker, Gustav	Kfz-Mechaniker
Friedel, Georg	Mechanikermeister
Gebhardt, Robert	Wirt („Zum Hippel")
Grünerwald, Michael	Bankkaufmann
Gußner, Karl	Flaschner
Hilpert, Helmut	Tankstellenbesitzer
Hochgesang, Georg	Mechaniker
Dr. Kalb, Hans	Zahnarzt
Kennemann, Georg	Kriminalbeamter
Knoll, Adolf	Mechaniker
Köhl, Georg	Sachbearbeiter
Köpplinger, Emil	Reißzeugmacher
Kugler, Anton	Goldschläger
Morlock, Max	Mechaniker
Müller, Heiner	Kfz-Mechaniker
Munkert, Andreas	Kaufmann
Oehm, Richard	Gartenbauarchitekt
Pöschl, Hans	Mechaniker
Popp, Luitpold	Postbeamter
Reinmann, Baptist	Finanzsekretär
Reisch, Stefan	Maschinenschlosser
Riegel, Carl	Kaufmann
Schaffer, Eduard	Kaufmann
Schmidt, Hans	Wirt („Zum Bumbes")
Schmitt, Joseph	Mechaniker
Dr. Steinlein, Jean	Jurist
Strehl, Heinz	Metzger
Stuhlfauth, Heiner	Wirt (Sebaldusklause)
Sutor, Hans	Tabakwarenhändler
Träg, Heiner	Kaufmann
Wabra, Roland	Maschinenprüfer
Wenauer, Ferdinand	Drucker
Wieder, Ludwig	Elektromechaniker
Winter, Georg	Schornsteinfeger
Winterstein, Konrad	Polizist
Zenger, Josef	Maurer

Meisterspieler in Toto-Lotto-Läden

Die Spielzeit 1947/48 war die erste Toto-Saison in der Geschichte des deutschen Fußballs. Zuerst verkauften die Brüder Schmitt in ihrem Geschäft am Plärrer Wettscheine, danach stieß Max Morlock mit einer Holzbude am Hauptbahnhof dazu, auch Helmut Herbolsheimer eröffnete einen Laden. Danach versuchten sich immer mehr ehemalige Clubspieler in dieser Sparte, in den sechziger Jahren avancierte Nürnberg geradezu zu einer „Hauptstadt des Toto-Lotto". Richard Albrecht, Horst Leupold, Helmut Hilpert, Stefan Reisch, Nandl Wenauer, Gustl Flachenecker, Franz Brungs, Karl-Heinz Ferschl, Heinz Müller - alle eröffneten sie ein Geschäft. Bei diesem flächendeckenden Angebot hatte jeder Clubfan „seinen" Meisterspieler gleich um die Ecke, dem er den Wettschein persönlich überreichen konnte.

Ein Schulschwänzer in Prag

Am 5. Mai 1906 schwänzte der Gymnasiast Theo Haggenmiller die letzte Schulstunde, um noch den Zug zu erreichen, der ihn und die 1. Mannschaft des Club nach Prag bringen sollte, wo man - es war das erste Ausgenspiel der Nürnberger - am nächsten Tag gegen die dortige Slavia antrat. Der 1. FCN kam mit 2:12 gewaltig unter die Räder. Nur die gute Vorstellung des Rechtsaußen Haggenmiller war der Presse eine Erwähnung wert - und das wäre dem Schulschwänzer nach seiner Rückkehr beinahe zum Verhängnis geworden. Denn am nächsten Tag las der Direktor des Gymnasiums zufällig einen Artikel in der Zeitung, in dem von einem Fußballspiel der Nürnberger in Prag und namentlich von dem tüchtigen Nürnberger Rechtsaußen Haggenmiller die Rede war. Der Schüler wurde zur Rede gestellt. „Der Delinquent", so schildert Hans Hofmann den Fortgang der Dinge, „sah sofort ein, dass ihn nur ein freimütiges Bekenntnis zu retten vermochte, gestand alles, aber auch, dass er seinen Fußballsachen den Vergil oder Homer beigepackt, dass er sich außerdem in Gesellschaft gleichgesinnter, honetter Leute befunden habe, die mit ihm die hunderttürmige Stadt an der Moldau mit ihren Brücken und historischen Denkmälern bewundert hätten, und er ließ nicht ab, die empfangenen Eindrücke in langer Rede zu schildern. Da fasste den alten Herrn ein menschliches Rühren und er entließ den bußfertigen Sünder in Gnaden mit der besonderen Erlaubnis, an allen Fahrten des Clubs teilnehmen zu dürfen, sofern er seinem Klassenlehrer Mitteilung mache." Auf diese Weise ist es zur ersten und einzigen Spielerlaubnis eines Gymnasiasten in Bayern gekommen. Das als „undeutsch" und „gesundheitsschädlich" geltende Fußballspiel war damals nämlich an den Schulen nicht erlaubt, später, nach einem Erlass des Königlich-Bayerischen Kultusministeriums vom 1. Januar 1912, war es allen Gymnasiasten sogar auch außerhalb des Schulgeländes verboten, gegen den Ball zu treten. Zuwiderhandlungen, so hieß es, sollten mit Arrest, im Wiederholungsfall gar mit Relegation bestraft werden.

Tasso kommt zum Club

Andreas Weiß war von 1949 bis 1970 zunächst als Fußballjugendleiter und ab 1957 als Mitglied der Hauptvorstandschaft für den gesamten Amateurfußballbereich verantwortlich. Zusammen mit Fritz Kreißel lotste er viele Talente aus der Region u.a. die späteren Meisterspieler Flachenecker, Wenauer, Strehl, Haseneder, Volkert, Reisch und Wild zum Club. Nicht immer ein leichtes Unterfangen, wie sich Weiß heute noch erinnert: „Beim Tasso Wild war es nicht ganz einfach. Der Vater hatte eine Bäckerei hinter der Burg und war schon jahrelang Club-Mitglied. Sein Sohn Tasso spielte bei Tuspo Nürnberg. Vater Wild kannte Bumbes Schmidt, und als der Trainer in Fürth wurde, schickte er seinen Tasso bei Bumbes in die Lehre. Nach einem Jahr kehrte Bumbes der Spielvereinigung den Rücken und sagte zu mir: ‚Jetzt könnt ihr den Tasso haben.' Bumbes versprach, mit Tassos Vater alles klar zu machen. Ich weiß noch genau, es war der Silvestersamstag 1957, als ich mich auf den Weg zur Bäckerei Wild machte. Schon an der Tür empfing mich Vater Wild mit einem komischen Gesichtsausdruck: ‚Die Fürther haben mich doch rumgekriegt, der Tasso bleibt in Fürth.' Kurze Zeit später betrat Bumbes den Laden. Als er den Sachverhalt vernahm, wurde er wütend: ‚Was, du Feigling hast dich von den Fürthern breitschlagen lassen? Der Tasso kommt sofort zum Club.' Inzwischen war auch Tasso im Laden erschienen. ‚Tasso, du kannst doch Maschineschreiben, oder?', wandte sich Bumbes an den jungen Wild. Der bejahte. ‚Also', setzte Bumbes nach, ‚setz' dich hin, spann' einen Bogen Papier ein und schreib': Hiermit erkläre ich per 31.12.1957 meinen Austritt aus der SpVgg Fürth und bitte, mir umgehend meinen Paß zuzusenden.' Dann nahm Bumbes den Bogen, steckte ihn in einen Umschlag, ließ sich von Vater Wild eine Briefmarke geben und schickte Tasso los zum Briefkasten. So landete Tasso Wild beim Club."

Jeder Schuss ein Treffer

„Ja, war das eine Gaudi", denkt der heute 63-jährige Anton Allemann noch gerne an seinen Auftritt im „Aktuellen Sportstudio" vor über 30 Jahren zurück. Der Schweizer hatte beim Club seine Künste als quirliger, dribbelstarker und torgefährlicher Spieler von 1964 bis 1966 unter Beweis gestellt. Eine Stunde vor Sendebeginn war der „Toooni", wie ihn die Fans im Nürnberger Stadion nannten, schon im Mainzer Studio - und die ließ er, ganz Profi, natürlich die ungenutzt verstreichen. „Ich trainierte auf die Torwand, 30 Minuten vor der Sendung habe ich die schon unten rechts kaputtgeschossen."
Die Torwand wurde provisorisch wieder geflickt. Bis dahin war Uwe Seeler der beste Torwand-Schütze mit schlappen zwei Treffern gewesen. Aber dann kam der Auftritt von Allemann. „Toooni" Allemann im Originalton: „Der erste Schuss: Rein. Im Publikum ein kleines Raunen. Der zweite Schuss: Rein. Großes Raunen. Der dritte Schuss rein: Jetzt erhoben sich schon einige Leute von ihren Sitzen. Den vierten Schuss wollte ich auch unten rechts setzen. Da rief der Moderator: ‚Stopp, stopp, Herr Allemann. Sie müssen oben schießen.' Also, der vierte Schuss: Oben, rein. Jetzt konnte ich fast nicht mehr vor Lachen. Die letzten beiden Bälle habe ich dann gar nicht mehr geschossen." Also, jeder Schuss ein Treffer für den Schweizer, das hatte bis dahin und bis heute noch keiner geschafft. Aber es waren nur vier Treffer. Immerhin war Allemann damit gut fünf Jahre lang einsamer Spitzenreiter der „Sportstudio"-Rangliste. Bis dann Anfang der 70er Jahre - unmerklich für das Fernsehpublikum - etwas Entscheidendes geschah. Da die meisten Fußballstars an der Torwand kläglich versagten und kaum einer mehr als einen Ball versenkte, vergrößerten die ZDF-Leute die Einschusslöcher. Die gewünschte Wirkung trat ein, und Allemann nun mit seinen vier Treffern einer unter vielen. Eines aber steht fest: Der Schweizer, der heute als Manager in der Computer-Branche arbeitet und in einer Villa nahe des Zürcher Flughafens Kloten lebt, ist immer noch der einzige, bei dem jeder Schuss ein Treffer war.

Die letzten Meister

Der Jugendarbeit, die Fritz Kreißel, Andreas Weiß und andere seit Oberligazeiten leisteten, hat der Club etliche Spieler zu verdanken, die es später zu Meisterehren brachten. Auch die A-Jugend selbst errang beinahe regelmäßig den Bayerischen Titel, seit 1969, als der Wettbewerb erstmals ausgeschrieben wurde, spielte sie auch um die Deutsche Meisterschaft mit. 1971 gelangte die Clubjugend erstmals in das Finale, drei Jahre später, am 9. Juni 1974, machte die Jugendmannschaft des 1. FCN die bis heute letzte Fußball-Meisterschaft des 1. FCN perfekt. 1:0 für den Club hieß das Ergebnis nach dem Endspiel gegen den 1. FC Köln. Viele der Meisterspieler - stellvertretend seien Günter Dämpfling, Horst Weyerich, Werner Dorok, Peter Sommer und Reinhold Schöll genannt - trugen später auch noch das Trikot der 1. Mannschaft. Seit 1994 - Anlass war das 20jährige Jubiläum - trifft sich die letzte (Jugend-)Meistermannschaft des 1. FCN alljährlich zu einem Spiel, um die alten Zeiten wiederaufleben zu lassen.

Pokale und Preise

Die „Viktoria" und der Deutsche Pokal waren nur die wichtigsten, bei weitem aber nicht die einzigen Preise, die der 1. FCN erringen konnte. Auf dem Foto zu sehen ist u.a. der „Eiserne Fußball", die Trophäe für die Süddeutsche Meisterschaft des Jahres 1916, dem ersten ganz großen Erfolg des Club. Während andere Vereine ihre Pokale heute in großen Vitrinen zur Schau stellen können, kann der Club seinen Fans solch einen erhabenen Anblick nicht gönnen. Am 20. April 1940 wurden 140 Siegespreise, Pokale und Medaillen abgeholt und wanderten in die Schmelzöfen, damit Waffen für den Krieg daraus geschmiedet würden. Der Club hat sich bei der „Metallspende des Deutschen Volkes" wahrlich nicht lumpen lassen.

„Wir hören Günther Koch"

Es gibt Leute, die behaupten, sie bräuchten ihn nur eine Sekunde lang zu hören, um zu wissen, wie's steht im Spiel des 1. FC Nürnberg. An der Farbe der Stimme von Radio-Reporter Günther Koch lässt sich alles ablesen, Jubel und Jammer, Triumphe und Tränen „seines" Vereins, des Club. Die „Stimme Frankens" im Bayerischen Rundfunk klingt so ganz anders als die der vielen anderen Reporter, die Samstag für Samstag aus den Stadien der Bundesliga berichten. Seit mehr als zwanzig Jahren überträgt der Teilzeitlehrer an einer Nürnberger Realschule Fußballspiele, und er bringt sie so plastisch und spannend, so voller Enthusiasmus und Herzblut herüber wie kein zweiter. Unvergesslich (und preisgekrönt) seine Schilderung des Brunner-Treffers zum 2:0 im letzten Spiel der Saison 1984/85, der den Wiederaufstieg bedeutete. Heute ist Koch Kult, er besitzt eine eigene Homepage im Internet und hat zwei CDs herausgegeben („Wir hören Günther Koch - Ausgewählte Radioreportagen").

Eine tragische Parade

Ein besonders tragisches Ende einer Fußballkarriere widerfuhr Club-Amateurtorwart Walter Spangler. Er hatte bereits einen Profi-Vertrag in Aussicht gestellt bekommen, als das Unglück seinen Lauf nahm. Im Landesligaspiel gegen Straubing am 14. September 1974 prallte er mit einem gegnerischen Spieler so unglücklich zusammen, dass er im Strafraum kopfüber zu Boden stürzte und das Bewußtsein verlor. Danach lag er gelähmt 29 Tage im Koma bis einen Tag vor seinem 24. Geburtstag. Dann begann für ihn der lange Weg der Rehabilitation, den er bis heute beharrlich durchsteht und dabei auch bedeutende sportliche Erfolge errang. So nahm er dreimal bei den Paraolympics teil und gewann 1988 in Seoul die Silbermedaille im Diskuswerfen und die Bronzemedaille im Kugelstoßen. Erfolge, die ihm helfen, sein schweres Schicksal zu meistern.

„Club, auf geht's!"

Er war so etwas wie die „Stimme des Club". 23 Jahre lang übte Franz Schäfer das Amt des Stadionsprechers bei den Heimspielen des 1. FCN aus. Im Sommer 1973 hatte er, damals dritter Vorsitzender des Vereins, den langjährigen Sprecher Michael Horlacher abgelöst, bis 1996 saß er in seiner Kabine ehrenamtlich hinter dem Mikrofon. Sein schönstes Erlebnis? Schäfer, 1978 für kurze Zeit der erste hauptamtliche Manager des Club, im Dezember 1978 entlassen und heute Chefredakteur sowie Teilhaber einer Möbel-Fachzeitschrift, überlegt nicht lange. „Das faszinierende Gefühl, etwas beeinflussen zu können, habe ich besonders intensiv im letzten Spiel der Saison 1992/93 erlebt. Der Club lag gegen Saarbrücken 0:1 zurück, eine Niederlage hätte den Abstieg bedeutet. Schäfer dachte kurz nach, schnappte sich dann das Mikro und rief hinein: „Wenn ich jetzt eine Anzeigetafel hätte, würde ich eingeben: Club, auf geht's!" Die lautstarke Unterstützung der Fans kam prompt zurück, zwei Minuten später schoss Dieter Eckstein den Ausgleich. Der Club gewann schließlich 4:1 und blieb in der Bundesliga. In der Pressekonferenz nach dem Spiel hieß es: „Heute haben zwei Mann das Spiel gewonnen: Eckstein und Franz Schäfer."

Das Maskottchen

Erich Muhl war einst ein glühender HSV-Anhänger. Als er aber am 1. August 1926 im Eimsbütteler Stadion sah, wie der 1. FCN „seine" Mannschaft mit 9:1 niederkantere, packte er sofort seine Sachen. „Ich wollte dort wohnen", sagte er, „wo man es kann so spielt wie der Club". In Nürnberg verdingte er sich als Werbeverkäufer einer Fußballzeitung und folgte seinem 1. FCN überall hin. Es dauerte nicht lange, bis die Meisterspieler um Stuhlfauth und Kalb den Schlachtenbummler als Mädchen für alles verpflichteten. Sein ehrenamtlicher Job bestand im Schuheputzen, Koffertragen, Trikotwaschen und Strümpfestopfen, aber viel wichtiger noch war er den Spielern als Glücksbringer. In den 30er Jahren wurde das Club-Maskottchen zum Stammgast in Seppl Schmitts Laden am Plärrer. Der Club-Kapitän war es auch, der ihm 1947 seinen größten Wunsch erfüllte: Zehn Minuten lang durfte er in der 1. Mannschaft mitkicken. Nach dem Krieg wurde er als allgegenwärtiger Verkäufer des 8-Uhr-Abendblatts endgültig zu einem in ganz Nürnberg bekannten Wahrzeichen unerschütterlicher Clubtreue.

Mit der Leica immer dabei

Er war eine Legende bereits zu Lebzeiten, bekannter und beliebter als diejenigen, die er ständig ablichtete: Stars der Sportszene und solche, die es werden wollten. Die Rede ist von Kurt Schmidtpeter, seines Zeichens Sportfotograf mit Charisma. Faszinierend bleiben seine besten Bilder und sagenumwoben war seine Ausrüstung: Leicas der ersten Generationen oder die Robot, die erste Schnellaufzug-Kamera der Welt - mittlerweile alles begehrte Sammlerstücke. Kurt Schmidtpeter fotografierte mit ihnen bis zu seinem Tod - abseits moderner Fototechnologie. Er brauchte die neueste Technik nicht, um gute Bilder zu machen, denn er fotografierte mit Herz und Erfahrung. Zuverlässiger als jeder Belichtungsmesser schätzte er das Licht ein, ahnte die Ereignisse voraus, fand die richtigen Worte für alle, die er ins Bild setzen wollte, so dass ihm nie ein Wunsch abgeschlagen wurde. Kurz - er war ein Vorbild für alle jungen Kollegen. Seit er in den dreißiger Jahren nach Nürnberg kam, begleitete er seinen Verein, den Club, bei Wind und Wetter durch alle Höhen und -tiefen, überlebte Spieler, Trainer und Präsidenten. Kurt Schmidtpeter war einer, wie man es in Franken nennt, vom alten Schlag, einer Spezies, die anscheinend nicht mehr in die heutige Zeit passt, die wir aber nötiger bräuchten als je zuvor. Dafür war er ein lebendes Beispiel und dafür wurde auch jüngst eine Straße in Nürnberg benannt..

Geschenke

In früheren Zeiten haben die Clubspieler nicht für Geld, sondern vor allem für die Ehre gespielt. Für Jugendspieler gab es nach Siegen, wie sich Max Morlock erinnert, „einen Sprudel mit Geschmack", für die Helden, die in der Europapokalrunde 1961/62 Benfica Lissabon mit 3:1 nach Hause schickten, gab es ganze 50 DM als Siegprämie. Bei solchen Verhältnissen mussten sich die Spieler geradezu wie im Schlaraffenland gefühlt haben, als jeder von ihnen nach dem Gewinn der Deutschen Meisterschaft 1961 ein Fahrrad, zwei Anzüge und ein kleines Goldstück geschenkt bekam. In den 70er Jahren wurden dann die Prämien zwischen Mannschaft und Vereinsführung von Spiel zu Spiel ausgehandelt. Das Ergebnis wurde fein säuberlich mal handschriftlich, mal getippt festgehalten. Ein Auswärtserfolg im Pokal über Wacker Berlin war schlappe 350 Mark wert, ein Heimsieg gegen den FC Homburg mmerhin 1.250 Mark. Auch bei einem Unentschieden gegen die Saarländer wäre jeder Spieler um 500 Mark reicher geworden. Nur ganz selten erachtete man in der Vereinsführung Siege oder gar Unentschieden als so selbstverständlich, dass man gar keine Punktprämie als zusätzliche Motivation aussetzte. Noch seltener jedoch war jedoch das, was im Oktober 1976 ausgehandelt wurde: „Falls gegen Schwenningen nicht gewonnen wird, erfolgt ein Abzug von DM 1.000.- für dieses Spiel." Bis zur 75. Minute führte der Club im Städtischen Stadion gerade mal 1:0, doch dann spielte man den FC Schwenningen mit 5:0 an die Wand. Die Geldbeutel der Spieler blieben unangetastet. Später wurden dann die Siege, vor allem solch hohe, spärlicher, die Geschenke aber umso größer. Etliche Spieler bekamen „Sonderprämien" aus einer Schwarzen Kasse, Schiedsrichter wurden mit teuren Trimmgeräten beschenkt, Club-Schatzmeister Ingo Böbel beschenkte sich selbst mit aus der Clubkasse finanzierten opulenten Gelagen in den besten Restaurants.

Der Club in der Meisterschaft

Unter dem Dach des "Verbandes Süddeutscher Fußballvereine" wurden ab der Saison 1905/06 Bezirke ("Gaue") eingerichtet, die wiederum in Kreise zusammengefasst wurden. In Bayern gab es zunächst die Gaue Nord- und Südbayern, die zusammen den Kreis Bayern (Ostkreis) bildeten. 1910/11 wurde erstmals eine Bayern(Ostkreis)-Liga ausgespielt, seit dem 1. Weltkrieg wechselte das Spiel-System immer wieder. 1933 wurde die Gauliga Bayern eingeführt, 1945/46 die Oberliga Süd, aber erst mit Einführung der Bundesliga 1963 wurde der Meister unmittelbar im Ligasystem ermittelt. (In Klammern: Punkte/Tore)

1905/06
Bezirksliga: 1. Platz
(Der FCN verzichtet auf eine Teilnahme an der Süddeutschen Meisterschaft.)

1906/07
Bezirksliga: 1. Platz
Ostkreismeisterschaft:
FCN - MTV München 4:4/4:3
OSTKREISMEISTER
Süddeutsche Meisterschaft:
Halbf.: Freilos
Finale: FCN - Freiburger FC 1:1/1:3

1907/08
Bezirksliga: 1. Platz
Ostkreismeisterschaft:
FCN - Bayern München 5:3/2:1
FCN - MTV Augsburg 9:5/4:2
OSTKREISMEISTER
Süddeutsche Meisterschaft:
2. Platz (5:7/18.10)

1908/09
Bezirksliga: 1. Platz
Ostkreismeisterschaft:
FCN - MTV München 3:4/3:0/5:1
OSTKREISMEISTER
Süddeutsche Meisterschaft:
2. Platz (8:4/23:15)

1909/10
Bezirkslig: 1. Platz
Ostkreismeisterschaft (Erst- und Zweitplazierte Nord und Süd):
2. Platz (6:6/24:17)

1910/11
Ostkreis-Liga: 2. Platz (30:6/90:25)

1911/12
Ostkreis-Liga: 4. Platz (26:14/55:35)

1912/13
Ostkreis-Liga: 3. Platz (18:10/48:17)

1913/14
Ostkreis-Liga: 2. Platz (16:12/38:23)

1914/15
Ostkreismeisterschaft und Süddeutsche Meisterschaft wegen Kriegsausbruch nicht ausgespielt. Ausgetragen wurden im Herbst 1914 12 Spiele gegen ortsansässige Vereine (21:3/47:13). 1915 wurden bis zum Sommer 23 Verbandsspiele ausgetragen (39:7/85:12). Ab Herbst 1915 gab es wieder ein geordnetes Verbandsspielprogramm, bis 1920 wurde allerdings keine Deutsche Meisterschaft ausgetragen.

1915/16
Bezirksliga: 1. Platz (34:0/147:7)
Zur Teilnahme waren auch Vereine unterer Spielklassen berechtigt.
Ostkreismeisterschaft:
Finale: FCN - 1860 München 4:0
OSTKREISMEISTER
Süddeutsche Meisterschaft:
Halbf.: FCN - Hanau 93 7:1/4:1
Finale: FCN - Pfalz Ludwigshafen 4:1
SÜDDEUTSCHER MEISTER

1916/1917
Bezirksliga: 1. Platz (22:2/71:9)
Ostkreismeisterschaft:
FCN - Bayern München 4:4/2:0
(An Südd. Meisterschaft nicht teilgenommen.)

1917/18
Entscheidungsspiel Mittelfranken:
FCN - SpVgg Fürth 5:0
Ostkreismeisterschaft:
Halbf: FCN - TV Regensbg 19:0/17:0
Finale: FCN - B. München 1:0 /2:4/3:0
OSTKREISMEISTER
Süddeutsche Meisterschaft:
Halbf.: FCN - Amic. Frankf. 8:1/6:1
Finale: FCN - Union Stuttgt 6:2/3:2
SÜDDEUTSCHER MEISTER

1918/19
Bezirksliga: 1. Platz
(Ostkreismeisterschaft und Süddeutsche Meisterschaft nicht ausgespielt.)

1919/20
Bezirksliga: 1. Platz (36:0/115:6)
Süddeutsche Meisterschaft:
Nordgruppe: 1. Platz (11:1/23:5)
Halbfinale: Freilos
Finale: FCN - Pfalz Ludwigshafen 3:0
SÜDDEUTSCHER MEISTER
Deutsche Meisterschaft:
Viertelf.: VfB Leipzig - FCN 0:2
Halbf.: Stettiner FC T. - FCN 0:3
Finale: FCN - SpVgg Fürth 2:0
DEUTSCHER MEISTER

1920/21
Bezirksliga: 1. Platz (35:1/85:8)
Süddeutsche Meisterschaft:
Nordgruppe: 1. Platz (11:1/20:4)
Halbf: FCN - Waldh. Mannheim 2:0
Finale: FCN - P. Ludwigsh. 2:1 n.V.
SÜDDEUTSCHER MEISTER
Deutsche Meisterschaft:
Viertelf.: FCN Freilos
Halbf.Wacker Halle - FCN 1:5
Finale: FCN - Vorwärts Berlin 5:0
DEUTSCHER MEISTER

1921/22
Bezirksliga/Gr. 1: 1. Platz (26:2/80:8)
Entscheidung gegen den 1. Gr. 2:
FCN - SpVgg Fürth 2:3/1:2
Deutsche Meisterschaft (FCN als Titelverteidiger qualifiziert):
Viertelf.: FCN - SpVgg. Leipzig 3:0
Halbf.: FCN - N.-Nw. Berlin 1:0
Finale: HSV - FCN 2:2 n.V.
(Abgebr. nach 189 Minuten)
Final-Wh.: HSV - FCN 1:1 n. V.
(Abgebr., kein Titelträger).

1922/23
Bezirksliga: 2. Platz (22:6/39:12)

1923/24
Bayernliga: 1. Platz (20:8/27:8)
Süddeutsche Meisterschaft (Liga):
1. Platz (16:4/24:5)
SÜDDEUTSCHER MEISTER
Deutsche Meisterschaft:
Viertelf: Berliner Alem. - FCN 1:6
Halbf.: FCN - Duisburger SV 3:1
Finale: FCN - Hamburger SV 2:0
DEUTSCHER MEISTER

1924/25
Bayernliga: 1. Platz (24:4/44:13)
Süddeutsche Meisterschaft:
2. Platz (10:6/13:6)
(Qualifikation für DM-Endrunde)
Deutsche Meisterschaft:
Achtelf.: FCN- SV Jena 2:0
Viertelf.: Breslauer SC - FCN 1:4
Halbf.: Duisburger SV - FCN 0:3
Finale: FSV Frankf. - FCN 0:1 n.V.
DEUTSCHER MEISTER

1925/26
Bayernliga: 2. Platz (18:10/34:18)
(Titelverteidiger nicht mehr für die Endrunde qualifiziert)

1926/27
Bayernliga: 1. Platz (33:3/64:17)
Süddeutsche Meisterschaft:
1. Platz (16:4/28:14)
SÜDDEUTSCHER MEISTER
Deutsche Meisterschaft:
Achtelf.: FCN - Chemnitzer BC 5:1
Viertelf.: Hamburger SV - FCN 1:2
Halbf.: FCN - 1860 München 4:1
Finale: Hertha BSC - FCN 0:2
DEUTSCHER MEISTER

1927/28
Bezirksliga: 2. Platz (23:5/45:9)
Süddeutsche Meisterschaft (Trostrunde): 2. Platz (20:8/37:12)

1928/29
Bezirksliga: 1. Platz (24:4/51:15)
(Entscheidungsspiel gegen punktgleiche SpVgg Fürth: 4:3)
Süddeutsche Meisterschaft (Meisterstaffel): 1. Platz (25:3/52:7)
SÜDDEUTSCHER MEISTER
Deutsche Meisterschaft:
Achtelf.: Holstein Kiel - FCN 1:6
Viertelf.: FCN - TB Berlin 3:1
Halbf.: Hertha BSC - FCN 0:0/3:2

1929/30
Bezirksliga: 2. Platz (22:6/33:14)
Trostrunde der Zweiten und Dritten zur Qualifikation für die Deutsche Meisterschaft (Südoststaffel):
1. Platz (25:3/55:17)
Gegen den Sieger der Norweststaffel: FCN - FSV Frankfurt 1:0
Deutsche Meisterschaft:
Achtelf.: Breslauer Spfr. - FCN 0:7
Viertelf.: FCN - Schalke 04 6:2
Halbf.: Hertha BSC - FCN 6:3

1930/31
Bezirksliga: 2. Platz (20:8/50:14)
Trostrunde der Zweiten und Dritten zur Qualifikation für die Deutsche Meisterschaft (Südoststaffel):
2. Platz (20:8/47:13)

1931/32
Bezirksliga: 1. Platz (30:6/56:17)
Südd. Meisterschaft (Südoststaffel):
2. Platz (20:8/48:17)
Qualifikation zur DM-Endrunde:
FCN - FSV Frankfurt 5:0
Deutsche Meisterschaft:
Achtelf.: FCN - Borussia Fulda 5:2
Viertelf.: Holstein Kiel - FCN 0:4
Halbf.: Bayern München - FCN 2:0

1932/33
Bezirksliga: 1. Platz (35:1/68:19)
Südd. Meisterschaft (Ostweststaffel):
2. Platz (18:10/29:11)

1933/34
Gauliga Bayern: 1. Platz (34:10/61:26)
Deutsche Meisterschaft:
Gruppe IV: 1. Platz (9:3/10:4)
Halbf.: FCN - Viktoria 89 Berlin 2:1
Finale: Schalke 04 - FCN 2:1

1934/35
Gauliga Bayern: 2. Platz (25:15/43:26)

1935/36
Gauliga Bayern: 1. Platz (31:5/36:12)
Deutsche Meisterschaft:
Gruppe III: 1. Platz (11:1/19:4)
Halbf.: FCN - Schalke 04 2:0
Finale: FCN - F. Düsseldorf 2:1 n.V.
DEUTSCHER MEISTER

1936/37
Gauliga Bayern: 1. Platz (27:9/47:16)
Deutsche Meisterschaft:
Gruppe IV: 1. Platz (11:1/18:4)
Halbf.: FCN - Hamburger SV 3:2
Finale: Schalke 04 - FCN 2:0

1937/38
Gauliga Bayern: 1. Platz (27:9/35:16)
Deutsche Meisterschaft:
Gruppe IV: 2. Platz (8:4/15:9)

1938/39
Gauliga Bayern: 5. Platz (20:16/28:33)

1939/40
Gauliga Bayern: 1. Platz (29:7/56:13)
Deutsche Meisterschaft:
Gruppe IV: 2. Platz (6:6/10:4)

1940/41
Gauliga Bayern: 2. Platz (31:13/52:24)

1941/42
Gauliga Bayern: 4. Platz (29:15/64:33)

1942/43
Gauliga Nordbayern:
1. Platz (40:0/125:17)
Deutsche Meisterschaft:
Vorr.: FCN - VfR Mannheim 1:3

1943/44
Gauliga Nordbayern:
1. Platz (28:8/85:23)
Deutsche Meisterschaft:
Vorr.: NSTG Brüx - FCN 0:8
Achtelf.: FCN - VfR Mannheim 3:2
Viertelf.: KSG Altenk. - FCN 1:5
Halbf.: Dresdner SC - FCN 3:1

1944/45
Gauliga Bayern/Mittelfr.: 2. Platz
(Saison nicht beendet)

1945/46
Oberliga Süd: 2. Platz (45:15/86:44)

1946/47
Oberliga Süd: 1. Platz (62:14/108:31)

1947/48
Oberliga Süd: 1. Platz (60:16/88:37)
Deutsche Meisterschaft:
Vorr.: FCN - SG Planitz abges.
Halbf.: FCN - St. Pauli 3:2 n.V.
Finale: FCN - Kaiserslautern 2:1

1948/49
Oberliga Süd: 11. Platz (27:33/49:55)

1949/50
Oberliga Süd: 8. Platz (31:29/52:40)

1950/51
Oberliga Süd: 1. Platz (47:21/93:46)
Deutsche Meisterschaft:
Gruppe II: 2. Platz (8:4/17:13)

1951/52
Oberliga Süd: 2. Platz (43:17/72:33)
Deutsche Meisterschaft:
Gruppe I: 2. Platz (7:5/18:13)

1952/53
Oberliga Süd: 8. Platz (29:31/67:61)

1953/54
Oberliga Süd: 4. Platz (38:22/71:44)

1954/55
Oberliga Süd: 9. Platz (29:31/64:51)

1955/56
Oberliga Süd: 7. Platz (31:29/42:41)

1956/57
Oberliga Süd: 1. Platz (47:13/76:33)
Deutsche Meisterschaft:
Gruppe I: 3. Platz (2:4/5:6)

1957/58
Oberliga Süd: 2. Platz (41:19/74:45)
Deutsche Meisterschaft:
Gruppe I: 2. Platz (3:3/7:8)

1958/59
Oberliga Süd: 3. Platz (43:17/80:38)

1959/60
Oberliga Süd: 6. Platz (34:26/73:54)

1960/61
Oberliga Süd:
1. Platz (48:12/96:30)
Deutsche Meisterschaft:
Gruppe II: 1. Platz (10:2/18:9)
Finale: FCN - Bor. Dortmund 3:0
DEUTSCHER MEISTER

1961/62
Oberliga Süd: 1. Platz (43:17/70:30)
Deutsche Meisterschaft:
Gruppe I: 1. Platz (6:0/8:4)
Finale: 1. FC Köln - FCN 4:0

1962/63
Oberliga Süd: 2. Platz (41:19/87:41)
Deutsche Meisterschaft:
Gruppe I: 2. Platz (8:4/19:12)

1963/64
Bundesliga: 9. Platz (29:31/45:56)

1964/65
Bundesliga: 6. Platz (32:28/44:38)

1965/66
Bundesliga: 6. Platz (39:29/54:43)

1966/67
Bundesliga: 10. Platz (34:34/43:50)

1967/68
Bundesliga: 1. Platz (47:21/71:37)
DEUTSCHER MEISTER

1968/69
Bundesliga: 17. Platz (29:39/45:55)

1969/70
Regionalliga: 3. Platz (57:19/64:29)

1970/71
Regionalliga: 1. Platz (55:15/81:39)
Aufstiegsrunde:
FCN - Fort. Düsseldorf 0:2/1:2
FCN - Bor. Neunkirchen 2:0/0:1
FCN - Wacker 04 Berlin 3:0/2:3

1971/72
Regionalliga: 9. Platz (34:38/49:62)

1972/73
Regionalliga: 5. Platz (41:27/61:52)

1973/74
Regionalliga: 2. Platz (44:24/63:42)
Aufstiegsrunde:
2. Platz (11:5/18:12)

1974/75
2. Bundesliga: 6. Platz (42:34/70:52)

1975/76
2. Bundesliga: 2. Platz (54:22/78:42)
Aufstiegsrunde:
FCN - Bor. Dortmund 0:1/2:3

1976/77
2. Bundesliga: 5. Platz (49:27/77:51)

1977/78
2. Bundesliga: 2. Platz (53:23/75:46)
Aufstiegsrunde:
FCN - Rot-Weiß Essen 1:0/2:2

1978/79
Bundesliga: 17. Platz (24:44/36:67)

1979/80
2. Bundesliga: 1. Platz (61:19/88:38)

1980/81
Bundesliga: 14. Platz (28:40/47:57)

1981/82
Bundesliga: 13. Platz (28:40/53:72)

1982/83
Bundesliga: 14. Platz (28:40/44:70)

1983/84
Bundesliga: 18. Platz (15:54/38:85)

1984/85
2. Bundesliga: 1. Platz (50:26/71:45)

1985/86
Bundesliga: 12. Platz (29:39/51:54)

1986/87
Bundesliga: 9. Platz (35:33/62:62)

1987/88
Bundesliga: 5. Platz (37:31/44:40)

1988/89
Bundesliga: 14. Platz (26:42/36:54)

1989/90
Bundesliga: 8. Platz (33:35/42:46)

1990/91
Bundesliga: 15. Platz (29:39/40:54)

1991/92
Bundesliga: 7. Platz (43:33/54:51)

1992/93
Bundesliga: 13. Platz (28:40/30:47)

1993/94
Bundesliga: 16. Platz (28:40/41:55)

1994/95
2. Bundesliga: 15. Platz (30:38/38:46)

1995/96
2. Bundesliga: 17. Platz (33*/33:40)

1996/97
Regionalliga Süd: 1. Platz (80/75:26)

1997/98
2. Bundesliga: 3. Platz (59/52:35)

1998/99
Bundesliga: 16. Platz (37/40:50)

*(nach Abzug von 6 Punkten)

Spielerstatistik

Name	Geburtsdatum	Spieljahr	Liga	Spiele	Tore
A					
Abicht		11-14	x	24	
Abramczik, Rüdiger	18.02.56	83-84	1. BL	24	3
Abutovic, Aleksan.	09.08.65	88-89	1. BL	1	0
Achhammer, Alfred	10.10.28	47-49	OL	5	0
		44-50	x	15	
Adelmann, Reinh.	30.03.46	65-67	1. BL	17	0
Agne, Emil		39-40	x	19	
Ahlbach, Günther	27.11.23	46-47	OL	6	1
Albrecht, Richard	26.05.36	57-63	OL	108	36
		63-65	1. BL	29	4
			x	280	
Aldebert, Karl		06-14	x	198	
Allemann, Anton	06.01.36	64-66	1. BL	50	8
Ammer, Herbert	13.11.38	59-60	OL	6	1
Andersen, Jörn	03.02.63	85-86	1. BL	78	28
Anspann, Walter	31.08.56	75-77	2. BL	0	0
Arnold, Franz	18.12.22	41-42	x	17	
B					
Bachmeier, Otto	20.09.90	13	x	113	
Bark, Gustav	30.10.89	11-24	x	438	
Barthel		05	x	11	
Bäurle, Markus	15.10.69	91-93	1. BL	20	0
Bast, Rudolf	11.02.37	65-66	1. BL	9	
Bauer, Ludwig	25.08.06	26	x	27	1
Baumann, Frank	29.10.75	94-96	2. BL	36	5
		96-99	1. BL	62	6
		97-98	3. L	32	0
Baumann, Gunter	19.01.21	49-56	OL	154	12
			x	274	
Bauriedel		03	x	11	
Bayerschmidt, Uli	03.03.67	88-91	1. BL	41	0
Beer, Erich	09.12.46	68-69	1. BL	25	2
Behringer		37-39	x	12	
Beierlorzer, Bertram	31.05.57	77-80	2. BL	63	4
		80-81	1. BL	56	2
Berg, Rainer	21.08.65	97-98	2. BL	5	
Bergmann, F.	22.01.18	38-45	x	18	
Bergner, Gerhard	19.07.27	46-56	OL	234	4
			x	416	
Berkemeier, Winfried	22.01.53	78-79	1. BL	32	4
Billmann, Jürgen	21.12.42	63-66	1. BL	13	1
		69-71	RL	6	0
Billmann, Willi	15.01.11	45-49	OL	73	0
		30-48	x	623	
Bittlmayer, Albert	08.11.52	71-73	RL	87	14
		74-75	2. BL	6	1
			x	202	
Bittorf, Ulrich	02.09.59	84/85	2. BL	30	6
		85-86	1. BL	13	3
Blabl, Norbert	03.11.65	83-84	1. BL	1	0
Blankenburg, Horst	10.07.47	67	x	13	
Böhme, Jörg	22.01.74	94/95	2. BL	16	1
Böß, Willy	19.03.96	13	x	185	
Bone, Klaus-Dieter	09.08.54	73/74	RL	1	0
Botteron, René	17.10.54	82-83	1. BL	32	1
Brand, Markus	19.09.74	92-93	x	9	0
		94/95	2. BL	8	0
Brandt		49	x	2	
Bräutigam, Perry	28.03.63	94/95	2. BL	34	0
Braun		05	x	4	
Braun	03.06.66	94/95	2. BL	16	0
Brendel, Reinhard	21.12.56	80-83	1. BL	20	0
Brennenstuhl, Emil		31	x	11	
Brenzke, Otto	19.12.20	50-52	OL	48	17
Brungs, Franz	04.12.36	65-68	1. BL	97	50
		71/72	RL	28	6
			x	208	
Brunner, Hans-Jürgen	02.02.65	84/85	2. BL	14	2
		85-90	1. BL	88	3
Brunner, Sepp	25.01.49	72-74	RL	47	5
Brunner, Thomas	10.08.62	80-93	1. BL	328	18
		84-96	2. BL	74	7
Bucher, Jürgen	22.03.57	75/76	2. BL	1	0
Bürger, Henning	16.12.69	96/97	3. L	29	3
		97/98	2. BL	28	1
			1. BL	16	0
Bundschuh, Karl	14.12.27	53-57	OL	20	3
Burgsmüller, Manfr.	22.12.49	83-84	1. BL	34	12
Burk, Jürgen	25.03.09	29-41	x	37	
Bustos, Sergio	20.12.72	92-94	1. BL	8	0
		94/95	2. BL	19	3
C					
Carolin, Heinz	02.02.11	34-41	x	28	0
Cebinac, Zvezdan	08.12.39	67-69	1. BL	55	6
Cheriffe-Touré, M.	13.01.78	96/97	3. L	18	1
Ciric, Sasa	11.01.68	97/98	2. BL	17	10
		98/99	1. BL	28	10
Contala, Alexander	02.11.72	94-96	2. BL	11	0
Covic, Ante	31.08.75	95/96	2. BL	24	1
Criens, Hans-Jörg	18.12.60	93/94	1. BL	13	2
		94/95	2. BL	11	1
Curko, Goran	21.08.68	95-97	2. BL	34	0
			3. L	26	
Czernotzky, Peter	18.02.47	68-69	1. BL	8	0
D					
Dachlauer, Kurt	29.08.40	62-63	OL	28	4
		63-65	1. BL	16	3
Dämpfling, Günter	11.11.56	75-80	2. BL	22	0
		78/79	1. BL	11	0
Danninger	14.02.87		x	40	
Daxl		05	x	58	
Deeg, Willy	11.12.35	54-55	x	5	
Deinzer	11.04.05	21	x	40	
Derbfuß, Paul	08.10.37	59-63	OL	83	0
		63/64	1. BL	15	0
			x	175	
Diegelmann, Theo	23.11.39	71/72	RL	13	0
Dippold		13	x	13	
Dirrigl, Egon	24.04.36	58-60	OL	41	18
			x	76	
Disterer	23.03.10	30-46	x	13	
Dittwar, Jörg	01.08.63	87-93	1. BL	150	12
Dorfner, Hans	03.07.65	84/85	2. BL	34	5
		85/86	1. BL	77	5
		91-94			
Dorok, Werner	19.08.57	77/78	2. BL	11	0
Dorsch, Chr.	13.04.89	07	x	2	
Dreßel, Werner	03.08.58	81-84	1. BL	67	18
Drews, Günter	09.07.67	89-92	1. BL	23	1
Drexler, Manfred	26.06.51	70-73	RL	72	28
			x	141	
Driller, Martin	02.01.70	97/98	2. BL	15	3
		98/99	1. BL	19	1
Dürbeck, Emil		14	x	32	
Dusend, Ralf	28.09.59	87-90	1.BL	70	2
E					
Ebenhöh, Manfred	10.05.48	66/67	1. BL	1	1
Ebersberger		17-38	x	40	
Ebertz, Harald	18.05.67	94-96	2. BL	1	0
Eck, René van	18.02.66	98/99	1. BL	16	0
Eckstein, Dieter	12.03.64	84/85	2. BL	37	13
		85-89	1. BL	189	66
		90-94			
Eder, Norbert	07.11.55	74-80	2. BL	146	23
		78-84	1. BL	154	5
			x	534	
Eger, Ralph	13.11.51	74/75	2. BL	3	0
Eggert, Michael	29.09.52	80-82	1. BL	20	1
Eiberger, Max	25.09.08	33-45	x	35	9
Eichelsdörfer, Osw.	06.02.25	49/50	OL	3	0
Eichin	09.10.66	94/95	2. BL	10	1
Emilius, H.		15-18	x	95	
Engler, Peter	03.09.36	62/63	OL	11	1
Eymold, Günter	17.04.59	79/80	2. BL	3	0
F					
Falter, Jürgen	02.08.71	96/97	3. L	20	7
		97/98	2. BL	10	2
Faul, Hugo	07.09.51	74/75	2. BL	2	0
Feilhuber, Walter	05.04.36	57-60	OL	41	7
			x	74	
Felleiter, Reinhold	08.10.26	49/50	OL	1	0
Fengler, Dirk	03.03.70	91-93	1. BL	43	0
Ferschl, Karl-Heinz	07.07.44	62/63	OL	5	0
		63-68	1. BL	115	5
			x	205	
Fiechter, Marc	13.06.75	97/98	2. BL	3	
Fischer, Rudi	29.11.25	50/51	OL	21	0
			x	33	
Flachenecker, Gustav	28.10.40	59-63	OL	94	47
		63-66	1. BL	27	12
			x	225	
Fladerer, Walter	21.02.40	63-64	1. BL	1	0
Fleischmann	20.01.12	43	x	17	
Fößel, Günter	15.05.28	52-60	OL	44	0
			x	94	
Fränkel	31.10.20	42-44	x	37	
Frank, Wolfgang	21.02.51	80-82	1. BL	20	4
Franz, Eugen	03.10.38	57	x	2	
Franz, Peter	28.08.52	71/72	RL	9	1
Freund		07	x	14	
Frey, Eugen	03.10.38	57	x	7	
Friedel, Georg	06.09.13	45/46	OL	1	0
		31-46	x	325	
Friedmann, Kay	15.05.63	91-94	1. BL	72	3
		94/95	2. BL	14	2
Fuchs, Anton	27.02.89	11	x	10	
Fuchs, H.		25	x	90	
Fuhl, Wenanty	02.12.60	84/85	2. BL	8	0
G					
Gebhardt I		23	x	26	
Gebhardt, Robert	20.09.22	39-50	OL	125	22
			x	283	

Name	Geburtsdatum	Spieljahr	Liga	Spiele	Tore
Gehring, Georg	17.11.29	48-51	OL	31	7
			x	73	
Geiger, Hans	24.12.05	24-29	x	88	
Geinzer, Kurt	03.07.48	71-74	RL	79	6
		74-77	2. BL	77	9
			x	297	
Gerber, Heiko	11.07.72	98/99	1. BL	24	2
Gerstacker, G.	24.10.25	42-44	x	16	
Gettinger, Reinhold	04.10.35	61-63	OL	33	7
			1. BL	11	0
			x	72	
Geyer, Peter	11.12.52	71-74	RL	55	7
			x	121	
Geyer, Reiner	20.04.64	83-88	1. BL	55	8
		84/85	2. BL	27	7
Giske, Anders	22.11.59	83-84	1. BL	118	4
		85-89			
Glaser, Ferdinand	25.07.54	81/82	1. BL	4	0
Glomb, Günther	17.08.30	51-59	OL	166	66
			x	306	
Göller, Gottlieb	31.05.35	53-54	x	2	
Golke, André	15.08.64	91/92	1. BL	38	7
		93/94	1. BL	33	4
		94/95	2. BL	29	7
Golubica, Mirza	19.05.65	96/97	3. L	9	2
Grahammer, Roland	03.11.63	83-88	1. BL	119	17
		84/85	2. BL	30	2
Gräbner, Jean		09-14	x	82	
Grasser, Markus	18.06.72	97/98	2. BL	7	
		98/99	1. BL	12	
Greif, Manfred	14.10.39	64-67	1. BL	61	10
			x	102	
Greiner, Frank	03.07.66	87/88	1. BL	5	0
Grimm, Siegfried	01.12.47	69-71	RL	15	1
Grün, Hans		03	x	158	
Grüner, Roland	11.01.63	84/85	2. BL	1	0
		85/86	1. BL	14	0
Grünerwald, Mich.		17	x	166	
Grumann, Günther	18.07.35	56	x	8	
Günther, Sven	22.02.74	98/99	1. BL	19	
Güttler, Günter	31.05.61	84/85	2. BL	35	7
		85-87	1. BL	53	3
Guyot		03	x	7	
Gulden, Björn	04.06.65	84/85	2. BL	4	1
Gundel, Fritz	21.02.25	42-45	x	24	
Gunnlaugsson, Arn.	06.03.73	94/95	2. BL	28	8
Gunnlaugsson, Bjar.	06.03.73	94/95	2. BL	27	5
Gußner, Karl	10.06.08	27-41	x	411	
Guthunz		07	x	46	
H					
Haage	22.11.19	38-49	x	78	
Habiger, Werner	03.11.57	83/84	1. BL	18	0
Hänsel, M.	01.09.18	41-42	x	42	
Häuslmann, Hubert	28.04.32	58	x	3	
Hagen, Georg	12.11.19	47-49	OL	19	2
Haggenmiller, Theo	12.11.86	03-14	x	15	5
Halat, Kemal	05.07.71	95-98	2. BL	16	0
		96/97	3. L	27	1
Hampl, Helmut	24.09.50	72/73	RL	21	2
Hannakampf, Rudolf	22.10.48	73/74	RL	29	1
		74-77	2. BL	74	1
Hansen, Johnny	14.11.43	68/69	1. BL	21	0
		69/70	RL	34	5
Hartmann, Bernhard	25.05.47	79/80	2. BL	38	0
		80-82	1. BL	16	0
Haseneder, Kurt	22.04.42	60-63	OL	43	33
			x	73	
Hassa, Christian	03.10.76	96/97	3. L	31	2
		97/98	2. BL	7	
Hausmann, Christ.	21.11.63	88-91	1. BL	50	5
Heck, Werner	21.04.55	80-84	1. BL	114	34
			x	234	
Heidenreich, H.J.	11.08.67	86-92	1. BL	55	2
Heidenreich, Herbert	15.11.54	78-84	1. BL	137	13
		79/80	2. BL	34	13
			x	331	
Heider, Herbert	21.09.59	78/79	2. BL	4	0
		83-86	1. BL	22	0
		84/85	2. BL	25	0
Heinz, Christoph		14	x	6	
Heitzer, Franz	19.01.62	79/80	2. BL	3	1
Herberger, Joh.	09.11.14	43-44	x	50	
Herbolsheimer, Helmut	18.05.25	45-56	OL	264	89
		75/76	x	552	
Herder, Erich	17.10.16	43-45	x	33	
Herrmann		14	x	40	
Hertel, Karl	03.01.83	02-14	x	155	
Hesselbach, P.	06.07.51	71-73	RL	49	0
Hettner, Ernst		43-45	x	50	
Hiestermann, H.O.	01.07.49	74/75	2. BL	37	4
Hilfiker, Andreas	11.02.69	97/98	2. BL	18	
		98/99	1. BL	17	
Hilpert, Helmut	20.09.37	59-63	OL	108	3
		63-68	1. BL	83	2
			x	353	
Hintermaier, Reinhold	14.02.56	79/80	2. BL	38	8
		80-84	1. BL	76	8
		92/93			
		94/95	2. BL	14	0
Hirselmann		14	x	10	
Hochgesang, Georg	03.11.97	23	x	259	
Hoeneß, Uli	05.01.52	78/79	1. BL	11	0
Hofmann, Hans		00-14	x	80	
Hogen, Roman	12.12.70	97/98		4	1
Holoch, Wolfgang	22.12.47	74/75	2. BL	6	0
Homann, Theo	28.04.48	68	x	13	
Horlamus, Johann	14.03.23	48	OL	1	0
Hornauer, Josef	14.01.08	28-34	x	236	
Horsmann, Udo	30.03.52	84/85	2. BL	13	0
Huber		25-27	x	43	
Hummel, Gerhard	22.08.53	75-78	2. BL	13	0
		78/79	1. BL	15	0
Hupp, Hans	02.01.00	17-18	x	27	
J					
Jambo, Stefan	02.08.58	86/87	1. BL	4	1
Janda, Albert		39-41	x	58	
Jenkner, Peter	05.02.75	95/96	2. BL	7	0
		96/97	3. L	2	1
Jordan, Hans-Otto	13.09.54	79/80	2. BL	3	1
Juskic, Zivojin	16.12.69	98/99	1. BL	3	
K					
Kästner, Hermann	07.06.14	47/48	OL	9	2
Kajtaz, Sead	14.02.63	90/91	1. BL	8	1
Kalb, Hans	03.08.99	17-33	x	681	
Kallenborn, Adolf	09.03.29	50-54	OL	70	12
			x	164	
Kampa, Darius	16.01.77	98/99		1	
Kanzler, Ernst		50-54	x	2	
Kapp, Fritz	02.06.24	51-56	OL	48	2
			x	102	
Karch, Karl	23.03.27	44-45	x	13	
Kargus, Rudi	15.08.52	80-84	1. BL	119	0
		84/85	2. BL	12	0
			x	249	
Kasalo, Vlado	11.11.62	89-91	1. BL	22	1
Kempf, Heinz	02.01.37	58	x	3	
Kennemann, Georg	21.04.13	45-51	OL	134	4
		39-51	x	330	
Kern		14	x	17	
Keuler, Carsten	30.08.71	96/97	3. L	32	2
Kirchgeorg		07	x	85	
Klaus, Fred	27.02.67	84/85	2. BL	20	1
		85/86	1. BL	6	1
Klein, Thomas	23.04.65	89-91	1. BL	12	0
Klement, Hans	19.06.13	44	x	3	
Knäbel, Peter	02.10.66	95/98	2. BL	39	2
		96/97	3. L	27	3
Knell, Walter	03.08.23	50/51	OL	2	0
		49-52	x	12	
Knoll, Adolf	30.11.24	42-58	OL	195	1
			x	369	
Knoll, Karl	02.12.91	12-18	x	74	
Köhl, Georg	19.11.10	29-43	x	490	
Köpke, Andreas	12.03.62	86-94	1. BL	264	2
		98/99	1. BL	16	
Köpplinger, Emil	19.12.97	09	x	393	
Kohler, Willi	12.03.34	54/55	OL	1	0
Korek, Christian	16.06.65	88/89	1. BL	1	0
Kosian, Norbert	28.09.56	75/76	2. BL	0	0
Kovac, Robert	06.04.74	95/96	2. BL	33	1
Kowarz, Kurt	12.04.58	88-93	1. BL	11	0
Kraft, Konrad	23.02.30	52-58	OL	56	0
			x	124	
Kramny, Jürgen	18.10.71	92-94	1. BL	40	4
		94/95	2. BL	25	2
Kraus, Reiner	21.08.56	74-77	2. BL	1	0
Kraus		32-39	x	56	
Krauß, Robert		12	x	11	
Kreißel, Fritz	24.11.13	33-39	x	108	
Kreißel, Heinz	28.12.34	56-63	OL	78	11
		63/64	1. BL	1	0
			x	150	
Krella, Detlev	04.03.64	84/85	2. BL	7	0
Kristl, Thomas	18.04.63	88-90	1. BL	41	7
		93/94	1. BL	2	0
Kröner, Rudi	06.01.42	70-73	RL	81	11
			x	158	
Krstic, Branislaw	21.12.50	75-77	2. BL	26	4
Ksander		40	x	4	
Kubik, Lubos	20.01.64	93/94	1. BL	21	4
		94/95	2. BL	19	1
Künneth, Fritz	16.02.93	17-18	x	37	
Küppers, Hans	24.12.38	68/69	1. BL	33	10
Kuffour, Sammy	03.09.76	95/96	1. BL	12	1
Kugler, Anton	28.03.98	14-	x	668	
Kuhn, Stefan	29.12.64	88-90	1. BL	49	2
Kuka, Pavel	19.07.68	98/99	1. BL	28	10
Kummant, Peter v.	22.05.43	63/64	1. BL	4	0
Kund, Willi	13.08.08	45/46	OL	3	2
		28-46	x	408	
Kurth, Markus	30.07.73	95/98	2. BL	66	12
		96/97	3. L	34	16
		98/99	1. BL	21	2
Kurz, Marco	16.05.69	90-94	1. BL	108	0
L					
Lachmann, Walter	27.08.51	75-77	2. BL	16	0
Lämmermann, Hans	08.10.97	12-18	x	15	
Lechner		18	x	45	
Lehmann, Ulrich	04.10.49	72	RL		
Lehr, Hans-Jürgen	25.09.47	69/70	RL	25	6
Lehrieder, Heinz	13.06.28	47/48	OL	13	5
Leupold, Horst	30.01.42	61-63	OL	23	0
		63-69	1. BL	167	2
		69-72	RL	33	1
			x	402	
Leykauf		20	x	20	
Licht, Sascha	27.09.74	92/93	1. BL	1	0
		93/94			
Lieberwirth, Dieter	13.01.54	75-85	2. BL	131	21
		78-89	1. BL	139	18
			x	518	
Lindner, Georg	06.05.21	45-47	OL	61	
		44-47	x	110	
Lindner, R.	14.10.02	27	x	119	
Lippmann, Frank	23.04.61	86/87	1. BL	6	0
Löhner, Sven	12.01.78	97/98	2. BL	1	
Löhr, Willi	06.08.47	69-71	RL	36	1
Lösch, Markus	26.09.71	98/99	1. BL	21	
Loos, Fritz	19.10.36	58-60	OL	5	0
			x	20	
Lottermann, Stefan	05.03.59	83/84	1. BL	21	2
		84/85	2. BL	13	5
Lubanski, Heinz	08.08.48	69/70	RL	17	2
Luber, Georg	28.01.12	32-43	x	303	
Ludwig I		16-18	x	23	
Ludwig II		37	x	17	
Lüscher		13-18	x	105	

Name	Geburtsdatum	Spieljahr	Liga	Spiele	Tore
Lützler, Markus	26.02.74	95/96	2. BL	2	0
		96/97	3. L	4	1
Luther, Ernst	20.10.19	42-45	x	83	
Lutz I		10-	x	73	
Lutz II		-14	x	11	
M					
Maar, Karl	01.12.10	-39	x	60	
Maas		-14	x	16	
Majkowski, Jan	20.10.52	71-74	RL	32	2
		74-80	2. BL	109	6
		80/81	1. BL	1	0
			x	291	
Maman Touré, Che.	13.01.78	97/98	2. Bl	4	
Martin, Ersen	23.05.79	98/99	1. Bl	1	
Martin, Konrad		05-	x	155	
Mauksch, Matthias	01.06.69	98/99	1. BL	5	
Maus, Tobias	05.08.76	94/95	2. BL	1	0
Meidenbauer		10-	x	64	
Meier, Fritz		12-	x	90	
Meininger, K.H.	01.02.53	74-76	2. BL	49	21
Meis, Dieter	28.04.48	69/70	RL	8	0
Metschies, Ulf	22.09.63	88-91	1. BL	78	5
Metzler, Helmut	05.03.45	69/70	RL	33	7
Meyer, Horst	28.09.37	58	x	4	
Michl, Günter	30.05.50	70-74	RL	79	20
			x	164	
Miladinovic, Jovan	30.01.39	66/67	1. BL	5	0
Mirsberger, Alfred	13.08.27	47-55	OL	169	10
			x	292	
Möbius, Armin	10.02.20	50/51	OL	2	0
Möckel, Christian	06.04.73	95-98	2. BL	30	5
		96/97	3. L	15	5
Möller, Frank	11.07.67	94/95	2. BL	8	1
Molz, Martin	22.12.71	98/99	1. BL	1	
Moore, Joe-Max	23.02.71	95/96	2. BL	27	8
Morlock, Max	11.05.25	45-63	OL	451	28
		63/64	1. BL	21	6
		41-64	x	900	
Mrosko, Charly	11.10.46	71/72	RL	32	4
Müller, Christoph	19.06.75	96/97	3. L	9	0
		97/98	2. BL	12	
Müller, Heinrich	18.02.34	56-63	OL	115	39
		63-67	1. BL	44	7
			x	313	
Müller, Heinz	24.04.43	66-69	1. BL	72	6
		69-72	RL	81	9
			x	288	
Müller, Klaus	23.12.56	74-77	2. BL	3	0
Müller, Ludwig	25.08.41	64-69	1. BL	136	10
			x	226	
Müller, Manfred	28.07.47	76-78	2. BL	65	0
		78/79	1. BL	22	0
		86/87			
Müller, Max	21.10.49	73/74	RL	26	2
Müller, Walter	30.06.45	72-74	RL	12	0
Müller, W.		04-	x	34	
Munkert, Andreas	07.03.08	29-38	x	297	
Mußgiller, Otmar	28.05.51	71-73	RL	19	0
N					
Nachreiner, J.	29.05.14	45-46	x	2	
Nahlik, Klaus	01.05.47	73/74	RL	25	9
Neef, Gerhard	30.12.46	73/74	RL	32	5
		74/75	2. BL	11	0
Neubert, Georg	21.03.18	47/48	OL	1	0
		42	x	70	
Neubig, Richard	10.11.27	54/55	x	3	
Neugart, Herb.		40-42	x	25	
Neun, Jörg	07.05.66	85/86	1. BL	6	1
Niemann, Peter	05.10.27	48/49	OL	15	0
			x	29	
Nikl, Marek	20.02.76	98/99	1. BL	22	1
Nikol, Ronny	11.07.74	95/96	2. BL	11	1
		96/97	3. L	1	0
Nitsche, Frank	18.03.64	84/85	2. BL	25	3
		85-87	1. BL	18	2
Nüssing, Klaus-Dieter	15.08.49	68/69	1. BL	23	5
		69-74	RL	167	52
		74-77	2. BL	109	38
			x	544	
Nützel, Norbert	22.12.52	71/72	x	12	
O					
Oberacher, Franz	24.03.54	79/80	2. BL	31	12
		80/81	1. BL	25	9
Oechler, Marc	11.02.68	88-99	1. BL	163	14
		94-98	2. BL	78	0
			3. L	32	11
Oehm, R. "Tipfi"	22.06.09	29-39	x	417	
Olivares, Percy	05.06.68	92/93	1. BL	19	4
Oppenheimer		07-	x	20	
Ott I		02-	x	23	
Ott II		02-	x	28	
Otten, Dirk	22.01.68	88/89	1. BL	3	0
P					
Parastadidis, Theo	13.11.75	95/96	2. BL	4	0
Paulick, Friedemann	04.07.42	60/61	OL	2	0
			x	4	
Pausch, Hans	09.09.57	77/78	2. BL	35	4
		78/79	1. BL	4	0
		79/80	2. BL	1	0
Pechtold, Uli	24.07.52	74-77	2. BL	110	10
Petrovic, Miodrag	16.11.46	72/73	RL	33	17
Petrovic, Slobodan	02.10.48	72-74	RL	63	6
		74-78	2. BL	119	17
		78/79	1. BL	3	0
			x	377	
Pfänder, Alfred	23.01.20	38-42	x	222	
Pfeiffer, Heinz		40-44	x	13	
Philipkowski, Joach.	26.02.61	85-92	1. BL	154	13
Philipp, Ludwig	20.12.89	05-19	x	285	
Plößl, Eduard	21.04.51	72		12	
Pörtgen, Ernst	25.01.12	33-38	x	12	
Pöschl, Hans	17.07.21	45-50	OL	140	91
		39-50	x	227	
Polletz		17-	x	17	
Polunin, Andrej	05.03.71	98/99	1. BL	16	2
Popp, Fritz	20.11.40	62/63	OL	1	0
		63-69	1. BL	136	0
		69-72	RL	98	3
			x	424	
Popp, Heinz	14.09.52	71/72	RL	1	0
Popp, Luitpold	07.03.93	17-35	x	870	
Popp, Michael		17-	x	67	
Pradt, Walter	12.04.49	69/70	RL	1	0
Prandl, Willi	02.09.26	51/52	x	1	0
Preißler, Edwin	26.11.42	66/67	1. BL	1	0
Probst, Dieter	04.02.69	95/96	2. BL	11	0
Prudlo, Gerd	19.04.44	62/63	OL	1	0
Prummer, Werner		47-49	OL	9	0
Przondziono, Martin	11.06.69	94-96	2. BL	19	2
Pühler, Jean	28.08.96	15-	x	58	
R					
Rahner, Helmut	29.03.71	97/98	2. BL	23	
		98/99	1. BL	13	
Regenruß, Emil	20.04.12	37-41	x	15	
Reinhardt, Alois	18.11.61	79/80	2. BL	1	0
		80-84	1. BL	101	7
Reinhardt, Knut	27.04.68	98/99	1. BL	9	
Reinmann, B.	31.10.03	26-35	x	281	
Reis		17-	x	27	
Reisch, Stefan	29.11.41	60-63	OL	81	8
		63-67	1. BL	86	9
			x	277	
Reiser, Albert	11.01.28	46-51	OL	63	11
			x	121	
Reitzenstein		22-	x	32	
Reitzmann		-14	x	14	
Renner, Herbert	28.09.46	69-71	RL	45	12
Reuter, Stefan	16.10.66	84/85	2. BL	25	3
		85-88	1. BL	100	10
Richter, Thomas	01.11.70	97/98	2. BL	32	3
		98/99	1. BL	11	1
Riegel, Carl	06.09.96	14-	x	370	
Riegelbauer, Hans	16.12.25	42-43	x	11	
Riemann, Wolfgang	.49	70/71	RL	13	1
Riemke, Alv	02.02.10	39-41	x	6	
Rigotti, Hans	15.05.47	68/69	1. BL	4	0
Rimkous, Vitas	21.06.73	96/97	3. L	13	2
Rösler, Uwe	15.11.68	92/93	1. BL	28	0
Roos, Herbert	07.06.26	47-49	OL	6	0
		41-49	x	30	
Rosemann, Gerd	30.01.65	84/85	2. BL	1	0
Rosenmüller, Benno	21.10.99	23-	x	101	
Roßberg	17.07.18	40-43	x	31	
Roßberger, Thomas	02.10.63	83/84	1. BL	2	0
Rost, Leo	23.11.34	61/62	OL	8	2
Rost, Timo	28.08.78	96/97	3. L	11	1
		97/98	2. BL	9	
Rothmund, Otto	12.08.19	37-42	x	17	
Rother, Christian	02.11.45	69/70	RL	16	1
Rub, Otto	05.03.24	49/50	OL	1	1
Rubenbauer, Günther	07.12.40	59/60	OL	4	0
			x	8	
Rübensaal, Lothar	09.04.36	57-62	OL	13	0
			x	27	
Rüsing, Manfred	03.06.46	73/74	RL	34	0
		74-77	2. BL	79	1
Ruff, Adolf	24.10.40	59/60	OL	2	0
			x	10	
Ruppert		27-	x	15	
Rußmann, Peter	13.03.38	57/58	OL	4	1
Rynio, Jürgen	01.04.48	68/69	1. BL	25	0
S					
Saffer, Rudolf	16.01.36	43-50	x	32	
Sané, Souleyman	26.02.61	88-90	1. BL	57	12
Schabacker, Dietmar	26.01.49	72-74	RL	56	2
		74/75	2. BL	36	5
			x	176	52
Schade, Horst	10.07.22	53-56	OL	79	
			x	133	
Schäfer, Hans	25.04.21	45-46	OL	1	0
		39-	x	128	
Schäffner, Ewald	17.11.48	69-71	RL	30	1
Schaffer, Alfred	24.08.93	19-20	x	25	
Schaffer, Eduard	13.12.21	47-58	OL	228	0
			x	413	
Schander		10-	x	31	
Schiffer, Konrad	23.08.29	53-57	OL	36	4
			x	71	
Schlegel, Norbert	09.03.61	79/80	2. BL	24	4
		81-83	1. BL	28	0
Schmid, Max	11.09.35	56-59	OL	60	37
			x	126	
Schmider, Bernd	03.05.55	78/79	1. BL	27	2
Schmidt		07-	x	12	
Schmidt, Bumbes	29.12.93	22-44	x	297	
Schmidt, E.	25.02.09	31-42	x	28	
Schmidt, Georg	16.07.33	55-57	OL	5	0
			x	13	
Schmidt, Karl	17.02.35	63/64	1. BL	8	0
Schmitt, Sepp	21.03.08	26-48	x	605	
Schmoll		16-	x	4	
Schneider, Heinz	02.01.60	85/86	1. BL	2	0
Schneider		05-	x	20	
Schneider, Martin	24.11.68	87-90	1. BL	90	2
Schneider, Theo	23.08.60	82/83	1. BL	27	1
Schneider, Uwe	28.08.71	96/97	3. L	15	3
		97/98	2. BL		
Schober, Gustav	06.12.27	47-60	OL	152	6
			x	295	

Name	Geburtsdatum	Spieljahr	Liga	Spiele	Tore
Schöll, Andreas	12.11.69	90/91	1. BL	1	0
Schöll, Hubert	20.10.46	66-68	1. BL	4	0
Schöll, Reinhold	23.10.55	74-78	2. BL	36	3
		78-84	1. BL	90	0
		79/80	2. BL	14	0
			x	301	
Schrenk		17-	x	5	
Schrögle, Oskar	06.11.13	42-44	x	24	
Schülke, Winfried	02.07.42	71/72	RL	15	0
Schuster, Harald	24.02.48	71-73	RL	29	1
Schuster, Ludwig	30.03.51	70-71	RL	5	0
Schwab, Richard	08.01.17	34-	x	20	
Schwabl, Manfred	18.04.66	86-89, 92-94	1. BL	133	9
Schwarz, R.	09.03.04	-39	x	17	
Schwarzwälder, F.	11.12.49	74-76	2. BL	63	0
Schweers, H.	26.12.47	72-74	RL	13	0
Schweinberger, W.	28.03.30	53-61	OL	153	40
			x	252	
Schweigert		16-	x	40	
Seeger		-18	x	15	
Seiderer, Loni	01.11.95	13-18	x	72	
Seitz, Thomas	14.07.69	92/93	1. BL	2	0
Semmer		32-	x	28	
Servas, Fritz		02-	x	39	
Seubert, Fritz	23.05.04	23-	x	12	
Seubert, Werner	23.01.50	69-71	RL	28	12
Sichermann, Herbert	12.04.33	51-55	x	3	
Simko, Karl	29.10.20	45/46	OL	1	0
Simon I		41-42	x	27	
Simunec, Ivica	09.01.68	96/97	3. L	18	0
		97/98	2. BL	19	1
Sippel, Willi	20.03.29	50-53	OL	78	0
			x	117	
Skiba, Heinrich	14.07.27	49/50	OL	2	0
Skoog, Niklas	15.06.74	98/99	1. BL	10	1
Smejkal, Daniel	28.08.70	97/98	2. BL	24	
Sold	19.04.11	39-40	x	34	
Sommer, Peter	06.12.57	76-78	2. BL	18	2
		78/79	1. BL	2	0
Sommer, Siegmund		08-	x	103	
Spangler, Walter (T)	14.10.52	72-73	RL	4	0
Spieß, Willi	16.02.15	45-47	OL	17	5
		34-47	x	182	
Stammberger, Hans	20.11.35	60/61	OL	3	0
Starek, August	16.02.45	67/68	1. BL	24	5
		71/72	RL	31	10
			x	100	
Stauffer, Ernst	29.10.24	49-52	OL	8	4
Stegmayer, Roland	22.12.50	70/71	RL	32	15
Steinkirchner, Alfred	23.10.56	77-80	2. BL	16	0
		78/79	1. BL	5	1
Steinlein, Jean	15.09.91	08-	x	86	
Steinlein II	02.11.26	45-46	x	4	
Steinmetz, Georg	29.09.88	05-	x	199	
Stenzel, Rudolf	21.06.60	84/85	2. BL	26	3
		85-89	1. BL	73	13
Stern		17-	x	19	
Steuerwald, Helmut	26.02.56	74/75	2. BL	2	0
Stich		05-	x	75	
Stocker, Peter	30.06.53	75-78	2. BL	90	3
		78-83	1. BL	118	2
		79/80	2. BL	40	3
			x	447	
Stolz, L.	11.08.15	37-46	x	57	
Störzenhofecker, A.	29.04.65	95-98	2. BL	59	2
		96/97	3. L	28	0
		98/99	1. BL	32	1
Straube, Oliver	13.12.71	93/94	1. BL	9	0
		94-96	2. BL	48	6
Strehl, Heinz	20.07.38	58-63	OL	117	81
		63-69	1. BL	174	76
		69/70	RL	9	2
			x	534	
Strich, Horst-Dieter	08.04.41	66/67	1. BL	9	0
Strick, Gerhard	10.01.37	61-63	OL	12	0
		63-65	1. BL	6	0

Name	Geburtsdatum	Spieljahr	Liga	Spiele	Tore
Strobel, Wolfgang	17.10.96	17-	x	421	
Stuhlfauth, Heiner	11.01.96	16-48	x	606	
Stumptner, Rainer	07.07.64	86/87	1. BL	1	0
Sturz, Rudi	18.1.52	71-74	RL	86	15
		74-77	2. BL	103	17
			x	344	
Susser, Siegfried	12.07.53	77-80	2. BL	44	14
		78/79	1. BL	10	1
Sutor, Hans	28.06.95	20-26	x	204	
Sutter, Alain	22.01.68	93/94	1. BL	29	5
Szabo, Petar		19-20	x	43	
Szymanek, Detlev	16.04.54	78-81	1. BL	26	5
		79/80	2. BL	16	7

T

Name	Geburtsdatum	Spieljahr	Liga	Spiele	Tore
Täuber, Jürgen	12.04.55	76-80	2. BL	79	2
		78-84	1. BL	123	3
			x	420	
Täuber, Klaus	17.01.58	76-80	2. BL	61	20
		78-81	1. BL	18	4
Täuber, Stephan	08.10.66	98/99	1. BL	10	1
Tauchmann, Jörg	04.04.67	84/85	2. BL	2	0
Theis, Amand	19.11.49	68/69	1. BL	7	0
		69-72	RL	101	6
			x	203	
Tölcseres, Andras	28.11.74	96/97	3. L	4	0
Toth, Gyula	20.04.41	65-68	1. BL	12	0
Träg, Hans		31-	x	11	
Träg, Heiner	03.01.93	12-27	x	455	
Tröger, Walter	06.07.31	54/55	OL	1	0
			x	15	
Trunk, Dieter	22.03.59	81-84	1. BL	49	14
Türr, Frank	16.09.70	88-91	1. BL	54	9

U

Name	Geburtsdatum	Spieljahr	Liga	Spiele	Tore
Ucko, Kurt	29.02.24	49-61	OL	280	20
		49-	x	509	
Übelein I, Hans	02.03.14	45-51	OL	122	2
		34-51	x	487	
Übelein II, Julius	17.02.16	45-49	OL	89	31
		35-49	x	284	
Übelein III, Baptist	24.10.19	45-48	OL	28	0
		38-48	x	109	
Uhl		26-30	x	48	
Usbeck, Wulf-Ingo	04.11.43	66/67	1. BL	9	0

V

Name	Geburtsdatum	Spieljahr	Liga	Spiele	Tore
Vetter, Werner	30.11.30	50-59	OL	69	0
			x	142	
Volkert, Georg	28.11.45	65-69, 80-81	1. BL	136	37
			x	232	
Vollath, Richard	02.03.59	81/82	1. BL	1	0
Von de Fenn, Günter	10.03.48	74-76	2. BL	27	1

W

Name	Geburtsdatum	Spieljahr	Liga	Spiele	Tore
Wabra, Klaus	22.04.65	83/84	1. BL	1	0
Wabra, Roland	25.11.33	57-63	OL	157	0
		63-69	1. BL	146	0
			x	523	
Wagner, Helmut	03.11.36	57	x	4	
Wagner, Martin	24.02.68	88-92	1. BL	100	14
Wagner, Norbert	12.04.61	84/85	2. BL	25	0
		85-88	1. BL	67	0
Wagner, Siegfried	20.03.36	54-56	OL	29	14
		-58	x	84	
Walbinger		18-	x	18	
Waldmann		03-	x	25	
Walitza, Hans	26.11.45	74-78	2. BL	118	71
		78/79	1. BL	9	0
Walker	13.10.20	38-40	x	15	
Walz, Hans	18.02.19	44	x	22	
Walz, Manfred	01.09.62	84/85	2. BL	1	0
Weber, Willi	12.09.23	45-50	OL	8	1
			x	44	
Weidemann, Uwe	14.06.63	90-92	1. BL	23	2
Weigl, Jochen	21.04.71	98/99	1. BL	11	1
Weikmann, Willy	15.03.08	24-	x	206	
Weiß, J.	02.05.25	46	x	4	

Name	Geburtsdatum	Spieljahr	Liga	Spiele	Tore
Weiß, Leonhard	26.06.07	28-34	x	244	
Weissenberger, Th.	28.05.71	92/93	1. BL	13	0
Welz, Gerhard	01.02.45	69-71	RL	74	0
			x	132	
Wenauer, Ferdinand	26.04.39	58-63	OL	141	0
		63-69	1. BL	168	0
		69-72	RL	94	7
			x	706	
Werner, Willy	12.08.13	44	x	29	
Weschenfelder		13-	x	53	
Weyerich, Horst	13.08.57	75-85	2. BL	98	27
		78-84	1. BL	132	21
			x	445	
Wieder, Ludwig	22.03.00	22-31	x	437	
Wiesinger, Michael	27.12.72	93-99	1. BL	53	3
		94-98	2. BL	100	15
		96/97	3. L	33	7
Wilbois, Achim	15.06.63	86/87	1. BL	9	2
Wild, Tasso	01.12.40	59-63	OL	74	37
		63-67	1. BL	79	18
			x	261	
Winter, Georg	17.05.95	12-	x	265	
Winterstein, Konrad	17.07.27	45-55	OL	243	96
			x	409	
Wintjes, K.	08.02.20	41-45	x	98	
Wirsching, Reiner	18.01.63	88-91	1. BL	72	14
Wolf, Uwe	10.08.67	94-98	1. BL	81	5
Wück, Christian	09.06.73	90-94	1. BL	94	13
Wüthrich, Rolf	04.09.38	64/65	1. BL	14	3

Z

Name	Geburtsdatum	Spieljahr	Liga	Spiele	Tore
Zaczyk, Klaus	25.05.45	68/69	1. BL	34	3
Zahn, Fritz	29.10.19	38-45	x	32	
Zarate, Sergio	14.01.69	90-92	1. BL	42	9
		93/94	1. BL	27	13
Zeitler, Walter	18.09.33	52-60	OL	147	1
			x	306	
Zellner, Tobias		98/99	1. BL	1	
Zenger, Josef	17.11.35	56-62	OL	114	22
		63/64	1. BL	1	0
			x	198	
Ziemer, Thomas	18.08.69	97/98	2. BL	31	6
		98/99	1. BL	10	1
Zietsch, Rainer	21.11.64	91-94	1. BL	85	4
		94-96	2. BL	55	3
Zimmert, Franz	18.08.49	68/69	1. BL	1	0
Zivaljevic, Miodrag	09.09.51	76-78	2. BL	47	10
		78/79	1. BL	19	4
Zoller		12-	x	65	

Anmerkung: Alle (Liga-)Spieler 1900–Ende Saison 1998/99
X= Sämtliche Spiele. Vor 1945 nur X-Angaben, wobei nur Spieler mit mehr als 10 Einsätzen berücksichtigt wurden. Nach 1945 sind nur Spieler aufgeführt, die mindestens 1 Pflichtspiel absolviert haben.

Edi Schaffer im Glück: Der Pfosten rettet dem Club das 2:1 gegen Kaiserslautern im DM-Finale 1948. (Rechts oben: Edi Schaffers Fußballschuhe von 1948)

Nürnberger Fußball-Lexikon

A

aafdreer (=aufdrehen). Die Leistung steigern.
Abdeggng (=abdecken). Einen Spieler „kaltstellen".
Abberddegglhend. „Spitzname" der Fanghände von Heiner Stuhlfauth.
Absäddzla (=Absätzlein). Ballstoß mit der Ferse.
Aggä, auch: Kardoffelaggä, Kraudaggä (=Acker). Unebener Platz, vornehmlich in Fürth.
Allraundler. Sportler, der alle Sportarten aktiv betreibt (z.B. Club-Gründer Christoph Heinz).
Assn. Name für die Mitglieder des Sportvereins A.S.N..
Auchspoddler (=Auchsportler). Dilettantischer Sportler, Nichtskönner.
Ausbumbm (=auspumpen). Den Gegner schlapp machen.
Ausfluch (=Ausflug). Wenn der Torwart nicht auf der Linie bleibt, dann macht er einen A..
Ausländer. Alle Nicht-Nürnberger. Auch der gebürtige Schweinfurter Kurt Ucko war für seine Mitspieler ein A..

B

Baggung (=Packung). Hohe Niederlage.
Bäliner (=Berliner). Schuss mit dem Außenrist.
Bälla. Schön zugespielter Ball.
Ballnrussla. Junge, der die aus dem Spielfeld getretenen Bälle zurückbringt. Das Wort ist abgeleitet vom „Russla" (fränk. für Rauhaardackel).
Ballong. Hohe Niederlage.
Bassd scho. Höchstes Lob der Mitspieler für einen Torschützen.
Bauernschbidzla (=Bauernspitzlein). Schuss mit der Fußspitze.
Bauernschboddler (=Bauernsportler). Grober Spieler.
bediener (=bedienen). Jmd. den Ball zuspielen.
Bensionieren (=Pensionieren). (Kinder-)Spiel auf ein Tor, bei dem der Ball bis zum Torschuss den Boden nicht berühren darf.
Bfanner (=Pfanne). Oberer Teil des Fußes, Vollspann.
bfeffern (=pfeffern). Scharf schießen.
Bfeiler (=Pfeiler). Spieler des FC Pfeil.
bfundern (abgel. vom Pfund). Scharf schießen.
bleschn. Scharf schießen.
Bierfilzla. Geläufig als „jmd. auf dem Bierfilzla schwanzn".
Blunzn (von Blunze =Blutwurst). Weicher, unförmiger Ball.
Bobbenreider Wäldla (=Poppenreuther Wäldla). Schauplatz vieler Keilereien zwischen den Fans aus Nürnberg und Fürth.
Bombm. Scharfer Schuss.
breschn. Schnell laufen.

Bschießrichder. Schiedsrichter, unter dessen Leitung der Club ein Spiel verloren hat.
buddern (buttern). Schön schießen.

C

Center (engl. Lehnwort). Mittelstürmer. Enstpr. „Centerhalf", Halbstürmer.

D

Doldi. Synonym für einen Fürther Fußballer.
drafgäi (=draufgehen) „Gäi draf!": An den Abwehrspieler gerichtetes Kommando.
dreschn auch: nüberdreschn. Den Ball scharf zuspielen.
Driggerla (=Drückerlein). Schwacher Schuss.
Durchreißer. Spieler, der gute Durchbrüche macht (etwa Heiner Träg).
duschd (=geduscht). Verhöhnung des ins Schwitzen gekommenen Gegners: „Schaa hie, die ham scho duschd!" („Schau hin, die haben schon geduscht!").

E

edz (=jetzt). Wenn sich der Gegner mit einer knappen Niederlage nicht zufriedengeben wollte, sagten die Meisterspieler des Club: „Edz erschd rechd!" („Jetzt zeigen wir es euch erst recht!").

F

Färder. Fürther.
fedzn, Schnell laufen. Auch im Sinne von „Klasse" gebräuchlich, z.B. „des wor ä fedzn Schbill!".
fei. Füllwort, z.B. in der Warnung des gefoulten Spielers an den Übeltäter: „Horch, ä suu gehds fei ned!"
Flachbass, flach schbilln (=flach spielen). Motto in den Glanzzeiten des Club: „Heid wärd flach gschbilldd und houch gwunner!" (Heute wird flach gespielt und hoch gewonnen).
Flaschn. Schlechter Spieler. Superlativ: „Flaschnfabrikant".
Flegglasball (=Fleckleinsball). Aus Stoffresten zusammengefügtes, ballähnliches Übungsgerät, mit dem u.a. Stuhlfauth und Morlock das Fußball-Einmaleins erlernten.
fodzn. Jmd. verprügeln.

G

Gaggerla. Eiförmiger Ball (vom „gaga" des eierlegenden Huhns abgeleitet).
Gambl. Obere Ecke des Torgehäuses.
Glub. Der Club: der 1. FC Nürnberg.
Glubberer. Anhänger bzw. Spieler des 1. FCN.
gobln (=gabeln). Den Ball aus der Ecke des Tors wegfangen.

Grembf (=Krämpfe). Wenn ein Spieler mit nichtvorhandener Technik verblüffen will, macht er G.
Gribberla (=Krüppelein). Kleiner Ball.
Groußmudder (=Großmutter). Langsamer Spieler bzw. einer, der nach dem kläglichen Versagen beim Torschuss mit den Worten kritisiert wird: „Den hätt mei Groußmudder nu nei!".
gschebberd (=gescheppert) auch: **grasseld** (=gerasselt). Wenn ein Tor gefallen ist, hat es g.
gsessn. „Der had gsessn": Unhaltbarer Ball.
Gschlamb. „Hau nei ins Gschlamb": Anfeuerung zu rohem Spiel.
Gurgng (=Gurke). Unförmiger Ball
gwinner, gwunner (=gewinnen, gewonnen). „Rechd huuch gwinner mir heid nimmer!". „Recht hoch gewinnen wir heute nicht mehr! (fatalistische Bemerkung nach einem klaren Rückstand). „Gwunner ham mir!": Gewonnen haben wir! (Bemerkung nach einem mäßigen Spiel, das dennoch ein für den Club erfolgreiches Ende gefunden hat).

H

häbbm. Den Ball schnell und sicher zuspielen. Abgeleitet vom Ruf „hepp" des Berliners Fritz Servas, der den Glubberern 1901/02 erste Lektionen in Sachen Fußball erteilte.
haggng, auch: umhaggng, ä Baala haua. Den Gegner umtreten.
hamgäi. „Gäid ham!": Geht nach Hause! Aufforderung an den Gegner, seinen Bemühungen einzustellen.
hulzn (=holzen). Schlecht Fußball spielen.

K

Kanonä (=Kanone). Guter Fußballer.
Kasdn (=Kasten). Tor.
Kellerfenstern. Straßenfußball mit einem kleinen Ball, als Tor dienten vergitterte Kellerfenster.
Kisdn (=Kiste). Fehlschuss.
Kibber (vom engl. Keeper). Torwart.
Komiggermannschafd (=Komikermannschaft). Schlechtes Fußballteam.

L

laafm, lefd (=laufen, läuft). „Laaf!": Aufforderung des Passgebers an den Adressaten. „Lefd scho!": Beruhigungsspruch des Kapitäns für seine Mitspieler nach einem Rückstand („Es läuft schon!").

M

Medzger. Grober Spieler.

N

neihauer (=hineinhauen). „Hau dou ned suu nei!": Beschwerde eines gefoulten Spielers.

neilanger, auch: hielanger (=hineinlangen). Foul spielen.

S

Schasn (=Chance). Torgelegenheit.
schbilln (=spielen) - „mir denna einfach schbilln". Zauberformel des Meisterclubs.
Schbinood scheim (=Spinat schieben). Müde werden.
Schberenzla (=Sperenzchen). Überflüssige Schönspielerei.
Scheißangerschbill (=Schießangerspiel, bezieht sich auf den Fürther Schießanger). Schlechtes Spiel.
schlenzn. Den Ball heben.
schmeißn. „Schmeiß di": Aufforderung an den Torwart.
Schmied. Energischer Spieler (geht drauf wie ein Schmied).
Schüssla (=Schüsslein). Toller Schuss.
schussdern (=schustern, rumschustern). Schlecht spielen.
schwanzn, auch: dribbln. Den Gegner foppen.
Schwanzer, auch: Schwanzkisdn (=Schwanzkiste). Dribbler.
Schdaddgromliecha (=Stadtgrabenliga). In den großen Jahren des Club war der Nürnberger Stadtgraben das „Stadion" der fußballspielenden Kinder. Wilde Mannschaften eiferten den großen Spielen nach, besonders natürlich dem Derby Nürnberg-Fürth. Am Spittlertorgraben, wo die Gostenhofer aufliefen, hatte man schon in den 20er Jahren, als es für Kinder in der Regel nur einen Flegglasball gab, sogar schon einen richtigen Ball.

V

verhungern. „Der verhungerd!": Schreckensruf eines Anhängers angesichts eines schwach geschossenen Balls, der vor der Linie liegenbleibt.

W

wärd. „Des wärd scho widder!": Trostspruch nach einer Niederlage, seit 1969 vergeblich in Gebrauch („Das wird schon wieder!").
werng, sich durchwerng (=sich durchwürgen). Irgendwie die gegnerische Abwehr überwinden.
wedz! (=lauf los!"). Aufforderung des Mittelläufers Hans Kalb an seine Stürmer.
widder (=wieder). „I kumm glei widder!": Bemerkung des Freizeitspielers, wenn er eine Pinkelpause nimmt.

Z

Zabo. Altes Stadion des Club.
zuggn (=zucken). „Dridd draf, der zuggd no": Häme des Zuschauers, wenn ein Gegner am Boden liegt („Tritt drauf, der zuckt noch").
zwiggn (=zwicken). Einen Spieler in die Zange nehmen.